권력이란 무엇인가
－삼차원적 권력의 해부－

Power – A Radical View

3rd edition

Steven Lukes

Bloomsbury Publishing, Macmillna Education, Red Globe Press

2021

스티븐 룩스 저

현동균 번역 및 역주

일러두기

- 원문 중, 중요한 개념은 「 」을 이용하여 표시하였다.
- 저서 명칭은 『 』로 표시하였다.
- 각 개념이 처음 등장할 때는 소괄호 ( ) 안에 작은 폰트로 원어를 동시에 기재하였는데, 구분을 위하여 불어, 독일어, 그리스어, 라틴어의 경우 이탤릭체로 표기하였다. 또한 필요한 경우 한자어를 같이 추가하였다.
- 주석 중, 역자의 주석은 별도로 [역주]라고 표기하였고, 그러한 표시가 없는 경우는 원주(原註)이다.
- 필요에 따라 독자의 이해를 돕기 위하여 역자가 필요한 문장을 보충하기도 하였는데, 그러한 부분은 중괄호 [ ] 안에 표기하였다.
- 정확히 원문과 비교하고자 하는 독자들을 위하여 원문과의 대조를 쉽게 하기 위하여, 본문의 【 】표시 내에 원문의 해당 페이지를 기재하였다.
- 번역서의 경우 독자들은 정확한 의미를 파악하기 위하여 어떠한 한국어 번역어의 원어가 어떠한 것인지 궁금하게 생각하는 경우가 많이 생기고, 그러한 경우 일일이 원서를 찾아서 대조하는 것은 불가능하거나 혹은 상당한 시간적 어려움이 생긴다. 그러한 수고를 덜기 위하여 본서의 색인에는 주요한 개념에 대하여서는 원어를 동시에 수록하였다.

POWER: A Radical View, Third Edition by Steven Lukes

Copyright © Steven Lukes, under exclusive licence
to Macmillan Education Limited 2004, 2021
All rights reserved.

This Korean edition was published by Zininzin Co., Ltd in 2024 by arrangement with Bloomsbury Publishing Plc through KCC(Korea Copyright Center Inc.), Seoul.

이 책은 (주)한국저작권센터(KCC)를 통한 저작권자와의 독점계약으로
진인진에서 출간되었습니다. 저작권법에 의해 한국 내에서 보호를 받는
저작물이므로 무단전재와 복제를 금합니다.

목차

저자에 대하여 ·· vii
역자에 대하여 ·· ix
역자서문 ·· xi
제2판의 서문 ·· xxi
제3판의 서문 ·· xliii

1 권력: 급진적 관점 ····································· 1
  1.1 서론 ·· 3
  1.2 일차원적 관점 ·································· 6
  1.3 이차원적 관점 ·································· 13
  1.4 삼차원적 관점 ·································· 20
  1.5 기저적 권력 개념 ······························· 30
  1.6 권력과 이해관심 ································ 44
  1.7 세 가지 관점 간의 비교 ························· 46
  1.8 난점들 ··· 62
  1.9 결론 ··· 78

2 권력, 자유 그리고 이성 ······························ 81
  2.1 권력의 개념에 대한 합의의 부재 ················ 84
  2.2 권력의 개념 ···································· 97
  2.3 개념적 지도 ···································· 108
  2.4 권력과 지배 ···································· 127
  2.5 푸코의 권력에 관하여: 초 급진주의적 관점 ······ 133
  2.6 푸코의 응용: 자발적 순응을 확보함에 대하여 ···· 158

3 삼차원적 권력 ... 173
- 3.1 권력의 정의 ... 176
- 3.2 본질적 논쟁대립성 ... 178
- 3.3 삼차원적 관점의 방어 ... 209
- 3.4 적응적 선호들 ... 227
- 3.5 진정한 이해관심과 허위의식 ... 251

4 지배와 동의 ... 265

5 삼차원에 대한 탐구 ... 281
- 5.1 삼차원인가 사차원인가 ... 283
- 5.2 동의가 없는 순응 ... 291
- 5.3 행태 수정 ... 297
- 5.4 위해적 불확실성 ... 310
- 5.5 권력큐브 ... 317

6 추가 독서 지침 ... 331
- 6.1 일반적 사항들 ... 331
- 6.2 고전적 저술 ... 331
- 6.3 개념적 분석 ... 332
- 6.4 현대적 저술 ... 333
- 6.5 주요 논쟁들 ... 335
- 6.6 페미니즘과 권력 ... 337
- 6.7 안토니오 그람시와 헤게모니 ... 338
- 6.8 피에르 부르디외 ... 339
- 6.9 미셸 푸코 ... 339
- 6.10 바츨라프 하벨 ... 339

  6.11 권력큐브 ··· 340

참고문헌 ··· 341
역자 용어해설 ··· 375
  지배–피지배관계 ····································· 375
본서와 1판, 2판의 목차 비교 ················· 377
인용원문 ··· 379
색인 ··· 391
인명, 서명 ··· 413

저자에 대하여

스티븐 룩스

저자 스티븐 룩스(Steven Michael Lukes)는 1941년 영국에서 출생하여, 옥스포드 대학에서 사회학 학부, 석사학위를 마친 후 동 대학에서 뒤르켕에 대한 논문으로 박사학위를 취득하였다. 이후 옥스포드 대학의 Balliol College에서 교편을 시작하였으며 이태리의 University of Siena, 프랑스의 the European University Institute(Florence) 그리고 런던의 the London School of Economics 등에서의 교수직을 거쳐 현재 미국 뉴욕주립대학(New York University)에서 교수로 재직하면서, 팔순이 훨씬 넘는 고령에도 불구하고 현재까지 연구 활동을 지속하고 있다. 저자는 또한 1974년부터 1983년까지는 The Committee for the History of Sociology of the International Sociological Association의 의장, 그리고 1995년부터 1996년까지는 European Forum on Citizenship의 이사를 동시에 역임한 바 있다.

그의 연구 관심 영역은 정치 및 사회이론, 뒤르켕의 사회이론, 도덕 사회학, 자유주의 이론에 대한 연구, 그리고 권력이론 등이다. 본서 이외의 주요 저서로는 Moral Relativism(2008), Liberals and Cannibals(2003), Moral Conflict and Politics(1991), Marxism and Morality(1985), Essays in Social Theory(1977), Individualism(1973), Émile Durkheim: His Life and Work(1972) 등이 있다.

본서는 현대적 권력 이론의 가장 중요한 출발점으로 평가받고 있으며, 권력논쟁, 지배논쟁 등의 권력과 지배에 관한 (현재까지도 지속되고 있는) 중요한 논쟁들을 촉발시킨 산실이라고 간주된다.

역자에 대하여

역자: 현동균

역자는 서울대학교 경제학과를 졸업한 후 영국 런던정치경제대학 및 케임브리지대학의 메그나드 데사이(Meghnad Desai) 경, 로손(Robert Rowthorn) 교수, 그리고 포스트 케인지언 경제학계의 거장 제프리 하코트(Geoffrey Harcourt) 교수 문하에서 정치경제학 및 포스트 케인지언 경제학을 수학하였으며, 포스트 케인지언 및 제도학파의 시각에서 투자이론, 화폐이론 등에 대한 다수의 논문을 해외의 저명한 저널에 영문으로 발표하였다. 가장 최근 논문으로는 포스트 케인지언 시각에서 투자의 금융 제약과 금융 주기 문제를 다룬 『A financial frontier model with bankers' susceptibility under uncertainty』(Metroeconomica-Wiley), 화폐와 권력의 문제에 대한 사회 철학적 분석을 담은 『A Theoretical Socio-economic Investigation into the Nature of Power in Money』(2021)가 있으며, 기타 논문으로는 『A Theory of the determination of Interest Mark-Up』(2020), 『Bank's Lending and Bank's Profit Frontier』(2020) 등이 있다. 한국어 역서로는 『케인즈 경제학을 찾아서』(마크 헤이스 저), 『포스트 케인지언 경제학에의 초대』(존 킹 저), 『권력의 법칙』(프리드리히 폰 비저 저), 『화폐, 계급, 사회』(빌헬름 게를로프 저), 『자본주의와 자발적 예속』(프레데리크 로르동 저), 그리고 저술로는 『앨리스의 이상한 나라 경제학 퇴치 가이드-정치인과 대중을 위한 새경제학 여행』이 있으며, 영문 역서로는 『Sacred Money』(신성화폐, Bernhard Laum), 『The State Theory of Money』(국정화폐론, G.F. Knapp), 그리고 『The Theory of Money』(화폐론, Friedrich von Wieser)가 있다.

역자는 또한 현재 일본, 홍콩, 태국, 인도네시아 등에서 사무소를 운영하는 금융 자문회사 Emerging Asia Capital Partners의 파트너로 근무하고 있으며, 과거 약 30년간 해외 대형 투자은행에서 인프라, 에너지, 전력 및 자원 사업의 사업개발 및 금융자문에 종사하였다. 최근에는 러시아 및 동구권 최대 투자은행인 러시아 국영 대외무역은행(VTB Capital)의 싱가포르 지점에서 아시아 지역 투자은행 부문 대표를 역임하면서 아시아와 러시아/CIS 지역 간 인프라, 에너지 등의 합작 대형 사업의 개발 금융, 프로젝트 금융 및 직접투자 등을 자문하였고, 그 이전에는 ABN AMRO 은행 홍콩 지점에서 동북아시아 에너지 및 광물자원 분야 대표 및 씨티그룹(Citigroup-Salomon Smith Barney) 홍콩의 아시아 지역 본부에서 투자은행 부문 부사장을 역임하며, 프로젝트 금융, 개발 금융, 기업인수합병, 직접투자 및 장기 자본조달 분야를 자문하였다. 또한 러시아 정부 소유 극동개발펀드의 고문과, 금융 이외의 실물 분야에서는 세계 최대의 철도 회사인 러시아국영철도(RZD)의 아시아 지역 철도 및 항만 개발 사업의 고문을 역임한 바 있다.

역자는 상아탑 내의 학자들과는 달리, 현재 글로벌 금융시장에서의 과거 30년간의 경험, 경제학 지식, 그리고 사회 철학적 지식을 결합하여 여러 저술 및 연구활동을 하고 있다.

역자서문

본서는 현대적 권력 현상을 이해함에 있어서 가장 중요한 출발점이자 필독서인, 스티븐 룩스의 불멸의 고전인 'Power-A Radical View'(2021년에 출판된 제3개정판)의 완역이다.

본서를 번역하게 된 계기는 '화폐와 권력 현상'에 대한 본 역자의 연구 주제와 관련되어 본 역자가 마주친 권력에 대한 중요한 저서들을 한국의 독자들에게 소개하고자 함에서 비롯되었다. 그리하여 상호 보완적인 세 권의 저술을 번역하게 되었는데, 이미 『권력의 법칙』(프리드리히 폰 비저, 독일 역사학파와 막스 베버 적 시각)와 『자본주의와 자발적 예속』(프레데리크 로르동, 프랑스의 네오 마르크스 적, 부르디외 적 시각)은 출판한 바 있고, 본서가 그 시리즈의 마지막 작업이라고 할 수 있다.

한국어 출판의 제목은 학문적이고 딱딱하게 느껴지는 "권력론" 대신 "권력이란 무엇인가"로 선정하였다. 그리고 원래의 부제인 "급진적 관점"(A Radical View)은 그 자체로만 이해할 때는 자칫 이데올로기적인 의미를 함의한 것으로 오해할 소지가 있는바, 부제를 "삼차원적 권력의 근본적 해부"라고 수정하였다. 본서에서 설명하고 있듯이 이 "급진적"이라는 의미는 '좌익'의 의미가 아니다. 아주 단순하게 말하자면, 저자는 기존의 (가시적이며 관찰가능한) 일차원적 권력, (소위 기울어진 운동장을 의미하는) 이차원적인 권력과[1] 대비하면서, (상대의 의식을 통제하여 직접

---

[1] 참고로, 이차원적 권력이란, 권력자의 이해관심에 부응하여 어떤 이미 정해진 결정 사안의 범위의 밖의 사안은 논의에서 배제시키는 권력을 의미하는데, 수잔 스트레인지(Susan Strange)는 이같은 권력을 의제 설정 권력(agenda-setting power)으로 칭한바 있다. 이를 다른 측면에서 정의하자면 어떤 중요 사안에 대하여서는 "권력 행사의 결정을 하지 않음으로써 현상 유지를 위하여 행사되는 권력"(non-.decision power)을 의미하기도 한다.

적 권력을 행사하지 않고도) "상대방의 순응을 확보하는 역량으로서의 권력"을 "삼차원적" 권력이라고 명명하면서 종래의 권력론에 대한 근본적인 수정을 가하고 있기 때문에, 그러한 의미에서 자신의 권력론을 급진적이라고 부르고 있다(저자는 자신보다 더 급진적인 푸코의 권력론을 "초 급진적" 권력론이라고 칭하고 있다).

본서의 초판은 현재로부터 대략 50년 전인 1974년에 발행되었으며, 그 이후부터 현재에 이르기까지, 권력을 정의하고 분석함에 있어서 '행사되고 관찰가능한' 권력에만 주목하는 소위 '행태주의자 내지는 다원론자'들의 입장(일차원적 권력론)과, '행사되지 않더라도 (따라서 드러나지 않고 있더라도) 대상주체들의 자발적 순응을 확보할 수 있는 역량(capacity)'으로서 권력에 주목하는 '근본주의적 입장'(삼차원적 권력론)을 견지하는 입장들 간에 발생한 소위 '권력논쟁'(power debate)을 촉발하였고, 정치나 사회적 현실을 이해함에 있어서 절대로 간과할 수 없는 중요한 저작이 되었다. 그 이후 저자는 단지 한 장(章)에 불과하던 아주 짧은 초판의 부족함을 보완하기 위하여 두 장을 대폭 추가하여 2005년에 제2판을 발행한 바 있으며, 그 이후 그가 팔순을 넘긴 2021년에는 다시 두 장을 더 추가하여 총 5장으로 구성된 제3판을 출판하였다. 그 과정에서 참고문헌과 색인을 제외한 분량은, 제1판의 단지 49쪽에서 시작하여 제2판에서는 168쪽으로 늘어났고, 본서인 제3판은 213쪽이 되었다.[2] 현재 이미 고령인 그가 더 이상의 수정판을 출판할 가능성이 희박하기에 아마도 본 번역의 대상인 제3판이 최종판이 될 가능성이 크다고 사료되며, 이 중요한 저서가 향후 최소한 100년 이상 동안은 계속 읽히고 토론되리라고 믿는다.

---

[2] 각 판본 간의 목차 비교는 본서의 부록에 수록된 "본서와 1판, 2판의 목차 비교"를 참고할 것.

1974년 발행된 본서의 초판은 『삼차원적 권력론』이라는 제목으로 1992년 국내에서 번역 출판된 바 있다.[3] 하지만 전술하였듯이, 2021년에 발행한 제3판은 자신이 초판에서 개진한 개념화에 대한 비판을 포함하는 중요한 수정을 수록하고 있기에, 책의 내용 분량의 큰 차이 이외에도 초판과 이 제3개정판은 현저한 '질적'인 차이를 보이고 있다. 따라서 당연히 최신판을 번역하여 한국의 독자들에게 제공하는 것이 '절실하다'고 생각되었다. 그러한 절실성은 크게는 두 가지 차원에서 이해될 수 있다.

첫째로는, 인간 사회를 이해함에 있어서 절대적으로 필요한 핵심적 출발점은 인간 간의 지배-피지배 관계, 「갈등」, 그리고 권력의 출현에 대한 이해인데, 그럼에도 불구하고, 이러한 측면은 주류 사회학, 정치학 내지는 경제학에서는[4] 다루기 싫어하는, 마치 금기의 영역으로 간주되어 온 것도 사실이기 때문이다. 즉, 대부분의 사회과학 체계는 다분히 이데올로기적인데, 그 이데올로기가 강조하고 싶은 바는 인간들 간의 관계는 호혜적이며 '평등'한 관계라는 점이고, 은폐하고 싶은 점은 바로 인간들 간에 지배-피지배 관계도 공존하며, 권력은 그것을 가지고 있는 사람들의 이해관심을 위하여 '우선적'으로 행사된다는 사실이다.

예를 들자면 주류경제학에 있어서는 부자가 가진 100만 원과 빈자가 가진 100만 원은 동일한 가치를 가지고 있다고 강변하며, 시장에서 발생하는 그들 간의 교환거래는 '공평'하고 '평등'하다는 입장을 취한다. 그러한 이데올로기적 관점을 취하는 경우, 세상은 평화와 질서가 지배하

---

[3] 『삼차원적 권력론』, 서규환(옮긴이) 나남출판 1992. 단, 본 역자는 과거 서규환 교수의 번역본을 구할 수 없었기에, 그 번역본을 참고함이 없이 본서를 번역할 수밖에 없었다는 점도 밝히고자 한다.

[4] 물론 다소 오해의 소지는 있겠지만, 이때의 '주류'라 함은 소위 '행태주의'에 기반한 영미권의 사회과학을 지칭하며, 대부분의 현대 국가에서의 사회, 정치, 경제정책을 결정하는 '패러다임'을 말한다.

고 있다고 믿게 되고, 팔 것이라고는 자신의 몸밖에 없는 노동자가 뒷배가 든든한 자본가에 '헐값'으로 자신을 팔 수밖에 없는 상황이나, 담보가 없어서 대출을 받지 못하는 소상인의 고충은 그들의 분석 시야 밖에 존재하는 단지 '예외적'인 상황이 될 뿐이다. 그런데 현대 주류 경제학에서 중요하게 사용되는 "한계효용" 등의 많은 주요 개념을 개진한 오스트리아 학파의 창시자 3인방 중의 한 사람인 폰 비저(Friedrich von Wieser)는 '부자가 가진 100만 원의 가치와 빈자가 가진 100만 원의 가치'는 비록 동일한 액수라도 그 가치가 다르며, 그들 간의 교환은 평등한 관계가 아니라고 주장한 바 있고, 현대 사회학의 창시자라고도 할 수 있는 막스 베버는 "시장을 통한 지배"는 그것을 규제하는 어떤 명시적인 특정 의무와 준수가 존재하지 않기에 그러한 규제가 존재하는 상황보다 더욱 압제적이라고 강조한 바 있다(Weber 1922: 606쪽).

하지만 주류 사회과학의 입장에서는 가시적으로 행사되는 강압, '폭력', 그리고 권력이 존재하지 않는 한, 사회는 공평한 것이며, 더 나아가 그러한 강압, 폭력, 그리고 권력이 관찰되어 질 수 없거나 계량화될 수 없다면 (즉, 인식론적 측면), 그러한 것들은 존재하지도 않는다는 주장 (즉, 존재론적 측면)으로 논리를 비약하며, 마지막으로는 그렇기에 그런 것들이 보이지 않는다면 세상은 그저 평화롭고 공평하게 운행되고 있으며, 그러한 세상을 부정하는 것은 '악'이라는 규범적 논리로까지 비약하게 된다. 그들의 입장에서는 '은폐되거나' 혹은 '보여질 수 없거나' 혹은 '의도적이 아닌' 지배는 지배가 아니다. 다시 말하자면 소위 '과학'이라는 명분하에 세상에 엄연히 존재하는 '지배-피지배'의 관계를 은폐하는 것이 주류 사회과학의 입장이며, 그러한 평등하고 공평한 인간 간의 상호작용과 거래에 대한 이데올로기가 사실 그들의 사회에 대한 이해 전체를 지탱하는 주춧돌이라고 말하여도 과언은 아니다.

따라서 적어도 사회에 대하여 일말의 고민을 하는 독자들의 입장에서는 그러한 주류 사회과학이 표방하는 이데올로기적 장치를 수동적으로 수용함을 거부하고, 현재 존재하는 사회와 인간관계의 내부를 깊숙이 들여다볼 필요가 절실하다고 할 수 있다. 이는 그 독자들이 경제학도이든, 혹은 사회학이나 정치학도이든, 아니면 일반 독자이든 상관없이 공히 적용되는 이야기라고도 할 수 있다.

그런데 이러한 첫 번째의 절실성은 두 번째의 절실함과 연결된다. 즉, 우리는 "무엇을 해야 할 것인가"라는 점이다. 물론 스피노자가 말한 바대로 "우리 자신의 진정한 본성(ingenio)"에 따라서 우리가 행동하는 것이 규범적으로 옳다고 할 수 있더라도, 그러한 '본성'이란 과연 무엇인지, 그리고 기존의 제도나 현안의 정책이 우리의 진정한 본성에 거스르는 것인지의 여부에 대한 판단이 일단 우선하여야 하며, 동시에 그러한 앎은 단지 깊은 사유를 가진 개인 철학가에만 머무르는 것이 아니라, '건전한 이성'을 아직도 가지고 있는 '보통' 사람들을 '합리적'으로 설득하기 위한 논거와 증거로서 제시될 필요가 있다.

현재의 한국의 상황에서 볼 때, 본서의 한국어판 출판은 시의적절하다고 여겨진다. 그 당연한 이유는 많은 국민들은 소위 무소불위의 권력의 압제하에 신음하고 있는데, 그러한 권력은 명백히 드러나는 권력 이외에도 각종 제도적 장치나 소위 '시장의 논리'를 통하거나 혹은 권력에 의한 언론 매체의 장악 등을 통한, 쉽게 드러나지 않는 형태의 간접적 형태의 권력을 통하여 보다 효율적으로 행사되고 있고, 사실 국민들 중의 많은 사람들은 일반인에게는 명백하게 드러나는 권력 행사조차도 볼 수 없도록 이미 세뇌되어 있는 것이 현실이기 때문이다. 반면, 권력의 지배를 체감하는 사람들에게 있어서는 그러한 당면 권력에 의한 압제의 문제가 단순한 '감정적 느낌'을 넘어 '인식'의 차원으로 한 단계 승화될 필요가 있으며, 또한 그러한 논거와 증거에 기반한 확고한 인식을 바탕으로 각성된 자들이 현상태의 개선을 위하여 실천할 수 있는 출발점이 필요하기 때문이다.

또한 본 역자가 중요하게 생각하는 바는 소위 언론인들과 정치인들이 본서를 통하여 보다 각성하는 것이다. 쉽게 보이는 권력의 압제적 행사조차도 부정하거나 은폐하면서 고정된 한 점만을 바라보기로 이미 작정한 언론인들과 정치인들은 그 어떤 합리적인 이유를 제시하더라도 본서의 메시지를 듣기를 거부할 것은 명확한데, 이는 그렇게 자신의 시각을 일정 방향으로만 고정시키는 것이 자신들의 이해관심과 부합한다는 계산적 관점에서 비롯된 것일 수도 있고, 혹은 그러한 계산적 관점이 이미 '체화'되어 자연스레 자신의 신념이 되었기에 그러할 수도 있다. 하지만, 이 땅에 양심을 가지고 있는 언론인들과 정치인들이 아직도 존재한다면, 본서는 그들을 위한 정신적 양식이 될 수 있고, 또한 그들이 다른 사람들과 함께 전진할 수 있는 '지침서'가 될 수 있으리라 믿는다.

혼자만 아는 것은 아는 것이 아니다. 또한 혼자만의 실천이라는 것도 없다. 앎은 나눔이라는 과정을 통하여 심화되고 또한 실천될 수 있다. 스피노자의 인간의 본성에 관한, 그리고 권력과 지배에 관한 날카로운 통찰은 시인과 철학자의 영감을 자극할 수 있지만, 그것이 철학의 영역을 넘어서 실천적 지식이 되기 위하여서는 쉽게 드러나지 않는 은폐된 권력과 지배를 '논리'와 '증거'로서 드러나게 하는 '인식'이라는 선 단계의 과정이 필요하다. 그리하여, 본서의 가장 중요한 공헌이 바로 이점에 있다.

즉, 유럽에서 먼저 개진된 권력과 지배의 문제에 기반하여 영미권의 분석적 시각과 '현실적 검증'이라는 측면을 가미하여 전자의 자칫 철학가 개인만의 사유에 그칠 수 있는 한계를 극복하고 있다는 점에서 본서의 공헌이 있다. 본서는 스피노자, 마르크스, 니체, 막스 베버, 그람시, 부르디외, 푸코 등의, 권력 현상을 자신의 주요한 연구 주제로 삼고 심도 깊은 분석을 한 유럽 사상가들과, 존 스튜어트 밀, 아마르티아 센, 누스바움 등의 영미(인도)권 사상가들의 이론들을 분석적 시각으로 결합한 바탕 위에 보다 다양한 실천적·실증적 연구 방향을 제시하고 있다. 특히 후자와 같은 연구방향은 중요한데, 제3판에서 새로이 추가된 본서의 5장에서는 하벨(Havel)의 『힘없는 자의 힘』(일차원적 권력), 주보프(Zuboff)

의 『감시자본주의 시대』(이차원적 권력) 및, 아르헨티나의 빌라 플라머블이라는 지역에서 셸(Shell)에 의하여 자행된 공해 문제(삼차원적 권력) 등에 있어서 어떻게 권력이 행사되는지에 관한 다양한 실증적 사례를 소개함과 동시에, 저자가 강조하다시피 가장 촉망받는, 권력 행사에 관한 연구 프로그램이라고도 할 수 있는 가벤타(Gaventa) '권력큐브'(Power Cube)를 소개하고 있다.

　이러한 점에 있어서 본서는 역자가 이미 번역 출판한, 전술한 권력과 지배에 관한 두 권의 저서, 즉, 『권력의 법칙』과 『자본주의와 자발적 예속』을 크게 보완하고 있다고 할 수 있다. 이미 두 권의 저서는 독일-오스트리아, 프랑스 각기에 있어서 발전되어 온, 철학적 성찰의 소산이라고 할 수 있는 반면, 본서는 보다 '분석적'이며 '실증적'이고 또한 '실천적'이다.

　하지만, 이 세 권의 저서가 지향하는 방향성은 사실 동일하다. 본서에서 말하자 하는 삼차원적 권력이란 타인의 "자발적 순응"을 확보할 수 있는 역량으로서의 권력이다. 그리고 권력은 가시적으로 행사할 필요가 없을 때 가장 강력하다. 이러한 측면에서 본인이 이미 번역하여 출판한 위의 두 저술에서 개진하고 있는 권력론과 본서는 일맥상통한다. 비저에 의하면 인간의 정서를 지배하는 "내적 권력"(innere Macht)이 최상의 권력이며, 권력은 비효율적이며, 더 이상 '성공'을 시현하지 못하더라도 역사적으로 고착되어 인간에게 족쇄로 작용할 수 있다. 로르동에 의하면 권력과 지배는 인간이 가진, 아직 방향이 정하여지지 않은 코나투스(생의 에네르기)를 지배자가 원하는 방향으로 정렬시켰을 때 발생하며, 이때 피지배자는 지배자가 지시하는 방향으로 움직이면서도 그 결정이 마치 '자신의 것'으로 오인하면서 기뻐하고, 그리하여 지배자에게 충성하게 된다. 즉, 이 세 권의 저서는 '쉽게 보이는' 권력과 지배에 대한 단순한 고찰을 넘어서서, '비가시적이고 은폐'된 권력을 드러내고, 그럼으로써 권력과 지배라는 개념을 통하여 인간의 진정한 '자유'를 이해하고자 하는 지난한 노력이라는 점에서 공통적인 문제의식을 느끼고 있다.

마지막으로 강조하고 싶은 점은 본서는 시중에 인기 있는 권력에 관한 '처세술' 서적들과는 공통점과 상이점이 존재한다. 후자들은 주로 어떻게 하면 타인을 효과적으로 지배하여 자신의 이득을 최대화할 것인가에 주목한다. 결국은 상대방이 모르게 '은밀하게' 그들의 마음을 사는 방법을 전파하는 방법으로 귀착된다. 그러한 면에 있어서 권력이 실제로 작동하는 방식에 대한 공통 견해를 가지고 있다고도 할 수도 있다. 단, 본서는 그러한 작동 방식에 대하여 보다 분석적인 시각을 제공하고 있다. 경제적 현상에 비유하여 설명하자면, 처세술 관련 서적들은 시장에서 물건을 싸게 사는 기법을 소개하고 있음에 반하여 본서는 시장에서 물건의 가격이 어떻게 형성되는가에 대한 분석이라고도 할 수 있다. 또한 중요한 차이점은 본서는 그렇듯 작동하는 권력으로부터 '자유'를 보호하기 위한 목적으로 쓰여진 반면, 기존 처세술 서적들은 타인의 자유를 제약하는 기술을 전파하고 있다는 점이다. 마치 마키아벨리의 군주론이 군주들에게 어떻게 그들의 권력을 효과적으로 행사할 것인가를 가르치는 기술적 지침임에도 불구하고 영원한 통찰력을 제공할 수도 있는 것처럼, 물론 양자의 분석 방법은 상호 보완적일 수도 있다. 하지만 이같은 비유는 마키아벨리와도 같이 아주 극소수의 통찰력 있는 영혼만이 가능한 작업일 수 있고, 시중에 판매되는 대다수의 속물적, 흥미 위주의 처세술 책에는 해당하지 않을 수 있다. 무엇을 읽을 것인가에 대한 취사선택은 결국 독자의 몫일 수밖에 없다.

***

본 역자 서문에서는 보다 자세한 본서에 대한 설명은 생략하고 그 부분은 독자의 판단에 맡기기로 하겠다. 하지만 본서의 번역에 대한 몇 가지 설명이 필요하다.

우선, 원저자의 문체는 상당히 집약적이기에 그 단점을 보완하고 독자들이 수월하게 이해를 할 수 있도록 본문과 역자 주석에 역자가 가급적 많은 부연 설명을 추가하였고, 그렇게 부연된 부분은 중괄호를 이용하여 원저자가 말한 부분과 구분을 하였다. 그 부연 설명은 역자의 주관적 판단이 많이 반영되어 있기에, 그에 대한 취사선택은 역시 독자들이 판단할 몫이다.

또한 본서에서는 스피노자, 베버, 마르크스, 푸코, 부르디외 등에서의 인용이 많이 등장한다. 저자는 기존 영역본들을 그대로 인용하였는데, 사실 그 영역본들에는 번역상 많은 오역과 오해의 소지가 존재하는 바, 본서의 한국어 번역에 있어서는 가급적 원전들을 모두 확인하고, 그 원전에 충실하여 번역하였으며, 인용된 부분의 원전 문구들은 부록에 각기 상응하는 언어로서 정리하여 놓았다.

또한 색인은 원래 저서에서 포함된 색인을 대폭 확장하여 가급적 자세히 보강하였다. 특히 색인의 대부분은 영문으로도 동시에 표기하였고, 필요한 경우 불어, 독어 그리고 스피노자의 경우 라틴어 단어도 첨가하였기에, 독자들은 수시로 색인을 참고하면서 한국어 번역어의 의미를 파악하기 수월하도록 하였다. 그리고 번역 본문에는 원저의 페이지 숫자를 동시에 표기하여, 필요한 경우 독자들이 원저와 대조를 쉽게 하도록 배려하였다. 역자의 입장에서 오역의 질책을 보다 자주 받을 수 있는 위험을 감수하더라도, 반면 그렇게 하는 경우 독자들의 입장에서는 본 역자의 번역상에 있어서의 실수를 보다 쉽게 파악하고 수정할 수 있으리라 믿는다. 중요한 점은 역자에게 돌아올 질책의 두려움이 아니라 독자들이 보다 본서의 내용을 정확히 파악할 수 있도록 하는 것이다.

마지막으로 본서의 출판에 있어서 도서출판 진인진의 김태진 대표님과 편집자들의 노고에 감사드린다.

2024년 여름
역자

제2판의 서문[5]

【5】 30년 전 본 저자는 『권력: 급진적 관점』(이하 PRV-Power: A Radical View, 1974)이라는 작은 책자를 출간한 바 있었다. 그 저술은 주로 미국 정치학자들과 사회학자들 사이에서 당시에 진행 중이었던 흥미로운 질문, 즉 권력을[6] 이론적으로 어떻게 규정하고 경험적으로 어떻게 연구할

---

[5] [역주] 원본의 구성상 3판의 서론이 먼저 나오나, 역자의 생각으로는 2판의 서론을 읽은 후 3판의 서론을 읽는 것이 그 맥락을 이해함에 있어서 수월하다고 생각하여 그 순서를 바꾸었다.

[6] [역주] 본서에는 힘과 권력을 의미하는 다양한 단어들이 등장한다. 이에는 power(권력, 힘), *potentia*(「포텐시아」), *potestas*(「권능」), force(「위력」, 혹은 물리력), ability(능력), capacity(「역량」) 등이 포함된다. 주의할 점은 영어의 power는 (사물에 자체에 존재하는) '힘'을 의미하기도 하고 어떤 경우에는 (인간 간에 행사되는) '권력'을 의미하기도 한다. 이같은 구분을 명확하게 하기 위하여 문맥에 따라 power를 '힘' 또는 '권력'으로 번역하였는데, 원어는 모두 power로 동일하다. 그리고 본서에서는 이 같은 차이를 구분하기 위하여 저자가 스피노자의 용어를 소개하고 있는데, 스피노자에 의하면 전자는 *potentia*(「포텐시아」), 그리고 후자는 *potestas*(「권능」)이다. 참고로, *potentia*는 종종 '역량'으로 번역되지만, capacity(「역량」)와 혼동을 피하기 위하여 라틴어 발음대로 번역하였다. 반면, force는 「위력」(威力) 혹은 물리력으로 번역하였는데, 물리력은 '힘'과 동일한 의미이고, 단지 원문에서의 차이를 나타내기 위한 다른 표현에 불과하다. 참고로 독일어의 경우에는 권력을 대체로 *Macht*로 표현하고 힘 내지는 물리력은 *Kraft*로 표현하며, 프랑스어의 경우는 전자를 *pouvoir*, 그리고 후자를 *puissance*로 표현한다.

것인가에 관한 논쟁에 기여한 바 있다. 그러나 그 논쟁의 기저에는 또 다른 질문이 놓여 있었다. 즉, 그것은 미국 정치를 '지배 엘리트'에 의하여 지배되는 정치로 규정할 것인가, 아니면 「다원주의적 민주주의」(pluralist democracy)를 보여주는 정치로 규정할 것인가 하는 문제였다. 그런데, 두 번째 질문에 답하기 위하여서는 첫 번째 질문에 대한 답이 필요하다는 것은 분명하였다. 본 저자의 견해는 권력을 협의로 생각하기보다는 오히려 광의로 생각하여야만 하고, 그리고 한 가지 내지는 두 가지 차원이 아닌 세 가지 차원들하에서 생각하여야 하며, 관찰하기 가장 어려운 권력의 측면에 주목하여야 한다고 생각하였다. 즉, 실제로 권력은 가장 관찰하기 어려울 때 가장 효과적이라는 생각을 피력하였다.

「무력함」(powerlessness)과 「지배」, 그리고 양자 간의 연관성에 대한 질문은 PRV가 기여하였던 그 논쟁의 핵심 사안이었다. 특히 1950년대와 1960년대에서의 많은 논쟁의 중심에 놓여 있던 두 권의 저서가 있었는데, 그것은 라이트 밀스(Wright Mills)의 저서(Mills 1956)와 플로이드 헌터(Floyd Hunter)가 저술한 『지역 공동체의 권력 구조: 의사 결정권자에 대한 연구』(Community Power Structure: A Study of Decision Makers 1953)였다. 전자의 첫 문장은 다음과 같이 시작된다:

> 평범한 인간이 가진 권력은 그들이 살고 있는 일상적 세계에 의하여 그 한계가 정하여져 있는데, 그러한 직장, 가족, 이웃과도 같은 일상에서조차 그들은 종종 자신들이 이해하거나 통제할 수 없는 「위력」들(forces)에 의하여 이끌려지는 것처럼 보인다(3쪽).

【6】 그러나 밀스는 "이런 의미에서는 모든 사람들이 다 똑같이 평범(ordinary)하지는 않다"고 말을 잇는다:

> 정보와 권력의 수단이 중앙 집중화되면서, 일부 사람들은 미국 사회에서의 평범한 남성들과 여성들의 일상을 위에서 내려다볼 수 있는,

다시 말하자면 그들의 결정에 따라 [후자들에게] 큰 작용을 미칠 수 있는 지위를 차지하게 되었다. (...) 그들은 지대한 결과를 초래하는 결정을 내릴 수 있는 위치에 서 있다. 그런데 실상 그들이 [실제로] 그러한 결정을 내리는지 아닌지라는 사실보다도 오히려 그들이 그러한 중추적인 위치에 있다는 사실 자체가 더욱 중요하다: 그들이 행동하지 않는 것 혹은 결정을 내리지 않는 것 자체는 종종 그들이 내리는 결정보다도 오히려 더 큰 결과를 초래하는 행동이라고 할 수 있다. 그들은 현대 사회의 주요 위계 체제(hierarchies)와 「조직체」들을 지휘하는 위치에 놓여있기 때문이다. 그들은 대기업들을 경영하며, 또한 그들은 국가라는 장치를 운영하고 그 국가에서의 특권을 주장한다. 그들은 군대라는 기관도 지휘한다. 그들은 사회 구조를 전략적으로 통제하는 장소를 점거하고 있으며, 그러한 장소에는 효과적인 권력의 수단과 부, 그리고 그들이 향유할 수 있는 명성이 집중되어 있다(전게서 3-4쪽, 역가 강조).

밀스의 이 저술은 [이후] 격렬한 논쟁의 산실이 된 사회과학 저작이었다. 앨런 울프(Alan Wolfe)는 2000년에 재출간된 그 저술의 서문에서, "라이트 밀스는 매우 열정적인 신념을 가지고 있었기에, 그보다도 더욱 객관적이며 처방을 제시하는 것처럼 보이는 동시대 학자들에 비하여 미국 사회에 대한 더 나은 과학적 이해를 할 수 있도록 이끌렸다"고 정당하게 언급하였지만, 밀스의 분석은 "급속한 기술 변화, 치열한 글로벌 경쟁, 끊임없이 변화하는 소비자 취향"이 엘리트 권력과 통제에 미치는 영향을 과소평가하였기에 엄정히 비판받아야 한다고 덧붙였다. 그러나 울프의 말을 옮기자면, 그는 「다원주의」(pluralism)(즉, '한 그룹이 가지고 있는 권력은 항상 다른 그룹의 권력의 견제에 의하여 균형을 이루기 때문에 미국의 권력 집중은 과도하다고 간주되어서는 안 된다'는 생각)과 「이데올로기의 종언」('이념에 대한 거대한 열정은 이미 소진되었으며' 따라서 '우리의 문제를 해결하기 위하여서는 이제 기술적 전문성이 요구된다'는 생각)을 특징으로 하는, 그렇듯 당대에 지배적이었던 사회과학적 이해에 비하여 훨씬 '더 실상에 근접한' 주장을 개진하였던 사람이었다고 볼 수 있다(Wolfe 2000: 379, 370, 378쪽 참조).

【7】 헌터의 저술은 [밀스보다] 훨씬 더 낮은 톤의 목소리로 그리고 통상적인 전문적 투로 저술되었지만 (밀스는 이 저술을 "그릇된 글로 자신 스스로를 기만하지 않는 솔직한 조사자"가 저술한 "견실한 저술"(workmanlike)이라고 표현한 바 있다), 미국의 지역사회 수준에서의 엘리트들에 대한 통제에 대하여 밀스와 비슷한 주장을 펼친 바 있다. 그 저술은 본 저자가 '지역 도시'(Regional City)라고 명명한, '인구 50만 명 규모의 도시에서의 리더십 양상에 대한 연구'이다. 그의 연구 결과는 다음과 같다:

> 정책 입안자들은 상당히 명확히 결정된 정책들을 자신들이 통제하고 있다. (...) 종종 더 오래된 설정을 변경하도록 하는 요구는 충분히 강하지 못하거나 혹은 지속적이지 않은 경우가 많으며, 따라서 정책 입안자들은 각각의 사소한 변경을 요할 때마다 굳이 대중들을 매번 찾아갈 필요가 있다고 생각하지는 않는다. 「조작」의 형태는 이미 고정되어 있고 (...) 그 지역 공동체에 속한 그저 평범한 개인들은 그러한 과정이 계속되기를 '기꺼이' 원하게 된다. [이러한 관행으로 인하여] 그렇듯 사소한 조정에 있어서 타당하게 여겨지는 결정 절차는 심지어 주요 안건의 결정 시에도 자연스럽게 적용되게 된다. (...) [그리하여] 권력 명령의 결정에 대한 사람들의 「준수」가 이제는 습관화된다. (...) 상대적으로 무력한 하층(understructure)을 다루는 방법은 (...) 경고, 협박, 위협, 그리고 극단적인 경우 폭력이다. 경우에 따라, 이 방법에는 직장과 소득 등을 포함한 모든 생계원으로부터의 차단이 포함될 수도 있다. 더 큰 단위의 정치적 양태에서와도 마찬가지로 「분할통치」(divide and rule)하는 원칙은 지역 공동체에도 적용 가능하며, 또한 그만

큼 효과적이다. (...) 최상위 지도자들은 문화에 내재된 근본적 이데올로기와 관련된 큰 사안에 대하여서는 대부분 실질적으로 서로 간 동의한다. 현재로서는 근본적 가치 체계에 대한 위협이 하층민으로부터 발생하지는 않는다. (...) '지역 도시'를 구성하는 인구의 대다수를 차지하는 개인들은 정책 결정에 있어 발언권이 없다고 할 수 있다. 이들 개인들은 단지 침묵하는 그룹에 불과하다. 혹, 이들 하층 중 소위 전문적 지식을 가진 인사들은 정책에 대하여 목소리를 낼 수 있지만, 대개는 무시될 따름이다. [그리하여] 상향적이기보다는 하향적인 정보의 흐름이 더 큰 비중을 차지한다.

【8】 예를 들어, 헌터는 "실제적 권력을 가진 사람들이 지역사회의 보건 및 후생 프로그램에 종사하는 공공 및 민간 대리기관들의 지출을 통제하고", "기만적인 방식으로 자신들의 영향을 행사하는 인간들이 (...) 오찬 클럽에서 친목 조직체들에 이르기까지의 지역 공동체의 다양한 단체들을 통제"하는 방식을 설명한 바 있다. 그들의 기만성은, 이미 권력을 가진 그룹이 승인한 도장이 찍힌 사안들을 제외한 다른 모든 문제에 대한 어떠한 공개 토론도 억제하기 위하여 '실용적이어야만 할 것'이라는 미사여구로 치장하여 [즉, 공개토론은 실용적이지 못하다고] 뭉뚱그려 처리하는 그러한 방식에서 잘 드러난다(Hunter 1953: 246-9쪽).

권력이 없는 대중에 군림하는 엘리트의 지배에 대한 이러한 인상적인 묘사는 예일대학교를 중심으로 한 일단의 정치학자 및 이론가 그룹으로부터의 반격을 자극하였다. 1958년 『미국 정치학 리뷰』(the American Political Science Review)에 게재된 『통치 엘리트 모델에 대한 비판』(A Critique of the Ruling Elite Model)이라는 제목의 논문에서 로버트 달(Robert Dahl)은 신랄하고 날카로운 비판을 가하였다. 그는 다음과 같이 말한다:

밀스 교수나 헌터 교수가, 자신들의 주요 가설들을 검증하기 위한 구체적인 사례들을 진지하게 검토하는 시도를 하지 않았다는 사실은 주목할 만하며 참으로 놀라운 점이다. 하지만 지난 몇 년 동안 이루어진 다른 어떠한 사회과학적 연구보다도 이 두 연구는 복잡다단한 정치 체계를 본질적으로 「통치 엘리트」에 관련된 사안으로 해석하려고 노력하였다고 사료된다.

달의 비판은 명료하였다. [그에 따르자면] 수행하여야만 할 과제는 분명히 드러난다:

[즉,] 「통치 엘리트」의 존재에 대한 가설은 다음과 같은 경우에만 엄격히 검증될 수 있다:

1. 가정하고 있는 「통치 엘리트」라는 그룹은 엄밀히 정의되어야만 한다;
2. 전제되고 있는 「통치 엘리트」라는 그룹의 선호가, 가정할 수 있는 또 다른 유력 그룹의 선호와 상충되도록 이루어지는 주요 정치적 결정과 관련된 사례는 상당히 존재하여야만 한다;
3. 이러한 경우에 있어서만 엘리트 그룹의 선호가 일반적으로 우월하다고 말할 수 있다(Dahl: 1958: 466쪽).

【9】 이러한 비판과 제안된 방법론은 달의 고전적 연구인 『누가 통치하는가』(Who Governs?)(Dahl 1961)를 통하여 발표되었는데, 이는 1950년대 뉴헤이븐시(New Haven)에서의 권력과 「의사결정」을 연구 대상으로 하였으며 지역 공동체의 권력 연구에 대한 수많은 연구 문헌의 탄생을 촉발시키는 계기가 되었다. 이는 「통치 엘리트 모델」(ruling elite mode), 더 일반적으로는 마르크스주의에서 영감을 받은 「통치 계급」(ruling class)과 관련된 사상 일반에 대한 비판이었다. 또한 그는 방법론에 있어서는 의사 결정에 초점을 맞춘 「행태주의자」(behaviorist)라고도 부를 수 있었다. 이러한 반론들은 본질적으로 권력을 그 행사와 동일시하여 파악하는 것을 의미하였다. (이와 달리 밀스는 실제로 결정을 내리는 것 자체보다 결정을 내

릴 수 있는 위치에 있는 것이 더 중요하다고 서술하였던 바를 상기할 필요가 있다). 밀스와 헌터가 권력[이라는 개념]을 엄밀하지 못하게 사용한 것과는 달리, 이러한 후자의 일단의 학자들은 권력이 다양하고도 개별적인 단일적 사안과 관련된 상대적인 개념이며[7] 그 권력을 행사되는 국지적 맥락과 연관되어 있다고 보았다: 즉, 특정 시기와 장소에 있어서 선택된 핵심적 사안들과 관련하여 관련 행위자들이 얼마나 많은 권력을 가지고 있는가. 그런데 이때 가장 핵심적 사안이란 다수의 시민들에게 미치는 작용을 기준으로 한 것인데, 달의 경우에 있어서는 도시 재개발, 학교에서의 차별 철폐(school desegregation),[8] 정당 후보 지명(party nomination) 등이 그것들이었다. 이러한 입장에서의 권력이란 의도적이고 동시에 능동적인 것으로 이해되었다. 그리고 그 권력은 실체적으로 행사됨에 의하여, 즉, 어떠한 사안과 관련하여 누가 이기고 누가 지는 빈도수를 확인함으로써, 다시 말하자면 「의사결정」의 상황에서 누가 우월한지를 확인함으로써 '측정'되었다. 이러한 상황은 「이해관심」이[9] 상충되는 상황인

---

[7] [역주] 본서에서는 구분 없이 얼핏 모두 '개념'으로 번역될 수 있는 다음의 세 가지 단어에 대하여 구분을 하였다: (1) 개념(概念, concept), (2) 구상(構想, conception), (3) 관념(觀念, notion). '개념'은 어떠한 대상에 대하여 보편적으로 적용되는 추상적인 생각이고, '구상'은 어떠한 개념에 대하여 각 개인이 해석하거나 느끼는 방식이며, '관념'은 개념에 비하여 덜 명확한 대체적인 믿음, 견해, 혹은 생각이다.

[8] [역주] 성별, 인종 등을 기준으로 입학을 제한하는 차별적 학교 제도를 종식시키는 안.

[9] [역주] 본 번역에서는 'interest'를 「이해관심」(利害關心) 혹은 「이해관심사」로 번역하여, 자칫 '이해'라고만 번역하는 경우 '이해'(理解)로 혼동할 수 있는 여지를 피하고자 하였다. 반면, 본서에서 '이익' 내지 '이득'으로 번역하였을 때의 원어는 'benefit, advantage'임을 주목하기 바란다.

데, 어떠한 정책적 입장을 취하는 정치적 행위자 혹은 로비 단체에 의하여 정치적 영역에서의「명시적 선호」들이 드러남에 의하여「이해관심」은 표현되며,「권력 행사」란 다름 아닌 반대파를 극복하는 것, 즉 반대되는 선호들을 물리치는 것을 의미하게 된다. 이러한 문헌의 실질적 결론 또는 연구 결과는 일반적으로「다원주의」라고 분류된다. 예를 들어, 그들의 주장에 따르자면 다양한 행위자들과 다양한 이익 그룹들은 다양한 사안의 영역에서 각기 우세하기 때문에 어떠한 [모든 영역을 아우르는] 전반적인「통치 엘리트」란 존재하지 않으며, 권력은 다원적으로 분포되어 있다. 더 일반적으로 말하자면, 이러한 연구들은 각 국지적 수준에서 미국 민주주의가 가지고 있는 견고함을 검증하고자 하는 바에 그 목적이 있었으며, 다양한 주요 안건들 각자에 대하여 각기 승자가 존재하여 결국 승자가 복수로 존재한다는 사실을 드러냄으로써 이같은 바를 [미국 민주주의의 견고함을] 입증하고자 표방하였다.

이때, 방법론적 질문(권력을 어떻게 정의하고 조사할 것인가?)과 실체적 결론(권력의 분포는 얼마나 다원적 또는 민주적인가?),【10】그리고 이들 양자 사이의 연관성(방법론에 의하여 그 결론이 이미 미리 결정되는 것인가? 혹은 방법론은 다른 결론을 배제하는가?)이 모두 [그 논쟁의] 쟁점이었다. 이후 이어진 논쟁에서는 이러한 문제들이 더욱 개진되었다. [이같은 견해에 대한] 비평가들은 [위와 같은]「다원주의적 민주주의」와 관련된 다소 현실 안주적인 모습에 대하여 다양한 방식으로 이의를 표출함과 동시에(Duncan and Lukes 1964, Walker 1966, Bachrach 1967), 그 입장들의 사실적 정확성에도 의문을 제기하였고(Morriss 1972, Domhoff 1978), 소위 ('유토피아적 자세'와 반대되는 의미에서의) '현실적 자세', 즉「다원주의자」들이 '민주주의'에 대하여 단지 최소 수준의 구상만을 요구하는 자세를 가지고 있음에 대하여도 비판을 가하였다: 즉 그 비평가 중 한 사람의 말을 인용하자면, [「다원주의적 관점」은] "민주주의는 체제 내에서의 공식적인 리더십 지위를 얻기 위한, 엘리트 구성원 간의 제한적이고 평화로운 경쟁을 제공하는 방법"으로만 단지 이해되어야 한다는 제안이었다는 것이다(Walker 1966 in Scott(ed.) 1994: vol. 3, 270쪽). 실상 이같은 구상은 조셉 슘페터(Joseph Schumpeter)가 민주주의에 대한 '고전적' 견해를 수정하여 제시한 바에서 유래하였다. 슘페터와 그의 「다원주의자」 추종자들에게 있어서의 민주주의는 "국민의 투표를 얻기 위한 경쟁적 투쟁을 통하여 어느 한 개인이 결정할 수 있는 권력을 획득하는 방식으로 정치적 결정에 결국 도달하기 위한 제도적 설정"으로 간주되어야 한다(Schumpeter 1962[1950]: 269쪽). 자칫 「신엘리트주의자」(neo-elitist)라는 오해를 불러일으킬 수도 있는, 이같은 「다원주의자」들에 대한 비평가들은 그같은 견해가 [즉, 「다원주의자」들의 견해가 실제로는] 민주주의에 대한 지나치게 야심적이면서 실제로는 [그들이 오히려] 엘리트주의적인 비전을 가지고 있고, 그들이 이야기하는 권력 평등에 대한 구상은 "너무 협소하게 묘사되고 있으며"(Bachrach 1967: 87쪽), 또한 [그들의] **권력**에 대한 구상 자체도 너무 협의적이라고 주장하였다. 피터 바크라크(Peter Bachrach)와 모튼 바라츠(Morton Baratz)는 「다원주의자」들이 인식하지 못하고 그들의 연구 방법으로는 감지할 수 없는 「두 번째 얼굴」(second face)이 권력에 내재되어 있다고 주장하였다. 즉, 권력은 어떠한 구체적인 결정들 속에만 반영되어 있는 것이 아니다. 비록 지역 공동체 내에는 잠재된 형태의 심각한 권력 「갈등」이 존재하고 있음에도 불구하고, 어떠한 사람 혹은 단체가 그 지역 공동체의 가치, 그리고 정치적인 절차 및 의식(儀式)들에 영향을 가함으로써, [다중이 참여하는] 의사 결정은 단지 상대적으로 논란이 없는 사안으로만 국한시킬 가능성도 연구자는 또한 고려하여야 하는 것이다.

따라서,

> 어떠한 개인이나 그룹이 의식적이든 무의식적이든 정책상의 「갈등」을 공론화시키지 못하도록 장벽을 설치하거나 혹은 그 장벽을 강화하는 정도에 따라 그 개인이나 그룹은 권력을 소지하고 있

다"(Bachrach & Baratz 1970: 8쪽, 역자 강조).

【11】 그리고 이러한 생각을 뒷받침하기 위하여 그들은 샤트슈나이더(E. E. Schattschneider)가 다음과 같이 설득력 있게 말한바를 인용하였다:

> 모든 형태의 정치적 「조직체」(organization)는 여하한 종류의 「갈등」을 유용하거나 혹은 다른 부류의 「갈등」은 억압하는 등의 「편향성」을 가지고 있는데, 이는 **「조직체」는 결국 「편향성」을 동원**(mobilization) 하기 때문이다. 어떠한 사안은 정치[적 사안의]에로 「조직적으로 포함」되는 (organized into) 반면 다른 사안은 그로부터 「조직적으로 배제」(organized out)된다(Schattschneider 1960: 71쪽, 역자 강조).

그러나 이러한 견해는 또 다른 의문을 야기하였다. 연구자들은 그러한 「영향」(이를 그들은 「비 의사결정」(non-decision-making)이라고 부른 바 있다)을 어떻게 연구하려 **하였던** 것일까. 특히 그 「영향」은 막후에서의 「의제 설정」, 혹은 잠재적인 적대관계를 고려하거나 채택하는 등의 차원을 넘어 '무의식적'일 수도 있고 또한 '가치관'에의 「영향」과 '의식'(儀式)이 가지는 효과까지도 그 고려 대상에 포함시킬 수 있다면 과연 어떻게 연구가 이루어질 수 있는 것일까? 사실 다원주의 저작자들로부터의 반격의 압력에 굴복하여 바크라크와 바라츠는 다소 후퇴하였는데, [결국 그들의 권력의 「두 번째 얼굴」이 드러나기 위하여서는 항상 관찰 가능한 「갈등」이 존재하여야만 하며, [그러한] 「갈등」이 존재하지 않는 경우는 당대에 지배적인 가치관의 배치 [상태]에 대한 '일정 합의가 존재한다고' 가정할 수밖에 없다고 말한바 있다. 즉, (명시적이거나 혹은 은밀한) 관찰할 수 있는 「갈등」이 존재하지 않는다면 그 '합의'는 '진정'이라고 가정하여야 한다는 것이다. 하지만 「동의」를 확보하고 「갈등」이 발생하지 않도록 하는 방식으로 권력이 작동할 가능성을 배제하여야 하는 어떠한 이유도 존재할 수 있을까?

그리하여 이러한 일련의 생각은 「잠복된 갈등」들(latent conflict)을[10] 억압하는, 체제가 가지는 「편향성」(bias)에 대한 샤트슈나이더의 생각과 더불어, 마르크스주의에서의 이데올로기 개념, 특히 안토니오 그람시 (Antonio Gramsci)가 「에게모니아」(egemonia) 또는 「헤게모니」(hegemony)라는 관념의 형태로 그의 저작인 『감옥에서 보낸 편지』(Prison Notebooks)에서 정치화(情緻化)시킨 바를 상기시키지 않을 수 없게 만들었다.[11] 파시스트 치

---

[10] [역주] 저자는 영어 potential과 latent를 구분하여 사용하고 있는데, 한글로 번역 시 양자 모두 '잠재적'이라고 사용하는 경향이 있다. 하지만 전자는 주로 미래에 현실화되어 나타날 수 있는 '능력'을 지칭하는 반면, 후자는 현재에도 존재할 수는 있지만 보이지 않거나 활동하지 않는 상태를 지칭한다. 따라서 전자를 '잠재적', 그리고 후자는 '잠복된'으로 번역하고자 한다.

[11] 마르크스와 엥겔스에 나타난 그람시의 사상에 대한 근거는 다음의 문구에서 볼 수 있다:

> 지배적 계급의 사상은 모든 시대에 있어서 '지배적 사상들'(herrschender Gedanke)이다. 즉, 사회의 '지배적 물질권력'(herrschende materielle Macht)인 [바로 그] 계급은 동시에 사회의 '지배적 정신권력'(herrschende geistige Macht)이다. '물질적 생산수단'을 통제처분(Verfügung)할 수 있는 [그] 계급은 그럼으로써 동시에 '정신적 생산수단'(Mittel zur geistigen Produktion)도 처분(disponieren)할 수 있기 때문에, 일반적으로 말하자면 '물질적 생산수단'이 결여된 사람들의 생각은 그 [지배적] 계급에 예속된다"(Marx and Engels 1965[1845]: 60쪽. 영어 번역문이 부정확하기에 위의 번역은 독일어 원문인 Karl Marx und Friedrich Engels(1978: 46쪽)에서 직접 번역. 원문은 인용원문 1 참고).

「헤게모니」에 대한 그람시의 논의는 Williams(1960) 및 Bates(1975)를 참조할 것.

하의 이탈리아 감옥에서 서구의 [사회주의] 혁명 실패에 직면한 그람시는 다음과 같은 질문과 씨름하였다: 어떻게 현대적 조건하에서 특히 민주정체하에서 자본주의적 착취에 대한 「동의」가 얻어질 수 있는가? 그러한 「동의」는 어떻게 이해되어야 하는가? 이에 대한 그의 대답에 대하여서는 다양한 해석의 여지가 상존하였지만, 어찌 되었든 1960년대 이후 대서양을 사이에 둔 양안에서 그의 대답은 상당한 관심을 불러일으킨 바 있었다.

【12】그에 대한 한 가지 해석에 따르자면, 그람시의 견해는, 부르주아지가 "「이데올로기적 장치」"(ideological apparatus)를 독점적으로 「통제」함으로써(Althusser 1971) "서구의 현대사회 형성 과정"에서 「동의」에 기반하여 확립된 계급 지배 방식"을 구성할 수 있도록 한 것은 바로 "문화" 또는 "이데올로기"였다는 것이다(Anderson 1976-7: 42쪽). 페미아(Femia 1981)가 기술한 바는 다음과 같다:

> (그람시는) 초기 마르크스주의 사상에서 단순히 주변적인(혹은 기껏 하여야 초기 단계에 불과한) 사상을 포착하고 그 잠재성을 발전시켜 그것을 그 자신의 사상에서의 중심점에 위치시켰다. 그렇게 함으로써 그는 오랫동안 소홀히 여겨져 왔고 절망적으로 비과학적이라고 여겨졌던 영역, 즉 생각(ideas), 가치, 믿음이라는 새로운 영역으로 마르크스주의 분석을 인도하였다. 더 구체적으로 말하자면, 그는 제2세대 헤겔주의 마르크스주의자들(즉. 프랑크푸르트학파(the Frankfurt School))이 향후 중점을 둔 바 있던 다음과 같은 주요 주제를 이미 개진하였던 것이다: 즉, 부르주아적 관계의 내면화 과정, 그리고 그에 따른 혁명적 가능성의 축소.

이러한 해석을 따르자면 "그람시가 「동의」라는 용어에 대하여 언급하였을 때, 그는 **심리적** 상태를 말하였던 것인데, 그 심리적 상태란 사회-정치적 질서 또는 그 질서의 특정 중요한 측면을 어떠한 종류로 (비록 반드시 명시적이지는 않을 수 있더라도) 포함하고 있음을 함의하고 있는 것이다". [그런데] 이때 말하는 「동의」는 자발적이며 또한 그 강도에 있어 다양할 수 있다:

> 그 [동의는] 한쪽 극단에서는 지배적 가치와 그 정의(定義)의 전면적인 내면화에서 비롯된 깊은 의무감, 그리고 다른 한쪽에서는 현상 유지를 고수하는 것은 비록 실상 수치스러울 정도로 죄책감을 부르지만 그럼에도 불구하고 [그것만이] 유일하게 실현 가능한 사회 형태라는, 그러한 불편한 감정에서 비롯되어 부분적으로 동조할 수밖에 없는 상황에서 야기되어 나올 수 있다. 그러나 그람시는 (…) 그 자신이 말하는 [양극단을 연결하는] 범위 내지는 '연속(continuum)의 범위'들이 무엇인지에 대하여서는 명확하게 밝히고 있지는 않다(Femia 1981: 35, 37, 39-40쪽).

이와는 달리 그람시의 「이데올로기적 헤게모니」를 비문화적으로 해석할 수도 있다. 즉, 「이데올로기적 헤게모니」는 물질적 기반을 가지고 있으며 지배 그룹과 종속적 그룹 간에 발생되는 실질적 또는 물질적 「이해관심」을 조율하는 것으로 구성된다.【13】 프제제보르스키(Przeworski)에 따르면:

> 이데올로기가 사람들의 일상생활에서의 어떠한 방향성을 제시하려면 그것은 그들의 「이해관심」과 열망을 표현하여야만 한다. 단지 소수의 개인들은 착각할 수 있지만 그러한 미혹이 대규모로 지속될 수는 없다.[12]

---

[12] 이 대목은 스티븐 홈즈(Stephen Holmes)가 상기하여 준 내용이다: 조세프 슘페터가 예리하게 관찰한바(Schumpeter 1962[1950]: 264쪽), 링컨의 격언에는 "모든 사람을 항상 속일 수는 없다. 즉 역사는 「사태」가 나아가

따라서 자본주의 사회 조직에 대한 임금노동자들의 「동의」라는 것은 "개별 자본들의 「이해관심」들의 총합이나 조직화된 임금노동자들의 「이해관심」들이 비록 침해된다고 할지언정 어떠한 특정한 한계 이상은 벗어날 수 없는" 지속적이며 또한 끊임없이 새로 갱신되는 계급적 타협의 소산이라고 할 수 있다". 더욱이:

> 자본주의적 관계의 재생산을 위한 근간이 되는 「동의」는 개인들이 가지고 있는 심상의 상태가 아닌, 「조직체」들의 행태적 특성으로 이루어져 있다. 「동의」를 [단지] 심리적, 도덕적 측면으로 이해되어서는 안 된다. 오히려 「동의」란 인지적이며 행태적인 것이다. 그것이 개인이든 집단이든 사회적 행위자는 그들이 단순히 실행하기만 하는 [이미 주어진] 어떠한 '주어진 성향'(predisposition)에 가득 차 전진하지는 않는다. 사회적 관계는 그 「조직체」 내에서 사람들이 인식하고 평가하며 행동하는, 사람들이 선택하는 구조로 구성된다. 특정 행동 방침을 선택할 때, 그리고 그 선택에 따라 실제적으로 행동할 때야 비로소 사람들은 「동의」한다고 말할 수 있다. 임노동자들이 자본주의라는 범위 내에서 마치 자신들의 물질적 조건을 개선할 수 있는 것처럼 행동한다면 그들은 자본주의적 사회 「조직체」에 「동의」하는 것이다.

따라서 「동의」는 "「동의」하는 사람들의 「진정한 이해관심」들'에 상응하는 것"으로 이해되며, 그것은 항상 조건부로 이루어지는 것이고, 「동의」가 허용되지 않는 넘어설 수 없는 한계는 [분명] 존재하며, "만일 이 한계를 넘어서는 경우 위기가 발생할 수도 있다"(Przeworski 1985: 136, 145-6).[13]

는 진로를 영원히 바꿀 수 있는 단기적인 상황의 연속으로 이루어져 있기' 때문에 단기적으로는 사람들을 속이는 것으로도 충분하다"라는 구절이 있다.

[13] 사실 어느 쪽이 더 나은 해석이라고 말하기는 어렵다. 그람시의 텍스트

그람시의 「헤게모니」라는 개념이 해답을 제시할 것으로 예상하였던 그러한 질문들은 PRV가 쓰인 1970년대 초에 이미 생생하게 제시되는 사안이 되었다. 자본주의의 지속성과 자유민주주의의 견고함은 무엇으로 설명될 수 있는가? 그 한계를 넘어서는 경우 위기가 발생할 수 있는, 「동의」가 가지는 한계는 과연 어디까지**였던가**? 자본주의적 민주주의는 과연 「정당성 위기」(legitimation crisis)를 겪고 있었는가? 현상 유지에 반기를 드는 지식인들이 가져야 하는 타당한 역할은 무엇이었나? 서구에서는 혁명이나 사회주의가 당대의 역사적 의제였는가. 그렇다면 어디에서 어떠한 형태로 이루어졌는가?【14】미국에서는 언론의 자유, 반전, 페미니즘, 시민권 및 기타 사회 운동이 「이데올로기의 종언」이라는 논리를 거부하고 「다원주의적 모델」에 대한 의문을 제기하였다. 영국에서는 그 10년 동안 계급 타협, 그리고 국가의 「통치가능성」(governability of the state)에 대한 의문이 제기되었고, 한동안 유럽에서는 서부의 유로공산주의(Eurocommunism)와 동부의 반체제적 목소리가 오래된 열망에 새로운 생명력을 불어넣는 것처럼 보였으며, 헤겔주의자, 알튀세르주의자, 그리고 그람시주의자 등의 「네오마르크스주의」 사상은, 물론 거의 전적으로 상아탑 내만 한정되기는 하였지만 다시금 부흥을 누리고 있는 듯 보였다.

(당대의 특징적인 표현을 사용하자면) 이러한 역사적 맥락하에서 PRV는 저술되었던 것이다. 오늘날에 있어서는 그 짧은 저술이 다루었던 거대하고 핵심적인 문제의식—즉 「지배」에 대한 「자발적 순응」을 어떻게 확보할 수 있는가?—은 그 어느 때보다 더 시의적절하며, 따라서 그에 대한 대답이 요구되고 있다. 공산주의 진영의 붕괴 이후 신자유주의적 사상과 [그것이 기반한] 가정들이 놀라울 정도로 전 세계적으로 확산

는 비트겐슈타인(Wittgenstein)의 오리와 토끼에 대한 비유(한쪽으로 보면 오리로 보이고, 다른 쪽으로 보면 토끼)와 유사하며, 이는 텍스트가 쓰인 상황과 무관할 수는 없다.(하지만 아래 5장 각주 369 참조).

되면서 미국의 레이건 주의와 영국의 대처 주의는 성공을 거둔 바 있다 (Peck and Tickell 2002 참조). 이러한 현상이「헤게모니」를 현시하는 거대한 사례라면, 그 영향을 똑똑히 이해하기 위하여서는 무엇보다도 권력에 대한 적절한 사고방식, 특히 찰스 틸리(Charles Tilly)가 올바르게 제기한 다음과 같은 문제의식에 대한 답변을 요구하게 된다: 즉 "통상적(ordinary)「지배」가 종속된 그룹의「이해관심」을 지속적으로 해친다면, 그럼에도 불구하고 그 종속된 그룹은 왜「순응」하는가? 왜 그들은 지속적으로「반항」하거나 적어도 그 과정에서「저항」하지 않는 것일까?"

틸리는 이 문제에 대한 해답을 구하기 위하여 필요한, 다음과 같은 체크 리스트를 제공하고 있다:

(1). 전제가 잘못되었다: 즉, 종속된 자들은 실제로 지속적으로「반항」하고 있지만 단지 은밀한 방식으로만「반항」하고 있을 뿐이다.

(2). 종속된 자들은 실제 종속의 대가로 무언가를 얻는데, 그것들은 대부분의 경우 [그 종속을] 감내하기에 충분한 정도이다.

(3).【15】「영예」(esteem)이나「정체성」(identity)과도 같은 다른 가치 있는 목적들을 [그 체제 내에서] 추구함으로써, 종속된 자들은 자신을 착취하거나 억압하는 체제에 [일종의 공범으로서] 연루되어 있다(일부 해석에서는 이 3번은 위의 2번과 동일시될 수 있다.).

(4).「신비화」, 억압 또는 단순히 대안 이데올로기적 프레임의 부재로 인하여 종속된 자들은 자신의「진정한 이해관심」을 인식하지 못한다.

(5).「위력」과 관성(inertia)은 종속된 자들을 [현재 주어진 그들의] 자리에 고착시킨다.

(6).「저항」과「반항」(rebellion)은 많은 비용이 들며, 따라서 대부분의 종속된 자들은 그를 위하여 필요한 수단이 결핍되어 있다.

(7). 혹은 위의 모든 것(Tilly 1991: 594).

이 목록에 대하여 다음과 같은 본 저자의 몇 가지 견해를 피력하고자 한다. 분명 (7)이 옳다: 위의 모든 답들이 상호 배타적인 것으로 간주되어서는 안 된다 (실제로는 그 답들을 모두 고려하는 경우에만 현안들을 빠짐없이 다룰 수 있다). 따라서 (1)은 (향후 살펴보겠지만) 일상적으로 일어나고 있는, 그리고 은폐되어 있고 단지 암호처럼 코딩되어 있는, 「저항」의 중요한 측면을 포착하고는 있지만 (예를 들어 이는 제임스 스콧(James Scott[14])의 연구에서 개진된 바 있음), (스콧이 제안하는 것과는 달리) 이것 하나만으로는 그 전부를 포착할 가능성은 거의 없다. (2)는 (그람시에 대한 프르제보르스키의 유물론적 해석이 시사하듯이) 단지 자본주의의 지속성에 대한 설명의 주요 부분일 뿐만 아니라, 사실 모든 사회경제적 체제를 설명하기 위한 주요 항목이라는 사실도 부연할 필요가 있다. (2)와 (3)은 함께 고려되었을 때, 행위자들 간에 발생하는 다양한 상호작용과 「이해관심」의 상충에 초점을 맞추는 것이 중요하다는 점을 지적하고 있다. 그것들은 또한 유물론적 설명과 문화적 설명 간의 대비에서 일어나는 「논쟁대립적」이면서도 근본적인 문제를 제기한다: 즉, 예를 들자면 「영예」이나 「정체성」에 대한 「이해관심」이 아니라 오히려 물질적 「이해관심」이 개인행동과 집단적 결과를 설명하기 위한 근본이 되는지, 만일 그렇다면 언제 그렇게 되는가. 그러나 권력 및 그 행사 방식과 구체적으로 관련되어 있는 항목은 바로 (4), (5), 그리고 (6)이다. 틸리가 언급한 바처럼 (5)는 「강압」(coercion)을 그리고 (6)은 희소한 자원을 강조하고 있다. 그러나 반면 (4)는 소위 '삼차원적' 권력, 즉 "사람들이 사물의 기존 질서하에서 자신들에게 주어진 역할을 [저항하지 않고] 수용하도록 하게끔 하는 방식으로 그들의 지각(perception), 인지(cognition), 그리고 선호들을 조형함으로써 「불만」을 가지지 못하도록 하는—정도의 차이는 있을지언정—권력"을 정확히 짚어 내고 있다. 【16】 PRV에서 주장하였던 바는 바로 이러한 사항들에 대한 [정확한] 인식이며, 본서의 제3장에서는

---

[14] 본서 제3장에서 상세히 논의할 예정임.

이같은 점을 더욱 명확히 보여주고자 한다. 이러한 종류의 권력을 설명할 수 없다면 여하한 권력에 관한 견해도 적절할 수 없다는 것이 본 저자의 신념이었고 현재도 변함없는 신념이라고 할 수 있다.

***

PRV는 **아주** 얇은 저술이었음도 불구하고,[15] 학계와 정치계를 막론한 많은 곳에서 놀라울 정도로 이에 대한 많은 논평이 쏟아졌는데, 그중 상당수는 사실 비판적이었다. 그리고 그러한 논평은 지속되었다. 그리하여, 이 저술에서 개진된 주장들과 더욱 넓게는 이 저술이 다루는 다소 포괄적인 주제에 대한 재검토를 새로 첨가하여, 함께 재출간하여 달라는 출판사의 거듭된 요청에 결국은 응할 수밖에 없었던 이유 중 하나가 바로 그 때문이었다. 본서를 재출간하게끔 이끈 두 번째 이유는 1판에서 나타난 실수와 불충분함을 통하여 오히려 교훈을 얻을 수 있다고 생각하였고, 더욱이 그것들을 더 뚜렷하게 보여줄 수 있도록 문장을 추가한다면 더욱 교훈적일 수 있기 때문이었다([하지만 물론] 17세기 자연과학자 존 레이(John Ray)는 "어떠한 주제를 설명하기 위하여 많은 단어들을 사용하는 사람은 마치 오징어처럼 대체로 자신의 잉크 속에 스스로를 숨긴다"고 관찰한 바는 있다). 그렇기에 본 저자는 원래의 문장들은 거의 수정하지 않고 그대로 재현하기로 결정하였고, 그 대신 본 서문을 추가하였는데, 본 서문은 따라서 전체 문맥[의 한 부분]을 이루고 있다.

이후 두 개의 [1판과 비교할 때 새로운] 장이 이어진다. 그중 첫 번째(제2장)에서는, 권력이 위치하여 있는 개념적 지형을 표시하고 있는 지도상에, 재인쇄된 텍스트와 그에 내포된 주장들을 배치하여 논의의 폭을 넓

---

[15] [역주] 역자가 본 서 부록에 수록한 1판, 2판 그리고 3판의 목차 간의 차이를 참고할 것.

히고자 한다. 그 장에서는, 권력을 정의하고 연구하는 방법에 대한 끝없는 이견이 존재하는 현재의 상황에서, 일단 우리에게 권력이라는 개념이 과연 필요한지, 필요하다면 무엇 때문에, 즉 우리 삶에서 어떠한 역할을 하는지를 묻는 것으로 시작한다. 저자가 이러한 의견상의 불일치가 오히려 중요하다고 주장하는 이유는, 우리가 권력을 어떻게 파악하고 있는지에 따라 우리가 사회에서 권력을 얼마나 관찰할 수 있는지, 그리고 우리가 권력을 어느 곳에 위치시키는지의 여부가 달라지며, 이러한 의견 불일치는 부분적으로 **도덕적**이고 **정치적**인 것이며 피할 수 없는 것이기 때문이다. 그러나 PRV의 주제, 그리고 권력에 관한 많은 글들과 생각들은 사실 구체적이라고 할 수 있다. 조금 더 구체적으로 말하자면 이는 다른 사람 또는 타인들 **위로**(over)[16] 행사되는 권력, 더 자세히 말하자면 「지배로서의 권력」(power as domination)에 관한 것이다. PRV는 이같은 면에 초점을 맞추고 다음과 같이 질문한다: 권력자는 그가 「지배」하는 사람들의 「순응」을 어떠한 방식으로 확보할 수 있으며, 더 구체적으로는 그들의 「**자발적 순응**」을 어떻게 확보할 수 있을까?【17】 그 장의 나머지 부분에서는 이 질문에 대한 미셸 푸코(Michel Foucault)의 실로 「초 급진주의」적인 대답을 검토하겠다. 사실 권력에 대하여 지대한 영향을 행사한 그

---

16 [역주] 본서의 번역상 영어 'over'를 사용하여 권력이 행사되는 대상을 지칭함에 있어서 일반적인 번역 방식인 '~에 대하여'를 피하고 굳이 '~의 위로'로 번역하였는데, 이는 두 가지 상이한 형태의 권력 개념인, 'power-over'(「**탈취적 권력**」)과 'power-to'(「**개선적 권력**」) 중 전자를 지칭하기 위함이다. 단순화시켜 말하자면 전자는 자신의 이득을 위하여 타인을 지배하는 권력, 혹은 제로섬 게임, 즉 파이가 주어져 있을 때 남의 것을 빼앗음으로서 내 것을 늘리기 위하여 남을 지배하는 권력이며, 후자는 전체의 이익을 위하여 협동을 장려하는 권력, 즉 그 파이 자체를 늘려서 모두가 개선될 여지가 있게 하는 권력이다. 참고: Haugaard(2002: 1-2쪽).

의 저술들은,「지배」는 벗어날 수 없는 것이며「지배」는 '모든 곳에' 편재하고,「지배」로부터의 자유 혹은 독립된 사유란 존재하지 않는다는 것을 시사하는 것으로만 받아들여져 왔다. 하지만 본 저자는 이 같은「초 급진주의」를 받아들일 필요는 없다고 주장한다. 실상 이러한 급진주의적 해석은 푸코가 수행한 작업의 실체를 파악하였다기보다는 단지 그가 사용한 수사적(修辭的) 방법에만 주목한 결과라고도 할 수 있다. 푸코의 작업은 사실 현대적「지배」형태에 대한 주요한 새로운 통찰과 더욱 중요한 가치를 가지는 있는 연구를 창출한 바 있다.

    3장에서는 이러한 질문들에 대하여 PRV가 제시한 답변들을 변호하고 동시에 그에 대한 자세히 설명을 제시할 예정이다. 단, PRV에 포함되어 있는 몇 가지 잘못과 불충분한 점을 지적하는 것도 물론 선행할 예정이다. 즉, [PRV 에서] "A가 B의「이해관심」에 반하는 방식으로 B에게 작용을 미칠 때(affect),[17] A는 B의 위로(over) 권력을 행사하는 것"이라고 권력을 정의한 것은 잘못이었다. 권력은「역량」(capacity)이고, 그「역량」을 [실제로] 행사하는 것은 아니며 (사실 그것은 실제로 행사되지 않고 행사될 필요가 존재하지 않을 수도 있다), 또한 [권력자가] 타인의「이해관심」을 만족시키고 증진시킬 때 [그의] 권력은 강력하다고 말할 수도 있다.[18] 하지만 PRV에서 주제로 내세웠던,「지배로서의 권력」은 단지 권

---

[17] [역주] 본서에서의 번역상, '작용을 하다(혹은 미치다)'(affect)와「영향」을 미치다' 혹은「영향」(influence)을 구분하였다. 통상적으로 양자 모두 '영향」을 미치다'로 번역되나, 본서에서의「영향」은 '권력'이 아닌 방식으로, 그리고 간접적인 방식으로 타인의 행동을 변화시킬 수 있는 경우로, 즉 권력과 대비하는 의도로 사용되거나, 혹은 16쪽에서와 같이 권력의 하위 범주로 사용된다. 반면 '작용'은 이러한 특정한 의미가 없이 타인에게 직접, 간접적으로 어떤 방식으로 작용한다는 일반적 의미이다.

[18] [역주] 이를「개선적 권력」(power-to)이라고 한다. 앞서 나온「탈취적 권

력의 한 종류일 뿐이다. 또한, 모든 사람의 「이해관심」은 다양하며, [따라서] 그 「이해관심」들 간에는 상충하는 면도 존재한다는 점, 그리고 그 종류도 다른 점을 고려하지 않고, 단지 단일 「이해관심」만을 가진 것으로 가정된 행위자들 간의 이분법적 관계로만 논의를 한정시킨 것은 부적절하였다고 할 수 있다.[19] [반면 PRV의 답변을 변호하는 측면에서 보자면] 내면적 제약이 부과된다는 사실은 권력이 존재함을 입증하는 것이다. 권력에 예속된 사람들은 「강압적」 혹은 비강압적 환경하에서 믿음을 획득하고 욕망을 형성하게 되며, 그리하여 「지배」에 「동의」하거나 적응하게 된다. 본 저자는 [이러한 위의 설명에 대한 다음과 같은] 두 가지 종류의 반대입장을 각각 검토하고 그 반대 주장들을 재반박하려 한다: 첫째, 피지배자는 언제 어디서나 은밀하게 또는 명시적으로 「저항」하기 때문에 그러한 [내면적 제약을 부과하여 피지배자들이 「동의」 내지는 적응하도록 하는] 권력은 존재하지 않거나 극히 드물다는 제임스 스콧(James Scott)의 주장, 그리고 둘째, 그러한 부류의 권력에 의하여서는 「지배」에 대한 자발적인 「순응」은 이루어질 수 **없다는** 존 엘스터(Jon Elster)의 생각이 그것들이다. 빅토리아 시대 여성의 예속관계에 대한 존 스튜어트 밀(John Stuart Mill)의 설명과 「아비투스」(*habitus*)의 획득과 지속에 관한 피에르 부르디외(Pierre Bourdieu)의 연구는 모두 [본 저자가 말한] 권력이 작동하고 있음을 보여주고 있는데, [그들에 의하면] 특히 권력에 예속된 사람들은 자신들의 처지를 [오히려] '자연스러운' 것으로 간주하고 심지어는 그것을 가치 있는 것으로 여기며, 그리하여 자신의 욕망과 신념의 [진정한] 근원을 인식하지 못하도록 이끌리고 있다. 권력이 사람들을 호도하고 그들의 판단을 왜곡함으로써 사람들

력」(power-over)과 대비된다.

[19] [역주] 즉 A와 B 모두 한 가지 면에서만의 「이해관심」을 가지고 있고, 그 단일 「이해관심」을 둘러싸고 양자가 양극으로 대립한다는 관점.

자신의 「이해관심」에 반하는 방향으로 작동할 때 이러한 장치를 포함하는 기타 장치들은 권력의 세 번째 차원을 구성한다고 하겠다. 【18】 이러한 권력이 「허위의식」(false consciousness)을 생성함에 의하여 사람들의 「진정한 이해관심」들(real interests)을 은폐하는 것과 관련이 있다고 말하는 것은 나쁜 역사적 기억을[20] 상기시킬 수도 있고, 타인을 무시하거나 혹은 주제넘어보일[21] 수도 있다. 하지만 본 저자는 이러한 개념에는 본질적으로 비자유주의적이거나 혹은 가부장적인[22] 요소는 없다고 주장하며, 이러한 개념을 적절히 정치화시키는 한, 그것은 「삼차원적 권력」을 이해하기 위하여 필요한 여전히 중요한 관념으로 남을 수 있다고 생각한다.

---

[20] [역주] 예를 들자면 소비에트 초기, 중국의 문화혁명 등의 전체주의 체제의 경우 권력을 가지고 있는 자들은 스스로가 '참된 의식'을 대변함에 반하여 정적들은 부르주아적 「허위의식」에 사로잡혀 있다고 주장함으로써 이러한 「허위의식」의 개념을 남용하여 정적들을 탄압 내지 숙청하였다.

[21] [역주] 즉 자신만이 '참된 의식'을 가지고 있고, 타인은 그렇지 못하다고 간주하는 태도를 지칭함.

[22] [역주] 타인은 참된 의식이 없기에, '참된 의식'을 가지고 있는 어른으로서 타인을 가르친다는 입장.

제3판의 서문

【1】 본서가 최초로 출간된 지²³ 거의 50년이 경과하였다. 하지만, 이 저술이 촉발한 이른바 「권력논쟁」(power debate)은 아직까지 잦아들 기미가 보이지 않고 있다. 그리하여 그 논쟁은 아직도 어떠한 결정적인 결론을 향하여 나가고 있지는 않은듯하다. 그렇다면, 이러한 사실로 유추하여 보건대 어떠한 무언가가 잘못되었다는 점을 시사하고 있지는 않은가? 이제 우리는 소득이나 부와 같은 개념을 논할 때와 마찬가지의 어떠한 객관적이고 논쟁의 여지가 없는 방식으로 사회 내부 및 사회 전반에 있어서 권력이 가지는 위상, 그 범위, 분배, 그리고 「권력관계」의 양상을 탐구할 수 있는 위치에 이미 도달하여 있어야만 하는 것은 아닐까. 혹은 적어도 가까운 미래에 그렇게 되는 것을 충분히 예상할 수 있어야만 하는 것은 아닐까.

Power(힘)의 개념은 어떠한 면에서는 소득과 부의 개념과도 유사하다고 할 수 있는데, 이는 이 세 가지 개념 모두 우리에게 친숙하며 동시에 기술적(技術的)인 것들이기 때문이다. 즉, 그것들은 모두 일상적으로 사용되는 통속적 개념이지만 전문가와 관찰자들에 의하여서도 활용된다. 회계사와 세무 조사관, 경제학자, 사회학자들은 소득과 재산이 무엇인지 잘 알고 있다. 이들이 가지고 있는 이해는 물론 일반적으로 더 복잡하고 정교하지만, 우리가 일상적으로 이해하는 것과도 크게 다르지 않다. 또한 무엇이 소득을 구성하고 무엇이 부를 구성하는지에 대하여서도 일반인이나 전문가들 사이에 큰 이견이 존재하는 것은 아니다. (더욱이 부는 power(힘)와 마찬가지로 소비될 수도 있고 그러지 않을 수도 있는 하나의

---

23 [역주] 본서의 제1판은 1974년에 출간되었으며, 저자의 현재 시점은 2021년이다.

스톡(stock) 개념이며, 또한 그 스톡은 증가되거나 고갈될 수도 있다.[24]) 물론 이 중 어떠한 경우에 해당하는지에 대한 논쟁은 존재한다. 가사일도 급여를 지급하여야 하는가? 사회적 자본이나 문화적 자본도 부로 간주되어야만 하는가?【2】더 심도 깊이 생각하자면 이러한 가시적 자원의 의미와 가치에 대하여서는 의견이 상이할 수 있다. 하지만 현재로서는 소득과 부와 관련하여 일반인과 전문가들 모두 어떠한 특정 기간 동안 누가 더 많이 혹은 덜 소유하고 있는지를 분별할 수 있으며, 또한 화폐액수라는 편리한 잣대를 사용하는 경우 소득과 부에서의 격차와 그 분포를 이견 없이 측정하고 또한 지형화할 수 있다.

그러나 '권력'은 바로 이러한 측면에서의 소득 혹은 부와는 다르며, 일반인과 전문가들 모두에 있어서의 권력에 대한 이해는 서로 동일하지는 않다. 즉, 무엇이 권력을 구성하는지, 따라서 권력이 어디에 위치하고 있는지, 우리 사회의 권력 지형이 과연 어떻게 생겼는지에 대하여 모두가 동의하는 일치점은 없다고 말할 수 있다. 더 정확히 말하자면 다음과 같다: 물론 투표의 경우에 있어서 한 그룹이 다른 그룹에 대하여 승리를 거두거나, 또는 한 사람이 다른 사람을 협박하여 성공적으로 돈을 갈취하는 등의 가장 뚜렷이 보이는「권력 행사」의 사례 자체에 대하여서는 모두가 동의할 수 있다. 하지만 이러한 외면적인 것들을 떠나 실제로 [배

---

24 [역주] 이 문단에서 영어 'power'가 두 번 반복되는데 이때의 power는 '권력'이 아니라 '힘'이다. 영어로 power라는 단어가 가지는 이중적 의미 (즉, 권력 혹은 힘) 때문에 혼란스러울 수 있어서 이 문장에서는 power라는 영어 단어를 직접 표기하였다. 참고로 'power가 소비'된다거나, 혹은 '스톡'과도 같은 개념이라고 말할 때의, 그리고 'power가 소득과 부와도 유사한 성질을 가진다'고 할 때는 일종의 에너지로서의 '힘'이다. 반면, '권력'은 그것을 사용하게 되면 감소되는 것이 아니라 오히려 증가될 수 있고, 따라서 스톡의 개념이 아니다.

후에 진정] 일어나고 있는 바에 대한 물음에 있어서는 의견이 갈리게 된다. 물론 이러한 질문을 던지는 것 자체는 음모론, '어둠의 힘', '심연의 상태', 심지어 [배후에서] 작동하는 초자연적 매개체들로까지도 우리를 이끌 수 있다. 그러나 어찌 되었든 권력은 우리의 관찰을 피하여 단지 우리 등 뒤에서만 작동할 수도 있으며, 사실 권력은 그 행위주체와 관찰자 모두의 눈에 띄지 않을 때 가장 효과적일 수 있다는 사실들을 우리는 알고 있다. 우리는 권력에 대한 일정 이해를—구상 또는 관점을—가지고 있으며, 이 세상을 헤쳐 나가면서, 권력이 작동할 때, 즉 일반적으로 불리한 것으로 보이는 어떠한 결과가 다른 개인이든 집단(기업 또는 국가)이든 어떠한 행위주체가 가지고 있는 권력 때문에 야기된 것이라고 돌리는 경우, 그러한 이해에 기반하여 일정한 판단을 내릴 수 있다. 여기서 우리가 말하고자 하는 요점은 우리 모두는 같은 구상을 공유하지는 않는다는 것이다. 우리는 자신의 열악한 삶의 조건이나 기회 부족과 같은 자신이 처한 불이익을, 단지 '어쩔 수 없는 섭리', '비인격적인「위력」들', '체제' 등의 탓으로 돌리는 운명론자일 수도 있다. (물론 그 체제가 자본주의적 체제인 경우에 있어서는 자본주의가 전복되면 그러한 상황이 반전될 수 있다고 생각할 수도 있다). 또는 우리는 극단적인 개인주의자로서 우리에게 닥친 모든 일에 대한 책임은 다른 어떠한 근원을 가진 힘도 아닌 자신 스스로에게만 연원한다고 생각할 수도 있다. 그러나 우리 대부분은 타인의 권력이 좋든 나쁘든 우리의 삶에「영향」을 미친다는 것을 알 수 있지만, 그럼에도 불구하고 그러한 권력을 구성하는 요인에 대하여서는 서로 상이한 개념을 가지고 있다.

【3】따라서 아래에서 주장하는 바처럼, 권력을 다소 좁게 생각할 수도 있다. 1960년대의 논쟁은 로버트 달(Robert Dahl)의 연구에서 촉발되었다. 그는 명시적「갈등」이 존재할 때 타인보다 우월한 위치에 있는 사람에 의하여「의사결정」상 권력이 행사됨에 주목하는 경우, 권력이 파악될

수 있다고 생각하였다.[25] 이러한 초기 단계의 중점은 그다음 단계에서 더 확장되었다. 그리하여 종종 배후에서 일어나는 「의제 설정」(agenda-setting)을 포함하게 되었는데, 이 경우 권력은 무엇이 결정될 수 있는지를 [즉, 결정될 수 있는 것들의 범위를] 미리 설정하도록 행사되며, 그에 따라서 「편향성」(bias)[의 형성], [가능한 선택지의] '배제'(exclusion), 그리고 「불만」의 억제를 통하여 [사전적으로] 「갈등」이 회피될 수 있다는 문제 제기가 등장하게 되었다.[26] 그러나 이러한 관점은 그에 따른 일련의 추가적 문제 제기를 촉발하였고, 이는 결국 「권력논쟁」으로 이어지게 되었다. 그러한 문제 제기들 중에는 「편향성」이 어떻게 영속화되는지, 이데올로기와 「헤게모니」에 대한 문제, 그리고 예속된 사람들이 그 「지배」를 정당한(legitimate) 것으로 여기는 경우 「불만」이 사라지도록 하는 선호들의 형성과 믿음의 조형에 대한 문제 제기도 있었다.[27] 그리하여 또한 권력은 바로 잠재력(potential)이라는 사실이 곧 분명하여졌고, 따라서 단지 **권력의** 행사에 초점을 둔 초기 단계의 논의가 잘못되었다는 사실도 드러나게 되었다. [즉,] 권력은 「순응」(compliance)을 확보할 수 있는 「역량」(capacity)이라고 할 수 있으며, [오히려 권력을 실제로] 행사할 필요가 없을 때 가장 효과적일 수 있다. 또한 권력은 그 권력에 예속되는 대상에게 미치는 「영향」에 있어서 단순히 부정적일 뿐만 아니라 오히려 긍정적이거나 심지어 [그 대상을] 양육(nurturing)시킬 수도 있으며, 또한 [타인을] 「지배」하는 것뿐만 아니라 [타인과의] 협력을 도모하도록(cooperative) 하는 것, 즉, 타인에 대한 「지배」가 아닌 오히려 타인과 더불어 행동하게 하는 경우도 존재함이 분명하여진 것이다.[28]

---

[25] [역주] 이는 본문에 등장하는 「일차원적 권력」을 의미한다.

[26] [역주] 이는 본문에 등장하는 「이차원적 권력」을 의미한다.

[27] [역주] 이는 본문에 등장하는 「삼차원적 권력」을 의미한다.

[28] [역주] 「탈취적 권력」과 「개선적 권력」을 각각 지칭한다.

본서의 초점은 처음부터 「지배적 권력」(dominating power), 즉 강자의 「이해관심」에 맞추어 「순응」하도록 하는 권력과, 본 저자의 용어에 따르자면 소위 「삼차원적 권력」, 다시 말하자면 욕망과 신념을 형성하고 「영향」을 미침으로써 자발적인 「동의」를 확보하는 권력에 맞추어져 있었는데, 후자의 권력의 운행과 그 작동 방식은 행위자와 관찰자 모두가 직접적으로 관찰하기 가장 어려운 형태의 권력이라고 할 수 있다. 이번 제3개정판에서는 이같은 두 가지 형태의 권력의 특징에 대하여 더 자세히 설명하고자 한다. 본서 제4장에서는 「권력논쟁」과 최근 정치 이론가들과 철학자들이 「**지배**」의 본질에 대하여 가장 명철하게 논의한 소위 「지배논쟁」(domination debate)을 연관시켜 설명하고자 한다. 노예제에 비유하여 설명하자면 후자의 논쟁에서의 「지배적 권력」은, 타인 또는 타인들의 의지와 기쁨(pleasure)에 대한 지속적 의존관계[를 만드는 권력이]라고 개념화될 수 있다: 하지만 본인은 본서에서 논의하는 권력이 이러한 [지배]논쟁에서 합의된 이상으로 어떻게 확장되는지 보이고자 한다.[29]【4】 본서 제5장에서는 현재의 다양한 사례들을 참조하여 「삼차원적 권력」의 개념을 더 면밀하고 생생하게 구체화함으로써, 우선적으로 무엇이 권력이 아닌지, 그리고 무엇이 바로 권력인지에 대한 논의를 더욱 개진하려고 시도하겠다.

'Power'(힘)이라는 개념은 소득과 부의 개념과 마찬가지로 통속적 개념이자 기술적 혹은 분석적 개념이다. 하지만 이들과는 달리 '권력'이 무엇인지를 이해하는 방식은 우리가 사회 세계를 보는 방식과 그 안에서 우리 자신이 행동하는 방식을 반영하고, 동시에 그러한 방식에 작용을 미친다. 이런 점에서 권력의 개념은 소득이나 부의 개념이라기보다는 오히려 「**자유권**」(liberty)[30] 또는 「자유」(freedom)—본 저자는 사실 이 두 단어

---

[29] 이에 관한 훌륭한 개관은 McCammon(2018)을 참고할 것.

[30] [역주] 'Liberty'는 통상적으로 「자유」라고 번역되나, 굳이 구분하기 위

는 동의어라고 가정하고 있다—의 개념과 더 유사하다고 할 수 있다.[31] 우리가 권력을 더 협의로 혹은 더 광의로 생각할 수도 있는 것처럼, 무엇이 「자유」(freedom)라고 간주할 수 있는가에 대한 생각도 마찬가지이다. 「자유」와도 마찬가지로, 권력에 대하여 인식하는 서로 상이한 방식은 상이한 종류의 '보는'(seeing) 방식과 '보지 않는'(not seeing) 방식, 그리고 상이한 도덕적, 정치적 태도와도 서로 연관되어 있다. 본 저자는 권력을 세 종류의 차원들에 입각하여 조망하는 사례를 제시하면서, 동시에 도덕적, 정치적 관점도 표현하고자 한다. 본서의 [영어] 부제에서 언급한바, 이러한 관점을 '급진적'(radical)이라고 부르는 이유는 좌파 내지는 우파라는 스펙트럼에 대한 본 저자의 입장을 밝히기 위함과는 상관없다는 점을 마지막으로 말하고자 한다. 이 '급진적'이라 함은 권력을 세 종류의 차원들에 입각하여 더 멀리, 더 깊이 조망함을 의미한다. 이러한 입장은 논거와 최상의 증거에 입각하여야만 한다는 요구(claim)인데, 권력의 특성을 고려할 때 이같은 요구를 만족시키기 위하여서는 탐구하는 사회과학자들로 하여금 특별히 어려운 도전과제들을 헤쳐 나갈 것을 요구하고 있다.

하여 법적으로 보장되어 있는 자유라는 의미에서 「자유권」이라고 번역하였고, 본서에서 자주 등장하는 'freedom'은 「자유」라고 번역하였는데, 사실 본서에서의 양자의 쓰임에 대한 차이는 크지 않다.

31 이러한 비유는, 「자유」란 '비 지배 상태'(non-domination)라고 간주하는 「지배논쟁」의 과정 중에서 명백하게 드러난다. Pettit(1996)를 참고할 것.

1 권력: 급진적 관점

1.1 서론

【19】 본 저자는 이 장에서는 권력에 대한 개념적 분석을 제시하려 한다. 특히 이론적이며 정치적인 의미 모두에 있어서 권력에 대한 근본적인 '관점'을(다시 말하자면, 권력을 파악하는 방법을) 주장할 것이다 (이러한 맥락에서 볼 때 위의 [이론적, 정치적] 의미들은 사실 밀접하게 관련되어 있다고 생각된다). 본 저자가 옹호하고자 하는 견해는 한편으로는 「가치 평가적」(evaluative)이고 '본질적으로 「논쟁대립적」(contested)'이며 (Gallie 1955-6),[32] 반면 다른 한편으로는 경험적으로도 응용이 가능하다. 그리고 본인은 이러한 견해가 다른 견해보다 우월한 이유를 설명하려고 노력할 것이다. 또한 이러한 관점이 가지고 있는 「가치 평가적」, 「논쟁대립적」 성격은 결코 그 관점에 결함이 있음을 의미하는 것은 아니며, (현재 그와 반대되는 주장들이 유세를 떨치고 있음에도 불구하고) 원칙적으로는 [경험적으로] 검증 및 반박이 가능한 가설을 세울 수 있다는 점에서 「조작적」인(操作的 operational),[33] 즉 경험적 연구를 위하여도 유용한 점을

---

[32] 이 점에 대하여서는 파슨스(Parsons, Talcott)가 다음과 같이 개탄한 바와 대비하기 바란다: "애석하게도 아직도 권력은 정치학이나 사회학을 포함하는 사회과학에 있어서 의견일치를 보인 개념은 아니다"(Parsons 1957: 139쪽).

[33] [역주] 「조작적」(operational)의 의미는 '직접적으로 관찰되지 않는 어떠한 추상적인 개념을 그 개념을 측정 가능하게 하는 일정한 조작을 통하여 구체적 결과 수치로 나타낼 수 있게 함'을 의미하는데, 이는 어떠한 개념을 과학적으로 정의하는 한 가지 방법이다. 이 방법을 구체화한 저명한 물리학자이자 과학철학자인 P. W. Bridgman(1881-1961)에 의하면, 어떠한 과학적 개념의 의미는 그것을 관찰 가능하게끔 하는 조작(operation) 내지는 측정 방법과 동일하게 간주되어야만 한다.

보일 것이다. 그리고 그와 더불어 그러한 가설의 예들을 제시하려 한다. 그 가설들 중 일부는 진실이라는 점도 추가로 논증하겠다.

본 저자는 본서를 개진함에 있어서 방법론적, 이론적, 그리고 정치적 문제 등에 관련된 다양한 문제를 논의할 것이다. 방법론상에 있어서는 「행태주의」에 내재된 한계, 설명에 있어서 '가치관'(value)이 가지는 역할, 그리고 「방법론적 개인주의」(methodological individualism)에[34] 관한 문제 등을 거론할 예정이다. 이론적 측면에 있어서는 「다원주의」가 가지는 한계 내지는 그것의 「편향성」(bias), 「허위의식」(false consciousness) 및 「진정한 이해관심」(real interests)에 대한 문제를 논의할 예정이다.【20】그리고 정치와 관련된 사안 중에는 로버트 달(Dahl, Robert, 1961)이 뉴헤이븐시(New Haven)를 대상으로 연구한 유명한 세 가지 주요 사안 분야(즉, 도시 재개발, 공

---

[34] [역주] 이 「방법론적 개인주의」(methodological individualism)라는 용어는 그 의미가 정확히 정의되지 않은 채, 그 용어를 사용하는 사람에 따라 다양한 다른 의미로 사용되기에 혼란을 초래하고, 이는 특히 경제학에서 그러하다(Hodgson 2007, Udéhn 2001 & 2002). 막스 베버나 슘페터 등이 사용하는 용법은, 어떠한 사회적 행동의 한 가지 측면을 '이해'(understand; verstehen)하기 위한 '인식론적' 도구이며, 다른 식의 방법(예를 들자면 사회를 전체적으로 분석하는 등의) 방법을 배제하는 것은 아니고 각각에는 자신만의 유용한 영역이 있다고 간주하고 있음에 반하여, 본서에서 나오는 엘스터, 혹은 주류 경제학 등에서 이야기하는 「방법론적 개인주의」는 소위 「원자론적 환원주의」(atomic reductionism)로서 모든 사회적 설명은 필히 원자로서의 개인으로부터 연역하여야만 하고, 더 강한 입장은 실제로 사회가 그렇게 구성되어 존재한다는 '존재론적' 입장을, 그리고 실제로 사회가 그렇게 되어야만 한다는 '규범적' 입장을 취한다. 이에 대한 자세한 설명은 위의 Hodgson(2007) 및 비저(2023: 792-798쪽)에서 역자가 정리한 부분을 참고하기 바란다.

교육 및 후보의 정치적 지명) 및 볼티모어시에서의 빈곤과 인종 문제, 마지막으로 공해 문제가 있다. 하지만 이러한 다양한 문제들은 단순히 그 문제들 자체만을 설명하기 위한 목적으로는 논의되지 않을 것이고 단지 본서와 관련된 제 논의들과의 연관 맥락하에서 언급될 뿐임을 밝히고 싶다. 이러한 논의들은 그 성격상 논란의 여지가 존재하며, 그리고 실제로 그러한 [논란적] 성격을 가진다는 사실이 본인이 가진 관점에서의 핵심적인 부분이라고 할 수 있다.

그 논의는(특히 막스 베버(Max Weber)의 사상에 있어) 깊은 역사적 뿌리를 가지고 있는, 그리고 로버트 달과 그의 동료「다원주의자」들의 연구를 통하여 1960년대 미국 정치학자들 간에 큰 영향을 미친, 권력 및 그와 연관된 개념에 대한 관점을 고찰함으로부터 시작된다. 그들의 관점은 피상적이고도 제한적이라는 비판을 받았으며, 미국의「다원주의」가 민주주의적 요건을 충족시키는 것으로 묘사되는 등의 정당하지 못한 찬양으로 이어졌다는 비판을 받게 되었다. 이같은 비판은 특히 피터 바크라크(Bachrach, Peter)와 모튼 바라츠(Baratz, Morton)에 의하여 저술된, 강한 영향을 미친 유명한 논문인『권력의 두 번째 얼굴』(The Two Faces of Power 1962)과 향후 그들의 저서『권력과 빈곤』(Power and Poverty 1970)에서 수정된 형태로 수록된 논문(Bachrach and Baratz 1963)에서 개진된 바 있었다. 하지만 바크라크와 바라츠의 주장은「다원주의자」들, 특히 넬슨 폴스비(Polsby, Nelson 1968), 레이몬드 울핑거(Wolfinger, Raymond 1971a, 1971b), 리처드 미렐먼(Merelman, Richard 1968a, 1968b) 등의 격렬한 반격에 직면하게 된다; 하지만 반대로 바크라크와 바라츠의 주장을 옹호하는 매우 흥미로운 논문도 발표되었는데, 예를 들어 프레데릭 프레이(Frey, Frederick) (1971)와 매튜 크렌슨(Crenson, Matthew)의 저서『대기오염의 탈정치학』(The Un-Politics of Air Pollution, 1971)에 수록된 흥미로운 경험적 연구가 그것이다. 본인은 그 같은「다원주의자」들의 견해는 바크라크와 바라츠가 개진시킨 문제의식을 반박하기에는 실제로 부적절하였으며, 반면 후자들의 견해는 어느 정도 진전한 바는 있었을지언정 충분히 멀리까지는 도달하지는 못하였고, 따라서 대대적인 보강이 필요하다는 바를 주장하고자 한다. [본서에서의] 본인의 전략은 세 가지의 [권력에 관한] 「개념적 지도」들을 소묘하는 것인데, 그를 통하여 이같은 권력에 관한 세 가지 관점이 가지는 특징을 드러낼 수 있기를 희망한다. 그리하여 그 같은 세 가지 관점을 다음과 같이 명명하기로 한다. 「다원주의자」들의 관점을 본 저자는 일차원적 관점이라고 부를 것이며, [바크라크와 바라츠로 대표되는] 비판자들의 견해를 이차원적 관점이라고 칭하겠다. 그리고 마지막으로 삼차원적이라고 지칭되는, 권력에 대한 세 번째 관점이 존재한다. 그러한 연후 이같은 세 가지 관점이 가지는 각각의 장단점을 논의하고, 세 번째 관점이 다른 두 가지 관점보다 「권력관계」를 더 심층적으로 만족스럽게 분석할 수 있다는 사실을 사례를 통하여 보이려고 노력할 것이다.

1.2 일차원적 관점

【21】이러한 관점을 흔히들 권력에 대한 「다원주의적 관점」(pluralist view) 관점이라고 부르기도 한다. 하지만, 로버트 달, 폴스비, 울핑거 등은 뉴헤이븐시, 그리고 더욱 일반적으로는 미국의 정치 체제 전체에서 권력이 실제로 다원적으로 분산되어 있음을 [그 결론으로서] 입증하는 것이 목적이었기 때문에 [방법론적인 의미를 함의하는] 이러한 명칭은 이미 오해의 소지가 있다: [다시 말하자면] 이같은 저자들이 그러하듯이 권력에 대한 「다원주의적 관점」 또는 「다원주의적 접근법」, 또는 「다원주의적 방법론」을 말한다는 것은, 이들 「다원주의자」들의 개념, 접근 방식, 방법론에는 이미 그들의 결론이 내포되어 있다고 시사될 수도 있다. 하지만 사실 본 저자는 그와는 달리 생각한다. 즉, 본 저자는 이것들이 [그들의 관점, 접근법, 그리고 방법론이] 경우에 따라서는 오히려 비 다원주의적인 결론을 도출할 수도 있다고 생각한다. 즉, 그들의 관점이 「엘리트주의적 의사

결정」 구조에 적용되면 엘리트주의적 결론이 도출되고, 반면 「다원주의적 의사결정」의 구조에 적용하면 「다원주의적 결론」이 도출되는 것이다. (또한 본 저자가 주장하겠지만, [그들의 관점이] 「다원주의적 의사결정」 구조에 적용되면 「다원주의적 결론」이 나오는 반면, [그들과는] 다른 권력의 관점은 그러한 결론을 도출하지는 않는다).[35] 따라서 그들의 관점을 규정함에 있어서 본 저자는 그들 관점의 [다른 관점과] 차별화되는 특징들을, 그 특징들을 이용하여 도출된 [그들의] 「다원주의적 결론」과는 독립적으로 파악하고자 한다.

로버트 달은 초기 논문 『권력의 개념』(The Concept of Power)에서 자신의 "직관적인 권력 개념"(intuitive idea of power)을 "다음과 같은 것"이라고 설명하고 있다:

> A가 B의 위로 권력을 가지고 있다고 함은, 만일 그 권력이 행사되지 않았다면 B가 하지 않으려 하였을 일을, [그 권력이 행사됨으로써] A가 B로 하여금 하게 할 수 있다면 그러한 한도에 있어서 그러하다"(Dahl 1957; Bell, Edwards, Harrison Wagner(eds) 1969: 80쪽에서 재인용).[36]

그런데 그는 같은 논문의 조금 뒤에서 "「권력관계」에 대한 직관적 견해"를 다소 다르게 설명하고 있다: 즉. 권력은 "B가 그렇지 않았다면 하지

---

[35] [역주] 다소 혼동스럽지만 정리하자면 다음과 같다: (「다원주의적 관점」 + 「다원주의적 결정」의 구조 → 「다원주의적 결론」) 혹은 (「다원주의적 관점」 + 엘리트적 결정구조 → 비 다원주의적 결론), 그리고, (엘리트적 관점 → 비 다원주의적 결론).

[36] [역주] 위의 정의는 독자들이 더 쉽게 이해하기 위하여 풀어쓴 것이다. 이 문구는 중요하기에 원문을 표기하자면 다음과 같다: "A has power over B to the extent that he can get B to do something that B would not otherwise do".

않으려 하였을 일을 성공적으로 A가 B로 하여금 하도록 한 시도를 함의하는 것"(전게서, 82쪽)으로 서술하고 있는 듯하다. 이때 첫 번째 진술은 A의 「역량」(즉, "B로 하여금 하게 할 수 있다면, 그러한 한도에 있어서..".)을 가리키고, 두 번째 진술은 시도의 성공을 명시적으로 포함하고 있다는 점에 유의하여야 한다. (물론 양자의 차이는 잠재적 권력과 실제적 [행사된] 권력, 혹은 권력의 소유와 행사 간의 차이에 대한 것이다). (소위 「엘리트주의자」[37]들이 「권력의 명성」(power reputations)에[38] 주목하는 바에 대한 반론으로서) 권력에 대한 이러한 [「다원주의자」들의] 견해에서의 핵심은 후자, 즉 권력의 행사라는 측면이다. 【22】 로버트 달의 논문『누가 통치하는가?』(Who Governs?)에서의 중심적 방법은:

> 각 결정에 대하여, 어느 참가자가 최종적으로 채택된 대안을 발의하였고 다른 참가자가 발의한 대안에 대하여 거부권을 행사하였으며, 혹은 어느 참가자가 대안을 제안하였다가 거부하였는지를 파악하는 것이다. 그런 연후 이러한 행동들은 각각 개별적 '성공' 또는 '실패'로서 표에 기록되었으며, 전체 총 성공 횟수 중 가장 높은 비율의 성공을 점유한 참가자가 가장 영향이 있는 자로 간주되었다"(Dahl 1961: 336쪽).[39]

요컨대, 폴스비가 언급한 바처럼, "「다원주의적 접근법」에 있어서는 (...) 어떠한 구체적인 결과들을 연구함으로써 누가 지역공동체 의사결정에서

---

[37] [역주] 권력이 엘리트들에게 집중되어 있다는 견해를 지지하는 학자들.

[38] [역주] 누군가가 권력이 있다는 명성을 가지고 있음으로 인하여 직접적으로 그가 행위를 하지 않음에도 불구하고 그가 권력을 (간접적으로) 행사할 수 있는 경우.

[39] 로버트 달 자신의 권력 개념의 사용에 대한 비판적 논의는 Morriss(1972)를 참고할 것.

실제로 결정권을 가지고 있는지를 판단한다"(Polsby 1963: 113쪽). 여기서 강조하는 바는 어떠한 구체적이고도 관찰 가능한 **행동**을 연구하여야 한다는 점이다. 폴스비에 따르면, 연구자는 "문서, 정보원, 신문 및 기타 적절한 출처에서 나타나는 행동을 직접적으로 혹은 재구성함에 의하여 실제적 행동을 연구하여야 한다"(전게서, 121쪽). 따라서 미렐먼의 말을 빌리자면 「다원주의적 방법론」은 "실제적 행동을 연구하고, 「조작적 정의」(操作的 定義 operational definition)를[40] 강조하며, 증거들을 밝혀낸다. 그리고 가장 중요한 바는 그것이 과학적 철칙들을 만족시키는 신뢰할 수 있는 결론을 도출할 수 있는 것처럼 보인다는 점이다"(Merelman 1968a: 451쪽).

(「다원주의자」들 사이에서는 '권력', 「영향」(influence) 등은[41] "이러한 **모든** 개념의 배후에 있는 것으로 보이는 어떤 원초적 관념"이 존재한다는 가정하에서는 상호 혼용되어 사용되는 경향이 있다는 점에 유의하여야 한다(Dahl 1957; Bell, Edwards, Harrison Wagner(eds) 1969: 80쪽에서 재인용). 예를 들자면, [달의] 『누가 통치하는가』에서는 주로 「영향」에 대하여 말하고 있는 반면 폴스비는 주로 '권력'에 대하여 이야기하고 있다). 「다원주의자」들이 권력을 파악할 때는 관찰 가능한 행동에 초점을 맞추기 때문에 그들의 핵심 과제는 「의사결정」에 대한 연구로 귀착된다.

따라서 로버트 달에게 있어서의 권력은 "일련의 구체적인 결정들에 대한 면밀한 검토"(1958: 466쪽)를 통하여만 분석될 수 있다. 또한 폴스비는 다음과 같이 언급하고 있다:

> '권력'은―「영향」과 「통제」라는 개념은 실제적으로 상호 호환하여 사용할 수 있다―어떠한 한 행위자가 다른 행위자에게 작용을 미치

---

[40] [역주] 특정 개념을 측정 및 관찰할 수 있도록, 즉 조작 가능하도록 정의하는 것을 의미한다. 각주 33을 참고할 것.

[41] [역주] 권력과 「영향」에 대하여서는 각주 17을 참고할 것.

는 어떠한 일을 하는 「역량」, 그리하여 특정 미래 사건들이 전개되는 가능한 형태를 바꿀 수 있는 능력으로 생각될 수 있다. 이는 「의사결정」의 상황에서 가장 쉽게 보일 수 있다(1963: 3-4쪽).

【23】 그는 "「의사결정」에서 누가 우세한지를 파악"하는 것이야말로 "어느 개인과 집단이 사회생활에서 '더 강력한' 권력을 가지고 있는지를 결정하는 가장 좋은 방법인데, 이는 결과에 작용을 미치는 그들의 「역량」들에 대한 실험적 검증을 위하여서는 행위자 간의 직접적인 「갈등」이 가장 적절한 상황을 제시하기 때문"(전게서 4쪽)이라고 주장한다. 이 마지막 인용문에서 알 수 있듯이, '결정'에는 '직접적', 즉 실제적이며 관찰 가능한 **갈등**이 수반된다고 가정한다. 따라서 로버트 달은 [이는] 「통치 계급의 가설」이 옳은지 여부를 엄격하게 검증할 수 있는 경우라고 주장한다: 즉, "주요 정치적 결정과 관련되어 어떠한 특정 「통치 엘리트」 그룹이 가지는 선호가, 고려될 수 있는 다른 그룹의 선호와 상충되는 사례가 존재하고"(...) 또한 "그 경우 엘리트 그룹의 선호가 항상 우세한 경우"가 존재하는지의 여부를 살펴보아야 한다(Dahl 1958: 466). 「다원주의자」들은 결정이란 어떠한 선택된 (핵심) '사안영역들'(issue-area)에 위치한 사안에 관하여 내려지는 것이라고 말하는데, 사실 여기서도 그러한 사안들은 논쟁적이며 또한 실제적 「갈등」을 수반한다는 가정을 전제로 하고 있다. [하지만] 로버트 달이 언급한바, "그 핵심 사안에 있어서 두 개 이상의 그룹들 간에 선호도가 실제적으로 불일치하다는 것은 필요조건이기는 하지만 충분조건은 아닐 수도 있다"(전게서 467쪽).

그리하여 「다원주의자」들의 입장은, 과연 실제적이고 관찰 가능한 「갈등」이 수반되는 행동이, [사람들이] 어떠한 핵심적이거나 중요한 사안에 관한 결정을 할 때 존재하는지의 여부를 파악함에 중점을 두고 있음을 우리는 살펴보았다. 이러한 함의는 로버트 달이나 폴스비의 권력에 대한 정의에서 필히 요구되는 것은 아니며, 그들의 정의에 의하면 단지

A가 B의 행동에 작용을 미칠 수 있거나 혹은 「영향」을 미치는 바에 [실제로] 성공하는지의 여부만을 요구할 뿐이라는 점에 유의하자. 그리고 실제로 로버트 달의 논문 『누가 통치하는가』에서는 「갈등」이 부재할 때도 과연 권력이나 「영향」이 작동하는지의 여부에 대하여서는 상당히 조심스러운 자세를 취한다: 실제로 그는 "어떠한 개인이 명시적이거나 또는 은밀한 「영향」이 있는지에 대한 아주 대략적인 검증 방법은, 그가 타인의 반대에도 불구하고 중요한 정책을 성공적으로 시행하거나, 다른 사람이 제시한 정책을 거부하거나, 혹은 **반대자가 나타나지 않는 정책을 시행하는** 등의 경우가 가지는 빈도"(Dahl 1961: 66, 강조 저자 추가)라고 쓰기도 하였다.[42] 그러나 이 점에서 볼 수 있는 바는[43] 『누가 통치하는가』라는 논문에 나오는 문구들은 그 저자 자신과 저자의 주변 동료 학자들이 취하고 있는 일반적인 개념상의, 그리고 방법론상의 선언보다도 훨씬 더 미묘하고 더 깊은 의미를 가지고 있다는 점이다.[44] 사실 그 문구들은 그들이 가진 개념적 틀 및 방법론과는 모순되는 것이다. 다시 말하자면 그 문구들은 권력에 대한 일차원적 관점으로는 도저히 파악될 수 없는 통찰력을 제시하고 있다.

이러한 관점에 따르면 '갈등'이란 [어떠한 것이] 권력에 속함의 여부

---

[42] 사실 이 문구는 모리스(Morriss 1972)에 의하여 가차 없이 비판된 바 있다.

[43] [역주] 위에서 '반대자가 나타나지 않는 정책'을 시행한다 함은, '반대자가 나타날 수 없게끔' 할 수도 있음을 시사한다.

[44] 또 다른 예는 전게서 161-2쪽과 321쪽에서 보인다. 이때 로버트 달은 어떠한 정치적 계층에 속한 구성원들이 가지고 있는 권력이 특정 사안을 '현저한 공공 사안'으로 만들도록 결정할 수 있는 여부에 대하여 서술하고 있는데, 이때 그는 「비 의사결정」[즉, 어떠한 결정을 내리지 않고 가만히 있음으로써 「영향」을 행사하는] 과정을 암묵적으로 시사하고 있다.

를 실험적으로 검증함에 있어 중요한 역할을 하는 것으로 간주된다: 즉, 「갈등」이 존재하지 않는다면 권력의 행사는 나타나지 않을 것이라고 간주하는 듯하다.【24】 [하지만 '「갈등」'이란 도대체 무엇들 간의「갈등」인가? 그에 대한 답은 다음과 같다: 의식적으로 만들어지고, 행동으로 드러나며, 따라서 사람들의 행동을 관찰함으로써 발견될 수 있다고 여겨지는 선호들 간의「갈등」이다. 또한「다원주의자」들은 **「이해관심」**을 정책상의 선호로 이해하여야 하며, 따라서「이해관심」의「갈등」은 선호 간의「갈등」과 동일하다고 상정한다. 이들은「이해관심」이 명확하게 구별되지 않거나 관찰 불가능할 수 있다는 생각에 반대하며, 무엇보다도 사람들이 실제로 자신의「이해관심」에 대하여 착각하거나 인지하지 못할 수 있다는 견해에도 반대한다. 폴스비는 이에 관하여 다음과 같이 주장한다:

> 이러한「이해관심」의 객관성이라는[45] [잘못된] 전제를 거부함으로써, 우리는 계급 내 의견 불일치 사례를 계급 내「이해관심」의「갈등」으로, 계급 내 합의를 계급 내「이해관심」의 조화로 간주할 수 있게 된다.[46] 또한 이와는 반대의 주장을 하는 것은 터무니없는 것으로도 생각할 수 있다. [하지만] 만일 지역 공동체에서 집단들의 실제 행동에 대한 정보가 연구자 자신의 기대와 다를 때 [그 정보들이] 적절하지 못

---

[45] [역주] 이때,「이해관심」이 '객관적'이라고 함은, 어떠한 주체가 그「이해관심」을 인지하지 못하고 있다고 하더라도 그「이해관심」이 객관적으로 실재하고 있음을 뜻하며, 본서에서 자주 언급되는「진정한 이해관심」이라는 것이 존재함을 의미한다.

[46] [역주] 즉, 계급 간의「이해관심」의「갈등」이란 다름 아닌 계급 간에 실제로 의견 불일치가 존재하는 경우에 한정되는 것이지, 의견 불일치가 보이지 않는 경우에도 보이지 않는 형태의「이해관심」의「갈등」이 존재하는 것으로 생각하여서는 안 된다는 의미.

한 것들로 간주된다면, (계급적 이해를 가정하고 있는) 「계층화 이론」(stratification theory)이 주장하는 경험적 주장들을 반증하는 것은 영원히 불가능하며, 그러한 주장들은 경험적 진술은 결코 아니고 단지 형이상학적인 것으로 간주되어야만 할 것이다. 어떠한 계급이 자신들의 '진정한' 「이해관심」을 가지고 있다고 연구자가 판단할 수 있다고 생각하는 경우, 그 해당 계급이 연구자의 견해에 동의하지 않을 경우 그 연구자로 하여금 [그 계급이] 「허위계급의식」을 가지고 있다고 주장할 수 있게 하여준다.(Polsby 1963: 22-3)[47]

따라서 본 저자는 권력에 대한 이 첫 번째 관점, 즉, 일차원적 관점은, 정치적 참여에 의하여 드러나는 명시적인 「정책적 선호」로 보이는, 관찰될 수 있는 (주관적) 「이해관심」의 「갈등」이 존재하는 사안에 대한 결정을 내릴 때 나타나는 행동에 초점을 맞추는 견해라고 결론을 내리고자 한다.

1.3 이차원적 관점

바크라크과 바라츠는 위의 관점에 대하여 비판을 개진하고 있다. 즉, 그러한 관점은 너무 제약적인 견해이며, 그렇기 때문에 미국 정치에 대

---

[47] 프롤레타리아트에게는 [현실에서 보이는] 그 구성원의 바람과 목표와는 독립적인 「진정한 이해관심」이 존재한다고 마르크스가 주장한 바에 대한 테오도르 가이거(Theodor Geiger)의 비판과 비교할 것: 가이거는 다음과 같이 말한다: "사회계급의 「이해관심」의 구조에 대한 타당한 분석은 [마르크스의 이같이 잘못된 주장에 의하여] 종언을 고한 셈이다. 그리하여 종교적 광기만이 그 자리에서 외치고 있다"(*Die Klassengesellschaft im Schmelzliegel*, Cologne and Hagen 1949, 133쪽. Dahrendorf 1959: 175쪽에서 인용 및 번역).

하여 오해의 소지를 불러일으킬 만큼 낙관적인 「다원주의적」 청사진을 제공하고 있다고 주장한다.【25】 그들은 권력은 「두 번째 얼굴」을 가지고 있다고 주장한다. 첫 번째 얼굴이란 [로버트 달 등에 의하여] 이미 고려된 모습이다. 즉, "권력은 '구체적인 결정들' 혹은 그러한 결정들을 내림에 있어 직접적으로 「영향」을 미치는 활동 그 자체 속에 완전하고도 충분히 반영되어 내재되어 있다"는 것이다(1970: 7).

> 물론 권력은 A가 B에게 작용을 미치는 결정을 내리는 사안에 참가할 때 행사된다. 하지만 또한 A가 정치적 [결정] 과정의 범위를 제한하기 위하여 자신의 에너지를 사용할 때, 즉, 공적인 고려를 하여야 하는 사안을 A 자신에게 비교적 해가 없을 것들로만 제한하도록 하는 사회적 및 정치적 가치, 그리고 제도적 관행을 만들어 내거나 강화하는 바에 자신의 에너지를 사용할 때도 권력은 행사된다고 말할 수 있다. A가 이같은 자신의 시도를 성공적으로 수행하는 한, 그 사안의 해결 과정에서 A의 일련의 선호들에 심각한 해를 끼칠 수 있는 사안들을 B가 전면으로 부각시키지 못하도록 실질적으로 막게 된다(7쪽).

이들이 말하는 '핵심주장'은 바로 다음과 같다: "어떠한 개인이나 그룹이 의식적 혹은 무의식적으로 정책상의 「갈등」을 공론화하지 못하도록 장벽을 설치하거나 강화하는 한, 그 개인이나 그룹은 권력을 가지고 있다"(8쪽). 이들은 샤트슈나이더의 자주 인용되는 유명한 문구를 인용하고 있다:

> 모든 형태의 정치적 「조직체」(organization)는 여하한 종류의 「갈등」을 유용하거나 혹은 다른 부류의 「갈등」은 억압하는 등의 「편향성」을 가지고 있는데, 이는 **「조직체」는 결국 「편향성」을 동원**(mobilization)하기 때문이다. 어떤 사안들은 정치적 사안에로 **「조직적으로 포함」**되는 (organized into) 반면 다른 사안은 그로부터 **「조직적으로 배제」**(organized

out)된다.(Schattschneider 1960: 71).

바크라크과 바라츠의 연구의 중요성은 바로 「편향성의 동원」이라는 결정적으로 중요한 개념을 권력에 대한 논의로 끌어들였다는 바에 있다. 이들의 말에 따르자면 「편향성」은:

> 타인들의 희생 위에 특정 개인과 그룹의 이익을 위하여 체계적이고도 일관적으로 작동하는 일련의 지배적인 가치, 신념, 의식(儀式), 그리고 제도적 절차(다시 말하자면 '게임의 규칙')이다. 이때 이득을 보는 사람들은 기득권(vested interest)을 지키고 또한 증진할 수 있는 유리한 위치를 점하게 된다.【26】'현상 유지 옹호자들'(status quo defender)은 해당 인구 중 대체로 소수 또는 엘리트 그룹인 경우가 많다. 하지만 이러한 엘리트주의는 숙명적인 것도, 세상 어디에나 편재된 것도 아니다: 베트남 전쟁에 반대하는 사람들의 예에서 쉽게 증명될 수 있듯이, 이러한 「편향성의 동원」은 [오히려] 명백한 다수에게 이익이 될 수도 있고 종종 그렇게 된다(1970: 43-4).

그렇다면 권력에 대한 이러한 두 번째의 관점, 즉 이차원적 관점이 의미하는 바는 무엇인가. 그리고 이러한 관점을 묘사하는 그 「개념적 지도」는 어떠한 모습인가. 하지만 바크라크과 바라츠는 '권력'이라는 용어를 두 가지 상호 다른 의미로 사용하기 때문에 이 질문에 쉽게 답하기는 어렵다. 한편으로는 그들은 '권력'을 A가 B를 성공적으로 「통제」하는 모든 형태들(forms), 즉 A가 B의 「순응」을 확보하는 모든 형태들을 지칭하는 일반적인 의미로 사용한다. 실제로 그들은 그러한 「통제」의 형태들에 대한 전반적인(매우 흥미로운 연구라고 생각되는) 유형 분류체계를 개발하였고, 이에 의하여 권력들을 그 두 가지 종류의 얼굴들에 해당하는 각자의 유형들로서 본다. 반면에 그들은 이러한 유형들 중 하나, 즉 제재의 위협(threat of sanctions)을 통하여 「순응」을 확보하는 것도 '권력'이라고 지칭한다 [그리하여 혼란을 야기한다]. 그러나 그들의 입장을 설명할 때는 첫 번째 의미는 '권력'으로, 두 번째 의미는 [즉, 제재의 위협은] 「강압」(coercion)으로 일관되게 명명하면 이러한 혼란은 쉽게 제거될 수 있다.

따라서 그들의 유형 분류체계에서의 '권력'은, [아래에서 자세히 설명할] 「강압」, 「영향」(influence), 「권위」(authority), 「위력」(威力 force), 그리고 「조작」(造作 manipulation)을 포괄한다. 앞서 살펴본 바와 같이 **「강압」**은 "A와 B 사이에 가치나 행동 방침에 대한 「갈등」이 있을 때"(24쪽) A가 「박탈의 위협」(threat of deprivation)을 통하여 B의 「순응」을 확보하는 경우에 존재한다.[48] **「영향」**이란 "암묵적 또는 명시적으로 심각한 「박탈의 위협」을 가하지 않고도 A가 B로 하여금 행동 방침을 바꾸게 하는 경우"에 존재한다(30쪽). **「권위」**와 관련된 상황에서는 "A의 명령이 B 자신의 가치관에 비추어 합리적이라고 인식하기 때문에, 즉 그 내용이 합법적이고 합리적이기 때문에, 또는 합법적이고 합리적인 절차를 통하여 이루어졌기 때문에 B가 「순응」하게 된다"(34, 37쪽). **「위력」**은, A는 B가 「비 순응」함에 직면하여 B가 「순응」과 「비 순응」 사이에 선택할 수 있는 힘을 제거함으로써 A 자신의 목적을 달성하게 되는 경우이다. 【27】 그리고 따라서 **「조작」**은 (「강압」, 「영향」, 그리고 「권위」와는 구별되는) 「위력」의 한 '측면' 또는 그것의 하위 개념인데, 이 경우에서의 "「순응」은 「순응」하는 자의 입장에서 볼 때는 그에게 가해지는 요구의 출처나 그 요구의 정확한 성격을 인식하지 못하는 상태에서 이루어지기 때문이다"(28쪽).

이같이 바크라크과 바라츠가 「다원주의자」들의 일차원적인 권력관에 대하여 비판함에서의 핵심은 어느 정도까지 **반행태주의적**(antibehavioural)이라는 점에 있다: 즉, 그들은 [「다원주의자」들이] "발의, 결정, 거부권의 중요성을 지나치게 강조"하고 있으며, 그 결과 "「의사결정」의 범위를 상대

---

[48] 「강압」에 관하여서는 Nozick(1972), Pennock and Chapman(eds.)(1972), 그리고 Wertheimer(1987)를 참고할 것.

적으로 [권력자에게] '안전한' 사안으로만 국한시키는 방식으로도 권력은 행사될 수 있고, 종종 그렇게 행사된다는 사실을 고려하지 않는다"고 주장한다(6쪽). 다른 한편으로, 그들은 「의사결정」의 범위를 제한하는, 이른바 「비결정」(nondecision)도 그 자체로 (관찰 가능한) **결정**이라고 주장한다. (A의 반발을 예상하여서 B가 아무런 행동도 하지 않는다면 결국 아무 일도 일어나지 않기에 따라서 [이같은 사태는] 경험적으로는 검증할 수 없는 「비 사태」(non-event)라고 주장하는 비판자들에 대한 대응으로서 그들은 적어도 그들의 저술에서는 이같이 주장하고 있다). 그러나 이러한 [「비결정」의] 결정은 특정 사안에 대하여서는 명시적이거나 구체적이지 않을 수 있으며, 심지어 현상 유지 옹호자들 자신들조차도 잘 의식하지 못하는 어떠한 잠재적 도전자들을 배제하기 위하여 [역설적으로 말하자면] 의식적으로 취한 바가 아닐 수도 있다. 하지만 이러한 비의식성 자체가 "지배 그룹이 자신들의 지배권을 보호하거나 촉진하는 결정을 삼가는 것을 의미하지는 않는다. [도전자들을 의식하지 못하더라도] 단순히 기존 정치적 과정을 옹호하는 것만으로도 이러한 효과를 가져오는 경향이 있다"(50쪽).

따라서 이차원적 권력에 대하여 만족스러운 분석을 하기 위하여서는 **「의사결정」**과 **「비 의사결정」**의 모두에 대한 검토를 포함시켜야만 한다. 이때, 「의사결정」이란 "대체 가능한 행동 방식 중에서 선택하는 것"이다(39쪽). 반면 「비 의사결정」은 "의사결정자가 가지고 있는 가치나 「이해관심」에 반하는 잠재적 혹은 명시적 도전을 억제하거나 좌절시키는 결과를 초래하는 결정"이다(44쪽). 따라서 「비 의사결정」은 "지역 공동체에 존재하는 이익과 특권의 기존 배분 상태에 대한 변경을 요구하는 목소리들이 표출되기도 전에 이미 질식시킬 수 있거나, 은폐시키거나 혹은 해당 의사 결정의 장에 접근하기도 전에 절멸시키는 수단이며, 이 모든 수단이 실패할 경우에 있어서도 그 [변경을] 결정한 정책 과정의 실제 실행 단계에서 [변경의 목소리들을] 불구를 만들거나 파괴할 수 있다"(44쪽).

부분적으로 바크라크와 바라츠는 사실상 정치적 사안으로 간주되는 것들의 경계 범위에 대한 재정의를 시도하고 있다.【28】「다원주의자」들에게 이러한 경계 범위는, 관찰되는 정치 체제, 또는 오히려 그 내부의 엘리트들에 의하여 설정된다고 할 수 있다: 이미 로버트 달이 기술한 바처럼, "어떠한 정치적 사안은 상당 부분의 정치 계층들의 관심을 끌기 이전에는 존재한다고 말할 수 없다"(Dahl 1961: 92). 그런 연후 관찰자는 이러한 사안 중 명백히 중요하거나 '핵심적인' 특정 사안들을 선별하고 그 사안들에 대한 의사 결정 과정을 분석하게 된다. 이와는 달리 바크라크와 바라츠에 있어서는 「비 의사결정」에 의하여 현실화되지 않는 **잠재적 사안**을 파악하는 것이 매우 중요하다고 여겨진다. 따라서 후자적 견해에서의 '중요한' 또는 '핵심적' 사안은 실제적이거나 잠재적일 수도 있는데, 이때 핵심적 사안이란 "현행 제도하에서 정책 결과물이 결정되는 과정을 지배하는 사람들이 가진 권력자원이나 「권위」에 반하는 실질적 도전과 관련된 사안", 즉 "정책에서 가치가 배분되는 방식, 그리고 가치의 배분 그 자체가 지속적으로 변화되어야 한다는 요구"(Bachrach and Baratz 1970: 47-8)이다.

하지만 바크라크과 바라츠의 분석은 「다원주의자」들과의 중요한 차이에도 불구하고 후자들의 분석과 한 가지 중요한 공통점을 가지고 있다: 즉, 명시적이든 은밀한 것이든 실제로 관찰 가능한 「갈등」에 대한 강조이다. 「다원주의자」들이, 「의사결정」에서의 권력은 「갈등」이 현존하는 곳에서만 나타난다고 주장하는 것처럼, 바크라크와 바라츠 또한 「비 의사결정」의 경우에도 그와 마찬가지라고 상정한다. 따라서 그들은 "명시적이든 은밀한 것이든 「갈등」이 나타나지 않는다면, 가치 배분에 대한 지배적 의견일치가 존재한다고 상정하여야만 하며, 그러한 경우 「비 의사결정」은 불가능하다"고 주장하고 있다(49쪽). 그리고 그러한 「갈등」이 존재하지 않는 경우, "실제로 의사 결정권자에게 잠재적으로 위협이 되는 변화에 대한 요구들이 의사 결정상의 주도력에 의하여 진지하게 고려되지 못하도록 좌절되거나 혹은 차단되는 것인지를 정확하게 판별할 방법은 없게 된다"고 주장한다(50쪽). 만일 "현상 유지에 대한 보편적인 「묵종」이 있는 것처럼 보인다면", "그 합의가 과연 진정한 것인지 아니면 「비 의사결정」에 의하여 강제된 것인지를 경험적으로 판단하는 것"은 불가능하며, 오히려 "이러한 문제에 대한 분석은 일개 정치학 연구자의 능력 범위를 넘어서는 것이고 아마도 철학자에 의하여서만 효과적으로 분석될 수 있을 것"이라고 그들은 기묘하게 첨언하고 있다(49쪽).

【29】 이 마지막 발언에서 유추하여 보건대, 바크라크와 바라츠에게는 관찰 가능한 「갈등」이 존재하지 않는 경우에는 「비 의사결정」의 권력은 행사될 수 없다는 의미인지, 혹은 그러한 「갈등」이 존재하였다는 그 자체를 알 수 없다는 것을 의미하는지에 대하여서는 그들이 확신하지 못하는 듯 보인다. 하지만 어찌 되었든 간에, 그들이 필수적이라고 주장하는 「갈등」이란 「비 의사결정」에 관여하는 사람들의 **이해관심사**와 정치 체제에서의 공청회에서 배제되는 사람들의 「이해관심사」 간의 「갈등」이라고 말할 수 있다. 그렇다면 후자의 「이해관심사」를 어떻게 파악할 수 있는가. 이에 대하여 바크라크과 바라츠는 다음과 같이 답한다:

> [관찰자는] 「편향성의 동원」에 의하여 명백히 불이익을 받는 개인과 그룹들이, 명시적이거나 혹은 은밀한 형태의 「불만」을 가지고 있는지 여부를 판단하여야만 한다. 「명시적 불만」이란 정치 체제 내에서 이미 표출되어 문제를 야기시킨 것들인 반면, 「은밀한 불만」이란 아직도 체제의 **외부에** 존재하고 있는 「불만」이다.

후자는 "대중이 관심을 가질, 그리고 논쟁을 할 만한 가치를 인정받지는 못하였지만", 그럼에도 불구하고 "연구자에게는 불완전한 형태로나마 관찰될 수 있다"(49쪽). 즉, 바르크와 바라츠는 「다원주의자」에 비하여 더욱 포괄적인 「이해관심」의 개념을 가지고 있지만, 단 그들이 말하는 「이해관심」은 「객관적 이해관심」이 아닌 주관적 「이해관심」의 개념에 머물러 있는 것이다. 「다원주의자」는 정치 체제 내에 속하여 있다고 여겨지는 모든 시민들의 행동에 의하여 표출되는 「정책적 선호」들을 「이해관심」으로 간주하는 반면, 바크라크와 바라츠는 정치 체제에서 부분적 혹은 전체적으로 배제된 사람들의 행동에서 명시적 또는 「은밀한 불만」의 형태로 드러내는 선호도도 마찬가지로 「이해관심」으로 간주한다. 하지만 양자 모두의 경우에 있어서 「이해관심」은 의식적으로는 뚜렷이 판별되는 것이며 또한 관찰 가능하다는 가정을 전제로 한다.

따라서 본 저자는 이같은 권력에 대한 이차원적 관점은 첫 번째 관점이 가진 **행태적인 측면에의 초점**에 대한 **제한적인 비판**(qualified critique)만을 포함한다고 결론을 내리고자 한다(단, 여전히 「비 의사결정」도 「의사결정」의 한 형태라고 가정한다는 면에서 이를 '제한적'이라고 표현하였다). 또한 이러한 이차원적 관점은 (명시적인 「정책적 선호」들과 준정치적 「불만」 내에 반영된 것으로 여겨지는, 관찰 가능한 주관적 **「이해관심」** 간의 **「갈등」**이 상존하는) **잠재된 사안들**에 대하여 어떠한 결정도 내리지 못하게 하는 방식으로 행사되는 권력 또한 고려하고 있다.

1.4 삼차원적 관점

【30】「이차원적 권력」에 대한 관점은 일차원적 관점에 비하여 커다란 진전을 이루었다는 점은 의심의 여지가 없다: 즉 전자는 정치적 의제에 대한 통제와 잠재적 사안이 정치 과정에서 배제되는 방식에 대한 문제를 「권력관계」의 분석에 포함시키기 때문이다. 그럼에도 불구하고 본인 생각에는 다음과 같은 세 가지 측면에서 부적절하다고 생각한다.

우선, 「행태주의」에 대하여 이차원적 관점이 내리는 비판은 너무 제약적(qualified)이다. 달리 말하면 이 관점은 여전히 「행태주의」, 즉 명시적이고도 '실제적 행동'에 대한 연구에 너무 전력하고 있는데, 「갈등」이 존재하는 상황에서 내리는 '구체적인 결정들'은 이러한 행동의 전형이라고 간주된다. 잠재적 사안들을 정치적 의제에서 배제하는 모든 사례들을 전형적인 결정 과정의 모습이라고 간주함에 있어서, 이차원적 관점은 개인, 그리고 무엇보다도 그룹들과 기관들이 잠재적 사안들을 정치적 과정에서 성공적으로 배제하는 방식들에 대한 잘못된 묘사를 하고 있다. 결정이란 개인이 선택지 사이에서 내리는 의식적이고도 의도적인 선택이지만, 체제의 「편향성」은 특정 개인이 의식적으로 선택한, 혹은 그가 의도한 결과가 아닌 다른 방식으로 동원되거나, 재창조되거나 혹은 강화될 수 있다. 바크라크와 바라츠가 주장하듯이, 현상 유지의 수호자들에 의한 지배는 매우 안정적이고도 널리 퍼져 있어서 [그들조차] 자신들의 지위를 위협할 수 있는 잠재적 도전자들을 의식하지 못하고, 따라서 기존 정치 과정에 대한 여타 대안의 가능성조차 의식하지 못할 수 있는데, 그들은 단지 이러한 기존 정치 과정에 존재하는 「편향성」을 유지하기 위하여 노력할 뿐이다. "권력과 그에 따르는 결과를 공부하는 학생"인 이들은 "우리의 주된 관심사는 현상 유지의 옹호자들이 권력을 의식적으로 사용하는지 여부가 아니라, 오히려 그들이 권력을 행사한다면 어떻게 행사하는지, 그리고 그것이 정치 과정에, 그리고 체제 내의 다른 행위자들에게 어떠한 「영향」을 미치는지 여부이다"라고 서술하고 있다(Bachrach와 Baratz 1970: 50).

더욱이 체제의 「편향성」이란 단순히 개별적으로 선택된 일련의 행위에 의하여 유지되는 것이 아니다. 가장 중요한 바는 그 「편향성」이란 사회적으로 구조화되고 문화적으로 정형화(patterned)된, 그룹들이 보이는 행동과 제도(institution)들에 존재하는 관행들에 의하여 유지된다는 사실인데, 그러한 행동과 관행은 실제로 개인들이 어떠한 행동을 취하지 않음[즉, 「부작위」(inaction)]으로 인하여 나타나는 것들이라고 할 수 있다. 【31】 [이러한 측면에서 보자면] 「다원주의자」들과도 마찬가지로 실상 바크라크와 바라츠는 지나치게 「방법론적 개인주의」에[49] 입각한 권력에 대한 관점

---

[49] [역주] 「방법론적 개인주의」에 관하여서는 각주 34를 참고할 것.

을 채택하고 있는 셈이다. 이 점에서 두 사람은 막스 베버(Max Weber)의 전철(前轍)을 따르고 있다고 볼 수 있다. 베버에게 있어서의 권력은 타인의 「저항」에도 불구하고 **개인들이 자신의 의지를 관철시킬** 기회(Chance)인 반면,[50] 정치적 의제 자체를 통제하고 잠재적 사안을 배제하는 권력은 집단

---

[50] [역주] 막스 베버의 고전적인 '권력'(Macht)에 대한 정의를 번역하자면 다음과 같다:

> 권력이라는 것은, 어떠한 사회관계 내에서, 그 권력의 행사에 있어서 [상대방의] 「저항」에도 불구하고(auch gegen Widerstreben) [상대방에 대하여] 자신의 의지를 관철(durchsetzen)시킬 수 있는 여하한 원천의 '기회'(Chance)들을 의미한다(Weber 1922: 28, 2019: 134쪽)(원문은 인용원문 2 참조, 역자 강조).

이때, '저항에도 불구하고'의 의미는 모호하다. '저항이 있거나 없거나 상관없이'로 해석할 가능성도 존재하는 한편 (그런 경우, '저항'은 권력을 정의함에 있어서 핵심적이지 않게된다), 권력은 저항이 존재하는 한 그 저항을 극복하는 한에서 존재한다는 뜻으로 해석할 수 있는데, 후자적인 해석에 의한다면, 「저항」은 권력을 분석함에 있어서 핵심적인 요소이며, 이때는 권력을 행사하는 자와 그에 저항하는 자 양자 간의 사회적 맥락이 추가된다. 이러한 권력과 「저항」의 문제에 대하여서는 Barbalet(1985)를 참고할 것. 또한, 이때 베버가 말하고 있는 「저항」(Widerstreben)을 단지 '의식적'인 「저항」으로만 국한시켜 생각할 것인지, 아니면 '무의식적'인 거부도 포함할 것인지는 논란의 여지가 있다-이 독일어 단어는 사실 두 가지 의미를 모두 가지고 있다.

또한 베버는 가능성(Möglichkeit)이나 확률(Wahrscheinlichkeit, Probabilität)이라는 단어를 사용하지 않고 권력이나 「지배」를 이야기할 때는 굳이 *Chance*를 지속적으로 사용하였는데, 이에 대한 번역은 사실 애매하다. 그 의미는 가능성, 기회 혹은 계산 가능한 확률 등이 있을 수 있다(Weber 2019: 465 Triebe교수의 해설 참고). 역자 개인적으로는 '잠재성 혹은 가능성'으로

적 「위력」들과 「사회적 설정」의 함수로 보지 않는 한 적절하게 분석될 수 없다.[51] 사실 이러한 후자에는 두 가지 구분되는 경우가 존재한다. 첫째, 「집단행동」(collective action)이라는 현상이 존재하는데, 그 안에서는 어떠한 특정 개인의 결정이나 행동으로는 환원 불가능한, 「집합체」(collectivity)의 정책이나 행동이 표현된다(이때 「집합체」라 함은 계급과도 같은 그

번역하는 것이 부드러울 것 같지만, 원문에서의 *Chance* 그대로 '기회'로 번역하였다. 본서에서의 영어 번역에서는 probability로 표기되어 있다. 참고로 영미권에서의 베버의 권력에 대한 정의는 여러 해석상의 혼동을 야기시켰는데, 부분적으로는 영어 번역의 문제이기도 하다. 이에 관하여서는 Willimann et al.(1977)을 참고할 것.

그리고 막스 베버는 '권력'이라는 개념을 '사회학적'으로 「무정형적」(無定形的 *amorph*)이라고 언급한 바 있다(Weber 1922: 28쪽). 반면 그렇듯 「무정형적」인 권력과 대비하여 베버는 「지배」(*Herrscahft*)를 '사회학적'으로 언급하며 이미 잘 알려진 그가 분류한 유형들(전통, 법률, 그리고 카리스마에 의한 「지배」 등)과 추가적으로 '시장에 의한 지배' 등으로 구체적으로 열거하고 있는데, 자신들이 「지배」받고 있음을 의식하지 못하게끔 하거나, 심지어 그에 대하여 거부감조차도 가지지 않는 「순응」의 형태까지도 포함된다고도 할 수 있다(특히 카리스마와 시장에 의한 지배의 경우). 그리고, 「지배」와 관련하여서는 각주 240에 들어있는 역자의 상세한 설명도 참고할 것.

51 이와 관련하여서는 Lukes(1973, 17장)를 참조할 것. 그것을 다음과 같은 다렌도르프(Dahrendorf)의 판단과 대조할 것: 다렌도르프는 "막스 베버의 유용하고도 훌륭히 고려된 정의를 따르려고 하는데", 그 정의에 따르자면, "권력과 「권위」(authority) 간의 중요한 차이점은 권력은 본질적으로 개인의 성격과 관련되어 있는 반면, 「권위」는 항상 사회적 지위나 역할과 관련되어 있다는 사실에 있다"(Dahrendorf 1959: 166쪽).

륨, 또는 정당이나 기업체와도 같은 기관을 의미한다). 둘째,「체계적 효과」(systemic effect) 또는 「조직적 효과」(organizational effect)라는 현상이 존재하는데, 샤트슈나이더가 말한바처럼 그러한 현상을 통하여 「편향성의 동원」은 「조직체」라는 형태로부터 비롯되게 된다. 물론 이러한 집단체들과 「조직체」들은 개인으로 구성되어 있다. 하지만, 그것들이 행사하는 권력은 단순히 일개 개인이 내리는 결정이나 행동으로는 [혹은 그 행동의 합으로는] 개념화될 수는 없다. 마르크스가 간결 명료하게 표현하였듯이, "인간의 역사는 인간 자신에 의하여 만들어지지만, 인간이 원하는 대로 만들어지는 것은 아니다. 인간은 자신 스스로 선택한 상황하에서 역사를 만드는 것이 아니라 과거에 의하여 주어진, 그리고 과거로부터 전수되어서 [현재] 직접적으로 마주치는 상황 속에서 역사를 만든다".[52]

「이차원적 권력」의 관점이 부적절하게 여겨지는 두 번째 근거는 권력을 실제 관찰 가능한 「갈등」과 연계시킨다는 점에 있다. 이 점에서도 이 「다원주의자」들의 비판자들은 그들의 적인 「다원주의자」들을 너무 밀접하게 따르고 있다[53] (그리고 앞서 살펴본 바와도 같이, **타인들의 「저항」에**

---

[52] Karl Marx and Friedrich Engels, 『루이 나폴레옹의 브뤼메르 18일』(The Eighteenth Brumaire of Louis Bonaparte). 다음에 수록되어 있음: Marx and Engels 1962, vol. 1: 247쪽.
[역주] 원제는 『Der 18te Brumaire des Louis Bonaparte』(Marx und Engels 1852).(원문은 인용원문 3 참조).

[53] 이러한 연관성은, 「비결정」에 관한 그들의 논문(Bachrach와 Baratz 1963)에 포함된 함의(삼차원적인 권력에 대한 논의를 시사)에 대한 「다원주의자」들로부터의 비판의 압력에 대응하여 저술된 그들의 『권력과 빈곤』(Power and Poverty)에서 가장 명확하게 드러난다(Bachrach and Baratz 1970: 특히 49-50쪽). Merelman(1968b) 및 Bachrach and Baratz(1968)도 또한 참조할 것.

도 불구하고 자신의 의지를 관철시키는 점을 강조한 막스 베버를 이 두 가지 관점 모두가 재차 따르고 있다).⁵⁴ 이렇듯 실재하는 「갈등」이 권력의 존재에 필수적이라는 주장은 적어도 다음의 두 가지 이유에 근거하여 생각할 때 옳지 않다.

첫 번째는 바크라크과 바라츠의 자체 분석에 따르면 권력의 두 가지 유형, 즉, 조작(造作 manipulation)과 권위는 그러한 갈등을 수반하지 않을 수도 있다는 점이다: 비록 어떤 곳에서는 그것들을 "가치들(value) 간의 상충 가능성"(37쪽)을 수반하는 것으로도 이야기하고 있기는 하지만, 다른 곳에서는 그것들은 "이성(reason)에 기초한 합의"(Bachrach and Baratz 1970: 20)로 생각하고 있다.

【32】 실제적이고 관찰 가능한 「갈등」을 옹호하는 주장이 성립하지 않는 두 번째 이유는, 권력은 단순히 그러한 갈등적 상황에서만 행사된다고 가정하는 것이 매우 불충분하기 때문이다. 간단히 말하자면, A는 B가 원하지 않는 일을 하게 함으로써 B의 위로 권력을 행사할 수도 있지만 반면 B가 원하는 바에 「영향」을 미치거나 그 원하는 바 자체를 조형시키거나 결정하는 방식에 의하여 B의 위로 권력을 행사할 수도 있는 것이다. 사실 내가 타인이 가지기를 바라는 욕망을(그래서 타인이 내가 정해준 욕망을) 가지도록 하는 것, 즉 타인의 생각과 욕망을 「통제」하여 타인으로부터의 「순응」을 확보하는 것이야말로 최상위의 「권력 행사」가 아닐까. 이는 굳이 『멋진 신세계』(Brave New World)나 스키너(Skinner, B. F.)가 묘사한 세계를 언급하지 않더라도 쉽게 파악할 수 있다: 사실 생각의 「통제」는 다양한 종류의 [위의 세계에 비하여] 덜 총체적이고도 더 일상적인 형태들을 취하는데, 이는 정보의 통제, 대중 매체의 이용, 그리고 사회화의 과정 등을 통하여 이루어진다. 실제로 아이러니하게도 [달의] 『누가 통치하는가』에는 이같은 현상에 대한 훌륭한 묘사들이 몇 가지 보인다. 그

---

⁵⁴ [역주] 앞의 각주 50을 참고할 것.

중, 19세기 초 '귀족'(patrician)에 의한 통치에 관한 묘사들을 생각하여 볼 필요가 있다:

> 그 엘리트들은 지배 그룹이 가진 특성 중에서 가장 필수 불가결한 것, 즉 자신들의 「통치권」에 대한 주장이 정당하다는 감각을—이는 자신들뿐만 아니라 대중과도 공유하는 생각인데—소유한 것으로 여겨진다"(Dahl 1961: 17).

또한 로버트 달은 이러한 현상은 심지어 현대의 「다원주의적」 상황하에서 작동하고 있다고 본다: 그에 의하면 지도자들은 "단순히 구성원들의 선호에 **부합**하려고 하는 것이 아니다. 지도자들은 오히려 그 선호들을 조형한다"(164쪽). 또한 "거의 모든 성인 인구가 학교 제도를 통하여 **어느 정도**의 세뇌를 받아왔다"(317쪽) 등의 문구도 발견된다. 문제는 바크라크과 바라츠, 「다원주의자」들 모두에 있어서는, 자신들이 개념화한 바의 권력은 실제적 「갈등」이 존재할 때만 나타나기 때문에 이러한 전제로부터 권력에 있어서는 실제적 「갈등」이 반드시 필요하다는 결론을 도출한다는 점에 있는 듯하다. 그러나 이같은 생각은, 권력을 가장 효과적이고 교묘하게 사용하는 방법은 애초에 그러한 「갈등」이 발생하지 않도록 하는 것이라는, 실로 핵심적인 사실을 간과하는 처사이다.

권력에 대한 이차원적 관점이 부적절하다는 세 번째 근거는 위의 두 번째 이유와 밀접하게 연관되어 있다:【33】즉, 그들이 주장하는 「비 의사결정」이라는 형태의 권력은, 「불만」이 일단 존재하고, 또한 동시에 그 「불만」이 의제의 형태로 정치적 과정에 발의되는 경우에 한하여만 존재하게 된다. 하지만 관찰자가 「불만」들이 있음을 발견할 수 없다면, 그는 당대에 지배적인 가치 배분에 대하여 '진정한' 합의가 있다고 가정하여야 한다는 것이다. 다시 말하자면, [그들의 주장은] 사람들이 「불만」들을 느끼지 않는다면 권력의 사용으로 인하여 피해를 입는 「이해관심」도 없다고 가정하는 것이다. 하지만 이러한 논리 역시 매우 불만족스럽다고 할 수 있다. 우선, 어떠한 경우에 있어서건 있어서든 도대체「불만」이란 과연 무엇인가? 정치적 [상황에 대한] 지식에 근거한 명확한 요구, 일상적 경험에서 비롯된 방향성 없는「불만」, 막연한 불안감, 혹은 박탈감 등의 이 모든 것을「불만」으로 부를 수 있지 않을까?(이와 관련하여서는 Lipsitz 1970를 참조) 둘째, 더 중요한 점은 다음과 같다: 사람들의 지각,「인식」및 선호들을 [권력자가 원하는 방향으로] 조형시킴으로써, 정도의 차이는 있을지 언정 기존 사물의 질서하에서 그들이 자신들에게 주어진 역할을 받아들이게끔 하는 방식으로「불만」을 사전에 방지하는 것이야말로 실상 최상의, 그리고 가장 교활한 방식의「권력 행사」가 아닌가. 왜냐하면 그러한 경우 그들은 그렇듯 주어진 역할에 대한 다른 대안을 알게 되거나 상상할 수 없거나, 그 역할이 자연스럽고 불변적인 것으로 간주하거나, 혹은 그 역할이 오히려 신성하게 부여된 것이고 유익하다고 평가할 수도 있기 때문이다.「불만」이 부재한다는 것을 마치 진정한 합의에 도달한 바와 같다고 가정하는 것은, 거짓 또는「조작」된 합의가 존재할 가능성을 [단지 애당초 정의(定義)를 그러한 방식으로 정한 후, 사전적으로] 그 정의가 지시하는 바에 따라서 배제하는 것일 뿐이다.

요약하자면, 권력에 대한 삼차원적 관점은 앞의 두 종류의 관점이 지나치게 '개인주의적'인 것으로서 **행태 중심적 입장인 점에 대한 철저한 비판을**[55] 포함하며, 사회적「위력」들과 제도적 관행이 작동하거나 또는 개

---

[55] 위에서 시사하는 협의적 의미에서 본 저자가 사용하는 '행태적'이라는 용어는 명시적이고 실제적인 행동, 특히 구체적인 결정에 대한 연구를 지칭하기 위한 것이다. 물론 가장 광의적 의미에서 볼 때, 권력에 대한 삼차원적 관점도 행동(「작위」와「부작위」-의식적이거나 무의식인, 그리고 실제적이거나 잠재적인 모두를 포함)이야말로 권력이 행사되고 있는지 여부를 가늠할(직접 및 간접적) 증거를 제공한다는 입장을 견지한다는 점에서 그 모두 '행태적'이라고 칭할 수도 있다.

인들이 내리는 결정을 통하여 어떠한 **잠재적 사안**이 정치에서 배제되도록 하는 다양한 방식들에 대하여 고려할 수 있도록 한다. 또한 이러한 경우는 관찰 가능한 실제적「갈등」이 존재하지 않을 때도 발생할 수 있는데, 이같은「갈등」은 성공적으로 이미 방지되었을 수도 있다. 하지만, 이 경우에 있어서도「잠재적 갈등」(potential conflict)은 암묵적으로 내포되어 있다. 단, 이러한「잠재적 갈등」은 실제로 실현되지 않을 수도 있다. 여기서 보이는 바는「잠복된 갈등」(latent conflict)인데,[56] 이는 권력을 행사하는 사람들의「이해관심」들과 그들이 배제하는 사람들의 **진정한 이해관심**들 간의 상충에서 비롯된「갈등」을 말한다.[57] [이때, 배제된] 후자들은 자신의「이해관심」을 표현하지 않거나 심지어 의식하지 않을 수도 있다. 하지만, 본 저자가 주장하듯이 이러한「이해관심」을 파악하기 위하여서는 항상

---

[56] [역주] 바로 이전 문구에서 표현된 '잠재적'(potential)과 '잠복된'(latent)의 의미 차이에 대하여서는 각주 10을 참고할 것.

[57] 권력을 행사하는 사람과 그 권력에 예속하는 사람들 간에 있어서, 만일 후자가 자신들의「이해관심」을 인식하게 될 경우 [전자와] 욕구나 선호의 충돌이 발생할 수도 있을 것이라고 가정한다는 의미에서 이러한「갈등」은「잠복된 갈등」이라고 할 수 있다. (본 저자가 설명하는「잠복된 갈등」과「진정한 이해관심」들은 다렌도르프가 말하는「객관적 이해관심」(objective interest) 그리고「잠복된 이해관심」(latent interest)과는 구분되어야 한다. 그의 설명에 의하면, 이러한「이해관심」들은 "사회적 위계(social position)에 의하여 조건화되고 심지어 사회적 위계에 본래적으로 존재하는「적대적 이해관심」들(antagonistic interest)"로서, "(개인이) 의식적으로 지향하는 바와는 독립적으로 존재하는"(Dahrendorf 1959: 174, 178쪽) 상명하복 방식의 단체들에서 보인다. 다렌도르프는 본 저자가 경험적으로 검증할 수 있다고 주장하는 것들이 사회학적으로 보았을 때는 이미 주어져 있다고 가정하고 있다).

경험적으로 검증되거나 혹은 반박 가능한 가설을 궁극적으로 수립함에 달려 있다.

【34】 마지막으로 위에 제시된 세 가지 종류의 권력에 대한 관점들 각각의 특징을 다음과 같이 요약하고자 한다:

권력에 대한 일차원적 관점의 중점사항

(a) 행동

(b) 「의사결정」

(c) (핵심적) 사안

(d) 관찰 가능한(명시적) 「갈등」

(e) (주관적) 「이해관심」: 정치적 참여 과정에서 「정책적 선호」로서 드러남.

권력에 대한 이차원적 관점의 중점사항:
행동 중심적 사고에 대한(제한적인) 비판이며, 다음에 주목한다.

(a) 「의사결정」 및 「비 의사결정」

(b) 사안 혹은 잠재적 사안

(c) 관찰 가능한(명시적 또는 은밀한) 「갈등」

(d) (주관적) 「이해관심」: 「정책적 선호」 또는 「불만」으로 드러남.

권력에 대한 삼차원적 관점:
행동 중심적 사고에 대한 비판의 중점사항은 다음과 같다.

(a) 정치적 의제에 대한 의사 결정과 통제(반드시 결정을 통하는 것은 아님)

(b) 사안 혹은 잠재적 사안

(c) 관찰 가능한 「잠복된 갈등」(명시적 또는 은밀)

(d) 주관적이고 「진정한 이해관심」들

1.5 기저적 권력 개념

　권력에 대한 이 세 가지 관점들은 「가치 평가적」 성격을 가진다는 한 가지 공통적 특징을 가지고 있다. 사실 각 관점은 각기 특정한 도덕적, 정치적 관점으로부터 유래하며 그러한 [틀] 안에서 작동하게 된다. 실제로 본 저자는 권력이란 가치 평가에 따라 필연적으로 달라질 수밖에 없는 개념 중 하나라고 주장하고자 한다.【35】 즉, 권력의 정의 자체와 그렇게 일단 정의된 권력개념의 사용 용도 모두는, 그 개념이 경험적으로 어떻게 적용될 것인지의 범위를 (인지되지는 못하더라도) 사전적으로 결정하는 일련의 가치에 대한 가정과 불가분의 관계에 있다. 이하에서는, 그러한 사용 용도들 중의 일부인 어떠한 특정 용도는 그 사용 범위에 있어서 다른 용도들보다 더 폭넓고 깊게 확장할 수 있다는 점을 보일 것이다. 더욱이 결과적으로 권력의 개념은 "본질적으로 「논쟁대립적」인 개념", 즉 "그 개념을 사용하는 사람들에게 있어서 그것의 적절한 사용에 대하여 끝없는 논쟁을 수반하게끔 할 수밖에 없는" 개념 중 하나이다 (Gallie 1955-6: 169). 실제로 이러한 논쟁에 참여하는 것 자체가 바로 정치에 참여하는 것이라고도 할 수 있다.

　권력에 관한 모든 논의에 있어서 절대적으로 가장 기본적인 핵심, 혹은 가장 원초적인 관념은 A가 어떠한 방식으로든 B에 작용을 미친다는 관념이다. 그러나 이러한 원초적 (인과적) 개념을 사회생활의 분석을 위하여 적용하기 위하여서는 그 이상의 관념, 즉 A가 결코 사소하지 않고 (non-trivial) 중요한(significant) 방식으로 그렇게 한다는 개념을 필요로 한다 (이에 관하여서는 White(1972)를 참조할 것). 분명한 바는 우리 모두는 항상 무수히 많은 방식으로 서로에게 작용을 미친다는 사실이다: 그렇듯 어떠한 특정 방식으로 미치는 중요한 '작용'이 의미하는 범위는 권력의 개념과 이와 관련된 「강압」, 「영향」, 「권위」 등의 개념들에 의하여 정하여진다. 그런데 사회적 관계를 분석하는 바에 유용한 권력의 개념(혹은 권력의 개념을 정의하는 방법)은 반드시 다음과 같은 질문에 대한 답을 내포하고 있어야 한다: "중요한 방식으로 간주되는 것은 어떠한 [범위의] 것인가?" 혹은 "A가 B에 미치는 '작용'을 중요하게 만드는 것은 어떠한 [범위의] 것인가". 이렇게 정의된 권력의 개념은 그것이 [적절히] 해석되고 적용될 때 한 가지 이상의 권력에 대한 관점들(view), 즉 현실 세계에서 권력의 사례를 식별하는 방법들을 만들어 낸다. 지금까지 본서에서 살펴본 세 가지 관점들은 실상은 하나의 동일한 「기저적 권력 개념」(underlying concept of power)에 대한 서로 다른 대안적 해석과 적용이라고 볼 수 있으며, 그러한 기본 개념에 따르면 A가 B의 「이해관심」에 반하는 방식으로 B에게 작용을 미칠 때 A가 B의 위로 권력을 행사하는 것으로 간주된다.[58] 그러나 [위와 같이 동일한 권력 개념을 사용하는 대신] 권력 그 자체를 [다

---

[58] '개념'(concept)과 '관점'(view)의 이러한 구분은 존 롤즈(Rawls, John)가 '개념'(concept)과 '구상'(構想 conception)을 구분한 바와 거의 유사하다.(구상의 의미에 대하여서는 아래 역주 *을 참고). 롤스는 다음과 같이 적고 있다:

> 정의(正義)의 '개념'은 정의에 대한 다양한 '구상들'(conception)과는 구별되며, 그 '개념'은 또한 이러한 다양한 '원칙들'(principles), 즉 서로 다른 '구상들'이 공통적으로 가지고 있는 역할에 의하여 [보다] 구체화되는 것으로 생각하는 것은 당연한 듯 보인다. 따라서 정의에 대한 서로 다른 '구상'을 가진 사람들도 다음과 같은 경우들에는 어떠한 제도들이 정의롭다는 바에 모두 동의할 수 있다: 즉, 그 경우란 기본적 권리와 의무를 할당함에 있어 사람들 간에 '자의적인 차별'이 없어야 하며, 또한 사회적 생활에서의 이득을 도모하기 위하

른 방식으로] 개념화하는 대안적인 경로가 존재한다.―물론 이 또한 논쟁

여서는 각기 경쟁하는 주장들 간의 '적절한 균형'이 '규칙들'(rules)에 의하여 결정되는 경우이다. 이 같은 이유는 이러한 정의의 '개념'에 내포되어 있는, '자의적인 차별[의 거부]' 그리고 '적절한 균형'이라는 관념들(notions)은 사실 각자가 [개별적으로] 수긍하는 정의의 '원칙들'에 따라 [취향대로] 해석될 수 있도록 열려있기 때문이며, 그리하여 사람들은 정의로운 제도에 대한 이같은 기술(記術)에 동의할 수 있는 것이다. 이러한 '원칙들'은 권리와 의무를 결정하는 방식에 있어서의 사람들 간의 유사점과 차이점을 구별하도록 하여 주고, 이익들을 적절히 분배하는 방식을 명시하여 준다(Rawls 1972: 5-6쪽).

이러한 롤스의 견해와도 마찬가지로, 본인이 제시한 세 가지 종류의 권력에 대한 서로 다른 '관점'을 가진 사람들은 「이해관심사」로 간주되어야 하는 것이 무엇인지, 그리고 그러한 「이해관심사」가 어떻게 침해받을 수 있는지에 대하여서는 서로 상이한 해석을 제시한다. 본인은 또한 (권력에 대한 '관점'과도 마찬가지로) 정의(正義)에 대한 [그러한] 다양한 '구상들'은 "인간들의 삶에 있어서 자연히 나타나는 각종 필요성과 기회들을 둘러싼 상반된 '관점'들을 반영하는, 사회에 대한 다양한 관념들에서 자라난 자연스러운 결과물이며, 정의와 관련한 '구상'을 온전히 이해하려면 그 '구상'을 자라나게한 '사회적 협력'(social cooperation)에 대한 '구상'이 무엇인지를 명백히 밝혀야 한다"라는 롤스의 제안에 동의한다(9-10쪽). 하지만 궁극적으로 발견되어야만 할, 정의에 대한 합리적 '구상'이나 일련의 '원칙들'은 단 하나라는, 롤스가 가진 명백한 신념에는 본인은 동의하지 않는다. 사실 '정의'는 '권력'보다 논쟁의 소지가 본질적으로 결코 덜한 것은 아니다.

[역주] (*) 위의 인용에서 '구상(conception)이라 함은 어떠한 특정 해석이나 이해의 방법을 말한다. 기존의 다른 번역서들에서는 이를 '관념'으

의 여지가 있다—이때 그 대안적 경로는 중요성을 판단하기 위한 대안적인 판단 범주를 포함하고 있다. 그중 두 가지 대안적 개념화를 아래에서 살펴보겠다.

먼저 탈코트 파슨스(1957, 1963a, 1963b, 1967)가 정교하게 정의한 권력의 개념을 살펴볼 필요가 있다. 파슨스는 권력을 "사회적 상호작용 과정에서 다른 '개체 단위들'(unit)의—개인 또는 집단—행동상 변화를 야기하기 위하여 작동하는 **특정한** 메커니즘(mechanism)"으로 간주하려고 하였다(1967: 299). 이러한 메커니즘의 구체적인 특징은 무엇이며, 이를 '권력'이라고 판별되게 하는 것은 그의 견해에 의한다면 무엇인가?【36】다시 말하자면, 특정 범위의 작용을 '권력'으로 간주할 수 있도록 사용할 수 있는 유의미한 기준은 파슨스에 의하면 무엇인가? 아주 단순히 말하자면 그에 대한 대답은, 집단적 목표들을 진작시키기(further) 위하여 「권위적」(authoritative) 결정을 내리는지의 여부이다. 그는 권력을 다음과 같이 정의한다:

> 따라서 권력은, 어떠한 집단적 조직의 체제 내에 있어서, 집단적 목표를 염두에 두고 「정당화」된(legitimized) 어떠한 의무들이 존재하고, 그리고 [그 의무에 반하는] 불응의 경우에는—실제 행사주체(agency)가[59]

로 번역하기도 하는데, 너무도 추상적인 번역이어서 타당하지 않게 여겨진다. 롤스에 정통한 황경식 교수는 이를 '정의관'(conception of justice)과도 같이 '관'(觀)으로 번역하였는데, 이는 본서에서 사용하는 '관점'(view)과 중복되기에 본서에서는 '구상'으로 번역하여 차별화하였다.

[59] [역주] 영어의 'agent'와 'agency'의 한국어 번역은 쉽지 않다. 오역을 피하기 위하여 발음대로 '에이전트' 그리고 '에이전시'라고 표시할 수도 있는데, 본 번역에서는 agent를 '행위주체', 그리고 agency를 (타인을 대표하든 아니면 자신이 행하든 간에) 권력을 행사한다는 의미의 '행사주체'

1 권력: 급진적 관점 33

누구든 간에—[그 위반자에게] '부정적 상황에 의한 제재'(negative situational sanction)를[60] 가하는 집행(enforcement)이 추정(推定, presumption)됨으로써[61] 어떠한 개체단위가 그렇듯 구속력 있는 의무들을 이행하도록 보장하는, 그러한 일반화된(generalized) 「역량」이다(308쪽, 역자 방점 추가).

그 「정당화」된 형태에서의, A의 B의 위로의(over) 권력이란, 집단적 과정에 관여하는 의사결정의 개체단위로서의 A가, 집단적 운영 전체의 효율성을 위하여 B의 결정에 우선하는 결정을 내릴 수 있는 '권리'(right)이다"(318쪽).

파슨스에 의한 권력의 개념화는 권력을 「권위」, 합의, 집단적 목표들의 추구와 결부시키고, 반면 「이해관심」 간의 「갈등」, 그리고 특히 「강압」(coercion) 내지는 「위력」(force)은 그 고려에서 배제시킨다. 따라서 권력이란 "「권위」를 제도화(institutionalization)함"에 의존하며(331쪽) "효과적인 집단적 행동을 위한 약속(commitment)이나 의무를 활성화(mobilize)시키기 위하여 일반화된 매개"라고 개념화될 수 있다(331쪽). 반면 "「정당화」(legitimation) 혹은 「합당화」(justification)가 되지 않는 강압적 조치에 의하거나 혹은 강제(compulsion)에 의한 위협은 권력의 사용이라고 제대로 부를 수 없다 (...)"(331쪽). 따라서 파슨스는 라이트 밀스가 권력을 "[권력에서] '배제된 자들'(outs)의 그룹이 원하는 것을 [그들이] 얻지 못하게 함으로써, 다른 한 그룹, 즉 권력을 보유한 측이 자신 스스로 원하는 것을 획득하기

로 번역하였다.

[60] [역주] 불이익의 상황을 가하는 형태의 제재.

[61] [역주] '추정'이란 반대되는 증거가 제시되기 전까지는 어떠한 주장이 유효한 것으로 간주하여 법적 효력을 발생시키는 행위를 지칭.

위한 장치(facility)"로만 해석하고 있고, "체제로서의 사회 내에서 그리고 그 사회를 위하여서 [어떠한] 기능을 수행하기 위한 장치"로는 보지 않는다는 점을 비판하였다(Parsons 1957: 139).

두 번째로는 [이와는 달리] 한나 아렌트가 정의한 권력의 개념을 고려하여 볼 필요가 있다. 그녀는 다음과 같이 기술하고 있다:

> '권력'이란 단순히 행동하는 것뿐만 아니라 '함께' 행동하는 인간의 능력과 관련된다. 권력은 결코 개인의 소유물이 아니다;【37】 그것은 그룹에 속하는 것이며, 그룹이 함께 어울려 있는 한에 있어서만 존재한다. 우리가 누군가에 대하여 "권력을 가졌다"고 말할 때, 이는 [그가] 실제로 특정 다수의 사람들로부터 그들의 이름하에 행동할 수 있는 권력을 부여받았다는(empowered) 것을 의미한다. 애초에 그러한 권력이 유래된 그 집단이 사라지는 순간 "그의 권력"도 또한 사라진다(*potestas in populo*,[62] 즉, 대중이나 그룹이 없으면 권력도 존재하지 않는다)(Arendt 1970: 44).

한 국가의 제도들에 권력을 부여하는 것은 대중의 지지이며, 이러한 지지라는 것은 애초에 법을 존재하게 한 바로 그 「동의」의 연속에 불과하다. 대의제 정부하에서 국민은 자신을 통치하는 사람들을 다스리도록 되어있다. 모든 정치 제도들은 권력의 표현이자 구현이다; 국민의 살아있는 힘이 그 제도들을 지지하지 않는 순간 그 제도들은 화석화되고 부패한다. 매디슨(Madison)이[63] "모든 정부는 여론에 의존한다"고 말한 것은 민주주의뿐만 아니라 다양한 형태의 군주제에도 해당되는 말이다(41쪽).

---

62 [역주] 라틴어로서 "권력은 대중에게"를 의미한다.

63 [역주] James Madison(1751-1836). 미국의 제4대 대통령.

아렌트가 권력을 이해한 방식은 아테네와 로마로 거슬러 올라가는 전통과 어휘들과 관련되는데, 이에 따르면 공화국은 법치에 기초하며, 그 법치란 결국 대중의 권력에 기반한다(40쪽). 이러한 관점에서 볼 때, 권력은 "「명령-준수의 관계」"(40쪽), 그리고 "지배의 사안(business of dominion)"(44쪽)과는 별개의 것이다. 권력은 '합의적'이다(consensual). 권력은 "정치적 공동체의 존재 자체에 이미 함의되어 있는 것이기 때문에 [추가적인] 「합당화」(justification)가 필요하지 않는다: 그 권력이 필요한 것은 바로 「정당성」(legitimation)이다. (...) 권력은 사람들이 모여서 함께 행동할 때마다 생겨난다. 그리고 그 모임 이후에 따르는 어떠한 행동보다는, 무엇보다도 처음 그들이 모인 것 그 자체에서 「정당성」을 얻는 것이라고 할 수 있다"(52쪽). 이와는 달리 「폭력」(violence)은 도구적이며 목적을 위한 수단이라고 할 수는 있지만 "결코 정당한 것이라고는 할 수 없다"(52쪽). 권력은 "목적을 위한 수단과는 거리가 멀며, 실제로 한 그룹이 '수단-목적'이라는 범주에 의하여 사고하고 행동할 수 있게 하는 바로 그 조건"이다(51쪽).

【38】 파슨스와 아렌트의 권력에 대한 이러한 다소 유사한 정의들을 본 저자가 보여준 **요점**은, 그러한 정의들을 제시한 저자들이 가지고 있는 일반적인 이론적 틀들을 충분히 설명하여 주기 위한 것이다. 파슨스의 경우, 권력을 「권위적 결정」들 및 집단적 목표들과 연결시키는 이유는 소위 「강압 이론가」(coercion theorist)들이 주목한 모든 범위의 문제들을 '권력'을 설명함에 있어서 정확히 은폐함으로써, 「가치 합의」(value consensus)에 기반을 두고 있는 그 자신의 사회 통합 이론을 강화하는 역할을 하기 때문이다. 따라서 [권력의] 정의을 어떻게 정하는가에 따라서 「강압」, 착취, 「조작」 등의 현상은 더 이상 권력과 관련된 현상이 아니게 되며, 결과적으로는 이론적 지형에서 사라지게 되는 것이다. 앤소니 기든스(Anthony Giddens)는 이러한 면을 다음과 같이 아주 잘 짚어 내고 있다:

[파슨스에 있어서는] 다음과 같은 두 가지 명백한 사실은 적어도 '권력'과 관련된 현상으로서는 고려의 대상에서 제외되는 것으로서 정의된다: (1)「권위적 결정」들은 종종 편파적인「이해관심」을 옹호하기 위하여 내려진다는 사실, 그리고 (2) 사회에서 가장 첨예한「갈등」의 원인은 권력을 쟁취하기 위한 투쟁에서 비롯된다는 사실. 권력에 대하여 파슨스가 제시한 개념화는 개인이나 혹은 그룹 **간의** 관계를 표현하는 권력의 분석이 아닌, 권력을 [단지] '체제의 속성'(system property)으로 분석하는 쪽으로 자신의 분석의 무게 중심축을 이동시키도록 한다. 집단적 '목표들' 또는 그 목표들의 배후에 존재하는 가치들조차도 상이한 권력을 가진 당사자들 간의「갈등」에서 비롯되는 '협상적 질서'(negotiated order)의[64] 소산일 수 있다는 점은 파슨스에게 있어서는 무시되는데, 이는 그가 '권력'을 논의할 때 집단적 목표들이 사전적으로 존재한다는 것을 이미 전제하기 때문이다(Giddens 1968: 265).

아렌트의 경우에서도 이와 유사한 이야기가 전개된다. 즉, 그녀가 제시하는 권력의 개념화는 다음과 같은 두 가지 설득적 역할을 수행한다. 첫째, "*res publica*, 즉, 공공의 사안"을[65] 지지하는 그녀의 구상(conception)을 옹호하기 위한 역할이다. 그녀는 그러한 '공공의 사안'에 사람들이「동의」하고 또한 [그러한 사안에 있어서] "비폭력"적으로 행동하고 합리적

---

[64] [역주] '협상적 질서'란 사회 구성원들 간의 끊임없는 상호 교류,「갈등」, 그리고 교섭의 과정을 통하여 생성되는 사회적 질서를 의미한다. 그러한 의미에서 사회적 질서는 어떠한 고정적이거나 외부로부터 주어진 것이 아니다.

[65] [역주] '*Res publica*'는 라틴어로서, '공공의 것' 내지 '공공의 사안'를 의미하는데, 이는 소수나 군주에게 권력이 집중된 정치 체제와는 달리 다중인 시민의 이익을 위한다는 의미의 공화정 정치체제를 일컫게 되었다.

으로 논의한다"고 생각한다. 둘째 "공적인 사안을 '지배의 사안'으로 축소"하는 것에 반대하고, 개념적으로 권력을 「위력」 및 「폭력」과 연계시키는 것에 반대하는 그녀의 구상을 옹호하는 역할을 수행하고 있다. 아렌트는 "「비폭력」적 권력에 대하여 말하는 것"은 실제로는 "군말에 불과한 이야기"라고 말한다(Arendt 1970: 56). 이러한 특징들을 통하여 아렌트는 다음과 같은 서술을 할 수 있다: "몽테스키외(Montesquieu)가 발견하였듯이 「전제정」(專制政 tyranny)은 따라서 가장 폭력적이고 동시에 가장 취약한 권력을 가진 정부의 형태이다"(41쪽);【39】 "권력이 붕괴된 곳에서는 혁명은 가능하지만 [그렇다고 하여서 혁명이] 반드시 필요한 것은 아니다"(49쪽); "우리가 알고 있는 가장 폭압적(despotic) 지배, 즉 항상 수적으로 우세한 노예들에 대한 주인의 지배조차도 [주인들이 가진] 우월한 강압 수단에 의한 것이 아니라 우월한 「권력 조직체」, 즉 주인들의 조직화된 연대에 의존하였다"(50쪽); "「폭력」은 언제나 권력을 파괴할 수 있다; 총구에서 가장 효과적인 명령이 자라나며 그로부터 가장 즉각적이고 완벽한 준수를 이끌어낸다. [하지만] 총구로부터 결코 자라날 수 없는 것은 권력이다"(53쪽); "권력과 「폭력」은 서로 반대되는 개념이다; 일자(一者)가 절대적으로 지배하는 곳에서는 타자는 부재한다. 「폭력」은 권력이 위태롭게 되는 곳에서 등장하는데, 「폭력」을 방치하는 경우 결국 권력의 소멸로 귀결된다"(56쪽).

이러한 부류의 권력을 개념화하려는 시도는 물론 그것이 가지는 합리적 관점의 차원에서 [즉, 인간의 「합리성」에 대한 가정에 기반한 논증이 타당하다고 주장하는 입장에서는] 방어될 수는 있다. 하지만 다음과 같은 두 가지 이유에서 그러한 주장들은 본서에서 개진하고자 하는 주장에 비하여 그 가치가 떨어진다 [즉, 부족하다].

우선, 이들은 수정주의적으로 [권력을] 재정의함으로서 호소력을 얻으려 하고 있다. 이는 전통적으로 이해되어 온 '권력'의 핵심적 의미, 그리고 권력을 연구하는 학자들이 중심적으로 파악하려 하였던 바의 권력에 대한 고려들을 비켜나고 있다. 이들은 「탈취적 권력」(power-over)이라는 권력의 차원을 무시하고 오직 「개선적 권력」(power-to)에만 그 초점을 맞추고 있기 때문이다. 따라서 [그들에게 있어서의] 권력은 관계가 아니라 어떠한 「역량」(capacity), '장치'(facility), 또는 '능력'(ability) 등을 의미한다. 따라서 권력에 내재된 「갈등」적 측면, 즉 권력이 인간의 '위에서'(over) [군림하여] 행사된다는 사실은 그들의 시야에서 완전히 실종되어 버린다.[66] 그리고 이와 함께 애초에 「권력관계」를 연구하는 이유가 되는 핵심적 관심사, 즉 [권력의 행사로 인하여] 사람들의 반대를 극복하거나 회피함으로써 사람들의 「순응」을 (그것이 단순한 시도이거나 혹은 성공을 결과하는지 여부와 상관없이) 확보하는지의 여부에 대한 관심 또한 사라진다.

두 번째로, 우리가 살펴보았듯이 위와 같이 정의하려고 시도하는 바의 요점은 특정 이론적 입장을 강화하기 위한 것임에 다름 아니다; 그러나 본서에서 제안된 개념들의 체계를 통하여 그들이 채택하고 있는 제 방법들에 의거하여 주장할 수 있는 그 모든 것들을 살펴보는 경우, 그들이 정의하고 있는 권력의 (핵심적) 측면을 시야에서 은폐하지 않고 더 명확하게 검토하여 볼 수 있다. 예를 들어, 파슨스는 권력을 단지 '제로섬' 현상으로 보는 것에 반대하고 있는데, 그 같은 주장을 호소하기 위한 비유로서 경제에서 신용이 창출되는 과정을 들고 있다.[67] 【40】즉, 피지

---

[66] 따라서 파슨스에 있어서는 'A의 B의 위로의 권력'은 [단순히] 「의사결정」 상에서의 「**우선권**」(right of precedence)이다.

[역주] 이때의 「우선권」이라 함은, 타인에 대하여 「지배」를 행사하는 차원이 아니라, 단지 어떠한 결정을 함에 있어서 어떠한 주체가 가지고 있는 이미 수립되어 있고 인정되는 권리로서, 중립적이며 또한 정당한 권한이다.

[67] [역주] 이 은행의 신용창조에 대하여 파슨스가 언급한 정확한 맥락은 확인하여 보지 않았으나, 모든 사람들이 은행 및 은행이 신용으로 창조한

배자들이 지배자에 대하여 합당한 신뢰를 가지는 경우에서처럼 [지배자가] 권력을 사용한다면 모두가 원하고 모두가 혜택을 받는 목표를 달성할 수 있다고 주장한다. 이러한 견해를 옹호하기 위하여 파슨스는 "모든 유형의 그룹에서 '리더십'으로 정의된 직책의 존재는 그 그룹 구성원 대다수가 원하는 목표를 달성하기 위하여 사용될 수 있는 권력을 '생성'한다"고 주장하여 왔다(Giddens 1968: 263). 마찬가지로 아렌트는 그룹 구성원들이 공동으로 행동하는 것 그 자체는 바로 [그들이] 권력을 행사하는 것이라고 말하고 싶어 한다. [하지만] 본서에서 개진되는 개념체계에 따르면, 개인이나 그룹들 간의 「이해관심」이 상충하지 않는 상태의 경우에 있어서, 상호 간 상당한 작용을 미치는 협동 활동의 모든 사례는 단지 [상호 간에] 「영·향·」을 끼치는 사례로 파악될 수는 있을지언정, 그것들은 '권력'의 사례로 파악되지는 않는다. 결국 파슨스와 아렌트가 어떠한 합의적 행동에 대하여 말하고자 하는 모든 바는, 물론 [권력은 아닐지언정 그 자체로는] 여전히 유효할 수 있다. 반면 그들이 권력이라는 용어에서 제거하고자 하였던 그 모든 것 역시도 마찬가지로 [권력의 개념에서] 제거될 수 없이 남아있을 뿐이다.

이 시점에서 권력과 그것의 동족어(同族語)(즉, '중요한 작용들'을 미치는 모든 양태)에 대한 「개념적 지도」(그림 1.1), 즉, 위에서 언급한 바크라크와 바라츠의 유형론을 광범위하게 따르는 [다음과 같은] 「개념적 지도」를 제시하는 것이 도움이 될 것이다.

두말할 필요 없이, 이 지도는 그 자체로 본질적으로 논쟁의 여지는 있다. 이 지도는 특히 권력에 대한 일차원적, 이차원적, 삼차원적 관점의 근간이 되는 권력 개념을 분석하고 그것들에 적절한 위치를 부여하기 위

화폐에 신뢰를 가진다면, 그렇게 증가된 신용으로 인하여 모든 이들이 혜택을 보게 된다는 의미로 해석 가능할 듯하다.

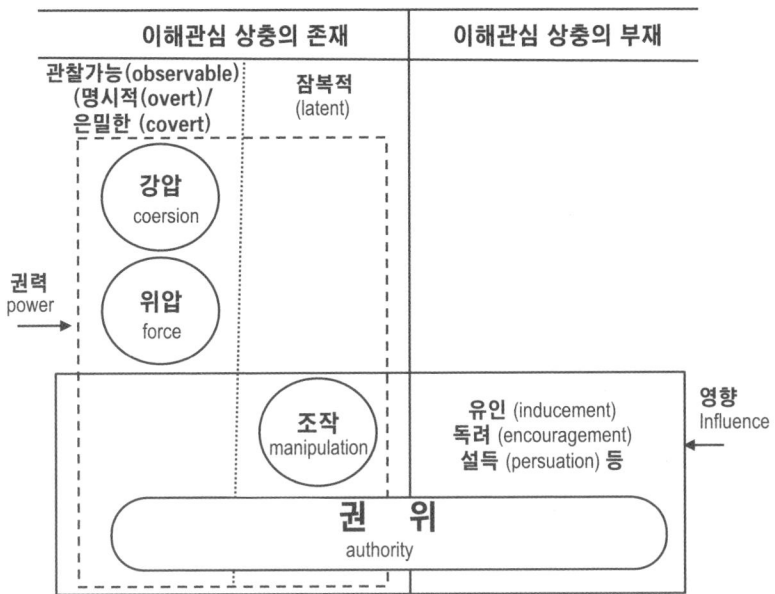

그림 1.1 권력의 개념적 지도

한 것이지만, 본 저자는 이러한 각각의 관점을 지지하는 모든 사람들이 반드시 받아들일 수 있다고 주장하지는 않는다. 물론 그 이유 중 하나는 이 지도는 일차원적, 이차원적 관점을 통합하고 따라서 이 두 관점들보다 더욱 진전된 형태로서의 삼차원적 관점에서 고안되었기 때문이다.

위와 같은 분석 체계에서의 권력은 어떠한 '제재'가 수반되는지 여부에 따라「영향」의 한 형태가 될 수도 있고 그렇지 않을 수도 있음을 알 수 있다; 반면「영향」과「권위」는「이해관심」의「갈등」의 존재 여부에 따라 권력의 한 형태가 될 수도 있고 그렇지 않을 수도 있다. 따라서「이해관심」의「갈등」이 존재하지 않는, 합의에 의한「권위」는 권력의 한 형태가 아니다.

「이・성・적・ 설・득・」(rational persuasion)[즉, 이성에 의거한 설득]이[68] 과연 권력과

---

[68] [역주] 이때의 「이성」이란, 아래의 문장의 맥락에서 명확한바, '칸트적

「영향」의 한 형태로 간주할 수 있는지에 대한 질문을 여기서 충분히 다루기는 힘들다. 하지만 본인은 그러한 질문에 대하여 그럴 수도 있고 아닐 수도 있다고 말하려 한다. 그럴 수 있는 측면은, 「이성적 설득」이란 중요한 작용의 한 형태이기 때문이다: 즉, A는 그렇지 않았다면 「이성적 설득」을 하지 않았다면] B가 하지 않았을 행동이나 생각을 B로 하여금 하도록 하기(인과 하기) 때문이다.【41】반면, 그렇지 않을 수도 있는데 왜냐하면 B는 A의 이성적 이유를 자동적으로 받아들이기 때문에, 그리하여 B의 노선 변경에 책임이 있는 것은 A라는 주체 자체가 아니라 A가 제시하는 이성적 이유, 혹은 B가 그것들을 수용함이라고 말할 수 있기 때문이다. 이는 [결국] (칸트적인) 근본적 「이율배반성」(antinomy; *Antinomie*)에 관한 논의라고 볼 수 있는데, 이러한 「이율배반성」은 한편으로는 「인과성」(causality)과 다른 한편으로는 「자율성」(autonomy)과 「이성」 간에 존재한다.[69] 본 저자로서는 이러한 「이율배반성」을 해결할 방법이 없다고 본다: 단순히 상호 모순되는 개념들 간의 힘겨루기만이 작동하고 있을 뿐이다.

더 나아가 다음과 같은 의문도 제기된다. 즉, A가 B의 「진정한 이해

이성'(*Vernunft*)을 말한다.

[69] [역주] 칸트에게서의 「이율배반성」(*Antinomie*)이란 이성적인 논증 간의 모순이 발생하는 경우를 지칭한다. 본문에서 말하는 「이율배반성」이란 저자가 바로 앞에서 이야기하였듯이 '권력이라고 할 수도 있고' '아니라고 할 수도 있음'에서 발생한다. 즉 첫 번째 주장은 소위 「인과성」이라는 개념에 근거하여 A가 B의 원인임을 말하고, 그에 의거하였을 때는 A가 B에 권력을 행사하고 있다. 그런데 두 번째의 주장에서는, 중요한 것은 B에 내재된 「이성」이 '자율적'으로 판단하여 A의 「영향」을 받아들일지의 여부를 결정하는 것이다. 다시 말하자면, 이 두 견해 간의 모순은 결정론적인 「인과성」과 「자율성」 간의 대립이라고도 말할 수 있다. 그 어느 쪽이 확실히 옳다고 판단하기는 힘들다고 저자는 말하고 있다.

관심」들에 부합하여 B의 위로(over) 권력을 행사할 수 있는지 여부이다. 즉, 현재 A와 B의 선호도 사이에 「갈등」이 존재하고 있지만 A의 선호도가 [오히려] B의 「진정한 이해관심」과 부합한다고 가정하여 보자. 여기에는 두 가지 가능한 대답이 있다: (1) (관찰 가능한 주관적인 「이해관심」의 「갈등」이 존재하기는 하지만) A가 B에게 '단기적 권력'(short-term power)을 행사할 수 있고, 그리하여 [장기적으로] B가 자신의 「진정한 이해관심」를 [결국] 인식하게 되는 경우가 존재할 수 있는데, 이러한 경우에 있어서는 사실 「권력관계」는 종식된다. 즉, 그 「권력관계」는 자체적으로 소멸되는 것이다. 【42】 또는, (2) B가 반대하거나 「저항」하는 경우에는 A가 B의 위로, 완전히 혹은 대부분 형태로 「통제」하려는 시도 또는 성공적인 「통제」는 B의 「자율성」에 대한 침해로 간주될 수 있다; 즉, B는 자신의 「자율성」에 대한 「진정한 이해관심」을 가지고 있으며, 따라서 그러한 부류의 「권력 행사」는 B의 「진정한 이해관심」에 부합할 수 없다. 이 중 첫 번째 답변은 「전제정」을 옹호하는 입장인, 가부장주의적 관점에 대한 용인을 제공하는 것처럼 보일 수 있으므로 따라서 남용될 여지가 존재하는 것이 사실이다; 반면 두 번째는 「전제정」에 반대하는 일종의 무정부주의적 방어의 입장인데, 이러한 입장은 모든, 혹은 대부분의 「영향」 행사를 [자율성에 대한 침해로 간주하여] 권력으로 간주하여 버린다. 본 저자는 후자적 입장에 공감을 느끼지 않는 바는 아니지만, 전자적인 입장을 채택하고자 하는데, 전자의 경우에는 그러한 「진정한 이해관심」들을 파악할 수 있는 경험적 근거를 제시할 수 있다면 전자에 내포된 위와 같은 위험성은 제거될 수 있기 때문이다. 그런데 그러한 「진정한 이해관심」들을 식별하는 것은 A에 달려있는 것은 아니다. 그것은 상대적으로 자율적인 조건에서 (예: 민주적 참여를 통해) 특히 A가 소지한 권력과는 독립적인 선택권을 행사하는 B**에 달려있다.**[70]

---

[70] [역주] 이 마지막 사항에 대한 것은 피터 바크라크의 저술들을 참고할

1.6 권력과 이해관심

본 저자는 A가 B의 「이해관심」에 반하는 방식으로 B에게 작용을 미칠 때 A가 B의 위로(over) 권력을 행사한다고 말함으로써 권력의 개념을 정의한 바 있다. 이때 「이해관심」이라는 관념은 [다른 어떠한 것으로도] 환원될 수 없는 「가치 평가적」인 관념이다(Balbus 1971, Connolly 1972): 즉, 내가 어떠한 것이 당신의 「이해관심」에 부합한다고 말하는 것은 당신이 그것에 대하여 일단은 확실한 어떠한 '권리'(claim)을 가지고 있다는 것을 의미하며, 내가 "정책 X가 당신의 「이해관심」에 부합한다"고 말하는 것은 일단 확실히 그 정책이 [당신의 입장에서는] 합당하다고 말함을 의미한다. 일반적으로 [타인의] 「이해관심」을 말한다는 것은 도덕적, 정치적 성격의 규범적 판단을 내릴 수 있는 허가를 가지고 있음을 의미한다.[71] 따라서 어떠한 「이해관심」이 **존재하는지**에 대한 구상들이 서로 다른 도덕적, 정치적 입장과 연관되어 있다는 것은 결코 놀라운 일은 아니다. 극단적으로 대충 말하자면, 「자유주의자」(liberalist)는 사람들을 있는 그대로 [즉, 보이는 그대로] 받아들이고 그들에게 「욕구 존중의 원칙」(want-regarding principles)을[72] 적용하여, 그들의 「이해관심」을 그들이 실제로 [즉 보

것. 각주 351을 참고할 것.

[71] [역주] 즉, 우리가 어떤 사람의 「이해관심」에 대하여 이야기하는 것은 단순히 그들이 원하는 것이 무엇인가라는 '사실'을 기술하는 것은 아니고, 우리는 그들이 무엇을 원하여야만 하는가 내지는 무엇이 정치적, 도덕적으로 그들에게 옳은가라는 「가치판단」을 내포하게끔 된다는 의미이다. 따라서 「가치판단」이 다른 경우에는 그들의 「이해관심」이 무엇인가에 대한 판단도 달라지게 된다.

[72] [역주] 「욕구 존중의 원칙」은 정치철학자 브라이언 배리(Brian Barry)가 분배적 정의와 자유주의를 논하면서 도입한 개념인데, 그에 의하면 이 원

이는 바 그대로] 원하거나 선호하는 것, 그리고 그들의 정치적 참여로 드러난 그들의 「정책적 선호」와 연관시킨다고 말할 수 있다.[73] 「수정주의자」(reformist)는 모든 사람의 욕구가 정치 체제에 의하여 동등한 가중치를 부여받지 못한다고 보고 개탄하며, 그들의 「이해관심」을 그들이 원하거나 선호하는 것과 연관시키기는 하지만, 그 「이해관심」들이 더 간접적이고 「하위정치적」인(sub-political) 방식으로,[74] 즉, 왜곡되거나 깊이 감추어 있거나 은폐되어 있는 욕구와 선호의 형태로서 [결국] 보일 수 있다는 사실은 인정한다. 【43】 그러나 「급진주의자」(radicalist)는 사람들의 욕구 자체가 "그들의 「이해관심」에 반하는 체제"의 산물일 수 있으며, 그러한 경우 그들의 [진정한] 「이해관심」이란 그들이 만일 선택할 수 있는 능력을 가지고 있었다면,[75] 원하고 선호할 것과 연관된다.[76] 이 세 가지 각각은 실

칙은 개인들이 가지고 있는 실제적 욕구와 선호가 윤리적, 정치적 결정, 특히 분배적 정의를 논함에 있어서 우선적으로 고려되어야 한다.

[73] Barry(1965)와, 그에 대한 본 저자의 논의(Lukes 1967)를 참고할 것.

[74] [역주] 더 형식적 정치행위, 즉, 선거나 형식적 정치 토론에 참여하는 등의 형식적인 정치적 영역의 밖에 존재하면서, 인간들의 「이해관심」과 선호들을 조형하는, 종종 숨겨져 있는 저변적 힘들을 말하는데, 이에는 사회적 규범 등이 있다. '하위적'이라는 개념은 직접적으로 그리고 형식적으로 정치적 결정에 영향을 미치는 것은 아니라는 의미이다.

[75] [역주] 이때, '선택할 수 있는 능력이'란, 자신의 「진정한 이해관심」을 온전히 판별할 수 있는 능력을 의미하는 것으로 여겨진다.

[76] 「진정한 이해관심」들을 Connolly는 다음과 같이 정의하고 있다: "만약 A가 x와 y의 **결과들**을 모두 경험할 수 있고 또한 [그러한 후] 자신 스스로 원하는 결과로서 x를 선택한다면, 정책 x는 정책 y보다 A의 「이해관심」에 더 부합한다"(Connolly 1972: 472쪽). 본 저자 역시 「진정한 이해관심」을 (상대적) 「자율성」 및 선택과 연계시킨다. 물론 이때, 「자율성」의 본

제적 및 잠재적 욕구들의 전체 중에서 도덕적 평가의 적절한 대상으로서 특정 범위를 선택한다. 간단히 말하자면, 권력에 대한 일차원적 관점은 자유주의적 「이해관심」의 구상을, 이차원적 관점은 수정주의적 구상을, 삼차원적 관점은 급진적 구상을 전제로 한다는 것이 본 저자의 제안이다. (그리고 본 저자는 권력에 대한 어떠한 관점이라도 결국 어떠한 특정한 「규범적 이해관심의 구상」에 기반을 두고 있다고 주장한다.)

1.7 세 가지 관점 간의 비교

이제 본인이 설명한 권력에 대한 세 가지 관점의 상대적인 장단점을 살펴보겠다.

「의사결정」 또는 일차원적 관점이 가지는 장점은 분명하게 여겨지며 종종 강조되어 왔다: 미렐먼의 말을 다시 인용하자면, 「다원주의자」들은 그러한 관점을 이용하여 "실제적 행동을 연구하고, 「조작적 정의」(操作的 定義 operational definition)를[77] 강조하며, 또한 [경험적] 증거들을 밝혀낸다"(Merelman 1968a: 451). 그러나 문제는, 이렇게 함으로써 그리고 지역공동체 내에서 중요한 「의사결정」을 연구함으로써 그들이 연구하는 체제에 내재된 「편향성」을 단지 그대로 답습하여 그것을 재생산하고 있었다는 점이다. 로버트 달은 도시 재개발, 공교육, 정치 후보자 지명에 대한 결정을 분석함으로써 뉴헤이븐시에서의 의사결정을 내리는 권력의 **다양성**에 대하여 많은 점을 알려준다. 그리고 그는 이러한 문제들의 영역이 서로 독립적이며, 대체로 서로 다른 개인이 서로 다른 영역에서 [「중첩」되

질과 「자율성」의 조건(그리고 그것들의 사회적 결정과의 관계)에 대한 지속적인 논의가 추가적으로 필요하다. 이에 관련하여서는 Lukes(1973)의 8장, 18장 그리고 20장을 참고할 것.

77 [역주] 각주 33을 참고할 것.

지 않고 각기 권력을 행사하기 때문에, 어느 한 집단, 혹은 한 명의 엘리트가 여러 문제 영역에 걸쳐 [복수의] 의사결정권을 가지고 있지는 않다는 것을 보여주려 한다. 또한 그는 의사결정 과정에 참여하는 선출직 정치인과 관료들이 향후 선거에서의 결과에 미치는 영향을 예상하기 때문에 그들의 「의사결정」 과정은 시민들의 선호에 부합하도록 이루어진다고 주장한다. 그리고 그는 "유권자들이 선거를 통하여 지도자들의 결정에 **간접적**인 영향을 행사할 수 있는 정도를 과소평가하는 것은 현명하지 못하다"고 말한다(Dahl 1961: 101):【44】[달에 의하면] 유권자들에게 중요하게 비추어진 문제가 지도자들에 의하여 오랫동안 무시될 가능성은 없다. 따라서 로버트 달은 「다원주의적 정치」가 다양성과 개방성을 가지고 있는 것으로 묘사한다: 그는 "정치적 지층(stratum) 내에 존재하는 다양한 분파들은 각자의 독립성, 침투성(penetrability),[78] 그리고 이질성(heterogeneity)을 가지고 있기에, 「불만」을 느끼는 그룹이 그러한 [다양한] 정치적 지층 중에서 자신들의 대변자를 찾을 수 있도록 보장된다"고 서술한 바 있다(93쪽). 그러나 로버트 달이 보는 다양성과 개방성은 오해의 소지가 존재하는데, 이는 단지 [어떠한 체제개] 수용 가능한 사안으로만 의사결정이 제한되도록 체제 내에서 권력이 행사될 수 있기 때문이다. [지배적 위치에 있는] 개인들과 엘리트들이 [그렇게] 수용 가능한 사안에 대한 결정을 내릴 때에는 물론 알아서 독립적으로 행동할 수 있다. 하지만 수용 불가능한 사안을 정치에서 배제하기 위하여서라면 함께 행동하거나 혹은 [그 목적을 위하여] 함께 전혀 행동을 취하지 않을 수도 있으며, 그 결과 그 체제가 현 상태보다 더욱 다양해지는 경우를 막을 수도 있다. 따라서 "그 의사결정에 있어서 「다원주의적」인 「정치 조직체」(polity)는 의사결정을 하지 않

---

[78] [역주] 침투성을 가진다는 의미는, 각기 자신들이 능력을 발휘할 수 있는 영역을 가지고 있다는 의미.

는 방식으로 서로 단결할 수 있다"고 시사된 바 있다(Crenson 1971: 179). 그런데 [단지] 의사가 결정되는 방식에만 주목하는 경우에는 이러한 [「비의사결정」의] 가능성을 고려하지 못하게 한다. 로버트 달은 「불만」을 가진 그룹도 체제 내로 접근할 수 있다고 결론을 내렸지만, 그는 성공적인 접근 사례만을 연구한 채, 실패된 접근 시도는 검토하지 않았다. 또한 유권자들이 간접적 영향을 통하여 지도자를 통제할 수 있다는 [그의] 주장은 충분히 반박 가능하다. 정치인들, 공무원들 혹은 다른 사람들이, 지역 공동체 내에 존재하는 특정 그룹이나 기관들의 입장에서 수용 불가능한 안건이나 제안을 제기하는 것 그 자체를 막기 위한 용도로 그러한 간접적 영향은 똑같이 작동할 수 있다. 즉, 그러한 [간접적] 영향은 유권자들뿐만 아니라 엘리트들의 「이해관심」에 부합하는 방식으로도 작동될 수 있는 것이다. 요컨대, 권력에 대한 일차원적인 관점으로는 「다원주의적」체제가 특정 그룹에 유리하고 다른 그룹들에게는 불리한 방식으로 「편향성」을 가질 수 있다는, 그렇듯 눈에 잘 띄지 않는 방식으로 작동될 수 있다는 사실을 드러낼 수는 없다.

이차원적 관점은 이를 밝히는 바에 어느 정도 도움이 되고 또한 그 자체로도 상당한 진전이다. 하지만 현재 관찰 가능한(명시적 또는 은밀한)「불만」이 정치 과정에서 문제화되는 것을 막도록 하는 결정을 개인이「편향성」을 동원함으로써 내릴 수 있는 상황에 대한 연구에만 국한되어 있다. 이러한 단점 때문에, 볼티모어시에서의 빈곤, 인종차별 그리고 정치에 대한 바크라크와 바라츠의 연구는 그 깊이가 매우 얕고 불충분한 성격을 띨 수밖에 없었다.【45】그들의 연구는 볼티모어 흑인들의 정당한 요구가 정치적으로 위협적인 사안이 되는 것을 회피하기 위하여, 시장 및 여러 사업체의 지도자들이 내린 다양한 결정(특정 약속, 빈곤 문제를 희석화시키기 위한 전담팀의 구성, 그리고 특정 종류의 후생 대책 지원 등)에 대한 설명, 그리고 흑인들이 폭동을 포함한 명시적 투쟁을 통하여 정치적 접근을 획득하였는지에 대한 설명을 제시함에 불과하다. 그들의 분석은 잠재적으로 위협적인 요구가 정치적으로도 위험해지는 것을 막기 위하여 내려진 [일련의] 개별적인 결정들을 연구하는 바에 국한되어 있었기 때문에 단순히 피상적인 수준에 머무를 수밖에 없었다. 하지만 사실 더 심층적인 분석을 수행함으로써 지도자들이 [어떠한 사안에 대하여 오히려] **「비활동」**(inactivity)에 의하여, 그리고 정치, 산업, 교육 등의 제도들이 가지는 단순한 무게에 눌려, 볼티모어시의 정치에서 흑인을 배제하였던, 그리고 실제로 아주 오랜 기간 동안 흑인들이 정치에 참여하려는 시도조차 하지 못하도록 막았던 바에 기여한 그 모든 복잡하고도 미묘한 방식들을 파헤쳐야만 하는 것이다.

삼차원적 관점은 이러한 [심층적] 분석의 단초를 제공한다. 즉, [이러한 관점은] 정치 체제에 의하여 [특정] 요구들이 어떠한 방식으로 정치적 사안이 되는 것이 저지되거나 심지어는 그 요구들 자체가 형성되어지는 것조차도 예방되는지에 대하여, 단순한 개인의 [주관적] 설명에 그치는 것이 아닌 진지한 사회학적 설명을 가능하도록 한다. 이에 대한 고전적인 반론은 「다원주의자」들에 의하여 종종 제기되어 왔다: 실제로 발생하지도 않는 「사태」들을 설명은커녕 어떻게 연구할 수 있는가 하는 것이 그들의 주장이다. 폴스비는 다음과 같이 말한다:

> 정책을 결정하는 「사태」들(event)보다 [그렇지 않고 발생하지 않게 되는] 「비 사태」들(non-event)이 실상 더 중요한 정책이라는 주장이 제기된 바 있다. 이러한 주장은 어느 정도 수긍할 점과 매력은 가지고 있지만, 그럼에도 불구하고 연구에 있어서는 실로 극복할 수 없는 장애물을 제시하고 있다. 일단 「비 사태」가 「사태」보다 훨씬 더 중요하다는 바에는 동의하여 보자. 그러한 연후 지역 공동체에서 **어떠한** 「비 사태」들이 가장 중요하게 여겨져야 하는지에 대하여 엄밀하게 물어보는 경우 [그 질문이 답하여야 하는] 깊은 심연을 금방 가늠할 수 있다. 당연히 그 [깊이의] 전부를 파악하는 것은 불가능하다. 어떠한 방

식으로 정의하든 간에, 모든 발생하는 「사태」에 대하여서는 [그 반대의] 대안들은 [즉, 「비 사태」들은] 사실 무한히 존재할 것이다. 그렇다면 [그 무한한 「비 사태」들 중] 어떠한 「비 사태」들을 중요한 것으로 간주하여야 할까? 물론 한 가지 만족스러운 대답은 있을 수 있다: 즉, 지역공동체에 속한 상당수 행위자가 원하지만 실제로는 성취되지 못하는 결과들이다.【46】[그런데] 이러한 목표들이 지역공동체 구성원들이 어떠한 식으로든 명시적으로 추구하는 것들이라면, 사실 뉴헤이븐시에서 사용된 연구 방법에는 이러한 점들을 포착할 수 있는 합리적인 가능성은 존재할 것이다. 반면 지역공동체 주민들의 욕구나 활동들과 [구체적] 연관성이 없는, 단지 외부 관찰자에 의하여서만 명시된 특정 「비 사태」들은 [그에 대한] 대답으로는 전적으로 불만족스럽다. 이 답변이 만족스럽지 않은 이유는 모든 가능한 결과 중에서 지역공동체 주민들은 중요하지 않다고 생각하지만, 외부자 자신은 중요하다고 생각하는 것들을 선택하는 것은 명백히 부적절하기 때문이다. 그러한 접근 방식은 연구의 결과에 편견을 초래할 수 있다. (...). (Polsby 1963: 96-7)

이와 마찬가지로 울핑거는 "가능한 「비결정」들은 무한히 다양하기에 (...) 그러한 다양성으로 인하여 그 생각은 다양한 이념적 관점들을 모두 수용할 수 있다"고 주장한다(Wolfinger 1971a: 1078).[79] 그런데 [그는] 더욱이 사람들이 특정 상황에서 스스로 결정하도록 되었을 때 어떻게 행동할 것인지를 규정하는 어떠한 "정치적 이해관심과 합리적 행동의 이론"을 개진한 후, 그렇게 행동하지 않는 것은 「권력 행사」 때문이라는 주장을 뒷받침하는 바에 그 이론을 사용하는 경우를 생각해 보자고 한다. 울핑거는 그러한 경우 다음과 같은 두 가지 가능성, 즉 「권력 행사」가 존재하였

---

[79] [역주] 즉, 코에 걸면 코걸이 귀에 걸면 귀걸이라는 이야기다.

거나 혹은 그 같은 이론이 잘못되었다는 것 중 어떠한 것이 옳은지 판단할 방법은 없다고 주장한다(전게서 1078쪽).

이러한 표면적으로는 강력한 [울펑거의] 주장에 대하여 가장 먼저 지적하여야 할 점은 [이 주장은] 방법론적으로 「권력 행사」가 존재하였다는 것을 입증하기] 어렵다는 주장에서 사실에 대한 주장으로 [은근슬쩍] 옮겨간다는 것이다. 주어진 상황에서 권력이 행사되었다는 것을 입증하기 어렵거나 불가능하다고 말할 수 있다고 하더라도, 그로부터 권력이 행사되지 않았다는 결론을 도출할 수 있는 것은 아니다. 그러나 더 중요한 점이 있다. 본 저자는 이러한 유형의 「권력 행사」를 식별하는 것이 불가능하다고 생각하지 않는다.

「권력 행사」(exercise of power)란 무엇인가? 또한 「권력을 행사함」(to exercise power/ exercising power)은 무엇인가?[80] 자세히 살펴보면 「권력 행사」와 「권력을 행사함」이라는 어구는 적어도 두 가지 측면에서 문제가 있는 것으로 나타난다.

우선, 일상적인 사용에서의 그 어구는 다음과 같은 두 가지 이유에서 유감스럽다고 볼 수 있다: [첫째] 그 어구에는 가끔 개인적이며 동시에 의도적이라는 의미가 가정되어 있다. 즉, 「권력 행사」는 개인들이 타인들에게 작용을 미치기 위하여 의식적으로 행동하는 문제임을 암시하고 있는 것으로 여겨지기도 한다. [개인적 주체들이 아닌] 그룹, 기관 또는 집단체 등이 권력을 '행사함' 혹은 개인이나 집단체가 무의식적으로 그렇게 하는 것에 대하여 말하는 것에 대하여 어떠한 사람들은 불편하게 생각하는 것으로 보인다. 【47】 이러한 점은 우리가 사용하는 언어 [중 어떠한 것들]에는 개인성과 의도성이라는 가정들이 이미 전제되어 있는 흥미로운 사

---

[80] [역주] 자칫 혼동을 유발할 수 있는 표현이다. 전자의 경우에는 「권력 행사」라는 개념 자체를 이야기하고 있는 것이고 후자의 경우에는 권력을 행사하는 행동을 일컫는 것이다.

례라고 생각된다. 하지만, 이 자체로는 그러한 [두 가지] 가정들을 채택할 어떠한 이유도 존재하지 않는다. 다음에서는 이러한 [개인적, 의도적이라는 두 가지] 가정들을 버리고, 즉, [그 권력의 행위주체가] 개인, 그룹, 기관 등에 상관없이, 그리고 의식적이든 아니면 무의식적이건 상관없이 이루어지는 「권력 행사」에 대하여 논의하려고 한다. 이렇듯 단어를 수정하여 사용하는 것에 대한 소극적인 정당화의 이유는, 그 목적에 부합하는 다른 단어가 존재하지 않는다는 것이다(따라서 권력을 '진력함'(exerting)은 권력을 '행사함'(exercising)과 거의 차별화가 되지 않는다)[81]; 하지만 아래에서는 적극적인 정당화를 제시하겠다.

「권력을 행사함」이라는 표현이 문제가 되는 두 번째 이유는 이 표현이 흥미롭고도 중요한 '모호성'을 은폐하고 있기 때문이다. 본인은 위에서 로버트 달이 「권력 행사」를 A가 B에게 그렇지 않았다면 하지 않았을 어떠한 일을 하게 하는 것으로서 정의한 것을 언급한 바 있다. 하지만 이는 너무 단순한 정의라고 생각된다.

A가 **일반적으로**(normally) B에게 작용을 미칠 수 있다고 가정하자. 이는 일반적인 상황의 전개하에서는 A가 x를 함으로 인하여, B가 그렇지 않았다면 하지 않았을 행동을 하게 만든다고 가정하는 것이다. 여기서 A의 행동인 x는 B가 그렇지 않았다면 하지 않았을 행동을 하도록 만들기

---

[81] [역주] 영어 'exercising power'와 'exerting power'라는 표현 간에는 미묘한 뉘앙스의 차이가 있는데, 전자는 단순히 「권력을 행사함」에 주목하는 반면, 후자는 그렇게 권력을 행사하여 어떠한 결과를 성취하려고 노력함을 의미한다. 따라서 후자에 들어가는 노력은 더 크다고 볼 수 있다. 이 양자 간의 차이를 한국어로 제대로 표현하기는 쉽지 않지만, 전자를 「권력을 행사함」으로 그리고 후자는 결과를 초래하는 노력을 포함하기에 '권력을 진력함'(盡力)으로 각기 번역하여 양자 간의 차이를 표현하려고 하였다.

에 **충분**(sufficient)하다. 그러나 [또 다른 사람인] C도[82] 마찬가지라고 가정하여 보겠다. 즉, C도 일반적으로 B에게 작용을 미칠 수 있다고 하자: 이 경우, C의 행동 y 역시, 같은 방식으로 B로 하여금 그렇지 않았다면 하지 않았을 행동을 하도록 만들기에 '충분'하다. 이제 A와 C가 동시에 B에 관련하여 행동하고 그에 따라 B가 자신의 행동을 변경한다고 가정하여 보겠다. 이때는 B의 행동 또는 변경이 「과잉결정」된(overdetermined) 것임이 분명하다:[83] A와 C 모두 「권력을 행사함」를 통하여 B에게 작용을 미쳤지만, 그 결과 자체는 둘 중 어느 하나만 작용을 미쳤을 때와 동일할 수밖에 없다. 이 경우 둘 중 어느 쪽이 경로의 변경을 일으켰는지, 즉 어느 쪽이 결과에 변화를 가져왔는지 묻는 것은 사실 무의미한 질문이다: 양자 모두가 [동시에] '작용'을 미쳤기 때문이다. 양자 모두 어떠한 의미에서 '권력을 행사하였다'. 즉 그 양자 모두 결과를 만들어 내기에 **충분한** 권력을 행사하였지만, 그 양자 중 어느 한쪽만이 결과의 변화를 초래하였다고 말할 수는 없다. 이러한 부류의 「권력을 행사함」이 가지는 의미를 「가동적 의미」(operative sense)라고 부르겠다.[84]

이 경우를 A가 결과에 변화를 **실제로 미치는** 경우와 대조하여 보자: 즉, 일반적으로 전개되는 상황하에서 A는 x를 수행함으로써 실제로 B가

---

[82] [역주] 본문에서는 C가 아니라 A₁으로 표기되었으나, 혼동을 피하기 위하여 역자가 C로 수정하였다.

[83] [역주] 즉, 두 가지의 충분한 이유가 동시에 작용하기에 둘 중의 하나는 소위 '남아도는' 원인이다.

[84] [역주] 이는 다음 문장에서 설명하는 「효과적 의미」와 구분된다. 즉, 이 경우에 있어서는 '촉발은 할 수 있지만 그것이 홀로 결과를 야기하였다고는 말할 수 없다는 의미에서 「가동적」이라고 번역하였는데, 앞서 나온 「조작적 정의」(operational definition)에서의 'operational'과 혼동하지 말 것을 바란다.

그렇지 않았다면 하지 않았을 행동을 하도록 만든다고 가정하자.【48】 여기서는 [바로 위의 예와 같은,]「과잉결정」된 경우와 대조되는데, x는 정상적인 사건의 경로를 왜곡하기 위하여 개입되는 원인임에 반하여, 이전의 사례의 경우에서는 그 가정의 설정상 두 가지 충분 조건이 [즉, x, y가] 개입되어 있기에 즉, 다른 쪽도 존재하기 때문에 어느 쪽만이 '차이를 만들었다'고 말할 수 없다: 즉, 이 이전의 사례의 상황에서는 또 다른 충분 조건의 존재로 인하여 정상적인 사건의 진행 자체가 왜곡된다. 하지만 현재의 상황에서는 대조적으로 A의 개입이 결과에 변화를 가져왔다고 말할 수 있다. 이러한 부류의「권력을 행사함」이 가지는 의미를「**효과적** 의미」(effective sense)라고 부르겠다.

(그런데 A가 결과에 초래하는 차이가 **무엇**인지의 여부에 따라 한 가지 추가적인 구분이 필요하다. A가 B의 위로「효과적 권력」을 행사할 때 B가 어떠한 특정한 방향으로 일하기를 바랄 수 있지만, B의 진로가 [A의 의도와는 달리, 즉, 그 어떠한 특정한 방향이 아닌 다른] 다양한 경로로 변경되는 경우도 있을 수도 있다. B의 진로 변경이 A의 바람과 일치하는 경우에만, 즉 A가 B의「순응」을 확보한 경우에 있어서만 우리는 '성공적'인「권력 행사」라고 제대로 말할 수 있다: 이 경우에 있어서 '작용을 미침'은 곧「통제」(control)를 의미한다. 그런데 이러한「성공적 권력 행사」, 즉「순응」의 확보 사례가 바로 바크르크와 바라츠가 전적으로 주목하는 경우라고 할 수 있다. 그리하여,「성공적 권력 행사」는「효과적 권력 행사」(effective exercise of power)에 속하는 하위 유형으로 볼 수 있다―물론「가동적 권력 행사」(operative exercise of power)를 통하여「순응」을 도출하는 경우, 이것 역시「비결정적」이나마[85]「성공적 권력 행사」의 한 형태라고 주장할 수도 있다).

---

[85] [역주] 즉, 앞서 말한「과잉결정」의 상태에서는 A와 C 중 어떠한 것이 결과에「영향」을 미쳤다고 특정할 수 없다는 의미에서「비결정적」이다.

이제「권력 행사」의 여부를 식별하기 위하여서는 정확히 무엇이 관여되는지에 대한 분석으로 넘어갈 수 있다. 그러한「권력 행사」라고 간주하기 위하여서는 무엇보다도 A가 특정 방식으로 행동하고(또는 행동하지 않고) B가 그렇지 않았다면 하지 않았을 행동을 하도록 한다는 이중의 조건이 충족되어야 한다(단, 여기서 '하다'라는 용어는 매우 넓은 의미로 '생각', '원함', '느낌' 등을 모두 포괄하는 것을 의미한다).「효과적 권력 행사」의 경우, A는 B로 하여금 그렇지 않았다면 하지 않았을 일을 하게 만든다; 반면「가동적 권력 행사」의 경우에는, A는 다른 하나의 조건 [예를 들어 C] 내지는 여러 충분한 조건들과 함께 공동으로 작용하여 B로 하여금 그렇지 않았다면 하지 않았을 일을 하도록 만든다. 따라서 일반적으로(물론 로버트 달과 그의 동료들이 언급한 바를 포함하는)「권력 행사」가 작용하였는지 여부는, (A가 아니었다면, 또는 다른 충분한 조건들과 함께 A가 아니었다면) B가 하였을 것이라는, 예를 들어 b라는「사태」를 상정하는「반사실적 가정」을 항상 포함한다.【49】이것이 많은 이론가들이 실제적이고 관찰 가능한「갈등」이 권력에 필수적이라고 (잘못) 주장하는 이유 중 하나이다(물론 다른 이론적, 이데올로기적 이유도 존재하기는 한다). 그러한 종류의「갈등」은 말하자면 기성품과 같이 이미 준비되어 있는 형태의 [예를 들어 b와 같은], 그와 관련된「반사실적 가정」을 보여주기 때문이다. A와 B가 서로「갈등」을 가지고 있는 경우, 즉 A는 a를 원하고 B는 b를 원한다면, 그리고 A가 B보다 우세하다면, 우리는 그렇지 못한 경우에 [즉 A가 B보다 우세하지 못한 경우에] B가 b를 하였을 것이라고 [반사실적으로] 가정할 수 있다. 하지만 A와 B 사이에 관찰 가능한「갈등」이 존재하지 않는 경우에 있어서 연관된「반사실적 가정」을 주장하기 위하여서는 [즉, b와 같은 예를 제시하기 위하여서는] 별도의 근거를 제시하여야 한다. 즉, A가 특정 방식으로 행동하지 않았다면(또는 그렇게 행동하려는 시도가 성공하지 못하였다면), 그리고「가동적 권력」의 경우 [자신 이외의] 다른 충분한 조건이「가동적」이지 않았다면, B는 실제로 생각하고 행동하는 방식과 다르게 [예를 들어, b를 하였을 것이라고] 생각하고 행동하였을 것이라고 주장하는 다른 간접적인 근거를 제공하여야만 한다. 간단히 말하자면, 우리는 B가 다르게 생각하거나 행동하였을 것이라는 우리의 예상을 정당화하여야만 한다; 또한 B가 그렇듯 다르게 행동함을 A가 방지하게 하기 위하여 사용한, 혹은 충분히 방지할 수 있는 방식으로 행동하기 위하여(또는 행동하지 않기 위하여) 사용하였던 수단 또는 장치를 구체적으로 설명하여야만 한다.

본인은 이 두 가지 주장 중 어느 쪽이건, 그것이 지지될 수 없다고 생각할 이유는 원칙적으로 없다고 생각하지만, [그 어느 쪽이건] 지지하는 것은 쉽다고 주장하지도 않는다. 그렇게 [지지] 하려면 현대 정치학과 사회학에서 권력에 대한 대부분의 분석보다 훨씬 더 깊이 들어가야 할 것이 분명하다. 하지만 다행히도 매튜 크렌슨(Crenson, Matthew)의 저서 『공해의 비정치화: 도시에서의 비결정행위에 대한 연구』(The Un-Politics of Air Pollution: A Study of Non-decisionmaking in the Cities)(Crenson 1971)는 이 문제에 접근하는 좋은 예를 제시하고 있다. 이 저술의 이론적 틀은 권력에 대한 이차원적 관점과 삼차원적 관점의 경계선상에 놓여 있다고 볼 수 있다: 본인은 이 저술을 삼차원적 관점의 특정 요소와 함께 이차원적 관점을 경험적으로 보여주려는 진지한 시도라고 생각한다. 이러한 이유로 이 저술은「권력관계」에 대한 실증적 연구에서의 진정한 이론적 진전을 시현하였다고 볼 수 있다.

이 저술은 "타당한 조사 대상은 정치적「활동」(activity)이 아니라 정치적「비활동」(inactivity)"이라는 전제하에, "일어나지 않는「사태」들"을 설명할 방법을 찾으려는 명시적 시도를 보여준다(vii, 26쪽). 그는 왜 일부 미국 도시에서는 공해 문제가 다른 도시에서처럼 일찍, 혹은 효과적으로 제기되지 않았겠느냐고 묻고 있다.【50】다시 말하자면, 그의 목적은 "(…) 왜 미국의 많은 도시와 마을들이 공해 문제를 정치적 사안화하지 못하였는지"를(vii쪽) 밝혀내어 지역 정치 체제의 특성, 특히 그 [어떠한]

특정사안의 정치 체제의 안건으로의]「접근 가능성」을 조명하는 것이다. 그는 우선 공해의 처리 해결상에서의 차이가 실제 공해 수준의 차이나 해당 인구의 사회적 특성에만 기인할 수 없음을 보여준다. 그런 다음 그는 인디애나주의 두 이웃 도시에 대하여 자세히 연구하였다. 그 두 도시 모두 같은 정도로 대기가 오염되어 있었고 인구도 비슷한데, 그중 한 도시인 동부 시카고(East Chicago)는 1949년에 대기 청정화 조치를 취한 반면 다른 도시인 게리시(Gary)에서는 1962년까지 시민들이 제대로 숨을 쉬지 못하는 고통을 감내하여야 하였다. 그러한 차이에 대하여 그는 게리시는 US 스틸이 지배하는 단일 기업만을 위한 도시로서, 강력한 정당 조직도 존재하는 반면, 공해 규제 조례를 통과시킬 당시의 동부 시카고는 비록 다수의 철강 회사가 존재하였지만, 강력한 정당 조직이 없었다고 설명하였다.

(그가 설득력 있게 기록한) 그의 사례는, 게리시를 건설하고 그 시의 번영을 기여하였던 US 스틸이 자신의「권력의 명성」(power reputations)을 동원하여 예상되는 반발에 대처할 수 있었기에 오랫동안 문제 제기조차도 효과적으로 예방할 수 있었고, 그리하여 수년 동안 문제 제기의 시도를 좌절시켰으며, [그 후] 마침내는 공해 방지 조례가 제정되었을 때도 그 조례의 내용을 결정함에도 지대한 영향을 미쳤다는 것이다. 게다가 US 스틸은 이 모든 일들에 대처함에 있어서는 정치적 영역에서 행동하거나 간여하지는 않았다. "[실제적인] 권력 [행사의] 행위들이 수반되지 않는 단지 권력을 가지고 있다는 단순한 명성" 자체만으로도 "대기오염 문제의 출현 자체를 억제하기에 충분하였다"(124쪽); 그리고 결국 (주로 연방 또는 주정부의 조치라는 위협으로 인해) 문제가 표면으로 부상하였을 때, "US 스틸은 (...) 그 대기오염 방지 조례에 대하여 아무런 실제적 조치를 취하지 않고서도 조례의 내용에 영향을 미쳤으며, 따라서 '정치권력은 정치 행위자들이 가지고 있다'는「다원주의적」논리의 철칙을 무색하게 만들었다"(69-70쪽). 크렌슨은 US 스틸이 "관찰 가능한 정치적 행동의 범위에 속하지 않는 시야에서" 영향을 행사하였다고 주장한다. "그 기업이 마을

의 공해 정책 입안자들의 심의에 직접 개입한 적은 거의 없었지만, 그럼에도 불구하고 그들의 범위와 방향에 작용을 미칠 수 있었다"(107쪽). 그는 또 다음과 같이 기술하고 있다:

> 게리시의 공해 방지 활동가들은 오랫동안 US 스틸이 명확한 입장을 취하도록 만들지 못하였다.【51】그들 중 한 명은 공해 논쟁의 암울하였던 시절을 회상하며, 공해 규제 조례를 제정하려는 초기 노력을 좌절시킨 결정적인 요인으로 그 도시에서 가장 큰 산업체가 채택한 회피[전략](evasiveness)를 꼽았다. 그는 회사 경영진이 동정적으로 고개를 끄덕이면서 "공해가 끔찍하다는 바에는 동의하면서 얕잡아 보는 듯 말하였다. 하지만 그들은 이러저러한 어떠한 방식으로든 어떠한 행동도 **취하지** 않았다. 만약 차라리 논쟁이라도 있었다면 그러한 과정에서 무엇인가가 이루어졌을지도 모른다!" US 스틸이 실제로 '어떠한 행동을 수행한' 것보다 오히려 '하지 않은 바'가 게리시의 공해 문제 해결을 위한 시도의 역사에서 더욱 중요하였을 것이다(76-7쪽).

그런 연후 그는 이 두 가지의 세밀한 사례 연구로부터 출발하여 51개 도시에서 수집된 정치 지도자 인터뷰 데이터에 대한 비교 분석으로 이행하면서, 이전의 두 사례 연구에서 도출된 가설을 검증한다. 그의 결론은 "산업계가「권력의 명성」을 누리는 도시에서는 공해 문제가 활발히 논의되지 않는 경향이 있다"(145쪽)는 것과 "산업계가 더러운 대기에 대하여 침묵하는 곳에서는 공해 문제에 대한 논의가 생명력을 가질 가능성은 낮다"(124쪽)는 것이다. 다시 말하지만, 깨끗한 대기에 대한 요구가 미국 정당제라는 장치가 추구하는 어떠한 종류의 구체적 이익을 가져다주지 않을 가능성이 높기 때문에 강력하고 영향 있는 정당 조직체조차도 오염 문제에 대한 논의가 커지는 것을 억제할 것이다-물론 산업이, 높은「권력의 명성」을 가진 곳에서는 강력한 정당이 [공해 문제에 오히려 편승하여]

산업이 가지는 영향에서 이득을 얻고자 할 것이므로[86] 대기오염 문제에 대한 논의가 가진 생명력이 지속될 가능성을 증가시킬 수도 있다. 일반적으로 크렌슨은 공해 통제는 「집단적 재화」(collective good)의[87] 좋은 예이며, 이때 그 공해로부터 발생하는 특정 비용은 산업으로 집중되어 발생하고 있다고 설득력 있게 주장한다. 따라서 [그 비용부담의 책임 때문에] 후자[산업]으로부터의 반대는 강할 것이고, [공해 통제는 그 공공재적 성격 때문에] 그 혜택이 분산되어 있으며, [각종] 「영향력중개」(influence brokerage)의[88] 역할에 주력하는 정당 지도자들에게 어필할 가능성은 거의 없기 때문에 이에 대한 지지는 상대적으로 약할 것이다. 게다가 매우 흥미롭게도 「다원주의자」들에 반대하여 크렌슨은 정치적 사안들은 상호 연결되는 경향이 있다고 주장한다; 따라서 어떠한 집단적 사안들은 다른 집단적 사안들을 촉진하는 경향이 있으며, 그 반대의 경우도 있다. 따라서 "시민운동가들은 하나의 정치적 의안을 홍보함으로써 다른 사안들을 몰아내는 바에 성공할 수 있다"는 것이다(170쪽):

---

[86] [역주] 이 문맥은, 공해 문제를 부각시키면 산업체에서 정당에 각종 지원 등을 통하여 그것을 무마하려는 노력을 할 것이므로 그 정당은 실제적 이득을 얻을 수 있음을 의미하는 듯하다.

[87] [역주] 다른 말로 표현하자면 '공공재'(public good).

[88] [역주] 「영향력중개」란, 영향력 내지는 권력도 하나의 상품과 같이 거래되고, 그러한 상품을 중개하는 자가 존재한다는 표현인데, 이는 정당 지도자들이나 각종 영향력 있는 자들이 각종 영향을 행사하거나 권력을 행사함에 있어서 중개인으로 간여하고 그럼으로써 어떠한 이득을 취하는 과정을 말한다. 본문에서는 그들은 공해 규제와도 같은 문제는 자신들에게 직접적인 어떠한 이득을 가져다 주지 않기 때문에 그다지 관심을 가지지 않는 점을 말하고 있다.

비즈니스 및 산업 개발이 지역사회의 관심사인 경우 오염된 대기 문제는 무시되는 경향이 있다.【52】또한, 한 사안이 중요하게 부각된다는 것은 다른 사안은 종속되어 있다는 사실과 연결되어 있는 것으로 보이며, 이러한 연결성의 존재는 서로 다른 정치적 사안들은 각기 독립적으로 발생하고 사라지는 경향이 있다는 「다원주의적 관점」에 의문을 제기한다(165쪽).

크렌슨의 일반적 견해는 "정치적으로 부과된 제약이 「의사결정」의 범위에 가해지며", 그리하여 "「의사결정」 활동이 「비 의사결정」 과정의 채널을 통하게 되며 또한 그에 의하여 지시된다"(178쪽)는 것이다. 다시 말하여, 다원주의는 "정치적 개방성이나 대중의 주권을 보장하지 않는다"는 것이며, 「의사결정」에 대한 연구나 "눈에 보이는 다양성"의 존재는 "한 도시의 정치적 삶에서 배제되어 왔을 수 있는 그룹들과 사안들"(181쪽)에 대하여서는 아무것도 알려주지 않는다는 것이다.

본인은 위에서 크렌슨 분석의 이론적 틀이 권력에 대한 이차원적 관점과 삼차원적 관점의 경계선상에 놓여 있다고 시사한 바 있다. 표면적으로는 그 분석은 바크라크와 바라츠가 논의한 바 있던 「비 의사결정」에 대한 이차원적 연구이다. 반면에 이 저술은 (그 저술에서 제시된 대로) 세 가지 측면에서 바크라크와 바라츠의 입장을 뛰어넘기 시작한다. 첫째, 「비 의사결정」을 행태적으로 해석하지 않는데 그러한 행태적인 해석은 「의사결정」에 대하여서만 사용되는 바와는 대비된다(따라서 「부작위」―예를 들자면, US 스틸이 하지 않은 것들―에 대한 강조); 둘째, 그것은 비개인주의적이며[89] 또한 「제도적 권력」(institutional power)을 고려한다[90]; 셋째, 그러한 권력의 행사를 통하여 요구가 제기되는 것 자체가 사

---

[89] [역주] 즉, 「방법론적 개인주의」의 관점을 가지지 않는다.

[90] 반면에 크렌슨은 권력을 추적하기 위하여 '평판'이라는 방법론을 사용하

전에 방지되는 방법을 고려하고 있다: 따라서,

> 지역 정치 형태와 관행은 분산되어 있는 「불만」들을 명시적인 요구로 전환하는 시민들의 능력을 저해할 수도 있다. 요컨대, 가장 개방적이고 유연하며, 또한 [상호] 분리되어 있는 것처럼 보이는 정치적 기구들에도 어떠한 모호한 이데올로기, 즉 사회 문제와 「갈등」에 대하여 선택적으로 인지하게 하고 마찬가지로 선택적으로 명시화하는 것을 조장한다는 의미에서의 이데올로기와 같은 것이 존재한다.(23쪽, 역자 강조 추가).

【53】 이러한 방식으로 "지역 정치 기구들과 정치 지도자들은 (…) 사람들이 관심을 가지려고 선택한 어떠한 것들과 그들의 관심이 표현되는 강도에 대하여 상당한 통제권을 행사할 수 있다"(27쪽): 그리고 의사 결정 범위에 대한 제한은 소수의 의견을 단지 소수에만 국한시키고 "소수가 다수로 성장할 수 있는 기회"를 제약함으로써 "지역 대중의 정치의식 발달을 저해"할 수 있다(180-1쪽).

크렌슨의 분석이 인상적인 이유는 위에서 언급한 두 가지 요건을 모두 충족하기 때문이다: 다른 모든 조건이 동일하다면, (특히 공해 통제가 반드시 실업을 의미하지는 않는다고 가정할 때) 공해물질에 중독되는 것을 사람들이 선호하지 않을 것이라고 예상할 만한 충분한 이유가 있는데, 이는 심지어 [그들이] 이러한 선호를 명시적으로 표현하지 않을 수도 있는 경우라고 할지라도 그러하다; 그리고 공해물질에 중독되지 않으려

고 있는데, 그럼으로써 산업가 및 정치 지도자 등의 **동기**에만 초점을 맞추고 있다. 하지만 그렇기에 [그의 방법론은] "비인격적이고 구조적이며 체계적인 설명의 가능성"을 무시하게끔 하며, 따라서 "미국의 특정 형태의 도시 정부가 공해라는 특정 문제를 처리하는 바에 적절히 적응되어 있지 못하다"는 점을 무시하게 된다(Newton 1972: 487쪽).

는 시민들의 「이해관심」이 행동으로 옮겨지는 것을, 기구들, 특히 US 스틸이 주로 「부작위」를 통하여 저지하는 방식에 대한 확실한 증거가 [크렌슨의 분석에서는] 제시된다(단, 여타 제도적, 이념적 요인에 대하여서는 더 상세한 설명이 필요하다). 따라서 이와 관련된 「반사실적 가정」과 권력 장치의 식별은 모두 정당화될 수 있다.

1.8 난점들

그러나 본인은 권력에 대한 삼차원적 관점 특유의 두 가지 어려움을 언급함으로써 남아있는 난제에 대한 결론을 내리고자 한다. 그 어려움은 첫째, 관련 「반사실적 가정」을 어떻게 정당할 수 있는가에 답하는 것이며, 그리고 둘째, 「권력 행사」의 장치나 과정을 규명하는 것이다.

***

우선적으로 언급하여야 할 바는 [일반적으로,] 관련된 「반사실적 가정」을 정당화하는 것은 인디애나주 게리시의 공해 사례처럼 항상 쉽거나 명료한 것은 아니라는 점이다. 그 사례에는 다른 사례들에서는 찾아볼 수 없는 다음과 같은 몇 가지 특징들이 있다. 첫째, 게리시의 시민들의 「이해관심」이란 대기오염에 중독되지 않기를 바라는 것이라고 우리가 특정할 경우 내포된 가치 판단은, 크렌슨의 말처럼 "인간 생명의 가치에 관한 관찰자의 의견"에 의존하고 있기는 하지만, 이는 사실 논란의 여지가 거의 없다(3쪽).【54】둘째, 시민들이 선택권이 있고 정보가 더 충분하다면 대기오염을 선호하지 않을 것이라는 경험적 가설은(그러한 대안이 실업률 증가를 수반하지 않는다는 가정하에서는) 철저히 수긍될 수 있다. 셋째, 크렌슨의 연구는 [그러한] 「비결정적」 권력이 「가동적」이지 않거나 덜 「가동적」인⁹¹ 다른 조건하에서는, 유사한 사회적 특성을 가진 사람들은 그러한 [대기 오염 방지 규제와 같은] 선택을 하여 실행하였거나 혹은 덜 어렵게 실행하였다는 주장을 뒷받침하는 비교 분석의 데이터를 제공한다.⁹²

그러나 때로는 관련된 「반사실적 가정」을 정당화하기는 매우 어렵다. 만일 [지배자의] 「권력 행사」가 존재하지 않았다면 불의와 불평등의 피해자가 정의와 평등을 위하여 노력할 것이라고 항상 가정할 수 있을까? '가치'라는 개념이 가지는 '문화적 상대성'에도 주목할 필요가 있다. 그러한 [가치에 대한] 어떠한 가정은 단지 「자문화 중심주의」(ethno-centrism)의 한 형태가 아닐까? 교조적 공산주의나 카스트 제도와 같이 비록 '우리'가 거부하는 가치체계라도 [그 상황에서 살고 있는 자들의] 그에 대한 「묵종」은 서로 다른 가치에 대한 진정한 합의의 사례라고 말할 수 있지 않을까? 그러나 이러한 경우라도 [그렇듯 불합리한 가치체계에 대한 합의가 보이더라도] 우리는 [그것이 진정한 것이 아니라는] 경험적 논거를 제시할 수도 있다. 이렇듯 명백한 합의의 사례가 진정한 합의가 아니라 '부과된'(imposed) 것이라는 주장을 뒷받침하는(그 성격상 간접적이기는 하여도) 증거를 제시하는 것은 불가능한 것은 아니다(물론 다양한 그룹들과 가치 체계의 다양한 구성 요소에 따라서 사례들은 [여러 요소들이] 혼재된 경우들로 보일 수 있다).

그렇다면 그러한 증거는 어디에서 찾을 수 있을까? 안토니오 그람시

---

91 [역주] 「가동적」의 의미에 대하여서는 각주 84를 참고할 것.
92 그러나 그의 통계적 상관관계는 다소 낮다는 점에도 유의하여야 한다 (최고치는 0.61, 대부분 0.20에서 0.40 사이). 엄밀히 말하자면, 크렌슨은 어떠한 논란의 여지를 남기지 않고 증거가 매우 확실한, 철저히 타당한 가설만을 제시할 뿐, 약한 증거를 가지는 가설은 제시하지 않고 있다. [역주] 즉, 일종의 샘플링의 오류가 있다.

의 『감옥에서 보낸 편지』에서는 이 질문과 관련된 가장 흥미로운 구절이 있다. 그람시는 "생각과 행동, 즉, 세계에 대한 두 가지 구상들(conceptions)의 공존, 하나는 말로 확인되고 다른 하나는 효과적인 행동으로 현시되는 것"을 대비한다(Gramsci 1971[1926-37]: 326). 그람시는 이러한 대비가 "거대한 대중의 삶에서" 발생하는 경우, 다음과 같다고 서술하고 있다:

> (그 대비는) 사회 및 역사적 질서에 내재하는 더 심오한 대비들을 표현할 수밖에 없다. 이는 문제의 사회 그룹이 비록 맹아적일지라도 세계에 대한 나름의 구상을 가지고 있을 수 있음을 시사한다; 그룹이 하나의 유기적 총체로서 행동할 때 어떠한 구상은 행동으로 보이는데, 그것은 [지속적이지 않고] 이따금씩, 그리고 찰나처럼 번뜩인다. 그러나 복종과 정신적 종속 때문에 이 동일한 그룹은 자신의 것이 아닌 다른 그룹으로부터 빌려온 구상을 채택하여 왔다;【55】그리하여 [그들은] 그 [타자의] 구상을 언명으로서 긍정하고 스스로 그것에 순종하고 있다고 믿는데, 왜냐하면 그 구상은 자신의 행위가 독립적이거나 자율적이지 못하고 예종적이고 또한 「종속적」일 때, 다시 말하자면 그들이 '평상시'에 따르는 구상이기 때문이다(327쪽).[93]

한 사회 그룹이 "세계에 대한 자체적 구상"을 가지고 있다고 그람시가 이야기한 바에는 동의하지 않을 수도 있다. 하지만 [오히려] '비정상적 시기'에는 어떻게 사람들이 행동하는가를 관찰함을 통하여(결론적인 것은 아니지만) 매우 유익한 앎을 얻을 수 있다. 이러한 비정상적 시기란, (그 설정상) "복종과 정신적 종속"이 부재하거나 약화되었을 때, 혹은 권력 장치가 제거되었거나 이완되었을 때를 말한다. 그람시 자신은 "종교와 교회의 운명"을 그 예로 들었다:

---

93 여기서 그람시가 「자율성」이라는 관념에 의존하는 것에 주목할 것.

> 종교 또는 특정 교회는 (일반적인 역사 발전의 필요성에 의하여 부과
> 된 한계 내에서) 신앙을 영구적이고도 조직적인 방식으로 양육하고,
> 변증(辨證)을 지침 없이 반복하며, 언제나 항상 같은 종류의 논증을
> 이용하여 투쟁하고, 적어도 외관상으로는 사상이 가지는 위엄(dignity)
> 을 그들 신앙에 부여하는 역할을 수행하는 지식인 계층을 통하여 [자
> 신을 위해] 유지하는 한, 자신의 신자들로 이루어진 공동체를 유지하
> 게 된다. [따라서] 프랑스 혁명 때처럼 정치적 이유로 교회와 신자들
> 간의 관계의 연속성이 폭력적으로 중단될 때마다 교회가 입은 손실
> 은 지대하였다(340쪽).

이에 대한 최근의 현대적인 예로는, 권력 기구의 완화에 이어 촉발된 1968년의 체코인들의 항거를 생각하여 보면 된다.

하지만 '평상시'에도 그 증거는 찾을 수 있다. 우리는 [타자의] 「권력 행사」로 인하여 사람들이 하지 못하게 되는 그 무엇을, 때로는 생각조차 하지 못하게 되는 그 무엇을 알아보고자 한다. 따라서 우리는 사람들이 위계 체계에서 「종속적」인 위치에서 벗어날 수 있는 기회들, 더 정확하게는 그들에게 감지된 [그러한] 기회들에 대하여 어떻게 반응하는지 조사하여야 한다. 이러한 맥락에서 [계층 간의] 「사회이동성」(social mobility)에 관한 데이터는 새롭고 놀라운 이론적 의미를 가질 수 있다. 카스트 제도는 종종 "서로 다른 가치에 대한 진정한 합의의 사례"에 대한 그럴듯한 후보로 여겨지곤 한다.【56】그러나 최근의 「상층문화 동화」(Sanskritization)를 둘러싼 논쟁은 그렇지 않다는 것을 시사한다. 스리니바스(Srinivas, M. N.)에 따르자면, 카스트 제도는,

> 각 구성 카스트의 위치가 영원히 고정되어 있는 경직된 체제와는 거
> 리가 멀다. 이동은 항상 가능하였고, 특히 계층 구조의 중간 영역에
> 서는 더욱 그러하였다. 하층 카스트는 채식주의와 절대 금주주의
> (teetotalism)를 채택하고, 의식(儀式)과 만신전 참배(萬神殿 pantheon) 등에

있어「상층문화 동화」(Sanskritizing)를 함으로써 한두 세대 만에 계층 구조에서 더 높은 위치로 올라갈 수 있었다. 요컨대, 그 하층 카스트는 브라만의 관습, 의식(儀式), 신념을 가능한 한 그대로 이어받았으며, 이론상으로는 금지되었지만 하층 카스트가 브라만 생활 방식을 채택하는 일이 빈번하였던 것으로 보인다. 이러한 과정은「상층문화 동화」라고 불렸다.(Srinivas 1952: 30쪽).

스리니바스는 "경제적 향상이 있는 경우 (…) 그 집단의 관습과 생활방식이「상층문화 동화」로 이어지는 것으로 보이며", 그 생활방식 그 자체는 "친구, 이웃, 경쟁자 간에 자신의「영예」를 높이려는 집단적 욕망"에 의존하고 "그룹의 위상을 높이는 방법을 채택함"으로 이어진다(Srinivas 1962: 56-7). 이러한 욕망의 형성에 앞서 일반적으로 부의 획득이 선행되는 것으로 보이지만, 정치권력, 교육 및 리더십의 획득도 관련성이 있는 것으로 보인다. 간단히 말하자면, '대중적 생각'에 존재하는 카스트 제도와 '실제로 작동하는' 카스트 제도 사이에는 상당한 괴리가 있다는 증거가 존재한다(Srinivas 1962: 56). 외부 관찰자에게는 극단적이고 정교하며 안정적인 위계질서를 성역화하는「가치 합의」로 보일 수 있는 점이, 실제로는 하위 카스트가 체제 내에서 상승할 수 있는 기회를, 항상은 아니더라도 매우 자주 포착할 수 있다는 사실을 은폐하고 있다.

위계질서 체제 내에서 상향 이동성은 실상 위계질서의 수용을 의미하므로, 그리하여 이러한「상층문화 동화」를 보이는 카스트 체제는 가치 체계를 거부하는 것이 아니라 오히려 포용하는 것이기에 위와 같은 논거는 그다지 설득력이 없는 사례라고 주장 할 수도 있다.【57】그러나 이러한 반론에 대하여, 하위 카스트가 브라만의 생활 방식을 채택하는 것은 이론적으로는 금지되어 있고 일반적으로 카스트 지위는 타고난 것이고 세습적이며 변경할 수 없는 것으로 간주되기 때문에, 위와 같은 경우는 정확히 '생각과 행동 간의 격차'를 보여주는 사례라고 다시 반대 논증을 제기할 수 있다.

그러나 인도의 카스트 제도와 관련하여서, 권력의 결과로서 종속적 지위가 내면화되었다는 주장을 뒷받침하는 덜 모호한 다른 증거들도 제시될 수 있다. [예를 들어] 보편적 참정권의 도입으로 인하여 하위 카스트가 위계질서의 원칙을 받아들이게끔 되는 바에 미친 영향을 생각하여 볼 필요가 있다.[94] 더욱 설득력 있는 경우로서, [인도 카스트 제도상의] 불가촉천민들(不可觸賤民 Untouchables)이 택한 '탈출구', 무엇보다도 타 종교로의 대규모의 개종을 생각하여 보자.[95] 역사상 다양한 시기에 불가촉천민은 이슬람교,[96] 기독교, 불교를[97] 받아들였는데, 이들 종교들이 평등주의 원

---

[94] 예를 들어, Somjee(1972)를 참조할 것. Somjee는 자신이 연구한 부락에서 "다섯 차례의 연속된 마을 의회(panchayat) 선거의 과정에서, 연장자에 대한 존중, 카스트와 친족 그룹의 결속력, 가족이 가지는 위상이 점차 쇠퇴하였다"고 기록하고 있다. 즉, 선거 원칙이 구조적 변화의 핵심이 되었고, 이어 그것이 전통 사회의 사회정치적 연속성에 심각하게 침투한 것이다. 낡은 사회 조직체에서 비롯되어 지역 공동체의 정치 구조와 「권위」에 대한 태도에 작용하여왔던 만연된 풍토가 이제는 역전되기 시작한 것이다"(604쪽).

[95] 이와 관련하여서는 Isaacs(1964), 특히 12장의 '탈출 방법'을 참할 것..

[96] Lewis (ed.)(1967), vol. viii: 428-9쪽을 참고할 것. 11세기와 12세기에 무슬림들이 인도의 카스트 체제하의 도시들을 정복하였을 때, 그 결과 "이슬람의 평등주의 원칙은 많은 수의 비(非) 카스트 힌두교도들과 전문직 그룹들을 이슬람으로 끌어들였다"(전게서).

[97] 가장 주목할 만한 최근의 사례는 1956년 암베드카르(B.R. Ambedkhar)의 지도력 아래 불가촉천민들이 불교로 개종한 경우이다. 1936년의 유명한 연설에서 암베드카르는 다음과 같이 외쳤다: "나의 자존심으로서는 힌두교에 절대 동화될 수 없다 (...) 종교는 사람을 위한 것이지 사람이 종교

칙을 주장하였고 카스트 체제하의 차별에서 벗어날 수 있다는 희망을 제시하였기 때문이었다.[98]

따라서 본인은 일반적으로 삼차원적 유형의 「권력 행사」들을 식별하기 위하여 내포된, 관련된 「반사실적 가정」을 뒷받침하는 증거는 제시될 수 있다는 결론을 내리고자 한다(물론 각 경우의 특성상 그러한 증거는 결정적이지 못할 수도 있다). [다시 말하자면] '그렇지 않았다면 사람들이 취하였을 행동'을 알아내기 위한 과정을 모색할 수도 있는 것이다.

*＊＊

두 번째로, 「권력 행사」의 과정이나 장치를 어떻게 삼차원적으로 파악할 수 있을까? (「가동적 권력 행사」를 식별함을 위하여 추가적으로 제기되는 문제, 즉 「과잉결정」의 문제는 여기서는 논외로 하겠다. 그것은 그 자체로 별도의 논의를 요하는 문제이다.) 삼차원적 관점에는 세 가지 특징이 있는데, 이는 연구자들에게 매우 심각한 문제를 제기한다. 본인이 주장하였듯이, 그러한 [권력의] 행사는 우선 (관찰 가능한) 「작위」보다는 「부작위」를 포함할 수 있다. 두 번째로, 무의식적일 수 있다(이는 이차원적 관점에서도 고려되는 것처럼 보이지만, 후자는 「비결정」도 **결정**의 일종이라고 또한 주장하기에, '무의식적 결정'이라는 어법은 추가 설명이 없는 경우 모순처럼 여겨진다). 세 번째로, 권력은 그룹이나 기구들

를 위한 것이 아니다. (...) 당신을 인간으로 인정하지 않고, 마실 물을 주지 않고, 사원에 들어갈 수 없게 하는 종교는 종교라고 부를 가치가 없다"(Isaacs 1964: 173에서 인용).

[98] 사실 카스트 제도는 기독교인과 무슬림의 사회 체제 내에서도 유지된 바 있었다(Isaacs 1964: 171 참조).

과 같은 집단체들에 의하여 행사될 수도 있다. 이러한 어려움들을 아래에서 차례로 살펴보기로 한다.

첫째, 「부작위」. 여기서 다시 한번 「비 사태」에 대하여 논의할 필요가 있다. 【58】 실로, 잠재적 사안의 억제가 「부작위」에 기인하는 경우, [다음과 같은] **두 가지** 형태의 「비 사태」가 발생한다. 이러한 상황을 경험적으로 어떻게 식별할 수 있을까? 이에 대한 해답을 구하는 첫 번째 단계는 「부작위」라고 하여도 그것이 어떠한 [결과적] 형태도 없는(featureless) 「비 사태」일 필요는 없다는 점을 이해하는 것이다. 주어진 상황에서 특정 방식으로 행동하지 않는 것은 명시될 수 있는 결과들을 초래할 수 있으며, 이때 [가설상, 「부작위」가 아닌] 특정한 방식으로 행동한다고 가정하는 것은 어떤 다른 특정한 결과를 초래할 수 있는 [그것이 오히려] 「가설적 가능성」 (hypothesized possibility)일 수 있다. 또한, 그 「부작위」의 결과는, 가설의 설정상 해당 행동이 있었다면 등장하였을 수도 있었던 정치적 사안이 만일 출연하지 못하는 바와 같은 또 다른 「비 사태」일 수도 있다. 이러한 경우에서 볼 수 있듯이 인과관계의 성립이 원칙적으로 불가능하지는 않은 것으로 보인다: US 스틸의 「부작위」와, 공해에 대한 대중의 묵인 간의 관계는 [그 같은 인과관계의] 훌륭한 사례라고 볼 수 있다.

둘째, 무의식에 관련된 문제이다. 권력을 행사하는 사람이 자신이 무엇을 하고 있는지 인식하지 못한 상태에서 어떻게 권력을 행사할 수 있을까? 여기서 몇 가지 구분을 하는 것이 유용할 것이다(논의를 간편하게 하기 위하여 아래에서는 '행동' 또는 「작위」라는 용어에 「부작위」도 포함시키기로 하자). 자신이 무엇을 하고 있는지 의식하지 못하는 경우에는 여러 가지가 방식이 존재한다. 프로이트의 이론에서 전형적으로 보이는 경우처럼 자신 행동의 '진정한' 동기나 의미로 간직되어지는 바를 인식하지 못할 수 있다. 또는 둘째, 자신이 그 자신의 행동을 타인들이 어떻게 해석하는지 알지 못할 수도 있다. 또는 셋째, 자신의 행동이 어떠한 결과를 초래할지 모를 수 있다. 첫 번째 유형의 무의식적 「권력 행사」

를 식별하는 바에 내재된 어려움은 바로, 관찰자와 관찰 대상의 해석이 다른 경우, [관찰 대상의] '진정한' 동기나 의미를 규명하는 바에 수반되는, 프로이트식 방식에서의 일반적인 어려움이라고 생각된다. 그러나 이러한 어려움은 잘 알려져 있고 매우 광범위하게 논의되어 왔으며, 따라서 비단 권력의 분석에만 국한된 문제는 아니다. 두 번째 유형의 무의식적인 「권력 행사」를 식별하는 것은 특별한 문제가 없는 것으로 보인다. 진정으로 문제가 되는 경우는 세 번째 유형으로서, 그 행위주체가 자신의 행동의 결과에 대한 지식을 가지고 있다고 **예상되어질 수 없는 경우**이다. A가 B의 위로 미치는 '작용'에 대한 지식을 A가 가지고 있지 않은 경우, A는 B에게 권력을 행사한다고 온당하게 간주될 수 있을까? A가 그러한 '작용'들에 대하여 무지한 것이(치유 가능한)[99] 잘못으로 인한 것이라면 대답은 "그렇다"이다 [즉, 권력이 행사된 것이다.【59】 그러나 특정 사실 또는 기술적 지식이 존재하지 않았기에 알 수 없었다면 [따라서 그 결과를 예상하는 것이 불가능하였다면], 「권력 행사」에 대한 논의는 의미가 없어 보인다 [즉 「권력 행사」는 없었다고 단정할 수 있다]. 예를 들어, 위험한 약을 판매함으로써 생사를 좌우할 수 있는 가장 극단적인 형태의 권력을 일반 대중에게 행사한 것으로 간주되는 제약회사의 경우를 생각하여 보자. 이 경우 회사의 연구자와 경영자가 약의 효과가 위험하다는 사실을 몰랐다는 사실이 입증된다고 하더라도 권력이 행사되었다는 주장을 반박할 수는 없다: 왜냐하면 그들은 그 약이 위험하다는 사실을 알아내기 위한 조치를 취할 수도 있었을 것이기 때문이다. 반면에 흡연이 해로울 수 있다는 [과학적] 사실이 알려지기도 전의 시대에 있어서 담배 회사는 대중에게 이러한 권력을 행사하였을까? 당연히 아니다. 이 같은 측면에서 고려하여 볼 때, 이런 의미에서 무의식적으로(즉, 그 결과를 알지 못하는 상

---

[99] [역주] 이때 '치유 가능하다'라고 함은 적절한 주의와 노력을 기울이는 경우 예방할 수도 있었다는 의미이다.

태에서) 권력이 행사되었다고 간주하여야만 하는 경우에는 그 행사자 또는 행사자들이 그 맥락에서 [하려는 의사가 있었다면 충분히] 그러한 결과를 확인할 수 있었다는 가정이 전제되어 있음을 시사한다. (물론 이러한 가정을 정당화한다는 것은 예를 들어 문화적으로 결정된 한계에 제약되어 있는 '인지 체계의 혁신'(cognitive innovation)이 위치한 장소에 대한 [100] 역사적 판단의 문제를 수반하기 때문에 또 다른 문제를 야기할 수 있다.)

세 번째 어려움은 「권력 행사」를 집단, 계급 또는 기관과 같은 집단체들에게 귀속시킬 수 있는가의 여부에 관련되어 있다. 문제는: 어느 경우에 사회적 인과관계를 「권력 행사」로 규정할 수 있는가, 더 정확하게 말하자면 한편으로는 「구조적 결정」(structural determination)과 다른 한편으로는 [인적인 행위주체의] 「권력 행사」 간의 경계선을 어떻게 그리고 어디에 그어야 하는가 하는 것이다. 마르크스주의 사상의 역사에서 조망하여 보자면, 이것은 결정론과 자발주의(voluntarism)에 대한 논의의 맥락하에서 이따금씩 다시 제기되는 문제라고 할 수 있다. 예를 들어, 전후 프랑스 마르크스주의에서 루이 알튀세르와 그의 추종자들이 주창한 '구조주의 마르크스주의'(structuralist Marxism)는 극단적인 결정론적 입장을 채택하였는데, 이는 사르트르(Sartre, Jean-Paul)와 루시앙 골드만(Goldmann, Lucien), 그리고 그 배후의 루카치(Lukács, Gyorgy)와 코르쉬(Korsch, Karl)(그리고 재차 그들 배후의 헤겔(Hegel, Georg Wilhelm Friedrich))과 같은 사상가들에 의하

---

[100] [역주] 이 문장은 직역하는 경우 그 뜻을 파악하기 쉽지 않다. 요는, 우리가 알고 발견하는 것들, 혹은 그렇게 알 수 있도록 하게 되는 '인지 체계'의 변화는 결국 다양한 문화와 역사에 의하여 영향을 받으면서 이루어지는 복잡한 과정이라는 점이며, 따라서 어떠한 것을 행위주체가 알 수 있는지의 여부는 당시의 인지 체계에 비추어 판단할 문제이고, 따라서 결국 권력이 행사되었는지의 여부(즉, 행위주체가 그 결과를 알 수 있었는지의 여부)는 역사적, 문화적 판단의 문제라는 것이다.

여 대표되는 소위 「인본주의자」(humanist), 「역사주의자」(historicist), 그리고 「주관주의자」(subjectivist)들의 해석, 즉, 역사적 '주체'(subject)가 설명에 있어서 결정적이고도 뿌리 깊은 역할을 하고 있다는 해석과는 반대 극단의 위치에 있었다. 알튀세르에게 있어서는, 마르크스의 사상이 올바르게 이해되는 경우 [마르크스의 사상은] "전체의 구조에 의하여 전체의 요소들이 결정되는바"를 개념화하였고, [그 안에서는] "「현상적 주관성」(phenomenal subjectivity)과 「본질적 내재성」(essential interiority)이라는 경험주의적 「이율배반성」(antinomies)으로부터 결정적으로 해방된 (다른 이미지(image), 하나의 '새로운 준(準) 개념'(quasi-concept nouveau)을[101] 마주치게 되며)", 【60】 "어떠한 객관적 체계(système objectif), 즉 그 객관적 체계의 가장 구체적인 결정에 있어서 그것의 [즉, 구조상의] **배치**(montage)와 [작동상의] **메커니즘**(machinerie)의 법칙에 의하여 그리고 그것의 [즉, 객관적 체계의] 개념(concept)의 구체화(specification)에 의하여 지배되는 그러한 어떠한 객관적 체계를 마주치게 된다"(Althusser and Balibar 1968, ii: 63, 71쪽).[102]

이러한 입장이 가지는 함의는 알튀세르주의자 니코스 풀란차스와 영국의 정치사회학자 랄프 밀리반드 간의 [후자의] 『자본주의 사회에서의 국가』(The State in Capitalist Society)(Miliband 1969)라는 저서를 둘러싼 논쟁에서 매우 명확히 드러난다. 풀란차스에 따르면 밀리반드는:

> (...) 사회 계급과 국가를 **객관적 구조**로 이해하지 못하는 어려움을 가지고 있고, 즉, 이들의 관계를 **규칙적인 연관들**(regular connections)의 객

---

[101] [역주] 아직은 완전히 철학적으로 정착된 개념이 아니라는 뜻에서 '준' 개념이라는 말을 사용한 것으로 보인다.

[102] [역주] 위의 두 영문 인용은 혼동의 소지가 있어서, 불어 원문을 기준으로 역자가 재구성한 것이다. 참고로 첫번 째 인용문의 괄호 안의 문구는 프랑스어 원문에는 포함되어 있으나 본서에서는 생략된 부분이다. (원문은 인용원문 4 참조; Althusser et. al 1996: 410-411쪽).

관적 체계, 마르크스의 말을 빌리면 '인간'이라는 행위주체가 그 '운반자'(*Träger*)인 [역할을 하는] 구조와 체계로 이해하지 못하는 어려움을 가지고 있다. 사회 계급들 또는 '그룹들'은 어떠한 방식으로든 **'개인들 간의 관계들'**(inter-personal relations)로 환원될 수 있으며, 국가 또한 국가기구를 구성하는 다양한 '그룹들' 내의 구성원들의 **'개인들 간의 관계들'**로 환원될 수 있다는, 그리고 마지막으로, 사회계급들과 국가 간의 관계는 그 자체가 사회그룹들을 구성하는 '개인들'과 국가기구를 구성하는 '개인들'의 대인관계로 환원될 수 있다는 인상을 밀리반드는 끊임없이 풍기고 있다(Poulantzas 1969: 70).

풀란차스는 다음과 같이 말을 잇는다:

> (이러한 구상은) 마르크스주의 사상사에서 끊임없이 반향을 불러일으켜 온 소위 **주체에 대한 문제의식**에서 비롯된 것으로 보인다. 이 문제의식에 따르면, 사회 형성의 행위주체인 '인간'은(마르크스에게 있어서처럼) 객관적「사태」들의 '운반자'가 아니라 사회 전체 수준을 결정하는 발생적 원리로 간주된다. 이러한 점은 **사회적 행위자, 사회적 행동**의 원천으로서의 개인에 대한 문제의식의 발로라고 볼 수 있다: 따라서 [그에 따르자면] 사회학적 연구는 결국 행위주체들을 사회계급으로 배치시키는 객관적 좌표와 이들 계급들 간의 모순을 연구하는 것이 아니라 개별 행위자들의 **행위의 동기**에 기초한 목적론적 (finalist) 설명을 찾는 방향으로 이어진다(70쪽).

【61】이에 대하여 밀리반드는 다음과 같이 반박한다.

> (풀란차스는) 여기서 다소 일방적인 자세로 국가 엘리트의 본질을 전혀 고려하지 않은 채 너무 멀리 나아갔다. '객관적 관계들'에 대한 그의 배타적 강조가 시사하는 바는, 국가가 하는 일은 그 모든 순간과 그 어느 때고 전적으로 이러한 '객관적 관계들'에 의하여 결정된다는

것이다: 다시 말해, 체제의 구조적 제약들이 국가를 운영하는 사람들을 단지 '체제'가 부과한 정책에 있어서 가장 단순한 [말단] 직원이자 [단순] 실행자로 만들 정도로 절대적으로 강력하다는 것이다(Miliband 1970: 57).[103]

밀리반드는 풀란차스가 '지배 계급'이라는 관념 대신 '객관적 구조'와 '객관적 관계'라는 관념을 사용하고 있으며, 그의 분석은 "일종의「구조적 결정론」으로, 혹은 구조적 '초' 결정론(superdeterminism)으로 이어지는데, 그러한 초 결정론은 오히려 국가와 '체제' 간의 변증법적 관계에 대한 진정한 현실적 고려를 불가능하게 만든다"고 언급하였다(57쪽).

이 논쟁에 대하여 가장 먼저 말하여야 할 점은, 풀란차스가 주장한 「구조적 결정론」과 「방법론적 개인주의」 간의 암묵적인 이분법—즉, 자신의 '문제 제기'와 "사회적 **행위자**, 사회적 행동의 근원으로서의 개인"[이라는 접근방법] 간의 이분법—은 오류의 소지가 있다는 점이다. 사실 이 두 가지 가능성만이 존재하고 있는 것은 아니다. 사회학 연구가 '객관적 좌표'에 대한 연구나 **혹은** 반대로 '개별 행위자의 행동 동기'의 연구라는 **둘 중의 하나에 대한** 연구로만 '최종적으로 이어지는' 것은 아니다. 그러한 연구는 이 양자 간의 복잡한 상호 교류 관계를 명확하게 조사하여야만 하며, 개인은 그룹들과 조직체들 내에서 함께 행동하고 서로에게 영향을 미친다는 사실과, 그들의 행동과 상호작용에 대한 설명이 단순히 개인의 동기만으로는 환원될 수 없다는 명백한 사실을 동시에 감안하여야만 한다.

풀란차스-밀리반드 논쟁에 대하여 두 번째로 말할 수 있는 것은 이

---

[103] 풀란차스-밀리반드 간의 논쟁에 대한 첫 번째 기여는 Urry와 Wakeford(편저. 1973)에서 찾아볼 수 있다. 그 문제는 Ernest Laclau가 Laclan(1975)에서 논의되었고 Poulantzas(1976)에서 계속된다.

논쟁 과정에서는 결정적으로 중요한 어떠한 개념적 구분이 밝혀진다는 점인데, '권력이라는 용어'(language of power)가 그러한 구분을 드러내는 역할을 하여준다. 【62】 사회적 관계들의 맥락에서 권력이라는 용어를 사용한다는 것은, 개별적으로나, 또는 함께(즉, 그룹들 내지는 조직체 등과 더불어), 그리고 「작위」 또는 「부작위」를 통하여, 타인의 생각들이나 행동들에 중대한 작용을 미치는(특히 그들의 「이해관심」에 반하는 방식으로) '인간 행위주체'들에 대하여 언급하는 것이다. 이렇게 언급한다는 것은, 행위주체들은 비록 구조적으로 결정된 한계 내에서 작동하지만 그럼에도 불구하고 일정한 「상대적 자율성」을 가지고 있으며, 그렇기에 다르게 행동할 수도 있다고 상정하는 것이다. 미래는 완전히 열려 있지는 않지만 완전히 닫혀 있지도 않다(그런데 그 개방성의 정도는 실제로 구조적으로 결정되어 있다).[104] 간단히 말하자면, 완전한 「구조적 결정론」으

---

[104] 이를 라이트 밀스가 다음과 같이 말한 바와 비교할 것:

> 필연(fate)은 특정 사회 구조의 특징이라고 할 수 있다. 필연의 작동 방식이 역사 형성의 작동 방식이 되는 그 정도는 그 자체로 역사적 문제이다. (…) 권력의 수단이 비자발적이고 [즉 어느 주체의 자발성에 의하는 것이 아니고] 또한 분산적으로 존재하는 [즉, 집중되어 존재하지 않는] 사회에서는 역사가 곧 필연일 것이다. [하지만] 무수한 사람들의 무수한 행동들이 [자신들의] 국지적인 환경을 수정하고, 그리하여 사회 전체의 구조를 점진적으로 수정한다. 이러한 수정들, 즉 역사의 과정은 인간들의 등 뒤에서 [비밀스럽게] 지속된다. 역사는 표류하지만* 전체적으로는 "인간들이 만드는" 것이다.
>
> 그러나 권력 수단들이 그 영향의 범위에 있어 거대하고 그 형태에 있어서 중앙 집중화된 사회에서는, 소수의 인간이, 이러한 수단의 사용에 대한 그들의 결정에 따라 대부분의 인간들이 살아가는 구조적 조건들을 수정할 수 있도록, 역사적 구조 내에 자리 잡고 있다.

로 이어지는 체제에서는 권력이란 개념의 입지란 존재하지 않는다.

물론 「구조적 결정」의 관점에서도 '권력'을 명문화시켜 재정의하는 대안은 항상 존재한다. 이러한 방향이 풀란차스가 그의 저서 『정치권력과 사회계급』(Political Power and Social Classes)(1973[1968])에서 택한 길이다. 그는 권력의 개념을 "**한 사회계급이 자신의 특정한 「객관적 이해관심」을 실현하는 「역량」**"으로 정의하고(104쪽), 이어서 다음과 같이 주장한다: "(이 개념은) **투쟁**(struggle)[상태]**에 놓인 다양한 계급들의 실천들**(practices) **간에서의** [즉, 실천들에서 발생하는] **「갈등」관계에 대하여 구조가 미치는 영향들을 가르킨다**(indicate; indique). 즉, 권력은 그 구조의 각 차원(level; niveau)들 내에 위치하고 있는 것이 아니라 이러한 차원들의 총체(ensemble)가 만들어 내는 효과(effect; effet)이다"(99쪽).[105] 계급 관계는 "모든 차원에서의 「권력관계」이다: 그러나 권력이라는 것은 「갈등」하는 다양한 계급들의 실천 관계에 영향을 미치는, 구조들이 총체로 빚어내는 효과를 나타내는 개념일 뿐이다"(101쪽). 그러나 이렇듯 권력을 「구조적 결정」이라는 것에 개념적으로

오늘날 그러한 권력 엘리트들은 "그들 자신 스스로에 의하여서 전적으로 선택되지는 않은 상황에서" 역사를 만드는데, 이러한 [현재적] 상황들은 다른 인간들과 인류 역사의 다른 시대와 비교하면 실제로 더 강력하게 보이지는 않는다(Mills 1959: 21-2쪽).

[역주] (*) 역사가 표류한다 함은 인간의 힘으로는 전적으로 좌우되지는 못하는 어떠한 외적인 힘들에 의하여 움직이는 것을 묘사하는 듯하다.

[105] [역주] 원문에 나오는 'niveau'(영어 level)가 구체적으로 어떠한 것을 지칭하는지는 원문에서는 명확하지 않다. 역자는 이를 '차원'으로 번역하였는데, 이는 경제적 차원, 정치적 차원, 이데올로기적 차원 등을 의미하는 것처럼 해석될 수 있기 때문이다(원문은 인용원문 5 참조; Poulantzas 1975: 102쪽).

동화시키는 것은, 이론적으로 필요시 되는 중요한 구분, 그리고 권력이라는 어휘가 분명히 표현하고자 하는 중요한 구분을 단순히 모호하게 만드는 역할을 할 뿐이다. 다시 말하여 본인의 주장은, 주어진 과정을 「구조적 결정」의 경우가 아니라 [그와는 다른 형태인] 「권력 행사」로 파악한다는 것은, [권력의] **행사자 또는 행사자들이 가진 권력에 의하여** 그렇듯 다르게 행동하도록 하는 것이라고 상정하는 것과 같은 의미라는 것이다. 즉, 집단적 「권력 행사」 또는 그룹 또는 기관 등의 [「권력 행사」의] 경우, 이는 해당 그룹이나 기관의 구성원들이 단합하거나 조직하여 다르게 행동할 수도 있었음을 시사하는 것이다.

이 같은 주장이 합당한지를 그리고 권력이 행사되는 과정을 확인함에 있어서 제기되는(후자의) 두 가지 종류의[106] 어려움을 파악하는 핵심에는 권력과 「책임」의 관계가 있다.[107] 【63】 그러한 권력의 행사를 식별하기 위하여서는, 행사자가 다르게 행동할 수 있었다는 가정, 그리고 혹시 [그 행사자가] 자신의 「작위」 또는 「부작위」의 결과를 인지하지 못하고 있는 경우에는 [적절한 노력을 하였다면] 이를 확인할 수도 있었다는 가정들이 수반되어야 하는 이유는, 권력이 [누구에게] 귀속되었다 함은 동시에 [그에게 권력의 행사로부터 야기되는] 특정 결과에 대한(부분적 또는 전체적) 「책임」이 귀속되기 때문이다. 다시 말해, 권력을 [어느 주체에] 위치시킨다는 것은 특정될 수 있는 행위주체들의 「작위」 또는 「부작위」에서 비롯된 결과에 대한 「책임」을 [그 주체에게] 고정시키는 것이다. 여기에서는 「책

---

106 [역주] 이때, '후자의 두가지 종류'가 의미하는 바는 다소 모호한데, 위의 문장에서 포함된, "권력을 '구조적 결정'이라는 것에 개념적으로 동화시키는 것", 그리고 "행사자 또는 행사자들이 가진 권력에 의하여 그렇듯 다르게 행동하도록 하는 것"을 의미하는 듯하다.

107 이에 대하여서는 윌리엄 코널리(William Connolly)의 권력에 대한 논의를 참조할 것(Connolly 1983).

임」이라는 관념(그리고 집단적 「책임」의 문제를 규명하는 문제)에 대한 자세한 논의에 들어가기에는 적절하지 않다: 「책임」이라는 관념은 이 글에서 살펴본 다른 관념들보다 더 문제가 많고 본질적으로 「논쟁대립적」인 관념이기 때문이다. 또한 여기는 「구조적 결정」이 끝나는 점과 권력과 「책임」이 시작되는 점을 어떻게 결정할 것인가를 파악하기 위하여 그 기저에 필요한 이론적(그리고 비경험적인(?)) 문제를 논의할 수 있는 자리도 아니다. 하지만 결론적으로 말하자면 라이트 밀스는 그가 필연(fate)과 권력을 구분할 때 본인이 주장한 개념들 간의 관계를 인식하고 있었다. 그는 자신이 말하는 "필연에 대한 사회학적 구상"(sociological conception of fate)은 인간들의 어떠한 서클이나 그룹들, 즉, "(1) 식별할 수 있을 만큼 응집되어 있는, (2) 결과를 결정할 수 있을 만큼 강력한, 그리고 (3) 결과를 예측할 수 있는 위치에 있고, 그렇기에 역사적 사건에 대하여 「책임」질 수 있는 어떠한 서클이나 그룹들이 통제할 수 없는, 그러한 역사 속 「사태」들과 관련이 있어야만 한다"고 서술한 바 있다(Mills 1959: 21). 그는 광범위한 사회 구성원의 「이해관심」에 부합하는 변화를 주도할 수 있는 전략적 위치에 있지만 그렇게 하지 않는 사람들이 권력을 가지고 있다고 주장하며, "권력자에게 [그러한 변화를 주도하는] 요구를 하고 어떠한 특정 사건 과정에 대한 「책임」을 묻는 것이야말로 지금 시점에서 사회학적으로 보았을 때 현실적이고 도덕적으로 공정하며 정치적으로도 필요불가결한" 것이라고 주장하였다(100쪽).

1.9 결론

권력에 대한 일차원적 관점은 정치 행위자의 「의사결정」 권력에 대한 행태적 연구를 위하여서는 명확한 패러다임을 제공한다.【64】하지만, 그 관점은 연구 대상인 정치 체제의 「편향성」을 그대로 받아들일 수밖에 없으며 정치적 의제가 통제되는 방식에 대하여서는 눈을 감을 수밖에 없는 한계가 있다. 이차원적 관점은 이러한 「편향성」과 「통제」에 대하여 연구할 수 있는 방법을 제시하기는 하지만, 그것들을 너무 협소하게 인지하고 있다: 한 마디로 「의사결정」과 「비 의사결정」의 권력뿐만 아니라 사회 내에서 잠복되어 있는 「갈등」을 억압하는 다양한 방식들을 검토할 수 있는, 그러한 사회학적 관점이 부족하다는 것이다. 따라서 이러한 연구방법은 여러 가지 심각한 어려움에 당면하게 된다.

이러한 어려움들은 물론 심각하지만, 극복할 수 없을 만큼 지대한 것은 아니다. 그렇다고 하여서 권력에 대한 삼차원적 관점을 단순히 형이상학적이거나 이념적인 차원의 것으로만 간주할 수는 없다. 요컨대, 「권력관계」에 대한 더 심층적인 분석, 즉 「가치 탑재적」이고(value-laden)[108] 이론적이며 경험적인 분석이 가능하다는 것이 본인의 결론이다.[109] 또한 그러한 분석의 가능성에 대하여 비관적인 태도를 취하는 것은 정당화될 수 없다. 프레데릭 프레이(Frey, Frederick)가 기술한 것처럼(1971: 1095), 그러한 비관론은 다음과 같이 말하는 것과 다름 아니다: "조금만 더 노력하면 아예 불가능한 것처럼 보이게 만들 수 있는데 [왜 그렇게 조금 더 노력하지 않아서] 왜 일을 어렵게 만들까?"

---

[108] [역주] 이때 '가치탑재적'이라 함은, 「권력관계」를 분석함에 있어서는 필히 연구자의 도덕적 규범적, 그리고 가치 판단적인 관점이 개입되어 있음을 의미한다.

[109] 이러한 분석의 좋은 예는 Gaventa(1980)을 참조할 것.

2 권력, 자유 그리고 이성

【65】 이 장에서는 권력의 개념에 대한 논의의 폭을 넓게 보고자 한다. 본인은, 권력이 어떻게 개념화되어야 하는지에 대한 끝없는 이견이 존재하고 있다는 사실에서 출발하여, 이 [권력의] 개념이 우리에게 도대체 필요한지, 필요하다면 무엇을 위하여 필요한지를 묻고자 한다. 그런 연후 일종의 「개념적 지도」를 그려보고자 하는데, 이는 PRV에서 개진되었던 주장과 그 주장이 한 부분으로서 기여하였던 논쟁을 그 지도상에 위치시키고 또한 중점적으로 파악하기 위하여 필요한 것이다. PRV는 미국 정치학계에 대한 대답이자 동시에 그에 대한 공헌을 한 바 있었다. 따라서, "A는 B로 하여금 [그 권력이 행사되지 않았더라면] B가 하지 않으려 하였을 일을 하게 할 수 있는 한도에 있어서 B의 '위로' 권력을 가진다"는 로버트 달의 '직관적인 생각'에 기초하여 있었던(Dahl 1957 in Scott(ed.) 1994: vol. 2, 290쪽), 그리고 '불임적'(sterile)이라는 [세간의] 비판을 받은 바도 있었던(Taylor 1984: 171쪽) 그러한 권력 개념을 공유하고 있던, 그 논쟁에서의 [기본] 전제로부터 자유롭지는 못하였다. 그러한 [불임적이라는 세간의] 비판은, 그 이후에 이론화된 권력에 대한 시각에 입각하여 이루어졌는데, 특히 미셸 푸코의 권력에 대한 이론화는 그러한 논의를 더 광범위하고 깊게 하는 방향으로의 전개를 예견하고 있었다. 하지만 본인은 초기의 논쟁에 대한 [그같은] 비판은 너무 경솔하다고 생각한다: 로버트 달과 그의 추종자들이 너무 협소한 범위에 [논의를] 국한하였음을 부인하지는 못하지만, 그 중요한 질문에 대하여 반갑고도 동시에 건전한 성격을 가지는 자세들, 즉, 정확성, 명료함, 그리고 방법론적인 엄밀성을 도입한 바 있었기 때문이다. 【66】 비평가들의 주장은 그들의 [즉 초기 논쟁자들의] 방법이 너무 제약적이어서 편향되고, 또한 안일한 결론을 내리고 있으며, 어느 정도 자발성을 가지는 행위주체자들로부터의 「순응」을 확보함에 있어서, 덜 명시적이고, 덜 「가시적」인 방법을 사용함에 관련된 더 광범위한 질문을 다루지 못한다는 것이었다. 그와는 대조적으로 푸코는 방법론적 엄격함이 전혀 결여되었고 지나치게 수사적이기는 하나, 다양한 분

야에서 많은 사고와 연구를 자극하는 방식으로 그러한 질문에 대한 실마리를 찾기 위한 서광을 비춘 바 있었다. 이하에서 살펴보겠지만, 푸코의 수사학은 많은 사람들로 하여금 [기존에 그들이 가지고 있던] 「자유」와 「합리성」에 대한 사고방식을 전도시키도록 하는 함의를 내포하고 있는 흥미진진한 방식을 제시함으로써, 그들이 어떻게 권력을 파악하여야만 하는지를 제안하고 있다. 하지만 본인의 생각으로는, 그러한 푸코의 방식은 우리가 답습하여야 할 방향은 아니라는 것이다.

2.1 권력의 개념에 대한 합의의 부재

우리는 무수히 많은 상황에서 권력에 대하여 말하고 글을 쓰며, 일반적으로 완전히 그 의미를 잘 알고 있거나 혹은 그렇다고 생각한다. 일상생활과 학문적 연구에서 우리는 권력의 위치와 범위, 누가 [권력을] 더 많이 가지고 누가 덜 가지고 있는지, 어떻게 권력을 얻고, 그에 「저항」하고, 장악하고, 활용하고, 확보하고, 길들이고, 공유하고, 확산시키고, 배분하고, 같게 만들거나 극대화하는 방법에 대하여, 그리고 [권력을] 더 효과적으로 만드는 방법과 그 효과를 제한하거나 피하는 방법에 대하여 논의한다. 그러나 이 문제에 대하여 생각하여 본 사람들 사이에서는 권력을 어떻게 정의하고, 어떻게 받아들여 생각하고, 어떻게 연구하고, 측정할 수 있다면 어떻게 측정할 것인지에 대한 합의는 존재하지 않는다. 이러한 질문에 대한 논쟁은 끝이 없이 계속되며, 그에 대하여 당장 해결의 기미는 보이지 않고, 이러한 모든 의견 불일치가 과연 중요한지에 여부에 대한 합의조차 이루어지지 않고 있다.

그러한 이유에 대하여서는 여러 가지 설명들이 제시되고 있다. 한 가지 제시는 '권력'이라는 용어가 다의적이기 때문이라는 것이다: 예를 들어 '사회적', '정치적'이라는 단어에서 볼 수 있듯이 권력이란 용어는 상이한 환경과 관심사에 따라 복수의 다양한 의미를 가지고 있다는 것이다. 또 다른 하나의 설명은, 마치 '게임'이라는 단어와도 같이 '권력'이라는 단어는 하나의 공통된 본질을 가지지 않는, 즉, 같이 공유할 수 있는 하나의 속성을 가지지 않는 다양한 대상들이나 지시물을 지칭한다는 것이다: 이는 비트겐슈타인(Wittgenstein)이 일찍이 「가족 유사성」(family resemblance)이라고 칭한 바 있던 것을 의미한다. 세 번째 연관된 설명은 역시 비트겐슈타인을 따르고 있는데 그에 의하면, 상이한 권력의 개념들은 각자 자신들만의 위치를 각기 서로 다른 국지적 「언어 게임」(language games)에서 차지하고 있으며,【67】이러한 사실에서 알 수 있는 바는, 유일한 권력 개념을 찾는 것 자체가 환상에 불과하다는 것이다. 네 번째 설명은 권력이란 '본질적으로 「논쟁대립적」 개념'이라는 것이다. 즉, 실제로 권력에 대한 단일 개념은 존재함에도 불구하고 "그 개념의 사용자들 측에서 보았을 때는 본질적으로 그것의 적절한 사용에 대한 끝없는 논쟁을 수반하는" 그러한 개념들 중 하나라는 것이다(Gallie 1955-6: 123쪽).

이러한 네 가지 설명 모두는 각자의 논거를 가지고 있다. 하지만 분명한 것은, 우리는 서로 다른 맥락에서 그리고 서로 상이한 목적을 위하여 무수히 다양한 방식으로 권력이라는 어휘를 사용한다는 사실이다. 홉스(Hobbes, Thomas)는 "오직 죽음 앞에서만 멈출 수 있는, 인류의 권력을 향한 끊임없고 분주한 욕망"에 대하여 기술한 바 있고(Hobbes 1946[1651]: 64쪽), 버크(Burke, Edmund)는 "인간들이 단결하여 행동할 때 [그 인간들이 가진] 「자유권」(liberty)은 곧 권력이 된다"라고 적은 바 있다(Burke 1910[1790]: 7쪽). 마력(馬力)과 핵무기의 힘, [신의] 은총과 [신의] 벌이 가진 힘, 권력 투쟁과 '단합되어 발휘되는' 집단의 권력, 권력 균형과 권력 분할, '권력이 없는 자의 힘'과 절대 권력의 부패 등에 대하여 말할 때, 이 모든 힘과 권력이라는 단어들에 공히 적용될 수 있는 공통점이 존재한다는 것은 결코 자명하지 않다.[110] 또한, 권력을 바라보는 관점들과 그 목적들이 상이한

---

[110] [역주] 이 문장에서 표현된 '힘'과 '권력'은 영어로는 모두 'power'라고

경우, 권력이라는 단어를 받아들이는 방식도 달라지는 것은 당연하다. 에드워드 사이드(Said, Edward)는 다음과 같이 묻는다: "[사람들은] 애초에 왜 권력이라는 용어를 떠올리는가(imagine), 그리고 권력을 떠올리는 동기와 그 동기가 만들어 내는 이미지 사이에는 어떠한 관계가 있는가"(Said 1986: 151쪽).[111] 그의 설명에 따르자면 후자[즉 이미지]는 대부분 전자[즉, 동기]에서 파생된 것이다. 따라서 피터 모리스(Morriss, Peter)가 관찰한 것처럼, 권력이라는 관념을 사용함에 있어서, "열렬한 민주주의자가 사회의 행태들을 걱정하면서 사회를 위하여 어떠한 일을 하는지는 CIA에게 있어서는 관심사 밖의 일이다".[112] "[사람들의] 욕구들을 충족시키기 위하여서는 충분한 권력이 필요하다고 찬양하는 공리주의자는 자기 발전을 위한 힘이 부족하다고 한탄하는 낭만주의자적 생각을 부정하지 않는다"(Morriss 2002: 205쪽).[113]

그러나 권력이 어디에 위치하여 있는지, 권력의 범위는 어디까지인지, 그리고 충분히 그럼직하게 보이는 [권력의] 효과들이 어떻게 나타나는지에 대한 의견상의 불일치들은 존재한다. 그 같은 의견 불일치들은

표시되어 있으나 역자가 그 차이를 구분한 것이다.

[111] [역주] 즉, 어떠한 행위주체가 애당초 권력이라는 개념을 떠올리는 목적이, 그 행위주체가 권력을 이해하는 방식에 영향을 미친다는 의미이다.

[112] [역주] 즉, CIA가 권력을 생각하는 목적은 민주주의자가 생각하는 그것과는 다르기 때문에 전자는 후자가 권력을 이해하는 방식에 대하여서는 전혀 관심이 없다는 이야기이다

[113] [역주] 양자의 초점은 서로 상이할지언정, 그 둘 모두의 동기는 권력이 그 부족한 어떠한 것을 채우기 위하여 필요하다는 점에서는 일치한다. 따라서, 그들이 권력을 이해하는 방식도 유사하다는 이야기이다.

어떻게 우리가 권력을 생각하여야만 하는지에 대한 대립이라고 할 수 있고, 이는 사실에 대한 논쟁이 아니라 권력을 어떻게 특징지어야만 하는지에 대한 논쟁, 즉, 권력을 어떻게 개념화하여야 하는지에 대한 논쟁이라고 할 수 있다. 이후에 본인이 주장하겠지만, 우리가 권력을 어떻게 생각하는지는 논란의 여지가 존재하며 그로 인하여 중대한 결과의 차이를 초래할 수 있기 때문이다. 【68】 우리가 권력을 이해하려고 할 때, 우리가 권력에 대하여 생각하는 방식은 우리가 이해하고자 하는 대상과 여러 가지 방식으로 연관되어 있다. 우리의 목표는 [권력을] 기술(記述)하고 설명하기에 적합한 방식으로 그것을 [권력을] 표현(represent)하는 것이다. 그러나 우리의 구상(conception)은 우리가 기술하고 설명하려는 것에서 출발하고 그것에 의하여 형성될 수 있다. 또한 그것은[즉, 구상은] 후자[우리가 설명하려는 것]에 작용을 미치고 후자를 조형할 수도 있다: 즉, 우리가 권력에 대하여 생각하는 방식은 권력의 구조와 권력의 관계들을 재생산하고 강화하는 역할을 할 수도 있고, 반대로 그것들에 도전하며 전복시킬 수도 있다. 그것은[즉, 권력에 대한 구상은] 그것들의 [즉, 권력의 구조와 관계들의] 지속적인 기능에 기여할 수도 있고, 또한 감춰짐으로써 그 효과가 오히려 높아질 수 있는 그것들의[즉, 후자들의] 작동 원리를 드러낼 수도 있다. 이러한 한에 있어서, 개념적, 방법론적 질문은 불가피하게 정치적인 것이다. 따라서, 합리적인 사람들일지라도 그들이 도덕적, 정치적으로 동의하지 않는다면 비록 그들이 사실 자체에 대하여서는 동의할 수 있을지언정 권력이 어디에 위치하여 있는지에 대하여서는 동의하지 않을 수 있다는 점에서 '권력'의 의미는 '본질적으로 「논쟁대립적」'이라고 할 수 있는 것이다.

    이러한 의견 불일치와 그로부터 비롯되는 어려움에 직면하여, 때때로 권력이라는 개념이 분석을 위하여 적합한 개념인지 자체에 대한 의구심이 제기되기도 한다. 아마도 그것은 '과학적' 개념이라기보다는 '비전문적' 또는 '통속적' 개념이며, '분석의 범주'라기보다는 '실천의 범주'일

것이라는 주장이 그것이다.[114] 이러한 부류의 일반적인 주장은 다음과 같다: (이하에서 설명하겠지만) 권력은 「**성향적**」(dispositional) 개념으로서,[115] 권력이 행사되는 경우 그 행사되는 시점에서의 다양한 환경들하에서 발생할 수 있는 바를 명시하여 주는 일정 조건문 또는 가설적 진술과 결합되어 보여진다. 따라서 권력은 그것을 행사할 수도 있고 행사하지 않을 수도 있는, 어떠한 행위주체 혹은 행위주체들의 능력(ability) 또는 「역량」(capacity)을 의미한다. 하지만 과연 어떻게 이러한 사실이 설명적일 수 있는가. 사회과학의 목표라는 것이 우연성(contingency)을 줄이고 결과에 대하여 법칙과 같은 설명에 도달함에 의하여 확실한 예측들을 도출하는 것이라면, 단지 성향들(disposition)이나 능력들을 규정하는 바에 그치는 것은 몰리에르(Molirè)의[116] 극에서 나오는 의사가 아편의 효과를 「수면 유도의 힘」(virtus dormitiva)으로서[117] 설명하려 하였던 바처럼 쓸모없는 일이 될 것이 분명하다.[118]

---

[114] 이 같은 차이점에 대하여서는 Bourdieu(1990[1980], 5장)를 참고할 것.

[115] [역주] 원어인 dispositional을 우리말로 번역하기는 까다롭다. 그 뜻은 어느 행위주체에 내재되어 있는 속성을 의미하는데, 잠재적일 수도 있고 현실에서 드러날 수도 있다. 본서에서는 이를 「성향적」으로 번역하였다.

[116] [역주] 본명은 Jean-Baptiste Poquelin(1622-1673)로서 프랑스의 극작가. 당대의 사회 풍자극으로 유명.

[117] [역주] 몰리에르(Molière)가 저술한 『학식을 뽐내는 여인들』(Les Femmes Savantes)(1672)에서 나오는 표현으로서, 이 제목의 자구적 의미는(아편이 가지는) 「수면 유도의 힘」인데, 당대의 학자들이 간단한 현상을 실제로는 제대로 이해하지도 못하면서 복잡하게 설명하는 태도를 빗대서 사용한 문구이다.

[118] 이에 대한 반론 중 하나는 소위 「과학적 현실주의」(scientific realism)로서,

그리하여 브루노 라투르(Latour, Bruno)는 다음과 같이 말한바 있다: '권력'이란 "이현령 비현령격인(pliable) 공허한 용어"인데, 그것은 "복종하는 다른 사람들의 행동에 의하여 설명되어야 하는 것"을 가리킨다: 즉, 그것은 "집단적 행동의 결과를 요약하는 편리한 방법으로는 사용될 수 있지만", "집단적 행동을 있게 하는 바로 그 요인은 설명할 수 없다"는 것이다.【69】따라서 라투르는 "권력에 대한 관념을 버려야 한다"고 거침없이 제안한다(Latour 1986: 266, 265, 278쪽). 그리고 널리 알려진 논문에서 제임스 마치(March, James)는 "권력은 실망스러운 개념"이라며 "실로 복잡한 사회적 선택의 체계를 묘사하는 합리적인 모델에서는 놀랍게도 거의 사용되지 않는다"고 주장하였다(1966년 3월: 70쪽). 본인이 이미 언급한 바 있던 어려움을 고려하며, 그는 권력은 '실제적이고 의미 있는 것' 혹은 '연기 뒤에는 반드시 불이 있을 것'이라는 주장에 대한 의구심을 표명하였다(전게서 68). 마치는 우리가 '권력이 명백하다'고 느끼기 때문에 그렇게 생각하고 싶은 유혹을 떨쳐버릴 수 없지만, 그럼에도 불구하고 그러한 유혹에 대항하여 저항하여야 한다고 제안하였다. 그리하여 그는 우리는 "권력에 대하여 이야기하지 않고는 우리의 일상이나 주요 사회적, 정치적 현상에 대하여 거의 이야기할 수 없기에", 그래서 "권력은 명백히 실재하는 것"이라고 잘못 생각하고 있는 것 같다고 이야기한다(전게서 68쪽).

하지만 본인은 PRV에서 그와는 정반대의 입장을 취하였다. 그 저술에서 본인은, 권력은 놀랍도록 다양한 방식으로 실재하고 효과적이며,

---

이 주장에 따르자면 권력은 행위자에 내재된 본성이나 [그것의] 구성(constitution)에서 비롯된다(Harré와 Madden 1975). 다른 하나는 사회과학에서의 법칙을 주장하는 설명은 납득하기 어렵고 취약하며, [현상들 간의 인과 등의 관계를 연결하는] 일정 '메커니즘들'(mechanisms)은 설명은 제시할 수는 있지만 예측을 제시할 수는 없다는 존 엘스터(Elster, John)의 주장이다(Elster 1998 및 1999: 1장).

그중 일부는 간접적이고 일부는 감춰져 있으며, 실제로 행위자와 관찰자 모두에게 있어서 관찰이 가장 어려울 때 가장 효과적이라고 주장함으로써 경험적 사고에 길들여져 있는 사회 과학자들에게 아주 좋은 역설을 제시하고 있다. 그러한 제안을 함에 있어서 본인은 사회과학자들이 [경험적 시도를] 포기하여야만 한다고 주장하는 것은 아니다. 오히려 그들은 (1) 본인이 권력의 삼차원이라고 부르는 것이 관찰이 가능하도록 하는 메커니즘을 모색하고, (2) 혹은 그것을 [권력의 삼차원을] 반증하는 방법들을 찾고, (3)「일차원적 권력」과「이차원적 권력」으로는 설명할 수 없는 권력의 관계들, 특성들 및 현상들을 파악하는 등의 세 가지 행동 방침을 [본인의 제안을 통하여] 가지게 된다. 물론 그것을 [권력의 삼차원을] 경험적으로 반증 가능한 형태로 식별하려는 그러한 시도가 실패하더라도 그러한 실패가 [권력의 삼차원적] 현상이 존재하지 않는다는 것을 의미하는 것은 아니며, 단지 그러한 반증을 위한 방법론적 도구와 기술이 아직은 부족하다는 것을 의미할 뿐이다.

이하에서 분명해질 것이지만, PRV는 이 주제에 대하여 매우 부분적이며 또한 한쪽 면에 치우친 설명을 제공한다. 우선 한편으로는, 그 저술은 전적으로「권력 행사」에만 초점을 맞추고, 다른 한편으로는 비대칭적 권력, 즉 어떠한 자들에 의한 타인의 **위로** 행사되는 권력, 그리고 그러한 권력의 단지 하위 유형, 즉「지배」에 대한「순응」의 확보만을 다루고 있다. 또한, 그 저술에서는 행위자들은 [복수가 아닌] 단일「이해관심」만을 가진 것으로 가정되었고, 그러한 행위자들 간의 [양 당사자 간에 측면이라는 의미에서의] 양자적 관계만을 다루고 있다.【70】더욱 완전한 설명을 위하여서는 이러한 단순화된 가정을 분명히 완화할 필요가 있고, 또한 상이한「이해관심사」들을 가진 복수의 행위자 간의 권력도 다루어야만 한다. 결혼 관계와도 같은 양자적 관계 내에서도 결국 지배는 당사자 간의 상호작용 중 특정 일부에 한하여서만 특징지어질 수 있다; [양 당사자 간의 상호작용의 방향 중의] 어느 방향에서는, 그리고 어떠한 사안에서는 상호 간의 「이해관심」이 충돌하지 않을 수도 있다.[119] 앞으로 살펴보겠지만, PRV에서 제시한 바에 비하여 사회생활에서의 권력을 더 잘 정의하기 위하여서는; 특히 자신의 「이해관심」을 증진하거나 타인의 「이해관심」에 긍정적 또는 부정적으로 작용을 미침으로써 중대한 효과를 가져올 수 있는 행위주체들의 능력이라는 측면을 부각할 필요가 있다. 그리고 이제 한 가지 질문을 더 추가하려고 한다. 도대체 이 개념이 필요한 이유는 무엇인가. 무엇을 위하여 권력이라는 개념이 필요한가.

권력에 관한 그렇게도 수많은 저술에도 불구하고 이 문제를 다룬 저자는 피터 모리스(Morriss, Peter) 단 한 명밖에 찾을 수 없었다는 점이 애석한데, 여기서는 그의 저서 『권력: 철학적 분석』(Power: A Philosophical Analysis) (Morriss 2002)을 중심으로 논의를 개진하고자 한다. 그는 우리가 권력에 대하여 이야기할 때 '실용적'(practical), '도덕적', 「가치 평가적」(evaluative)이라는 세 가지 맥락이 존재한다고 주장한다.

첫째, **「실용적** 맥락」(practical context)이다. 브라이언 배리(Barry, Brian)는 어떠한 사회에서든, CIA가 뇌물을 주고 싶은 사람들이 권력자들 중에는 반드시 포함되어 있다는 자신의 관찰을 인용하며(Barry 1974: 189쪽), "타인들이 당신을 위하여 일을 하도록 만들거나 그들이 당신에게 [당신이] 원하지 않는 일을 하는 위험을 감수하지 않기 위하여서는" 그들이 가진 권력을 올바르게 알고 있어야만 한다고 지적한다(Morriss 2002: 37쪽). 즉, 개인이든 집단이든, 인간이라는 행위주체들로 가득 찬 이 세상을 헤쳐 나가면서 [자신이] 생존하고 번영할 기회를 가지려면 우리 자신의 권력과 타

---

[119] Komter(1989)를 참조할 것. 예를 들어, 아내의 관심사는 남편의 관심사와 일치할 수 있지만 각기의 관심사의 이유는 상이할 수 있다. 남편은 아내가 빨래방에 옷을 가져가는 것이 아내 자신의 일이라고 생각하지만, 반면 아내는 친구들과 어울리거나 바람을 피우는 등 전혀 다른 이유가 있을 수 있다(이 예는 Suzanne Fry가 본인에게 제시한 것이다).

인의 권력을 알 필요가 있다. 물론 우리 자신의 권력은 부분적으로는 타인의 권력을 이용하거나 회피하거나 혹은 약화시키는 바에 의존한다고 할 수 있다. 우리는 그러한 행위주체들이 가진 권력들, 즉 우리의 「이해관심사」에 작용을 미치는 그들의 「성향적 능력」에 대한 지도(地圖)를 암묵적 지식의 형태로 머릿속에 넣고 다니며 그것을 통하여 어느 정도 예측과 통제를 할 수 있다. 여기서 권력은 (라투르가 제안한 것처럼) 반사실적 지식, 즉, 가설적 조건하에서는 행위주체가 무엇을 할 것인지라는, 절실하게 요구되는 그러한 지식을 [머릿속에] 정리한 후 실행되는 방식으로 기능한다. 하지만 이러한 부류의 지식은 다양한 차원에서 작동한다는 점에 유의할 필요가 있다. [예를 들자면] 우리는 우선 공무원들이 가진 공식적 권력들이 무엇인지를 알아야만 한다. 그러나 [추가로] 우리가 그들의 상황과 특징에 대하여 알고 있는 바를 감안하여, 만일 그들이 어떠한 선택을 내린다면 우리를 위하여 또는 우리에게 실제로 무엇을 할 수 있는지도 알아야만 한다. 【71】 또한 예상하지 못한 상황이나 압력을 받거나 혹은 비합리적으로 행동할 경우, 그들이 우리를 위하여 또는 우리에게 무엇을 할 수 있는지도 알아야 한다. 토마스 홉스는, 인간은 [자신들의] "미래 욕망의 향방"을 보장받기 위하여 권력을 추구하며, 그가 묘사한 것보다도 덜 무자비하고 덜 위협적인 세상에서조차도 그러한 확신을 가지려면 타인의 권력에 대한 지식이 필요하다고 생각하였다.

둘째, **「도덕적 맥락」**이다. 여기서 핵심 생각은 **「책임」**이라는 개념이다. 테렌스 볼(Ball, Terence)에 따르자면,

> 우리가 누군가가 권력을 가지고 있다거나 권력이 강하다고 말할 때, 우리는 (...) 다른 인간 존재들의 「이해관심」에 영향을 미치는 특정 결과를 야기하거나 혹은 야기하지 못하게 함에 대하여, 인간이라는 행위주체들이나 행사주체(agency)에게 일정 「책임」을 부과하는 것이다(Ball 1976: 249쪽).

[하지만 모리스는 위의 글을 인용하면서, 권력과「책임」의 관계는 "본질적으로 이(裏 negative)의 관계이다: 즉, 권력의 부족을 입증함으로써 모든「책임」을 부정할 수 있다"고 주장한다(Morriss 2002: 39쪽).[120] 따라서 범죄에 대한 알리바이의 존재는 자신이 범죄를 저지를 수 없었다는 것에 대해 입증함으로써 성립되게 한다; 그리고 또한 참사를 막지 못한 것에 대한 변명은 자신이 막을 수 없었다는 것을 입증함으로써 때때로(항상 그런 것은 아니지만) 성립된다. 하지만 본인 생각으로는 이러한 논의를 개진함에 있어서 모리스는 충분히 진전하고 있지는 못하다. 물론 그는 "사람들에게 도덕적「책임」을 물을 때, 즉 칭찬과 비난을 할 때 우리가 살펴봐야 할 것은 그들의 권력이 아니라 언제나 그들의「작위」(와「부작위」)라고 말하는 것이 옳다"고 말한다(전게서 21-2쪽). 그러나 사회에서 권력이 어디에 위치하여 있는지, 즉 누가 더 강력한 권력을 가진 행위자인지, 어떠한 것들의 권력이 더 강력하고 어떠한 것이 덜 강력한지를 결정할 때 우리는 우선 [그 권력들이 미치는] 작동하고 있는 모든 영향들 중에서 우리의 관심 초점을 어디에 집중하여야 할지를 결정하여야 한다. [권력이] 강력한 사람은 중요한 결과들에 대하여「책임」이 있다고 우리가 판단하거나 우리가 그렇다고 주장할 수 있는 사람이다. 그렇기 때문에 본인은 라이트 밀스의 생각을 인용한 바 있는데, 그는 어떠한 전략적 자리에 위치하고 있기에 광범위한 사회 구성원들의「이해관심」에 부응하는 변화를 주도할 수 있지만 그렇게 하지 않는 사람들에게 권력이 귀속되어 있다고 보아야만 한다고 말한다. 또한 그는 "이제 권력을 소지하고 있는 자들에게 요구하고 특정 행동 과정에 대한「책임」을 묻는 것은 사회학적으

---

[120] [역주] 다시 말하면 "p: 권력이 존재 → q: 책임의 존재"가 본 명제라면, "~p: 권력의 부존재 → ~q: 책임의 부존재"는 본 명제의 이(裏)이다. 통상 이러한 '이' 명제를 영어로는 inverse라고 표현하지만, 원문에는 이를 negative라고 표현하였다.

로 현실적이고 도덕적으로 공정하며 정치적으로도 필수적"이라고 주장하였다(Mills 1959: 100쪽).【72】이는「책임」의 문제가 '도덕적'인 문제일 뿐만 아니라 주로 '정치적' 문제라는 것을 잘 보여준다.

앞서 설명한 내용을 설명하기 위하여 다음과 같은 예를 생각하여 보자.[121] 대도시에서의 주택시장이 작동하는 방식 때문에 그다지 부유하지 못한 많은 일반인들이 양질의 저렴한 주택에 접근하기가 어렵다는 것은 주지의 사실이다. 이는 임차인, 주택 구매자, 주택담보 대출기관, 부동산 중개인, 개발업자, 토지 용도 규제 기관, 도심 교통 계획자 등을 망라하는, 자신들의 다양한「이해관심」를 추구하는 수많은 행위자들 각자의 독립적인 행동이 조율되지 않은 채 나타나는 비의도적 결과라는 측면에서 보았을 때, 실로 **구조적**인 문제라고 볼 수 있다. 그러나 어떠한 특정할 수 있는 개인이나 그룹들이, 비록 그들이 다른 방식으로 행동함으로써 변화를 불러올 수 있음에도 불구하고 그렇게 하지 않고, 그 대신 어떠한 다른「작위」또는「부작위」를 함으로 인하여 그들 이외의 다른 개인이나 그룹들의 접근권을 제약하게 된다면, 전자는 [후자의 비접근권에 대해]**「책임」이 있기 때문에** 강력한 권력을 가지고 있다고 간주하는 것이 합리적이다. 물론 개인적 차원에서 볼 때는 인종 차별적인 부동산 소유주와 부패한 공무원들이 권력을 가지고 있다고 볼 수도 있다; 그러나 도시, 기업 또는 국가의 차원에서 사안을 볼 때에는, 개별적으로 또는 단결하여 변화를 야기할 수 있는 '전략적 위치'에 놓여있는 정치인 및 기타 사람들은 그들이 충분히 개선 가능한 사안들을 방관하고 있는 그러한 정도 내에서 권력을 가진 것으로 간주될 수 있다.

셋째,「**가치 평가적**」맥락이다. 여기서 쟁점이 되는 것은 '사회 내에서의 권력의 배분(그리고 그 범위)'에 대하여 사회 체제가 내리는 판단 또

---

[121] 이 예는 Iris Marion Young으로부터 배운 것인데, 단, 위에서 언급한 바는 이 예의 원래 용도는 아니었다.

는 평가이다. 모리스는 이 문제와 관련하여 '두 가지 광범위한 관점'을 구분하고 있다: 그에 따르면, "시민이 자신의 필요와 욕구를 충족시킬 수 있는 권력을 어느 정도 가지고 있는가" 내지는 "사회가 시민에게 타인의 권력으로부터「자유」를 어느 정도 부여하는가"를 각기 구분하여 고려하여 볼 수 있다. [또한 그에 따르면] 전자는 무기력함(impotence) 또는 권력의 부재를, 후자는「지배」또는 타인 내지는 타인들의 권력에 예속됨을 표현하고 있는데, "양자는 동일하지 않으며, 따라서 둘을 연관시켜 고려하여 생각할 필요는 없다". 사실 "당신이 무력하다는 것은 당신이 다른 사람의 권력의「영향」내에 위치하여 있다는 것이며, 따라서 당신이 정당한「불만」을 제기하기 위하여서는 우선 그 타인이 당신의「무력함」에 대한「책임」을 질 수 있어야만 한다"고 상정하는 것은 실제로 오류이다. 이를 통하여 모리스는 다음과 같이 결론을 내린다: "사람들이 어떠한 종류의 사회에 살고 있기 때문에 무력하다면, 즉「사회적 설정」들이 만일 바뀐다면 그 사람들이 더 많은 권력을 가질 수 있었다면, 그러한 사실 자체는 그 사회에 대한 비판이다.【73】어떠한 한 사회에 대한 근본적인 비판은 '**그**' 사회를 평가하는 것이지 **그 사람들에게** 칭찬이나 비난을 퍼붓는 것은 아니다(전게서 40-2쪽).

「무력함」이「지배」에서 비롯된다고 가정하는 소위「편집증적 오류」(paranoid fallacy), 즉, 사람들에게 권력이 부재하여 있을 때는 그것이 오직 권력자의 계략 때문일 것이라는 추론에 대하여 모리스가 경고하고 있는 바는 확실히 옳다.[122] 그러나 우리가 살고 있는 이 현실 세계에서는 이 양

---

[122] 존 엘스터는 이러한 오류의 명칭은 "재화를 획득할 수 없다는 사실이, 우리의 욕망에 반하는 [타인의] 어떠한 적극적인 행동의 결과로 야기되었다고 잘못 해석될 때" 발생한다는 사실을 발견한 막스 셸러(Scheler, Max)에서 유래한다고 적고 있다(Scheler 1972: 52, Elster 1983: 70에서 인용).

자가 철저히 별개의 사안이라는 다음과 같은 그의 주장을 면밀히 살펴보는 경우, 그의 주장이 비판의 예봉을 피할 수는 없다. 그의 주장에 따르자면, "우리가 일련의「사회적 설정」을 비난할 때, 그 사회 내에서 사람들이 겪는 고통에 대한 책임이 고통을 받는 사람들 자신에게 있는 것이 아니라 그 설정에만 있다는 것을 보여주기만 하면 된다. 그 해악이 누군가에 의하여 의도되거나 예견되었다는 것을 입증할 필요는 없다"(전게서 41쪽). 우선, 사람들은 위에서 언급한 [인종] 차별적인 부동산 소유주나 부패한 공무원의 경우와도 같은 타인의 고의적인 행위로 인하여 무력하게 되고 그러한 상태에 놓이는 경우가 비일비재하다. 그러나 이하에서 논하겠지만, 어떠한 경우에 있어서든 권력[의 행사]이라는 것이 의도, [결과에 대한] 실제 예상, (「부작위」가 아닌) 적극적인 「작위」를 필요로 하는 것으로서 협소하게 생각하여서는 안 된다: 권력자의 권력은 타인의 (주관적 또는 객관적) 「이해관심」에 (부정적 또는 긍정적인) 작용을 미칠 수 있고 또한 그에 대한 「책임」을 가지고 있다는 사실로 이루어져 있다. 권력에 대하여 이렇듯 폭넓은 관점을 취하는 경우 「무력함」과 「지배」의 문제는 더 이상 명백하게 양자가 분리되어 있는 것처럼 비추어지거나, 그리하여 각자의 뚜렷한 시각 내에서만 고립되어 있는 것처럼 비추어지지는 않을 것이다. (실제로 우리가 「무력함」을 불운이나 불행이 아닌 부정의(injustice)로 생각한다면, 그 이유는 그 「무력함」을 줄이거나 해결할 수 있는 위치에 있는 사람들이 존재하고 있다고 믿기 때문은 아닌가?) 위에서 본인이 「책임」에 대해 논의하였을 때 제시하였듯이, 권력자들 중에는 타인들의 「무력함」을 조장함에 기여하거나 혹은 이를 줄이거나 해결할 수 있는 위치에 있는 사람들도 포함된다. 만일 이러한 논의가 가능하지 않은 경우, 우리는 권력이 구조에 의하여 제약된다는 문제에 당면하게 된다. 물론 여기에는 권력과 구조의 관계라는 더 거대하고 또한 불투명한 주제, 그리고 권력을 [권력을 행사하는] 행사주체(agency)와 연관된 것으로 보는 경우가 등장하는데, 이에 대하여서는 본인의 다른 글을 참조하기 바란다(Lukes 1977a; 이와는 대조적인 견해는 Layder(1985)와 Hayward(2000)를 참조). 본 절에서는 단지 한 가지 생각만 반복하여 강조한다면 충분하다고 생각한다:【74】사회적 삶은 권력과 구조의 상호작용이라는 측면, 즉 능동적이면서 동시에 구조화되어진 양면적 본질을 지닌 행위주체들이 자신의 주어진 한계들 내에서 선택하고 전략을 추구하는,─그 결과로서 그러한 한계들은 시간의 경과에 따라 확장되거나 혹은 축소된다─그러한 가능성들로 촘촘히 엮여 있는 일종의 그물망이라고 상정할 때야 비로소 올바르게 이해될 수 있다는 것이다.[123]

2.2 권력의 개념

다양한, 심지어 아주 많은 권력의 개념들이 존재하는 것으로 생각된다. 하지만 이러한 개념들을 언제 어떻게 구별하여야 하는가. 그리고 권력이 놓인 위치나 그 범위 또는 효과에 대한 논란이 존재하는 경우, 그 이유는 무엇인가. 즉, 논쟁 당사자들이 사실에 대하여 동의하지 않는 것

---

123 이러한 상호작용을, 일찍이 마르크스가 공식화한 바와 비교하여 보자: 경제적 관계로부터의 무언(無言 stumm)의 강박(Zwang)은 자본가의 노동자에 대한 「지배」(domination; Herrschaft)를 확정 짓는다. 물론 직접적 경제 외적인 「위력」(Gewalt)은 여전히 사용되지만 단지 예외적인 경우에만 사용된다. 일반적인 상황에 있어서는, 노동자는 '생산의 자연적 법칙'(Naturgesetzen der Produktion)으로 방치되어져 버린다. 즉, [노동자는] 자본에만 의존할 수 있게 되는데, 그러한 「의존성」은 생산 조건들 자체로부터 발생하는 것이며 그 생산 조건들에 의하여 보전되고 또한 영구히 존속하게 되는 것이다"(Marx 1976[1867]: 899; 1962 [1867]).

[역주] 영어 번역문은 오역의 소지가 있기에 위의 번역은 원문을 기준으로 한 것이다(원문은 인용원문 6 참조).

인지, 다른 [권력의] 개념들을 적용하는 것인지, 혹은 동일한 개념을 놓고 다투고 있는 것인지 어떻게 알 수 있는가. 그리고 도대체 이러한 질문은 과연 중요한가. 이하에서는 본인은 이 질문이 중요하다고 주장할 것이다. 본인은 실제로 모든 경우에 공히 적용되는 하나의 포괄적이고 지극히 일반적이거나 혹은 포괄적(generic) 권력 개념이 존재하며, [이를] 인간 행위주체들(개인과 집단)에게 적용할 때 두 가지 뚜렷한 형태의 변형을 보여주고 있음을 설명할 것이다. (이때, 물론 오해의 소지는 있지만 잠정적이나마 이같은 두 가지 형태의 변형을 각기 「개선적 권력」(power to)과 「탈취적 권력」(power over)으로 명명할 수 있다). 후자는 전자의 아종인데,[124] 후자를 해석하여 받아들이는 다양한 대안적 방식은 [그 후자적 개념이] 소위 「본질적 논쟁대립성」(essential contestedness of power)을 내포하고 있음을 보여주며, 이는 사회적 삶에 대한 우리의 이해 방식상의 중대한 결과를 초래한다.

존 로크는 '권력'을 '어떠한 변화를 야기하거나 수용할 수 있는 능력'으로 정의하면서 '권력'의 포괄적인(generic) 의미를 포착하고자 하였다(Locke 1975[1690]: 111쪽). 하지만 이같은 정의조차도, 변화하는 환경에 직면하여 그 변화에 「저항」하는 권력은 배제하고 있기 때문에 충분히 일반적이지는 못하다. 따라서 우리는 로크의 정의를 확장하여, 권력을 소지한다는 것은 어떠한 변화를 야기하거나 수용할 수 있는 능력 또는 변

---

[124] [역주] 저자는 「탈취적 권력」이 「개선적 권력」에 속하는 범주라고 이야기하고 있는데, 이에 대하여서는 이견이 존재할 수 있다. 여하한 권력 형태라도 그것이 처하여 있는 사회적 상황과 무관하게 독립적으로 정의할 수 없으며, 사회 구조적으로 항상 위계가 존재하기에 개선적 권력도 그 위계 관계를 전제로 하는 것이고, 따라서 오히려 탈취적 권력이 개선적 권력의 선결조건(prerequisite)이라고 Dennis Wong은 언급하고 있다(Wrong, 1979: 245; Barbelet 1985: 544에서 인용).

화에「저항」할 수 있는 능력이라고 말할 수 있다. 지극히 일반적으로 말하자면, 이렇듯 확장하여 정의를 규정함에 수반되는 몇 가지 구체적인 함의가 있다. 이는 권력이「성향적」(dispositional) 개념이라는 것을 의미한다. 즉, 그것은「역량」(capacity)을 나타낸다: 권력은 현실태가 아닌 잠재력(potentiality), 즉 실현되지 않을 수도 있는 잠재력을 의미한다.【75】안소니 케니(Kenny, Anthony)가 지적하였듯이, 이러한 점을 간과하는 경우에는 그 결과는 다음과 같다:

> 권력을 그 행사 그 자체로 환원하려고 시도하는지 아니면 그것의 운반체(vehicle)로 환원하려는 시도하는지 여부에 따라 두 가지 상이한 형태의 환원주의(reductionism)가 초래된다. 그런데 이 두 가지 형태는 종종 결합된 형태로 사용되기도 하고 또한 혼동되기도 한다. 데이비드 흄(Hume, David)은 힘(power)과[125] 그 행사를 구별하는 것은 지극히 경솔하다고 말한바 있는데 이때 그는 힘을 그것의 행사로 환원시키고자 하였다. 데카르트(Descartes, René)가 신체의 모든 힘들을 그것들이 지닌 기하학적 속성으로 파악하려고 시도하였을 때 그는 힘을 그것의 운반체들로 환원시키고자 한 것이다(Kenny 1975: 10쪽).

「실행의 오류」(exercise fallacy)라 함은 권력이란 관찰 가능한 일련의 사건을 야기할 수 있는 것만을 의미한다는 주장에 내포된 오류를 말하는데, 오늘날 사회 과학자들 중에 이러한 오류를 범하는 경우가 존재한다. 예를 들어 로버트 달, 폴스비 등을 위시한「행태주의」정치학자들은 권력과 의사 결정상에서의 성공을 동일시하는 오류를 범하였다. [그들에게 있어서는] 권력이 강하다는 것은 곧 승리하는 것, 즉「갈등」이 존재하는 상황에서 타인들을 압도하는 것이다. 그러나 이미 살펴본 바와도 같이, 이렇

---

[125] [역주] 이때 원문의 power를 위의 문장에서 사용한 '권력'이 아닌, '힘'으로 문맥에 맞게 번역하였음에 유의할 것.

듯 승리 여부에 따라 [권력의 존재 여부를] 판단하는 경우에는 권력이 실제로 위치하여 있는 곳에 대하여 매우 큰 오해를 불러일으킬 소지가 존재한다. 레이몽 아롱(Aron, Raymond)은 "[자신들의 사회학은] 엄밀하게 경험적이면서 또한 「조작」(operational) 가능하다고 자부하며", 또한 "[권력이라는 용어가] 행위들(결정들)을 통하지 않는 경우에는 결코 표출되지 않는 잠재성을 지시한다는 측면에서 보았을 때, '권력'이라는 용어의 유용성에 의문을 제기하는" 그러한 종류의 사회학에 대하여 비판적인 시각을 표명한 바 있는데, 그의 견해는 전적으로 올바르다고 할 수 있다(Aron 1964 in Lukes(ed.) 1986: 256쪽). 「운반체의 오류」(vehicle fallacy)는 권력이 작동할 때는 항상 다른 무엇인가가 작동하여야 한다는 생각의 유혹을 떨쳐버릴 수 없는 사람들이 저지르는 오류이다. 예를 들어 사회학자나 군사 분석가들은 이러한 생각 때문에 권력을 부와 지위, 또는 군사력이나 무기 등과 같은 「권력 자원」들(power resources)과 동일시한다.[126] 그러나 권력의 수단을 보유하는 것과 권력이 강하다는 것은 다르다. 미국이 베트남과 전후 이라크에서 경험하였듯이, 군사적 우위를 갖는 것과 권력을 가지고 있다는 것은 다르다. 요컨대, 권력의 행사를 관찰하는 것은 권력을 보유하고 있다는 증거가 될 수 있고, 「권력 자원」의 보유량을 가늠하는 것은 권력의 분포 상태를 추측할 수 있는 단서가 될 수 있지만, 권력은 「역량」이지 그

---

[126] 또한 일부 페미니스트들은 권력이란 재분배하여야 할 '자원'으로 생각하기도 하였는데(예: Okin 1989), 이같은 견해의 연원은 존 스튜어트 밀로 거슬러 올라갈 수 있다. 권력에 적용되는 '분배적 패러다임'에 대한 아이리스 영(Young, Iris)의 비판(Young 1990: 30-3쪽)과 "권력을 행사하는 능력은 특정 핵심 자원(돈, 자존감, 무기, 교육, 정치적 영향, 체력, 사회적 「권위」 등)을 소유함으로써 강화될 수 있지만, 이 능력을 그러한 자원 자체와 혼동하여서는 안 된다"는 에이미 앨런(Allen, Amy)의 관찰을 비교하여 볼 것(Allen 1999: 10쪽).

「역량」의 행사 혹은 그 「역량」의 운반체는 아니다.

이런 점들은 사실 가장 근본적이다. 하지만 많은 저명한 학자들조차도 이러한 점을 이해하지 못하고 길을 잃게 된다.【76】권력에 대하여 명확하게 생각하는 것은 쉽지 않으며, 사회생활에 있어서 우리가 권력에 대하여 생각하려고 할 때에 혼란이 야기될 계기가 [그럼으로써] 더 많아지게 되는데, 이는 특히 우리 모두가 항상 혼란스러울 정도로 상이한 방식으로 권력에 대하여 이야기하고 글을 쓰기 때문이라고 할 수 있다. 이 장에서 본인이 말하고자 하는 바는, 권력에 관한 논쟁에서 자신만의 독특한 입장을 취한 인물들을 통하여 일종의 [권력의] 「개념적 지도」를 그리는 것이다. 이러한 지도를 작성하는 요점은 권력을 개념화함에 있어서 독자들에게 우리의 일상적 사용 용법에서의 권력이라는 용어 및 그와 연관된 항목들과 가장 근접할 수 있도록 하는 일관된 방법을 제시하는 동시에, 권력에 대하여 어떠한 질문들이 발생하고, 그 질문들이 상호 어떻게 관련되어 있으며, 그 질문들에 대하여 대답하는 방법에 대한 의견 불일치가 왜 지속되고, 그 질문들이 도대체 왜 중요한지를 명확하게 설명할 수 있는 일관적인 개념적 구조를 묘사하려는 것이다. 그러함에 있어서 현재의 언어 사용법과 상충되거나 혹은 [현재의 언어 사용법에 대한] 대안들이 다양히 존재할 수 있는바, 따라서 일부는 수용하고 일부는 거부하는 등의 취사선택을 하는 결정을 내릴 필요가 있다는 점도 언급하고자 한다.

사회생활과 관련하여 일반적인 의미의 '권력'이라는 용어를 사용할 때, 이는 사회적 행위주체들이 가지고 있는 「역량」들을 의미한다. 이러한 행위주체들은 다양한 종류의 개인 또는 집단일 수 있다고 상정하자. 우선 개인에 대한 논의로부터 시작을 해보자. 일찍이 아리스토텔레스가 말한바와도 같이, 인간의 힘은 나무를 태우는 불의 힘과도 같은 자연의 힘과는 상이한데, 전자는 일반적으로 "양방향의 힘,"[127] 즉, 의지에 의

---

[127] [역주] Aristotle, Stephen Makin(tr.), Metaphysics, Clarendon, Book θ,

하여 행사될 수 있는 힘"이라는 견해에 동의할 수 있으리라 생각한다; 왜냐하면 케니가 언급한 바처럼 "이성적 행위주체는 [그가 가진] 권력을 행사하기 위하여 필요한 모든 외부 조건들이 갖추어져 있더라도 그렇게 하지 [즉, 권력을 행사하지] 않을 수도 있기" 때문이다(Kenny 1975: 53쪽). 그러나 케니는 더 나아가 인간의 권력[힘] 중에는 양방향이 아니거나 혹은 선택의 대상도 아닌 것이 존재한다고 말한다. 예를 들자면, "누군가가 내가 아는 언어로 말할 때 내가 내 힘에 의하여 그것을 이해하지 않으려 할 수는 없다"(전게서). 이러한 '수동적' 힘, 즉 행위주체가 변화를 '만드는' 것이 아니라 오히려 '받는', 그리고 결과를 야기하기보다는 [그 결과를] 경험하는 힘은 중요한 의미를 가진다: 예를 들자면, 굶주린 사람이 영양을 공급받아 회복하는 수동적 힘과 종교적 고행자가 굶어 죽는 적극적 힘을 비교할 필요가 있다. 따라서 인간의 힘은 일반적으로 행위주체들이 (그 선택의 제약이 심하고 다른 길을 택할 가능성이 낮은 경우에 있어서도) 어떤 선택을 함으로써 활성화되는 능력, 그리고 행위주체들이 자신의 의지와 무관하게 가질 수 있는 수동적 힘의 모두라고 말할 수 있다.

【77】 또한 행위주체들은 개인 또는 집단적 행위주체들일 수 있다. 후자는 여러 종류가 있을 수 있다: 국가, 기관, 단체, 동맹, 사회 운동, 그룹, 동호회 등이 있다. 「집합체」들은 일반적으로 [구성원들 간의] 「조율 문

1046b 4-7. 아리스토텔레스에 의하면, 어떠한 힘이 「이성적」이라면 그 힘은 양방향으로 작동한다(아래의 문구에서 의료 기술에 대한 언급을 참조). 아리스토텔레스의 『형이상학』에 나오는 그 대목은 다음과 같다: 「이성」(λόγος; logos)에 입각한 '힘'(δύναμις; dynamis)에 있어서는, 그 바로 같은 힘은 반대방향으로도 작동하는 힘이며, 그와는 달리 비이성적인 힘은 단 하나만을 위한 단일한 방향으로만 작동하는 힘이다. 예를 들어, 열은 오로지 가열하기 위한 것인데, 반면 의료 기술은 병을 줄 수도 있고 건강을 위할 수도 있다.

제」(co-ordination problem)를 가지고 있지만, 이러한 문제가 존재하지 않거나 극복되어 그「집합체」가 행동할 수 있는 경우,「집합체」도 권력을 가지고 있다고 할 수 있으며 그 권력은 양방향일 수도 있다: 즉, 활성화될 수도 있고 활성화되지 않고 있을 수도 있다. 이러한 요점들에서 도출되는 추론은, 행위주체의 성격을 가지고 있지 않은 구조, 관계 혹은 과정은 권력을 가지고 있다고 간주될 수 없다는 점인데, 이는 이하에서 살펴보기로 한다.

***

개인이든 집단이든 특정 행위주체들이 특정 권력을 가지고 있다고 생각하는 것은 비교적 간단할 수 있다. 그런데 비록 "특정 행위주체들이 이러한 결과를 가져올 수 있는 권력을 가지고 있는가"라는 질문 자체는 명확하지만, (그들이 문제의 권력을 성공적으로 행사하여 현시하기 이전에 있어서는) 그에 대한 대답을 제시함에 있어 오류를 범할 수도 있다. 이는「반사실적 가정」들을 추정함에 있어서 보이는 (불확정적인) 범위에 따라, 즉 일부 요인들은 고정된 것으로 가정되고 다른 특정 요인들은 변화될 수 있다고 가정하면서 그에 의거하여 설정할 수 있는 다양한 시나리오에 따라 그 답은 달라질 수 있기 때문이다. 그런데 정말 난감한 문제는 우리가 항상 그렇게 하려고 하듯이 권력들을 집계하고(aggregate) 그들 간을 비교하려고 할 때 발생한다. 우리는 흔히들 다음과 같은 질문을 한다: 대통령의 권력은 증가하였나. 노동조합의 권력은 쇠락하고 있는가. 세계 유일의 초 강대국이 가지고 있는 권력의 위험과 한계는 무엇인가. 팀에서 가장 권력이 강력한 구성원은 누구인가. 배제되고 주변화된 사람들은 어떻게 권력을 회복할 수 있는가. 이러한 질문들에는 행위주체들이 가지고 있는 전반적인 권력의 정도에 대한 평가, 시간에 따라 변화되는 다양한 권력의 정도에 대한 비교 (현재의 전반적인 권력을 과거 또는 예상되는 미래와 비교하는 문제), 그리고 다양한 행위주체들 간의 전반적인 권력 비교가 포함된다.

앞으로 살펴보겠지만, 행위주체가 가지고 있는 전반적인 권력에 대한 평가에 도달하기 위하여서는, 평가에 있어서 적용되는 두 가지 판단을 필요로 한다: 사용하는 권력 개념의 범위에 대한 판단과 (대략적으로 말하자면 권력을 탐구하기 위하여 사용하는 렌즈의 구경이 얼마나 큰지), 그리고 행위주체들이 야기할 수 있는 결과의 중요성에 대한 판단이 그것들이다. 우선, 우리 자신이 가지고 있는 개념적 틀에 비추어 보았을 때 권력으로 간주되는 대상의 범위가 넓을수록 이 세상에서 더 많은 권력을 발견할 수 있기 때문이다. 【78】둘째, 행위주체의 권력 정도를 평가할 때 모든 결과들이 다 동일한 가중치를 갖는 것은 아니다. 행위주체 자신을 포함한 다양한 관련자가 가지는「이해관심」에 따라, 다양한 결과들은 각기 다른「영향」을 미친다: 즉, 내가 가진 많은 힘은 사소한 것이지만(예: 내가 말하는 순간 공기의 흐름을 움직이는 힘), 사형 선고를 내릴 수 있는 판사는 그렇지 않은 판사보다 더 큰 권력을 가진다. 전반적인 권력을 평가할 때에 있어서는, 즉, 어떠한 결과가 더 중요하고 어떠한 결과가 덜 중요한지 결정하기 위하여서는 항상 가치 판단이 필요하기 마련이다.

그러나 지금까지 우리가 생각하여 온 사회적 권력은 개별적으로든 혹은 집단적으로든, 철학자, 역사가, 사회과학자들이 공통적으로 말하며 적고 있는 '권력'이라는 개념이 파악하려고 하는 바와는 아직은 일치하고 있지는 않다. 이러한 [후자의] 더 제한적이지만 널리 퍼져 있는 이해하에서는, '권력'이란 명백히[128] 관계적(relational)이고 비대칭적이다(asymmetrical): 권력을 가진다는 것은 타인 또는 타인들의 위로 권력을 가진다는 것을 뜻한다. 일반적인 의미에서의, 사회적 행위자가 결과에「영

---

[128] 일반적으로 사회적 권력의 결과는 사회적 관계를 전제로 하기 때문에 이렇게 명시적으로 이야기하는 바이다.

향」을 미치거나 혹은 「영향」을 받는 권력의 개념과 이러한 더 제한된 의미 사이의 차이에 대하여서는, 스피노자가 그의 『정치론』(*Tractatus Politicus*)에서 구분하여 제시한 「포텐시아」(*potentia*)와 「권능」(*potestas*)의 차이를 살펴봄에 의하여 가장 잘 파악될 수 있다.

「**포텐시아**」(*potentia*)는 사람을 포함하여 자연계의 사물이 '존재하고 행동할 수 있게하는' 힘을 의미한다.[129] 「**권능**」(*potestas*)은 타인의 **권력하에** [즉 권력의 「영향」하에] 있다고 말할 때 사용된다. 스피노자에 따르면,

> 한 개인은 그가 타인의 「권능」(*potestate*)에 복종하는 한, 타인의 법(*juris*)에 복종하게 된다. 반면에 그가 모든 위압(*vis*)을 물리치고, 그에게 가해진 위해(*damnum*)에 대하여 그의 판단(*sententia*)에 따라서(*quatenus*) 주장하고(*vindicare*), 그의 본성에(*ingenio*) 따라서 삶을 영위(*vivere*)하는 한 그는 절대적으로(*absolute*) 자유롭다(*sui juris*)(Spinoza 1958[1677]: 273; Spinoza II.9).[130]

---

[129] [역주] 일반적으로 *potentia*를 '역량'으로 번역하나, 본서에서는 capacity와 구분하기 위하여 라틴어 발음 그대로 「포텐시아」라고 번역하였다. 하지만, 더 정확한 표현은 '기'(氣)가 아닐까 생각된다. 스피노자의 철학에서는 이 *potentia*를 다른 말로는 '코나투스'(*conatus*)로 표현하고 있다. 반면, 뒤에 나오는 「권능」(*potestas*)이라는 표현은 본서에서 말하는 '권력'과 동의어로 간주하여도 무방하다.

[130] [역주] 이 중요한 위의 문장은 스피노자의 『정치론』(*Tractatus Politicus*)에 나온다(Spinoza 1958[1677], II.9: 273쪽). 단, 인용된 영문 번역은 동서에 나오는 라틴어 원문을 의역한 것인데 라틴어 원문과는 다소 차이가 있다. 예를 들자면 영어 번역에서는 '위해를 퇴치'한다고 의역을 하고 있는데, 원문은 위해에 대하여(자기의 권리 등을) '주장한다'라고 되어있다. 영어 인용문은 또한, '판단과 본성의 '지시'에 따라'(*dictate*)라고 표시

2 권력, 자유 그리고 이성   105

스피노자가 설명하고 있는 이 라틴어 단어들은 이 장의 나머지 부분의 설명이 기초하고 있는 개념적 구분을 완벽하게 포착하고 있는데, 다양한 실제 언어에서 사용 가능한 용어보다도 더 정확하게 표현하고 있다고 할 수 있다. 독일어에서는 한편으로는 'Macht'와 다른 한편으로는 'Herrschaft'의 구별에 의하여 부분적으로 그 차이가 구분될 수 있다.[131]

되어 있는데, 실제 라틴어 원문에는 어떤 주체가 무엇을 '지시'한다는 표현은 없고 단순히 '따라서'라고 되어 있다. 즉, 본성이 어떠한 주체로서 나에게 '지시'하는 것은 아니고(수동적), 내가 그 본성을 '따르는 것'이다(능동적). 위의 한국어 번역은 라틴어 원문을 기준으로 한 것이다. 이와 유사한 문장은 스피노자의 윤리학에 나오는 다음의 구절이다(원문은 인용원문 7 참조).:

> 자신의 '본성의 필요성'(naturæ necessitate)에 의하여서만 존재하고, 또한 자신 스스로에 의하여서만 행하도록 결정되어 있는 것을 우리는 자유롭다고(libera) 부른다. 하지만 타자의 결정에 의하여 존재하게 되거나 혹은 어떠한 특정한 방식으로 결과를 야기하게끔 되어 있는 경우, 우리는 그것을 필연적(necessaria) 혹은 강제된(coacta) 것이라고 부른다(Spinoza 1994: 86 1부 정의 7, 역자 번역).

131 [역주] 역자의 견해는 저자의 견해와는 다른데, 역자의 견해에 의하면 그 차이는 독일어의 경우 오히려 Macht와 Kraft의 차이에서 보이며, 이때 Kraft가 potentia(「포텐시아」)에 해당한다. 반면 막스 베버의 그 유명한 '권력'의 정의에 등장하는 단어는 Macht이다. Macht와 Herrschaft의 차이는 명확하지 않으나, 대략적으로 「폭력」을 수반하지 않는 경우 「지배」(Herrschaft)를 사용하고 있다(단, 혹자는 정당성 여부를 기준으로 양자를 구별하기도 한다). 그리하여 막스 베버는 「지배」를 크게 네 가지로 나누고 있다. 즉, 전통적 「지배」, 합법적 「지배」, 카리스마적 「지배」라는, 종래에 잘 알려진 세 가지 「지배」의 형태와, 시장을 통한, 마치 외적으로는 자유롭게 보이는 「지배」가 그것들이다.

【79】 그러나 영어에서의 'power'는 이태리어의 '포테레'(potere)와도 마찬가지로 둘 사이에 걸쳐있다. (참고로 이태리어의 '포텐차'(potenza)는 라틴어「포텐시아」(potentia)와 동일하지만, '포테스타'(potestà)는「권능」(potestas)보다 그 범위가 훨씬 좁다). 프랑스어로 'pouvoir'와 'puissance'는 두 가지 의미를 모두 포함하지만, 후자(puissance)만이 일반적으로「역량」(capacity)이라는 고유한 의미에 있어서 '힘'이라는 의미로 사용되고, 전자(즉, pouvoir)는 그 힘의 행사를 나타내는 경향이 있어(Aron 1964), 혹 'pouvoir'를 '힘'으로 번역할 때는 혼란이 생기기도 한다.[132] 리디야에프(V. G. Ledyaev)에 의하면, 러시아어의 경우에서는 일반적으로 '블라스트'(vlast)라는 단어가 '권력'으로 번역되며, 따라서 「권능」(potestas)을 의미하는 듯하다. 이는 "일반적으로 타인을「통제」(지배, 강요,「영향」)하는 누군가의 능력을 설명하는 바에 사용된다. '권력'은 우리의 위에 있는 어떤 것이며, 우리의「자유」를 제한하고, 우리 앞에 장애물을 만드는 등의 것으로 생각된다"(Ledyaev 1997: 95쪽).

비대칭 권력 또는「권능」(potestas)으로서의 권력, 또는「탈취적 권력」이라는 개념은「포텐시아」(potentia)으로서의 '힘'이라는 개념의 하위 개념 또는 한 가지 버전이라고 할 수 있다: 그것은 타인의 선택을 제한하여 그들의「순응」을 확보함으로써 타인을 자신의 권력하에 두는 능력이다. 이러한 권력은 특정한 범위의 결과들에「영향」을 미칠 수 있는 능력이다: 그 중에는「지배」(domination)라는 개념과「종속」(subordination),「복속」(subjugation),「통제」,「순종」(conformism),「묵종」(acquiescence),「공순」(恭順 docility)과도 같은, 그와 밀접하게 관련된 관념들이 포함된다. 하지만 이제부터는 완전히 새로운 질문이 제기된다.「지배로서의 권력」은 어떻게—특히 그로부터 나타나는 결과와 그 결과를 야기하는 메커니즘은 어떻게—이해되

---

[132] [역주] 이 대목은 혼동스러운데, 결론적으로 권력 = pouvoir = Macht = potestas이고, 힘 = puissance = Kraft = potentia이라고 간주하면 무방하다.

고, 이론화되고, 경험적으로 연구될 수 있을까. 이러한 문제 제기가 PRV가 기여한 바 있던 소위「권력논쟁」을 포함하는, 수많은 문헌과 최근의 논쟁에서 다루어진 바 있었던 주제이다.

2.3 개념적 지도

위에서 권력 개념의 대략적인 윤곽을 그려보았으므로 이제 좀 더 세부적인「개념적 지도」를 그려보겠다.「포텐시아」(*potentia*)으로서의 권력이라는, 더 넓은 관념부터 논의를 시작하겠다.

먼저 권력의 **「사안적 범위」**(issue-scope)라고 부를 수 있는 것을 고려하여 보도록 하자. 본인은 이 용어를, [어느 한 행위주체 자신에 의하여] 결과가 결정될 수 있는 사안들의 가짓수를 나타내는 말로 사용하겠다.【80】가령 당신과 내가 어느 정부의 장관들이라고 가정하여 보자. 그리고 나는 내가 중점적으로 지지하는 한 가지 정책을 밀어붙일 수 있지만 그 이외의 다른 사안에서는 의지를 관철할 수 없는 반면, 당신은 여러 가지 사안에서 의지를 관철할 수 있다고 가정하여 보자. 물론 '사안들'을 개별적으로 구분하는 것은 논란의 여지가 있을 수 있으며, 또한 물론 의지를 관철시킬 수 있는 사안의 중요도가 권력을 평가하는 바에 있어서 중요할 수 있지만(아래 참조), (다른 모든 조건이 동일하다면) 중요한 결과를 가져올 수 있는 [사안들의] 범위가 넓을수록 [즉, 가짓수가 많을수록] 더 큰 권력을 가지고 있다고 볼 수 있다. 그리고 단일 사안에서의 권력도 매우 중요할 수 있지만(그린피스와 같은 압력 단체의 영향을 생각하여 볼 것), 범위[가짓수]를 확장시킨다는 것은 (다른 모든 조건이 동일하다면) 중요한 결과를 가져올 수 있는 능력이 향상된다는 것을 의미한다. 이러한 구분은 때때로 권력과 돈을 비유함으로써 이해될 수 있다(Parsons 1963 참조). 단수 사안의 권력을 가지고 있다는 것은 [돈에서 보이는 바와 같은] 유동성이 부족하다는 것이고, 그 권력으로 살 수 있는 것이 매우 제한적인 반면, 복수 사안의 권력은 [중점 사안들을 옮겨갈 수 있다는 의미에서] 대체 가능하며 여러 가지 다른 방식으로 지출할 수 있다는 것을 의미한다.

둘째, 권력의 「**상황적 범위**」(contextual range)라고 부를 수 있는 것을 생각해 볼 필요가 있다. 과연 어떠한 상황에서 권력이 「가동적」(operative)이라고 간주될 수 있을까?[133] '권력'은 실제로 성취 가능한 상황하에서 행위주체가 야기할 수 있는 것에 관하여서만 파악될 수 있는 것인가, 혹은 다양한 대안적 상황들하에서 그러할 수 있는 것들에서도 파악될 수 있는 것인가. 첫 번째라면, 현재의 주어진 상황에서 적절한 결과들을 만들어낼 수 있는 경우에만 권력이 있다고 간주될 수 있다 (예를 들어, 주어진 투표 선호도가 이미 특정하게 구성되어 주어져 있는 경우, 당신이 투표에 참여하여 최종 결과를 결정할 수 있는 경우); 두 번째의 경우는 다양한 가능적인 상황에서 당신이 그렇게 [적절한 결과를 야기] 할 수 있는 경우이다. 첫 번째의 경우는, 특정 장소와 시간하에서, 그리고 그곳과 그때에 만들어진 조건하에서 어떤 자가 할 수 있는 바에 주목한다; 두 번째의 경우는 (표준적인) 상황들하에서 수행할 수 있는 능력을 말한다. 피터 모리스는 첫 번째를 「실력」(ableness), 두 번째를 '능력'(ability)이라고 부르면서[134] 양자를 구별하고 있지만, 본서에서는 그같이 다소 인위적인 용어 사용법을 따르지는 않으려고 한다.[135] 본인은 첫 번째를 「**상황 제약하의**

---

[133] [역주] 「가동적」의 의미에 대하여서는 각주 84를 참고할 것.

[134] [역주] 'ableness'와 'ability'의 차이를 구분하여 한국어로 번역하는 것은, 모리스가 사전상에는 정의가 되어 있지 않은 'ableness'라는 단어를 채택함과도 같이 사실 매우 자의적이다. 역자는 전자를 「실력」(국어사전적 의미로는, 실제로 갖추어져 있는 힘)으로 번역하였다.

[135] 이상하게도 모리스는 "사회적, 정치적 권력은 일반적으로 능력이 아니라 일종의 「실력」"이라고 생각하고 있다(Morriss 2002: 83쪽).

능력」(context-bound ability), 두 번째를 「상황 초월적 능력」(context-transcending ability)이라고 부르려고 한다. 이러한 구분은 권력과 「저항」, 더 일반적으로는 권력과 모든 종류의 장애물 사이의 관계를 이해할 수 있는 흥미로운 실마리를 던져준다.[136] 나의 권력에 대한 「저항」이나 장애요인이 최소화되면 바로 '지금 여기에서의' 나의 「상황 제약하의 능력」은 극대화된다.【81】 반면, (기존의 나의 「역량」들과 자원들을 감안할 때) 나의 「상황 초월적 능력」은 「저항」이 크거나 극복할 수 있는 장애물의 수와 그 강도가 클수록 극대화된다.

셋째, 권력과 의도(intention)와의 관계를 고려하여 볼 필요가 있다. 버트란드 러셀은 권력을 '의도된 효과들의 생산(production)'으로 정의하였고(Russell 1938: 25쪽), 막스 베버와 라이트 밀스는 권력을 권력자의 '의지'(will)의 '관철'(*durchsetzen*)과 연결하였으며, 골드만(Goldman)과도 같은 많은 사람들은 권력[의 개념]에는 '원하는 것을 얻는' 의미가 내포되어 있다고 생각한다(Goldman 1972, 1974a, 1974b). 물론, 일부 능력들은 의도한 결과를 야기하는 능력들이다. (그런데, 여기에는 실제로 두 가지 가능성이 존재한다: 즉, 내가 실제로 의도한 결과를 가져오는 능력과 내가 가상적으로나마 의도할 수도 있는 결과를 가져오는 능력의 두 가지 종류이다). 만약 내가 그러한 능력을 가지고 있다면, 적절한 자원이 주어진 상태하에서, 그리고 유리한 상황에서 그것을 현실화할 수 있고(단, 이러한 바

---

[136] 막스 베버는 권력을 행위자 또는 행위자들이 자신(들)의 의지를 관철시킬 수 있는 기회로 정의하는데, 이때에 「저항」에도 불구하고', 조금 더 자세히 말하자면, "타인의 「저항」에도 불구하고"라는 단서를 달고 있다(Weber 1978[1910-4]: 53, 926쪽).
[역주] 각주 50에 역자가 인용한 막스 베버의 권력에 대한 정의의 전문 및 해설을 참고할 것. 그리고 막스 베버의 권력과 「저항」에 관하여서는 Barbalet(1985)를 참고할 것.

로 그 상황에서만 실현할 수 있다면, 그것은 '상황 제약하'에서 이루어진다), 그리고 내가 그러한 능력을 가지고 있는 경우에는, 내가 그렇게 선택하는 한에서는 일반적으로 원하는 결과를 가져올 수 있다고 당신은 믿을 수 있다. 그러나 우리의 행동 대부분은 그것들이 발생하는 경우 의도하지 않은 무수한 결과의 연쇄를 야기하고, 그중 일부는 매우 중요하며, 그리고 그중의 일부는 명백한 권력의 사례로 보인다. 예를 들어, 권력을 가진 사람들은 그들 자신이 비록 의도하지 않았음에도 불구하고 그들에 대하여 다른 사람들이 존경을 표하게끔 하는 행위를 유도할 수 있다. 여론조사원은 의도치 않게 선거 결과에 영향을 미칠 수도 있다. 일상적인 규칙의「준수」는 [평소에는 어떤 다른 변화를 초래하지 않지만] 만일 그 환경이 변화하게 되는 경우 전혀 예상하지 못한 결과를 초래할 수도 있다. 그리고 1장에서 주장하였듯이 (권력으로 간주되려면 예측 가능하여야 한다고 하지만) 실제로 권력의 비의도적인 결과는 예측이 불가능하다. 그 같은 사례는 경제적 영역에서 많이 보이는데, 예를 들어 가격 인상이나 투자 등의 결정이 미지의 불특정 타인들에게 기회와 선택을 박탈하거나 혹은 가능하게 하고, 또한 채권자가 채무자 '위로' 권력을 행사하는 바 등은 또 다른 사례라고 볼 수 있다. 행위자가 의도적으로 행하는 행동은 항상 의도하지 않은 결과들의 연쇄를 낳으며, 그러한 결과들 중 일부에서는 권력이 드러난다는 사실을 부인할 수 없다.[137] 물론 그들의 의도가 좌절된다는 것은 [그들이] 사건을 통제할 권력이 부족하다는 것을 의미할 수도 있지만, 앞서 주장하였듯이 타인의「이해관심」을 증진하거나 해할 수 있는 권력을 가지고는 있음에도 불구하고 그 같은 사실을 깨닫지 못하거나 그에 주의를 기울이지 않는 사람들에게는 적절한「책임」, 즉 소

---

[137] [역주] 정치학자 Gruber는, 타인에게 가능한 선택을 '비의도적'으로 제약하는 능력을「단독적 권력」(go-it-alone power)이라고 명칭한 바 있다 (Gruber 2000).

명을 할 의무를 물을 수 있다.

【82】 넷째, 「적극적 권력」(active power)과 「자제적 권력」(inactive power)의[138] 차이를 고려할 필요가 있다. 권력을 **행사**한다는 것은 행동을 하는 것이다. 실제로 '권력을 행사하다'(exercising power)라는 문구 자체가 그러한 활동을 암시하는 반면, '권력을 진력하다'(exerting power)라는 문구는 훨씬 더 어려운 활동을 시사한다.[139] 여기에는 세 가지 요점이 있다. 첫째, 이 구분은 단순히 말장난일 수 있다: 예를 들어, 투표는 기권하지 않은 것이다 [즉 참여하는 적극적 행동]; 반면 기권은 투표에 참여하지 않은 것이다 [즉, 자제적 행동].[140] 그러나 둘째, 더 깊이 들어가서 보자면 '자제적'(negative) 행동 또는 행동하지 않는 것은 때때로 결과를 초래하는 행동으로 간주될 수 있다(실제로는 그 모두의 경우는 그것이 야기한 결과에 의하여서만 구체적으로 명시될 수 있다). 따라서 인디애나주 게리시에 위치한 US 스틸의 예에서 볼 수 있는 바처럼, 자제(abstention)나 비개입도 권력의 한 형태가 될 수도 있다. 자제도 행동이라고 간주할 수 있을지 여부는, 그러한 행동이 중대한 인과적 결과를 초래하는지 여부에 대한 판

---

[138] [역주] 전자는 권력을 적극적으로 행사함으로써 나타나는 권력이고, 후자는 오히려 그러한 행사를 자제하는, 혹은 하지 않을 수 있는 권력을 의미한다. 이때 'inactive'는 비활동적, 내지는 수동적을 뜻하지만, 본서에서는 권력을 자제한다는 의미로 사용되었음에 유의할 것.

[139] [역주] 영어 'exercising power'(권력의 행사)와 'exerting power'(권력의 진력)라는 표현 간의 미묘한 뉘앙스의 차이에 대하여서는 각주 81을 참고할 것.

[140] [역주] 두 문장은 사실 같은 의미로 보이기에, 말장난처럼 여겨질 수도 있고, 원저자는 그러한 측면을 강조한 듯 보인다. 하지만, 저자가 부연한 설명한 것처럼, 조금 더 자세히 분석하여 적극적 측면과 억제적 측면을 고려한다면, 두 문장은 사실은 다른 의미이다.

단, 그리고 행동하지 않은 행위자에게 어떠한 의미에서든 그「부작위」에 대한「책임」이 있다고 간주할 것인지 여부에 따라 달라진다. 그러나 이것이 바로 '자제적 행동들'(negative actions)도 권력을 예시할 수 있는지 여부를 결정할 때에 쟁점이 되는 부분이다. 원칙적으로는 '적극적인 행동을 하지 않음'을 권력의 범주에서 제외하여야만 할 타당한 이유는 존재하지 않는다. 물론 어떤 해당「비 사태」를 행동의 실패로, 또는 적극적인 '개입'의 실패라고 단정 지을 수 있는 기준이 있어야 한다: 즉, 반사실적으로 유추하여 보았을 때, 문제시되는 그 추정상의 개입이 실제로 실현 가능하며 동시에 행위주체가「책임」을 질 수 있도록 만드는, 일정한 예상을 할 수 있도록 하는 기준이 존재하여야만 한다. 물론, 행동하지 않음으로써 예시되는 권력이 존재하기 위하여서는 행동할 수 있는 능력이(또는 그 반대의 경우도 마찬가지) 전제되어야만 한다. 그러나 권력을 분석할 때 그것이 적극적인 행동인지의 여부 자체는 특별한 의미가 없다. 행동한다는 것은 [오히려] 나약함의 표시일 수 있으며(예: 소비에트 시대의 공산주의 체제하의 선거에서 투표하는 것과도 같이, 억압적인 정권의 요구에 순종하는 것), 행위자가 가지고 있는 권력을 가늠하는 지표는 적극적인 행동을 회피하거나 그에「저항」하는 능력일 수도 있다. 따라서 부시 행정부 아래의 미국은 기후 변화에 관한 교토 의정서를 비준하지 않았고 또한 국제형사재판소에 가입하지도 않았는데, 이 같은 상황은 그 자신의 권력을 현시하는 사례라고 간주될 수 있다.

또한, 행위주체들의 권력을 강력하게 만드는 행위주체들의 특징에는 [어떠한] 활동을 불필요하게 만드는 특징도 포함된다.【83】비록 내가 행동하지 않더라도 나에 대한 타인의 태도나 혹은 적절한 결과를 촉진하는 사회적 관계들과「위력」들이 [나에게] 우호적으로 설정되어 있음으로 인하여 그같이 적절한 결과를 얻을 수 있다면, 나의 권력은 더욱 커질 수밖에 없다. 이는「예기된 반응의 법칙」(the rule of anticipated reactions)(Friedrich 1941: 589-91쪽)이라고 불리는 메커니즘에서 유래할 수 있는데, 그 규칙에 따르자면, 타인들이 행하는 [나에게] 반갑지 않은 「활동」(또는 「비활동」)에 대하여 내가 어떻게 반응[반발]할지를 그 타인들이 사전에 예기(豫期)할 수 있다면, 그 예기로 인하여 [내가 행할 수 있는] 명시적 「강압」이 미연에 방지될 수 있다. 권위주의적 정권하에서 [탄압을 두려워하여] 작가와 언론인이 스스로 행한 자기 검열이 그같은 현상의 대표적인 예이다. 물론 이러한, 정권에 의하여 축적된 「자제적 권력」은 과거에 강압적으로, 때로는 대규모로 사용되었던 「적극적 권력」의 잔재인 경우가 많다. 하지만 모든 「자제적 권력」이 이렇게 직접적인 방식으로 이전의 「적극적 권력」에서 비롯되는 것은 아니다. 때로는 그 [타인들이] 예기하였던 [나의] 반응[반발]은 '잘못 예기된'(misanticipated) 것들일 수도 있다: 예를 들자면, '착오에서 유래된'(misplaced) 두려움에서 비롯된 잘못된 것일 수도 있다. 또한 「자제적 권력」은, 마치 매력에서 비롯되는 권력에서 볼 수 있듯이, 강력한 행위주체들의 행동이 아닌 그들이 가지고 있는 어떠한 속성에서 비롯될 수도 있다. 자력(磁力)과도 같은 성격을 띠는 카리스마적 권력이 그 예이며(실제로 카리스마적 리더는 대체로 자신의 효과를 얻기 위하여 열심히 작업하고 기술을 발휘한다), 지위에서 파생되어 존경을 유도하는 「자제적 권력」은 자신들의 지위가 이미 안정된 사람들로 하여금 그 지위를 유지하기 위한 행동에 집중할 필요의 부담을 덜어준다. 따라서 제임스 스콧은 "권력이 가지는 「영향」은 존경, 「종속」, 아첨 등의 행위에서 가장 쉽게 관찰된다"고 말하며 권력이란 "행동하지 않아도 되는 것, 더 정확하게는 여하한 단일한 '실행을 하는바'(performance)에 있어서도 더 태만하고 태평할 수 있는 「역량」"을 의미한다고 말하고 있다(Scott 1990: 28-9쪽). 또한 「적극적 권력」과 「자제적 권력」의 구분은 권력과 비용의 관계에 입각하여서도 생각할 수 있다(Goldman 1974b 참조). 권력을 행사하는 바에 소요되는 비용이 증가함에 따라 나의 권력이 감소하는데, 「적극적 권력」을 행사하는 것 자체가 일종의 비용으로 간주된다면, 「자제적 권력」은 이 비용 자체를 0으로 감소시킨다고도 말할 수 있다.

표 2.1은 앞서 논의한 내용을 정리하여 보여준다.

표 2-1

사안적 범위	상황적 범위	의도성	활동
단일 사안	상황 제약적	의도적 결과	적극적 행사
복수 사안	상황 초월적	비의도적 결과	자제적 향유 [141] (inactive enjoyment)

네 개의 열은 위에서 고려한 네 가지 측면을 불연속적으로 표시한 것이다(실제로는 모두 연속되어 있음에 유의할 것): 두 번째 행의 각 항목은 하나의 대안을, 마지막 행의 각 항목은 그 대안에 대한 반대적 경우들을 나타낸다. 첫 번째 행에 설명된 사회적 행위주체의 권력은 (다른 모든 조건이 동일하다면) 두 번째 행의 각 쎌의 특성을 차례차례 [좌에서 우로] 추가적으로 획득하여 나가는 경우 더욱 강화된다.【84】 이러한 상황 하에서, 만일 내가 어느 특정 사안과 관련하여 주도적 위치에 있어서, 내가 의도한 바를 달성하고 내 의지를 행사할 수 있다고 가정해 보자. [그러한 경우] 다양한 사안에서 그리고 상이한 환경에서 중대한 비의도적 결과를 야기하면서 손가락 하나 까딱하지 않고도 그렇게 할 수 있다면, [그런 정도에 비례하여] 나의 권력은 증가하지 않을까?

지금까지 살펴본 것은, '권력'이라는 명칭이 지시하는 능력은 그 능력이 다루는 「사안적 범위」, 「상황적 범위」, 그리고 그것의 진력에 있어서 「비의도성」 및 「비활동」(inactivity)이 수반되는 정도에 따라 다양하게 확장될 수 있다는 것이다. 그러나 이렇듯 다양성이 만들어지는 기저들은 권력이 한꺼번에 모두, 혹은 개별적으로 각기 행사되는 경우에 상관없이 모두에 있어서 적용된다는 점에 유의할 필요가 있다: 이러한 각 항목 중 어느 하나라도 해당 행위주체에 있어서 증가하면 그 해당 행위주체들의

---

[141] [역주] 권력을 행사하지 않고도 그 결과를 향유함.

권력은 더 커지게 된다. 하지만 우리는 어떤 행위주체가 어떠한 종류의 권력을 가지고 있는지 파악하며, 또한 그가 얼마나 많은 권력을 가지고 있는지를 추정하면서, 그가 권력을 가지고 있는지 여부만을 판단함에 그치려 하지 않는다; 다시 말하자면, 권력들 간에 대한 비교 판단도 하려고 한다. 즉, 우리는 한 행위주체가 다른 행위주체에 비하여 얼마나 더 많은 권력을 가지고 있는지 알고자 한다. 경우에 따라서는 서로 다른 두 사람의 권력은 동일한「사안적 범위」를 가질 수도 있다. 특정 사안 또는 일련의 특정 사안들의 '위로' 행사되는 한 행위주체의 권력과 관련하여, 그 사안 또는 일련의 그 사안들에 대한 또 다른 행위주체의 권력이 더 넓은「상황적 범위」를 나타내거나 더 중요한 결과를 가져오거나 혹은 행위주체에게 더 적은 비용을 수반하는 경우, [후자의 권력이] 더 크다고 말할 수 있다. 또 다른 경우에 있어서는 한 행위주체의「사안적 범위」가 다른 행위주체의「사안적 범위」를 포함할 수도 있다. 당신이라는 행위주체의 범위가 나의 [권력] 범위보다 넓다면(즉, 당신의 권력이 내가 야기할 수 있는 모든 결과를 가져올 수 있을 뿐만 아니라 그 이상이라면) 당신의 권력이 내 권력을 능가한다고 말할 수 있다. 물론 대부분의 권력 비교는 이 두 가지 경우보다 더 복잡한 것이 사실이다. 왜냐하면 대부분의 경우 서로 다른 행위주체들의 권력을 서로 다른 사안에 대하여 비교하기 때문이다.【85】우리는 각 행위주체들의 권력 범위가 일치하지 않고 종종 겹치지도 않는 경우에 있어서도 그들의 권력의 총합을 비교하는 바에 관심이 있다.

　　이러한 비교를 통하여 권력의 형태나 그 외연을 상이하게 만들 수 있는 또 다른 측면을 드러낼 수 있다. 내가 당신이 이야기할 수 있는 결과보다 더 '중요한' 결과를 초래할 수 있다면 나는 당신보다 더 많은 (총체적인) 권력을 가지게 될 것이기 때문이다. 하지만 결과들이 가지는 중요성은 어떻게 판단할 수 있을까? 가장 자연스러운 대답은: 연루된 행위주체들이 가지고 있는「이해관심」에 미치는「영향」을 살펴보는 것이다.

「이해관심」이라는 개념은 사람들의 삶에서 무엇이 중요한지를 지시하여 준다. 앞으로 살펴보겠지만, 이것은 순수히 '주관적으로만' 해석될 여지도 있으며, 따라서 나에게 중요한 것이 무엇인지의 여부에 따라 나의 「이해관심」 내에 어떤 것이 포함되어 있는지가 결정된다; 또는 무엇이 나에게 이익이 되고 해가 되는지에 대한 '객관적' 판단을 포함하는 방식으로 해석할 수도 있는데, 이때의 경우에서는 나의 [주관적] 선호나 판단에 의하여 무엇이 이익이고 해가 되는지 여부가 결정되지는 않는다. 서로 다른 범위들 또는 일련의 사안들에 걸쳐 행위주체들의 권력을 비교할 때, 우리는 그 행위주체들의 권력이 자신들의 「이해관심」을 증진시키고 타인의 「이해관심」들에 작용을 미치는 정도와 방식에 대한 판단을 불가피하게 도입하게 된다. 일반적으로 우리는 강자의 권력이 그들의 「이해관심」을 강화한다고 가정한다 (하지만 수잔 스트레인지(Strange, Susan)는 미국의 금융 권력이 그들의 소유자에게 궁극적으로는 불리하게 작동할 수 있는 방식에 대한 흥미로운 논의를 개진 한 바가 있다(Strange 1990)). 그러한 가정과는 별개로, 권력이 타인의 「이해관심」에 미치는 「영향」은 그 권력의 정도에 대한 판단의 근거를 제공한다.

따라서 이미 언급하였듯이, 대부분의 사람들은 생사 여부를 선고할 수 있는 권력을 가진 판사가 그러한 권력이 없는 판사보다 더 큰 권력을 가지고 있다고 말할 것이다: 물론 두 번째 부류의 판사는 더 낮은 형량을 선고할 대상인 더 많은 범위의 재판을 진행할 수는 있지만 첫 번째 판사는 더욱 큰 권력을 가질 수 있다. 마찬가지로 마피아는 자신이 「영향」을 행사하는 곳에서는 다른 영향 있는 그룹들, 조직체들, 정부 기관들보다 더 큰 권력을 가지고 있는데, 이는 부분적으로는 마피아가 가할 수 있는 해악이 더 크고 더 큰 이권을 나누어 줄 수 있기 때문이다. 멀티미디어 거물들의 권력은 광고주나 록 스타의 권력보다 더 크다. 내가 당신의 핵심적 또는 기본적인 「이해관심」에 작용을 미칠 수 있다면, 표면적으로만 「영향」을 미치는 사람보다 (당신과의 관계에 있어서는) 나의 권력이 더 크다고 할 수 있다.【86】물론, 사람들의「이해관심」이 위치한 곳, 즉 무엇이 삶에 있어서 기본적이고 핵심적인 것이고 무엇이 피상적인 것인지에 대한 질문은 본질적으로 논란의 여지가 있다. 이에 대한 해답을 찾는다는 것은 현재에 보이는 도덕적, 정치적, 심지어는 철학적 논쟁에서 어느 한 편에 동조하는 것을 의미한다. 따라서 권력이 행위주체들의「이해관심」에 미치는「영향」에 대한 평가를 포함하는 권력 간의 비교는「가치판단」의 문제에서 자유로울 수 없다.

행위주체들의「이해관심」을 파악하기 위한 다른 방법도 존재한다. 한 가지 방법은 그러한「이해관심」들을, (지나가는 욕구나 변덕이 아닌) 선호들과 직접적으로 동일시하는 순전히 주관적인 방식이다.[142] 경제학자들이 말하는 것처럼 이러한 선호들은 시장 행태나 실제적 선택 상황에서의 투표 행동에서처럼 '현시될' 수 있다.[143] 본인은 이러한 선호를「명시적 선호」(overt preference)라고 부른다. 혹은 실제 선택 상황에서는 드러나지 않기 때문에 어느 정도 감춰져 있을 수도 있다: 그것들은 지배적인 정치적 의제가 가지는「편향성」이나 혹은 주류적인 문화 때문에 들리지 않거나, 심지어 그에 대한 목소리조차 나오지도 않는, 반쯤 정형화되거나 아예 정형화조차도 되지 않은「불만」들이나 열망들의 형태를 취할 수도 있다. 본인은 이러한 선호들을「은밀한 선호」(covert preference)라고 부른다. 명시적이든 은밀한 것이든, 이러한「이해관심」과 선호라는 공식 뒤에는, 모든 사람 각자는 자신만이 자신의「이해관심」을 가장 잘 판단한다는 벤

---

[142] 본인은 '선호들'(preferences)을 어떤 특정「사태」(states of affairs)를 다른「사태」들에 우선하여 선택하는, 구조화되고, 서열화되고, 순위를 정하는 성향들(dispositions)로 간주하는데, 그럼으로써 이는 재차 특정 조건에서 다른 방식보다는 어떤 한 가지 방식으로 행동하는 성향을 의미한다.

[143] [역주] 이러한 이론은 주류 경제학에서 강조되는데, 이를「현시선호이론」(theory of revealed preference)이라고 부른다.

담주의적 견해가 자리 잡고 있다: 사람들의 「이해관심」이 어디에 위치하고 있는지를 파악하기 위하여서는 그들 각자의 선택적 행위를 관찰하거나, 혹은 현재 선택할 수 없는 선택지가 만일 존재하게 된다면 그들이 무엇을 선택할지를 그들 각자의 언행을 면밀히 관찰함으로부터 추론하여야 한다는 것이다.

「이해관심」을 이해하는 또 다른 방법은 그것을 인간의 「후생」(welfare)에[144] 필요한 조건으로 보는 것이다: 이는 즉, 개인들이 자신들의 시각에 비추어—그것이 어떤 것이든—만족스러운 삶을 살기 위하여 일반적으로 필요하다고 생각되는 것을 말한다. 여기서 본인은 정치철학자들이 다양한 명칭으로 부르고 있는 것들, 예를 들어 존 롤스(Rawls, John)가 「일차적 재화」(primary goods)라고 칭한 것이나 혹은 드워킨(Dworkin, Ronald)이 '자원'(resources)이라고 칭한 것들을 염두에 두고 있다. 이것들은 [인간의] 「기본적 욕구」(basic needs)(이에 대하여서는 다양한 방식의 대안 설명이 존재함)를 충족시키거나 혹은 사람들에게 「인간의 기본적 역량」(basic human capabilities)(아마르티아 센(Sen, Amartya)) 내지는 「인간의 중심적 역량」(central capabilities)(누스바움(Nussbaum, Martha))을 부여한다. 또한 이것들은 모두 인간들이 [자신들의] 삶을 가치 있게 만드는 다양한 목적들과 구상들을 추구할 수 있게 하는 조건들을 구체적으로 지정하는 다양한 방법들이며, 이러한 조건들이 결여된 경우에는 그러한 추구는 좌절되거나 심각하게 저해 받게 된다.【87】 이러한 「후생적 이해관심」(welfare interests)에는 건강,

---

144 [역주] 본 번역에 있어서 'welfare'는 「후생」으로, 'wellbeing'은 「복지」로 번역하였다. 양자는 종종 같은 의미로 사용되기는 하지만, 「복지」의 의미는 신체적 정신적인 면을 포함하는 삶에 있어서 건강하고 행복한 상태를 지칭하고, 「후생」은 그러한 「복지」의 최소한을 보장하기 위한 사회적 지원을 의미한다.

적절한 영양 섭취, 신체적 완전성(bodily integrity),[145] 집이라는 쉼터, 개인적 안전, 오염되지 않은 환경 등과 같은 기본적인 항목들이 포함되어 있다. 그런데 존 롤스는 특히 '권리와 자유권」(rights and liberties)', '기회와 권력', '소득과 부'(Rawls 1972: 92쪽)를 지적하였는데,[146] 이같은 그의 입장은 문화적 특수성에 대한 문제를 제기하기도 한다.[147] 이러한 「후생적 이해

---

[145] [역주] 이는 개인의, 자신의 신체에 대한 완전한 자기 결정권과 통제권을 의미하는 것으로서, 타인에 의한 강제나 혹은 해함으로부터의 「자유」를 포함한다. 이는 다양한 법적, 윤리적, 인권적 맥락에서 중요시되는, 인간에게 있어서 기본적으로 보장되어야만 하는 권리이다.

[146] [역주] 롤스는 『정의론』(theory of justice)에서, 사회에서의 정의를 이해하는 포괄적인 개념들을 제시하였는데, 이때 제시된 세 가지 범주들을 말한다. 「권리와 자유권」은 남의 권리를 제약하지 않는 한, 인간은 자신의 의지에 따라서 행동할 수 있는 동등한 권리를 가질 수 있음이 모든 시민에게 보장되어야 함을 의미하는 정의의 첫 번째 원칙으로서, 롤스가 말하는 소위 '자유의 원칙'(liberty principle)이다. '기회와 권력'에서 말하고자 하는 바는 소위 '기회균등의 원칙'(equal opportunity principle)인데, 모든 이는 평등한 기회를 가져야 하며, 또한 권력의 배분에 있어서도 한 개인이 우월적 지위에 있어서 사회적 결정에 부당하게 영향을 끼칠 수 있지 못하여 함을 의미한다. 마지막으로 '소득과 부'에 있어서는 롤스의 유명한 '차등의 원칙'(difference principle)이 이야기되는데, 경제적 불평등은 모든 이에게 이득이 되는 한에 있어서만 정당화되며, 또한 사회적으로 가장 불리한 자가 최대한의 혜택을 받을 수 있도록 설계되어, 그 가장 불리한 자의 「복지」를 향상시키기 위하여 소득과 부가 재분배됨으로써 인간 모두가 존중받는 삶을 누릴 수 있어야만 한다는 것이다.

[147] [역주] 하지만 이같은 롤스의 원칙들은 사실 서구 사회에만 독특하게 적용되는, 다시 말하지만, 그 문화에만 특수적인 원칙은 아닐까 하는

관심」 중 어떠한 것이 인간의 보편적 「이해관심」이자, 다양한 삶의 방식의 차이에도 불구하고 중립적인 것으로 취급될 수 있으며, 반면 어떠한 것이 특정 문화권에만 고유한 것인가? (이와 관련하여서는 Nussbaum 2000: 34-110을 참고할 것). 그러나 이 질문에 대한 최종적인 답이 무엇이든, 이렇게 생각될 수 있는 「후생적 이해관심」은 선호 의존적인 것이 아니므로, 따라서 객관적인 것으로 생각될 수 있다. 이러한 종류의, 인간들에게서의 [기본적인] 「이해관심」이 자리한 지위는 단지 그것들을 그 사람들이 원한다고 하여서 부여되는 것은 아니다; 당신의 건강을 해치는 환경은 당신의 선호 체계가 그 무엇이든, 그리고 심지어는 당신이 적극적으로 그러한 [위해한] 환경을 조장하려고 노력하더라도, 위와 같은 의미에 있어서는 [당신의] 「이해관심」과는 위배된다.

「이해관심」에 대하여 생각할 수 있는 세 번째 방법은 「이해관심」을 선호들이나 혹은 [롤스의 주장과도 같은,] 가치 있는 삶을 영위하기 위한 필수 조건이 아니라, [전반적] 「복지」(wellbeing)를 이루는 것 그 자체로 보는 것이다: 즉, 그러한 삶을 영위하는 것 자체로 보는 것이다. 따라서 당신의 「이해관심」은 당신이 당신의 삶을 조형하기 위하여 필요한 초점으로서의 목표나 혹은 장기적 목표에서, 또는 어떠한 욕망과 선호들이 당신의 삶을 더 좋게 만들 것인지 판단하기 위한 기준으로서의 「초 선호」들(meta-preferences) 내지는 '강력한 평가 기준들'(strong evaluations)에서 (Taylor

---

의문이 제기될 수 있다. 예를 들자면 어떠한 사회에서는 개인적 자유의 원칙보다는 공동체의 이익을 우선할 수 있는 것이고, 또한 부나 소득에 대한 상이한 관점을 가질 수 있는데, 예를 들어 정신적 혹은 문화적 자산이 더 중요할 수도 있다. 따라서 롤스의 원칙들을 '보편적으로' 모든 문화나 사회에 적용시키려고 하기보다는 각 문화나 사회의 특수성을 고려하여 수정하여야 할 필요가 있지는 않는가라는 질문이 제기될 수 있다는 의미이다.

1985: vol. 1: 15-44; 2권: 230-47 참조), 그리고 또는 그러한 삶을 영위하는 바에 수반되는 욕망, 선호들, 「초 선호」들로 이루어진, 당신이 지지할 수도 있고 지지하지 않을 수도 있는 전체적인 네트워크에서 표출될 수 있다(Feinberg 1984 참조).[148] 여기서 각자의 「이해관심」이란 가치 있는 삶을 인도하는 바가 가지고 있는 그 내용에 의하여 주어진다. 물론, 무엇이 보람 있거나(worthwhile) 가치 있고 무엇이 무가치하거나 낭비적인 삶인가라는 문제는 여전히 깊고 핵심적인, 그리고 논란의 여지가 있는 윤리적 질문이며, 마찬가지로 이에 대하여 어떻게 대답하여야 하는지에 대한 질문도 그와 같은 성격을 가지는 질문이다. 여기서 본인이 말하고자 하는 점은 이러한 방식으로 이해되는 「이해관심」은 그것이 바로 직접적으로 [그리고 현상적으로] 선호 의존적인 것은 아니라는 점에 주목하자는 것이다. 왜냐하면 「이해관심」을 「복지」로 보는 관점은 실제로 사람들이 자신의 「복지」라고 인식하는 것과는 반대되는 삶을 실제로 선호할 수도 있다는 것을 가정하고 있기 때문이다.

따라서 중요성에 대한, 이러한 상호 경합적인 판단들 중에 선택하는 판단을 어떻게 내리는지의 여부에 따라, 행위주체의 전반적인 권력에 대한 평가는 부분적으로 결정되며, 또한 다양한 방식으로 결정된다.【88】 모리스가 관찰하였듯이, "권력이 더 강력한 사람일수록 더 중요한 결과들을 얻을 수 있다"(Morriss 2002: 89쪽). 또한, 「이해관심」에 대한 어떠한

---

[148] [역주] 이는 더 고차원적인 「가치판단」을 이야기한다. 즉 단순히 욕구나 욕망을 가지는 것을 뜻하는 것이 아니고, 그러한 욕망들 중에서 어떤 것이 장기적으로 더 가치가 있는지를, 그리하여 '좋은 삶'으로 인도할 수 있는지를 평가하는 기준을 의미한다. 즉, 이러한 관점은 어떤 기초적 욕구를 충족시킴에서 기준을 찾는 것이 아니라, 삶에 있어서 무엇이 더 의미 있는가에 초점을 두고 있는데, 반면 이러한 면에서 볼 때 이러한 원칙들은 그 개별 개인과 그가 주어진 상황에 의존적이게 된다.

관점에서 고찰하여 본다면, 내가 당신보다 다른 사람의「이해관심」에 더 큰 작용을 미칠 수 있다면, 그것은 (다른 모든 조건이 동일하다는 전제에서) 나의 권력이 당신의 그것보다 더 크다고 생각할 수 있는 근거가 된다. 하지만 앞서 살펴본 것처럼「이해관심」에 대하여서는 다양한 관점이 존재한다. 그리고 내가 어떻게 상대방의「이해관심」에 '작용을 미쳐야'(affect) 할까?―유리하게 또는 불리하게, 혹은 그 상대방의「이해관심」들을 진전시키는 방향으로, 아니면 반대로 해를 가하는 방향으로? 권력에 관한 많은 저서들은 후자를 [해를 미치는 경우를] 가정한다: 즉, 권력을 소유하고 있다는 것은 타인의「이해관심」에 반하는 행동을 하는 것이라고 말하고 있다.[149] 이러한 가정은 권력을 타인의 '위로' 행사되는「권능」(potestas) 또는 권력으로 간주하는 시각에서 비롯된 것일 수 있다―하지만 아래에서 살펴볼 바와 같이 이것은 [즉 권력을 소유하는 것은] 또한 [타인의]「이해관심」을 위하는(interest-favouring) 입장이 될 수도 있다. 권력이 있는 자가 타인의「이해관심」을 진전시키지는 않고 오히려 항상 위협한다고 가정할 이유는 존재하지 않는다; 때로는 권력의 행사가 비록 [그로부터 이익이] 공정하게 배분되지 않더라도 모두에게 이익이 될 수도 있다.[150] 그리고 내가 당신의「이해관심」에 유리하게 하거나 불리하게 할 수 있는 등의 양방향으로 유도할 수 있다면 나의 권력은 [단방향으로만 유도할 수 있는 경우에 비하여] 더 큰 것일까? 그리고 어떠한 행위주체가 가지고 있는 전반적인 권력을 상대적으로 평가하고자 할 때, 타인의「이해관심」에 유

---

[149] 본인도 이전 저서인 PRV에서 그와 같이 언급한 바 있다.

[150] [역주] 예를 들어, 빵 공장에서 주인이 권력을 행사하여 종업원 5명 간의 효율적인 협동을 장려함으로서 빵의 생산이 10개가 늘었는데, 주인이 그 증분 중의 5개를 가지고 나머지 종업원 5명이 1개씩 가진다고 하였을 때, 물론 분배의 정의라는 문제가 발생할 수는 있지만, 전체적으로 모두 과거에 비하여 이득을 보는 것이다.

리하게 작용할 수 있는 능력과 불리하게 할 수 있는 능력을 어떻게 비교 평가할 수 있는가? 그리고 이를 계량화할 수 있는가? 더 거대한 권력을 가지기 위하여서는 얼마나 많은 사람의 「이해관심」에 작용을 미쳐야 하는가? 많은 사람의 「이해관심」에 피상적으로 「영향」을 미치는 것과 소수의 「이해관심」에 깊이 「영향」을 미치는 그 두 가지 경우를 어떻게 상호 비교할 수 있는가? 그런데 실제는, 권력이라는 개념 그 자체는 이러한 질문에 답할 수 있는 판단의 규칙을 제공하지 못한다. 이러한 질문은 일련의 관습이나 사전적(事前的)인 어떠한 배경이 되는 이론에 비추어 판단하거나, 또는 실제로는 각기의 상황별 고려 사항에 비추어 각 사례별로 판단할 수 있을 따름이다.

이제 권력에 대한 더 제한적인 관념인 「권능」(potestas)으로 돌아가서, 한 행위주체 혹은 행위주체들이 타인 혹은 타인들에게 권력을 행사할 수 있는 경우를 살펴보기로 하자. 이러한 권력을 소유한다는 것은 타인들의 선택을 제약하여 그들로부터의 「순응」을 확보할 수 있다는 것이다. 따라서 권력에는 「순응」을 확보하는 능력, 즉 제약(constraint)과 「순응」의 양자 모두가 필요한 것이다: 권력을 가진 행위주체는 제약을 가할 수 있는 능력을 가지고 있을 수는 있지만, 그러한 제약을 가하더라도 그 대상이 「순응」하는 경우에 있어서만 권력을 가질 수 있다. 그리고 그때의 「순응」은 [대상이] 원하지 않는 것일 수도 있고 자발적인 것일 수도 있다. 전자의 경우 권력은 「강압적」이라고 할 수 있으며, 반면, 후자의 경우, 권력은 자발적 대상들의 「순응」에 기반한다.[151] 【89】 그러나 에이미 앨런(Allen, Amy)이 지적하였듯이 이러한 제약하는 권력은 "「지배」보다는 더 넓은 개

---

[151] 이는 16세기에 라 보에티(La Boétie, Etienne de)가 "자신들의 예종 상태를 허락하거나 오히려 그러한 예종 상태를 초래하는 자들은 바로 주민들 자신들"이라고 언급하였을 때 주목한 점이다(Boétie 1998[1548]: 194쪽). 이와 관련하여서는 Rosen(1996)도 참조할 것.

넘이어야만 한다"(Allen 1999: 125쪽).[152] 왜냐하면 매조키스트가 아니라면, 우리는 「지배」라는 것은 피지배자의 「이해관심」에 반한다고 단정하지만, 그러한 권력과 「의존성」(dependency)(즉, 그것에 예속된 상태)은 때때로 예속된 자의 「이해관심」을 위하거나 적어도 불리하게 만들지 않을 수도 있기 때문이다.

「탈취적 권력」이라는 관념에 초점을 맞춘 토마스 바텐베르크(Wartenberg, Thomas)의 연구는 「지배」와, 그렇듯 명백히 [타인에게] 이로운 권력을 구분한다(Wartenberg 1990). 후자의 권력의 한 가지 예는 일종의 「온정주의」(paternalism)를 들 수 있다. 안전벨트의 착용을 의무화하는 법안에서처럼, B의 피해를 방지하거나 B의 어떠한 이익을 도모하기 위하여 B의 현재 욕구나 선호에 반하는 행동을 A가 함으로써 B의 행동의 「자유」를 제한할 수 있다. 바텐베르크는 이같은 권력을 그가 「전환적 권력」(transformative power)이라고 부르는 또 다른 형태의 [타인에게] 이로운 권력과 구별한다. 그리고 후자의 예로서 타인들의 자원, 「역량」, 효율, 그리고 행동 능력을 증가시켜 타인들이 권력을 가질 수 있도록 자신의 권력을 사용하는 바에 관한, '보살핌'(mothering)에 대한 페미니스트 저술들을 인용하고 있다. 그리고, 그는 도제 제도, 교육, 육아, 치료 등의 예로 추가로 들고 있다: 아고라(agora)에서 주도적인 자세를 취하고 있는 소크라테스가 젊은 대화 상대자들의 마음속에 '생산적인' 번민(confusion)을 일으켜 그들이 결국 자기 스스로의 앎을 깨닫고 자기 스스로의 결정권을 얻도록 하였다는 플라톤의 설명을 그는 인용하였다. 여기에 더하여 그는, 군대, 오케스트라 지

---

152 [역주] 뒤에 언급하다시피, 저자는 「지배」를 자신의 이익을 위하여 타인의 위로, 즉 타인의 「이해관심」을 희생시키면서 그 위로 군림하는 권력으로 정의하고 있는데, 반면 권력은 양방향으로, 즉, 타인의 「이해관심」을 위하는 방향으로도 작동할 수 있기에 「지배」보다는 포괄적인 개념이라는 이야기이다.

휘, 스포츠 코칭과 같은, 가치 있는 협동 활동에 필수적인「명령-준수의 관계」에서 그 같은 [이로운] 권력의 명백한 사례를 추가로 발견할 수 있다고 한다. 최근 리처드 세넷(Sennett, Richard)은 권력에의 예속이 함유하는 가치를 찾아볼 수 있는 또 다른 사례를 제시하였다. 상호 친밀한 관계가 아닌 경우에서의「의존성」은 항상 수치스러운 것이라는, 널리 받아들여지는 [자유주의적] 견해에 그는 의문을 제기하면서, 그러한 견해를 지지하는「자유주의적 철칙」(liberal canon)하에서는 [모든 인간이 이미] '성숙한 인간'이라는 개념이 당연시됨과 동시에 그러한 성숙한 인간에서의「의존성」이란 본질적으로 수치스러운 것이라는 생각도 또한 당연시되고 있다고 주장한 바 있다(Sennett 2003: 102쪽).「자유주의적 철칙」에서는「의존성」이 거부되고 있다고 파악한 그의 견해는 옳다: 예를 들어, 로크는 "부모에 대한 자녀의 예속"을, 「이성」의 소유에 근거한, 수년간에 걸친 자기 재량권을 누리고 있던 인간이 가지는「자유」와 대비하였고(Locke 1946[1690]: 31쪽), 칸트는「계몽」(enlightenment)이란, 타인의 지도가 필요 없이 스스로 생각함으로써, 자신 스스로가 초래한[153] 미성숙(immaturity)에서 탈피하는 것으로 기술한 바 있다.[154] 【90】 또한 존 스튜어트 밀은 사람

---

[153] [역주] 이는 주로 게으름과 겁 많음에서 비롯된다. 그렇기에 자신 스스로 문제를 해결하기보다는 타인의 지시에 의존적으로 된다.

[154] 칸트는『질문에 대한 대답: 계몽이란 무엇인가?』(Answer to the Question: What is Enlightenment?; *Beantwortung der Frage: Was ist Aufklärung?* 1784)에서 "「계몽」(*Aufklärung*)이란 인간이 자신 스스로가 부과한(*verschuldeten*) 미성숙(*Unmündigkeit*)에서 탈피하는 것이다. 미성숙이란 다른 사람의 지시 없이는 자신의 오성(悟性 *Verstand*)을 [쉽게 풀어쓰자면, 자신의 이해력을] 사용할 수 없는 무능을 의미한다"라고 말하였다.

[역주] 위의 번역은 독일어 원문에 기초하였으며 중괄호 안의 내용은 역자가 추가한 것이다(원문은 인용원문 8 참조).

들에 대한 「온정주의」적 간섭에 대하여 그것이 [결국] 그들 자신의 이익에 반한다는 취지에서 반대하였으며 현대의 「자유주의자」들 또한 「후생의존성」(welfare-dependency)에[155] 대하여 우려를 제기한다.[156] 세넷의 견해에 의하자면 이러한 「자유주의적 관점」은 사실 어떤 특정 문화에 있어서만 성립될 수 있는 것에 불과하며, 사적 영역과 공적 영역 모두에 있어서 [그같은 후생] 「의존성」은 그 자체로 존중될 수 있다는 것이다.

2.4 권력과 지배

이 모든 것이 우리에게 「**지배로서의 권력**」을 어떻게 이해하여야 하는지에 대한 질문을 남긴다.[157] 타인의 '위로' 행사되는 권력이 지배적이 되

---

[155] [역주] 사회복지 제도 등에 의존하는 자세. 그들의 스테레오 타이프와 같은 주장은, 그러한 의존성이 사람들을 게으르게 만든다는 것이다.

[156] 세넷은 「의존성」이란 "인생에서의 불완전한 상태, 즉 아이에게는 정상, 어른에게는 비정상"이라는, 모이니한(Moynihan)의 말을 인용하고 있다 (Sennett 2003: 103쪽). Fraser and Gordon(1994)도 참조할 것.

[157] [역주] 본서에서 사용되는 「지배」라는 용어는(영어: domination) 막스 베버가 사용한 유명한 개념인 「지배」(*Herrschaft*)와 그 용법 상에서 다소 차이가 있다. 본서에서는 다분히 타인을 나의 목적을 위하여 「통제」한다는, 즉 「탈취적 권력」으로서의 의미가 강한 반면, 막스 베버적 용법에서는 굳이 그러한 의미에로만 국한시키기는 어려운데, 그가 「지배」의 유형을 전통, 법률, 그리고 카리스마에 의한 「지배」로 분류하였을 때는 그것이 「탈취적 권력」인지 혹은 「개선적 권력」도 포함되는지에 대하여 명시하지는 않았다. 그런데, 막스 베버에 정통한 Tribe교수는 베버의 '*Herrschaft*'를 「지배」(domination)로 번역하는 것은 잘못이라며, 올바른 영어 번역은 오히려 「통치권」(rulership)이 되어야 한다고 언급한 바 있다

게 만드는 것은 무엇일까? 그리고 [그러한 종류의 권력은] 무엇이 문제일까? 그러한 권력은 어떠한 방식으로 상대방의 「이해관심」에 반하는가? 바로 앞 문단에서 보여진 사례가 [예를 들어 안전벨트 착용 의무] 「지배」의 경우가 아니라는 것을 설득력 있게 보여줄 수 있는 방법은 무엇일까? 아마도 앞의 사례들 중 일부는 그렇거나 [즉, 지배의 사례이거나] 때로는 그럴 수도 있다. 「온정주의」가 정당화되는 경우, 우리는 「온정주의」를 「시혜적 권력」(beneficent power)이 아니라 「정당한 지배」(justified domination)로 보아야 할 것이다: [158] 안전벨트를 매지 않은 사람은 단지 그저 지배당할 필요가 있다

(Weber 2019/1922: 471쪽). 그 이유인 즉, domination은 강압의 의미를 함축하고 있음에 반하여, *Herrschaft*는 라틴어 *dominium*과는 별개로 진화되어 왔으며, 예를 들자면 '합법적「지배」'와도 같이 어떠한 강압적 의미를 내포하지 않고, 「지배」라기보다는 오히려「통치」의 의미를 가지고 있다는 것이다. 참고로, 라틴어 '도미니움(*dominium*)'은 원래 주인이나 노예의 소유자를 가리키는 단어로, '집안'이라는 뜻의 형용사 '도무스'(*domus*)에서 어원이 유래하였으며, 집안의 하인을 묘사하는 목적으로도 사용되었다. '파밀리아'(*familia*, 가족)와 '파물루스'(*famulus*, 노예) 사이에서도 비슷한 관계가 관찰된다. 그러나 '도미니움(*dominium*)'이라는 용어는 처음에는 인간관계의 맥락에서만 사용되었다는 점에 유의하는 것도 중요하다. 시간이 지남에 따라 노예가 인간이 아닌 소유물로 간주되기 시작하면서 원래 인간과 관련된 '도미니움(*dominium*)'의 개념이 무생물에 적용되기 시작하였다(Graeber, 2011: 201쪽).

[158] [역주] 이때 「시혜적 권력」이란, 타인을 보호하거나 그의 「이해관심」을 위하여 행사되는, 일종의 「온정주의」적 권력임에 반하여, 반대로 「정당한 지배」는 어떠한 사회적 목적을 달성하기 위하여 강압이나 법적 제재를 포함하는 「지배」를 행사함을 말한다. 따라서 전자의 경우에는 그 목적은 대상이 되는 타인에게 긍정적인 영향을 미침에 있고, 후자의 경우

고 생각될지도 모른다.[159] 그리고 일부 어머니는 '지배'하려 하며,[160] 일부 물리 치료사는 교묘하게 「조작」하며 [고객을 속이고], 일부 군 장교가 부하들을 괴롭히는 사실도 존재하고 있음을 인정하여야만 한다.[161] 그러나 권력에 대한 예속과 「의존성」이 「비 지배」적인 것으로 받아들여질 수 있는 경우의 특징은, 관련된 선택의 제한이 「자유」의 침해가 실제로 아니거나 「자유」의 단순한 침해는 아니라는 것이다: 스피노자의 말을 빌리자면, [그러한 경우는] 그것들은 예속된 자가 "자신의 본성과 판단에 따라서 사는 것"을[162] 방해하는 것은 아니라는 것이다. 오히려 그와는 반대로 그러한 경우에 있어서는 권력은 다양한 방식으로, 위와 같이 이해될 수 있는 「자유」를 원활하게 하거나 촉진한다. 따라서 「지배로서의 권력」은 타인의 본성과 판단에 따라서 사는 것을 저해함으로써 타인의 선택을 제약하고, 강압하거나 「순응」을 확보하는 능력이라고 결론을 내릴 수 있다.

이제 PRV에서 다룬 바 있던 질문에 도달하게 되었다. 그 질문은 오래되고도 고전적인 질문인데, 이제 다음과 같이 공식화할 수 있다:「지배」는 어떻게 작동하는가? 권력자는 어떻게 자신이 지배하는 사람들로부터의 「순응」(그것이 자발적이든 아니면 비자발적이든)을 확보할 수 있을까? 이러한 물음은 개념적 질문이자 동시에 분석적 질문이다.

【91】 첫 번째 질문은 권력 자체의 개념에 관한 것이다: 그러한 권력

에는 사회 전체적으로 필요하고 합법적인 결과를 도출함에 있다.

[159] [역주] 따라서 이는 「정당한 지배」의 범주에 속할 수 있다는 의미로 해석된다.

[160] [역주] 즉 아이들을 과잉적으로 지배하려는 부모를 일컬음.

[161] [역주] 이러한 세 가지 형태의 지배는 「비 정당한 지배」의 사례로 간주될 수 있다.

[162] [역주] 이 문장에 대하여서는 각주 130을 참고할 것.

이 언제 작동하는지 어떻게 알 수 있을까? 이에 대한 본인의 대답은 간단하다. 우리는 겉으로 드러나는 보이는 것들의 뒤로 감춰져 있는 형태의 권력을 찾아보아야 한다. 앞선 논의의 맥락을 이어가자면, 권력자의 권력은 다양한 사안과 상황에 걸쳐 행사되고 있으며, 의도하지 않은 결과로까지도 확장되어 적용될 수 있고, 적극적인 간섭이 없는 경우에도 그 효과를 발휘할 수 있다고 간주되어야 한다는 뜻이다. 그리고 그러한 권력은 중요한 결과를 가져올 수 있는 능력으로 구성되기 때문에, 위와 같은 주장은 또한 「지배로서의 권력」은 권력자의 「이해관심」을 증진시키거나 적어도 그것을 해치지 않는 경우라면, 혹은 그 권력에 예속된 타인들의 「이해관심」에 부정적으로 「영향」을 미치는 경우라면 그 어디든 존재한다는 것을 의미한다. (단, 여기서의 「이해관심」이란 위에서 이제까지 언급한 의미의 범위를 모두 포괄하는 것으로 이해될 수 있다).

두 번째, 분석적인 질문은 그러한 권력이 「순응」을 확보할 수 있는 메커니즘에 관한 것이다.[163] 이제 스피노자가 「권능」(*potestas*)을 정의한 후, 그 「권능」이 스스로를 나타내는 네 가지 방식을 구분한 바를 살펴보는 것이 도움이 될 것이다:

> 한 사람이 타인들을 그의 권력의 범위에 둔다는 것은 다음의 경우를 말한다: 그 타인들을 [물리적으로] 속박하였을 때; 그들을 무장 해제하고 그들로부터 자기방어 또는 탈출 수단을 박탈하였을 때; 그들에게 공포심을 불러일으킬 때; 혹은 그들이 자신들보다 [자신의 서비스를 받는] 수혜자를 기쁘게 하고, 자신의 판단보다 그 수혜자의 판단에 따르도록 그들을 [정신적으로] 아주 긴밀하게 속박하는 경우. 첫 번째 또는 두 번째 방법으로 타인들을 자신의 권력의 범위 내에 위치시킨다

---

[163] 이러한 메커니즘에 관하여서는 Elster(1989: 3~10쪽, 그리고 1998, 1999), Hedström & Swedberg(1998)을 참고할 것.

는 것은 그 타인들의 신체만 지배하며 그들의 정신은 지배하지는 못한다. 반면 세 번째 또는 네 번째 방법으로 타인들을 지배하는 사람은 타인들의 신체뿐만 아니라 그들의 정신 또한 자신의 권리에 예속시키는 것이다. 그러나 이러한 마지막 경우는 [그 타인들의] 두려움이나 희망이 상존하고 있는 동안에만 가능하다. 그 둘 중 [두려움이나 희망 중] 하나 또는 다른 하나가 제거되면 그 타인들은 [드디어] 자신의 권리를 소유하게 된다.(Spinoza 1958[1677]: 273-5쪽).[164]

이 구절은 특히 육체적 속박과 정신적 속박을 구분하고 있다는 점에서 매우 흥미로운 분석이다.【92】스피노자의 첫 번째 그리고 두 번째의 방법, 즉 신체적「통제」와 감금(confinement)은[165] (앞으로는 이 모두를 '위압'(威壓 force)이라고[166] 명명하겠다) 정신과는 독립적으로 작동한다는 점에서 세 번째 및 네 번째의 두 가지 방법과는 상이하다. 하지만 스피노자는 그에 이어 다섯 번째의 중요한 권력의 방식, 혹은「권력의 메커니즘」을 추가하고 있다:

---

[164] 이 구절에서 알 수 있듯이 스피노자가「권능」(potestas)을 고려할 때「지배」와 [피지배자에게] '이로운 의존' 간의 차이를 구분하지 않고, 모든 '권력'은 단지「지배」라고 가정하고 있다. 이것은 아마도 그도 세넷이 말한 바의「자유주의적 철칙」에 포함되는 사람의 하나라는 것을 의미할 수 있다.

[165] [역주] 두 번째 방법을 '감금'(혹은 제약)이라고 표현하였다.

[166] 이러한 개념적 구분을 함에 있어서 본인은, 권력이라는 것은 어느 정도「자유」의 여지는 유지하고 있는 주체들과 연관지어 살펴보아야만 한다는 푸코의 (최종적) 견해에 동의한다: 그는 "「반항」의 가능성이 없다면, 권력이라는 것은 단지 물리적 결정과 동일할 뿐이다"라는 견해에 도달한 바 있다(Foucault 1982: 221쪽).

한 사람이 가진 판단할 수 있는 권력은 또 다른 방식으로 두 번째 사람의 권리에 예속될 수 있다: 즉, 첫 번째 사람은 두 번째 사람에 의하여 속을 수가 있다. 따라서, 어떤 정신이 자신의 「이성」을 올바르게 사용할 수 있는 경우에 있어서만, 그 정신은 자기 자신의 권리를 완전히 소유하고 있고, 또한 완전히 「자유」롭다는 것을 의미한다. 실제로 인간의 권력(「포텐시아」(potentia))은 단순히 육체의 활력에 의한다기보다는 정신이 가진 강도(strength)에 의하여 판단되어야 하므로, 가장 강력한 「이성」을 가지고 있고 또한 가장 그러한 「이성」에 의하여 인도되는 사람은, 또한 자신의 권리를 가장 완전히 소유하고 있는 자임을 의미한다(Spinoza 1958[1677]: 275쪽).

그리고 스피노자는 이에 대하여 더 나아가 『신학정치론』(Tractatus Theologico-Politicus)에서 다음과 같이 언급한다:

> 사람의 판단(judicium)은 여러 가지 방식으로, 그리고 거의 믿을 수 없는(incredibilibus) 방식(modis)으로 「영향」을 받을 수 있다. 따라서, 타인의 명령(imperio)하에 직접적으로는 있지 않더라도 타인의 말에 그렇게도 의존하기 때문에, 그러한 한에서 타인의 권리(juris)를 위한다고 충분히 말할 수 있다.[167] 그러나 정치 기술이 이 분야에서 많은 성과를 이룩한 것이 사실임에도 불구하고 [어떤 사람을 타인의 권리에 예속시킴] 완전히 성공한 적은 없었다; 사람들은, 개인들이 자신들의 생각으로 가득 차 있고, [그들의] 취향만큼이나 [그들의] 의견들도 다양

---

[167] [역주] 『신학정치론』(Tractatus theologico-politicus) 중에서 인용(Spinoza(1958[1677]: 226쪽). 참고로, 영어 번역문은 마치 '영향을 받는 많은 방식들 중의 어떤 것은 믿을 수 없다'는 식으로 해석할 오해의 소지가 있다.(원문은 인용원문 9 참조).

하다는 것을 항상 발견하였다(Spinoza 1958[1677]: 227쪽).

이 구절에서 스피노자는 향후 우리 앞에 놓일 주제에 대하여 논의를 시작하고 있다: 즉, 예속의 다양한 메커니즘, 특히 3장에서 다루게 될 마지막 메커니즘에 대하여 논의하기 시작한 것이다.

본인이 이제 논의할 미셸 푸코는 권력을 신체적이자 정신적인 것으로 생각하였다. 그리고, [인간의] 판단에 「영향」을 미치는 권력의 「역량」과, 또한 그 권력의 「영향」에 대한 「저항」이 어디에나 편재하여 있음은 스피노자만에게 그러하였던 것처럼 그에게도 깊은 인상을 주고 있지만, 앞으로 살펴볼 것처럼 그의 설명은 「자유」와 「이성」에 관한 스피노자의 신념을 전도시키려는 의향을 가지고 있다. 본인이 푸코의 권력에 대한 연구를 논하고자 하는 이유는 두 가지이다.【93】첫 번째는 권력에 대한 푸코의 사유가 문화연구, 비교문학, 사회사, 인류학, 범죄학, 여성학 등 실로 다양한 영역과 지식의 분야들에 걸쳐 큰 영향을 미쳤기 때문이다. 두 번째는 푸코의 접근 방식은 '권력의 네 번째 차원'(Digesser 1992)을 드러내는 것으로 알려져 있으며, 일부 학자들은 그러한 네 번째 차원이라는 관점이 본서에서 예시하고 옹호하는 접근 방식을 약화시키는 것으로 받아들이고 있기 때문이다.

2.5 푸코의 권력에 관하여: 초 급진주의적 관점

푸코가 가진 권력에 관한 관점에 대하여 쓴 글들은 방대하다.[168] 그

---

[168] [역주] 참고로 본 번역에 있어서 저자가 푸코의 글을 직접 인용한 부분은 가급적 프랑스어 원전의 내용과 비교하여 번역하였고 그 경우 각주에 표기하였다. 영어로 인용된 문구를 다시 중역을 하는 경우 오역의 소지가 크기 때문이다. 단, 프랑스어 원전을 구하지 못한 경우도 있다.

런데, 얼핏 보게 되면 그중 너무도 많은 글들은, 우호적인 입장에서 서술되었을 때는 너무 모호하고, 반면 비판적인 시각에서 서술되었을 때는 푸코의 글들을 무시하는 태도로 일관하고 있음을 발견하게 된다. 후자의 한 예를 들자면, 피터 모리스는 프랑스어의 'pouvoir'는 권력이 능력(ability)으로서의 가지는 「성향적」 의미를(즉, 'puissance'에 함의되어 있는 바를) 포착하지 못하기 때문에 '푸코가 ('puissance' 혹은 그에 매우 유사한 의미에서의) '권력'에 대하여 어떠한 논의를 개진하고 있다는 광범위한 믿음은 단순히 정확하지 못한 번역에 근거한 것'이라는 의견을 제시한 바 있다(Morriss 2002: xvii).[169] 그처럼 예리한 학자가 이와 같이 부정확한 언급을 하였다는 것은 실로 놀랍다. 앞서 살펴본 것처럼 「지배」가 가지는 권력은 그것이 「강압적」이지 않은 경우 자발적인 피지배자의 「순응」을 필요로 한다. 사실 푸코는 이러한 「순응」을 확보하는 메커니즘들에 대한 풍부한 주제를 그가 저술한 영향력 있는 저작들에서 다루고 있다.

　푸코는 이 주제에 특별한 관심을 가지고 독창적인 방식으로 접근하였다. 우선, 그는 놀랍게도 권력과 지식 사이에는 깊고 긴밀한 연관성이 있다고 시사하면서, 이러한 [「순응」을 확보하는] 메커니즘들과, 그의 주장에 의할 때 그 메커니즘들이 효과적으로 작동할 수 있게 하여주는 다양

---

[169] [역주] 이 문장은 정확히 모리스가 어떤 맥락으로 프랑스어의 두 단어, 즉, *pouvoir*와 *puissance*를 이해하고 있었는지가 불분명하기에 이해하기 쉽지 않다. 통상적으로는 *pouvoir*를 '권력'으로, *puissance*를 '힘'으로 번역하면 무난한데, 모리스의 비판은 푸코가 사용하는 '권력'(*pouvoir*)에는 '힘'(*puissance*)이라는 단어에 함의되어 있는 그 주체 자체가 가지고 있는 「성향적」(내지는 '기질적') 의미가 결여되어 있기에 푸코가 사용하는 용어인 *pouvoir*는 '권력'을 제대로 논의하고 있지 못하다는 의미로 여겨진다. 하지만 저자는 모리스의 그같은 비판은 옳지 않다고 생각하고 있다.

한 응용 사회과학적 분야들을 연관시켜 조망하고 있다. 그가 보기에는 이러한 메커니즘들이 발휘하는 효과는 주로 '지식'에 대한 전문가들의 주장이 사람들에게 미치는 「영향」에서 비롯된다. 둘째, 그의 전반적인 목표는 「권력의 미시물리학」(micro-physics of power)을 만드는 것이었다. 이러한 생각을 설명하면서 그는 "「권력의 메커니즘」을 생각할 때 나는 오히려 권력의 모세 혈관적 존재 형태, 즉 권력이 개인들의 바로 그 미세한 세부(grain)에 도달하여 그들의 신체를 접촉하고 그들의 행동과 태도, 그들의 담론, 학습 과정, 그리고 그들의 일상생활에 침투하게 되는 지점을 생각하고 있다"고 기술한 바 있다(Foucault 1980a: 39쪽).[170]【94】본인은 데이비드 갈런드(Garland, David)가 이러한 구상 내에서 '권력'이 무엇을 의미하는지에 대하여 비교적 정확하게 요약한 바에 동의한다: 권력은 "그것을 '가지고 있는' 어떠한 특정 계급이나 개인의 소유물(property)로 생각되어서는 안 되며, 그들이 어떻게든 마음대로 '사용'할 수 있는 '도구'로 생각되어서도 안 된다". 그 대신 권력은:

> 사회관계가 존재하는 곳이라면 언제 어디서나 작동하는 다양한 형태의 「지배」와 「종속」 그리고 「위력」들(forces) 간의 비대칭적인 균형을 의미한다. 푸코에게 있어서의 사회생활이란, 모든 것을 아우르는 단수의 '사회'의 안에서가 아니라, 때로는 연결되어 있고 때로는 연결되어 있지 않기도 한 「위력」들이 [행사되는] 복수의 장들(field)에 걸쳐서 일어나는 것으로 생각하여야 하기 때문에, 이러한 「권력관계」들은 그 「권력관계」들이 둘러싼 사회적 관계들과도 마찬가지로 단순한 형태

---

[170] [역주] 이 인용은 푸코가 직접 저술한 내용에서부터가 아니라, 1975년 『감시와 처벌』을 출판한 후, J.J. Brochier와 행한 인터뷰에서 푸코가 말한 바를 적은 것이다(Foucault 1975a). 프랑스어 원전의 내용은 확인하지 못하였다.

를 보이지는 않는다. 푸코의 특별한 관심의 초점은 항상 이러한 「권력관계」들이 조직되는 방식과 그것들이 취하는 형태, 그리고 그러한 「권력관계」들이 의존하는 기술(技術)에 놓여 있는 것이다. 그리고 그 결과로서 나타나는, 지배하거나 지배당하는 그룹들과 개인들은 그의 초점은 아니다.

따라서 푸코의 관심은 "구체적인 정책 및 그 정책과 관련된 실제 사람들"이 아닌, "구조적 관계, 제도, 전략 및 기술"에 있었다. 이러한 구상에서는,

> 권력은 사회생활에 만연한 측면이며 공식적인 정치나 공개적인 「갈등」의 영역에 국한되지 않는다. 또한 권력이 개인의 행동을 조형하고 그 목적을 위하여 신체적 힘들(power)을 활용한다는 면에 주목하는 경우에 있어서는, 그것은 억압적이기보다는 그 효과에 있어서 생산적인 것으로 생각되어야 한다. 이런 의미에서 보았을 때, 권력은 개인에 '대항'하기보다는 개인을 '통하여' 작동하며 동시에 그 권력의 운반자인 개인을 구성(constitute)하는 바에 도움을 준다(Garland 1990: 138쪽. 인용의 강조는 역자 추가).

본인은 여기서 푸코가 설명하는 권력에 대한 또 다른 해설을 제시하려고 하지는 않으려 한다(사실 그에 대한 해설은 세간에 넘친다).[171] 오히려 푸코의 설명이 어느 정도로, 그리고 어떠한 방식으로 지금 우리가 중점을 두고 있는 다음과 같은 질문에 대하여 명확히 하여줄 수 있고, 또한 우리의 이해를 밝힐 수 있는지를 평가하려 한다: 【95】 즉, 권력자는 어떻게 자신이 「지배」하는 자들의 「순응」을 확보하는가? 푸코는 바로 이 개념적 질문에 대하여 어떻게 대답하였는가? 권력자의 권력은 무엇으

---

[171] 이와 관련된 추가 참고 문헌은 본서 부록의 '추천 목록'을 참조할 것.

로 구성되어 있으며, 그러한 권력은 또 어떻게 이해되어야 하는가? 그리고 이어 다음과 같은 분석적 질문이 제기된다: 즉, 권력자는 어떻게 「순응」을 확보하는가? 푸코는 넓은 범위에서의 권력을 생각하였고, 그 권력의 가장 불분명하고도 가장 감지하기 어려운 형태들을 밝혀내려고 노력하였다. 그는 "권력은 자신의 상당 부분을 숨길 수 있는 상황하에서만 [피지배자들에게] 용인될 수 있다. 권력의 성공은 자신 고유의 메커니즘을 숨길 수 있는 능력과 비례한다"고 기술한 바 있다(Foucault 1980c[1976]: 86쪽).[172] 낸시 프레이저(Fraser, Nancy)에 의하면 "푸코는 현대 사회에서의 일상적 삶을 구성하는 사회적 실천인, 그의 용어에 따르자면 소위 「미시적 실천」들(micropractices)이 보여주는 다양성에 기반을 둔 권력을 매우 광범위하면서도 또한 정밀하게 이해할 수 있도록 하여준다"(Fraser 1989: 18쪽). 그렇다면 권력에 대한 푸코의 이해는 과연 얼마나 광범위하며 또한 「권력의 메커니즘」에 대한 그의 분석은 얼마나 정밀한가?

그는 권력이 어떻게 잉태되는지에 대하여 여러 가지 독특한 주장을 펼친다. 그러나 1970년대 중반 이후로부터 시작된, 형벌의 연구부터 성(性)의 역사에 이르기까지의, 사회생활의 다양한 영역에서 근대적인 「권력 기술」의 출현을 분석하는 그의 이른바 "계보학적" 작업에 있어서 중심적인 것으로 간주될 수 있는 한 가지 핵심 생각이 존재한다. 그러한 중심 생각은 그의 저서 『감시와 처벌』(Discipline and Punish; *Surveiller et punir*)의[173] 서두에서 그러한 작업을 안내하는 첫 번째 일반 규칙으로서 채택되어 있다:

「처벌 메커니즘」들(punitive mechanisms; *mécanismes punitifs*)에 대한 연구에

---

[172] [역주] 원문은 인용원문 10 참조(Foucault 1978b: 113쪽).

[173] [역주] 영어 번역본의 제목은 '규율과 처벌'(Discipline and Punish)로 되어 있는데, 아마도 이 저술의 중심 테마가 「규율」이기에 제목을 바꾼 듯 보인다.

있어서 단지 그「처벌 메커니즘」들이 가지는 '억압적'(repressive; *répressif*) 효과, 즉, '제재'(*sanction*)라는 측면에만 오로지 집중하지 말고, 그「처벌 메커니즘」들이 유발할 수 있는, 전체적인 일련의 긍정적 효과라는 면을 살펴보아야 한다―비록 그「처벌 메커니즘」들이 일견 주변적인 것으로 보일지라도. 결국, 처벌(punishment; *punition*)이라는 것을 복합적인 사회적 기능으로 간주하여야만 한다(Foucault 1978[1975]: 23쪽).[174][175]

권력이 억압적이며 동시에 생산적이라는 생각은 그 이후 10년 동안 수많은 연구, 에세이, 강연, 인터뷰 등을 통하여 반복적으로 재인용되고 발전되었다. 하지만, 또한 그 의미는 확대 해석되거나 과장되기도 한 것이 사실이다.

그리하여, 확대되지도, 과장되지도 않은 형태로 간단히 그 생각을 정리하자면 다음과 같다:【96】권력이 효과적이이기 위하여서는 그 권력에 예속된 사람들이 그「영향」에 대하여 감수적(susceptible)이어만 한다.[176] 억압(repression)은 "안 돼"라고 말하는, 아마도 '부정적'인 것이다: 즉, 그것

---

[174] 당시 푸코의 공동연구자였던 파스키노(Pasquino)에 따르면, 푸코는 초기의 자신의 권력에 대한 논의가 "억압적 모델에 따라 구상된, 권력에 대한 극단주의적 폄하로 이어질 위험이 있었다"는 것을 깨달은 것으로 보인다(Pasquino 1992: 79쪽).

[175] [역주]원문은 인용원문 11 참조(Foucault, 1975b: 28쪽). 영어 인용문과는 다소 뉘앙스의 차이가 있다. 본 번역은 프랑스어 원문에 의존하였다.

[176] 이러한 주장은 완전히 새로운 생각은 아니다. Digeser는 "정치 이론에는, 정치-사회적 맥락과 다양한 종류의 개인들을 창조하는 것 간의 상관관계를 중요시하는 오랜 전통이 있다"고 지적한다(Digeser 1992: 991쪽).

은 금지하고 한정하며, 행위주체들이 하는 것과 아마도 하고 싶은 일에 제약을 두는 것이다. 반면 '생산'은 '긍정적'이다: 이런 의미에서 권력은 "[대상에] 침투하며(permeate; *traverse*), 사물을 생산하고(produce; *produit*), 기쁨(pleasure; *plaisir*)을 유도하고, 지식을 형성하며, 담론을 만들어 낸다"(Foucault 1980a: 119쪽).[177] 더 구체적으로, 권력은 사람들의 성격을 형성하고 "「순응화」시키며"(normalize; *normaliser*)[178] 그들이 온전한 정신, 건강, 성 및 기타 형태의 품행 등의 규범들(norms)을 「준수」할 수 있게 하고 또한 기꺼이 「준수」하도록 함으로써 그러한 '주체들'을 생산하여 낸다. 푸코는 이러한 규범들은 그들의 '영혼'을 형성하고 또한 신체에 '각인된다'고 주장한다; 그리고 이러한 규범들은 정상과 비정상 사이의 경계를 단속하고, 주체들 간에(inter-subjective) [즉, 상호감시를 통하여], 그리고 주체들 내에서(intra-subjective) [즉, 내재화를 통하여] 행하여지는 지속적이고 체계적인 감시를 통하여 유지된다. 이안 해킹(Ian Hacking)이 말한바, "인간을 구성한다"(making up people)라는 아주 적절한 문구는 이러한 생각의 정곡을, 그것이 가지는 푸코적 의미와 함께 아주 잘 찌르고 있다(Hacking 1986). 이러한 푸코의 생각은 두 단계로 나뉘어 발전되었다: 첫 번째는 「규율」(discipline)에 관한 연구와 『성의 역사』(History of Sexuality; *Histoire de la sexualité*) 제1권, 그리고 두 번째는 1978년부터 1984년 그가 사망할 때까지의, 「통치성」(governmentality; *gouvernementalité*)에 관한 그의 후속 저술이 그것이다. 「통치

---

[177] [역주] 원문은 인용원문 12 참조(Foucault 1977: 149쪽).

[178] [역주] 푸코를 번역할 때 일반적으로는 「정상화」로 번역되기도 하나, 그렇다면 「정상화」되기 이전에는 '비정상'이라는 뉘앙스가 있기에 오해의 소지가 있다. 또는 '규격화'라고 번역될 수도 있으나 이는 제품을 찍어 내는 과정을 연상시킬 수 있다. 본 번역에서는 이를 「순응화」라고 번역하였는데, 이는 정해진 틀이나 규격에 맞추어지는 것뿐만 아니라 인간이 그럼으로써 유순하게 따른다는 의미가 추가되었다.

성」이란, 현대 사회에서 다양한 권력기관이 주민들을 관리하는 방식들, 그리고 각 개인들이 자신의 자아를 형성하는 방식들 및 이러한 과정들이 조율되는 방식들을 가리키는 그가 만든 신조어이다.

문제는, 푸코는 자신의 평생 동안 그러한 자신의 생각 위에, 「자유」와 진리를 모두 배제하였던 권력 개념에 입각한 니체적 수사학을 사용하여 계속하여 옷을 입히고 있었다는 점이다. 그는 "권력은 사회체(corps social)와 공존한다. 또한 그 네트워크의 그물망 사이에는 「원초적 자유」(libertés élémentaires)가 들어설 범위란 존재하지 않는다"고 기술하였다(Foucault 1980a: 142쪽).[179] 이같은 수사법에 따르자면, 주어진 환경 내에서든 그 환경을 넘어서든 권력으로부터의 해방이란 있을 수 없다. 그리고 또한 [각기 다른] 삶의 방식들 간에는 [어느 것이 더 참된 것인지의] 판단을 내릴 수 있는 방법도 존재하지 않는다. 왜냐하면,

> 각 사회들은[180] 진리의 체제(regime of truth; régime de vérité), 그리고 진리의 "일반적 정치"(general politics; politique générale)를[181] 가지고 있기 때문이다. 그러한 일반적 정치란 다음을 포함한다: 즉, 각 사회가 수용하며 [각 사회가] 진실로서 기능(function; fonctionner)하게끔 하는 담론의 유형들, 사람들로 하여금 진실과 거짓 진술들을 구별할 수 있도록 하는 메커니즘과 사례들, 그리고 각각이 [즉, 진실과 거짓 진술들이] '승인 내지 제재되는'(sanction; sanctionner)[182] 방법;【97】진실을 획득하기 위하

---

[179] [역주] 원문은 인용원문 13 참조(Foucault 1977b: 95쪽).

[180] [역주] 이때 사회들이란 각기 다른 삶의 방식들을 지칭한다.

[181] [역주] 이때, '진리의 일반정치'라는 표현은 너무 추상적이다. 역자의 해석은, 진리 여부를 가늠할 수 있는 일반적인 판단 체계를 말한다.

[182] [역주] sanctionner(영어 sanction)에는 인정하고 처벌하는 양자의 의미가 모두 내포되어 있기에 풀어서 번역하였다.

여 가치 있다고 여겨지는 기술(技術)과 절차; 진실로 간주되는 기능들이 무엇인지를 말할 책임이 있는 사람들이 가진 위상(status; statut)(Foucault 1980a: 131쪽).[183]

따라서 푸코가 성취한 바는 "합리적이고 자율적인 도덕적 행위주체라는 모델"을 약화시켰다는 주장이 제기되고 있고, 그같은 주장이 또한 널리 받아들여지고 있는 것도 전혀 놀라운 일은 아니다. 즉, "그 같은 [도덕적, 규범적] 이상이란 것은 「지배」가 없는 상태를 말하는 것이 아니며 오히려 「지배」가 만들어낸 가장 근본적인 효과 중 하나로 보아야 한다"는 것인데(Hindess 1996: 149쪽), "권력은 어디에나 편재하며 그 [권력의] 효과와 독립적으로 형성되는 인격이란 존재할 수 없기 때문"이다(전게서: 150쪽). 푸코의 말이 옳다면, 우리는 "개인이 권력의 부정적 「영향」으로부터 자유로운 사회라는, 해방이라는 이상"(전게서: 151쪽)과, 권력이 주체 간의 합리적 합의에 기초할 수 있다는 기존의 관점을 버려야만 한다(전게서: 156-7쪽). 이 모든 것이 사실이라면 푸코의 권력에 대한 관점은 매우 급진적인 관점이라고 할 수 있다. 하지만 과연 그럴까?

첫 번째 단계에서 푸코는 어떤 자의 타인의 '위로' 행사되는 권력을 「지배」로 보고, 그 대상체인 타인이 '생산되는' 방식을 탐구한다. 그의 저서 『감시와 처벌』에서는, 그 타인들은 제약되고 한정되고 그리하여 "「유순한 신체」"(docile bodies; corps dociles)로 「순종」하도록 주조되어진다고 기술하고 있는데, 이같은 기술은 스피노자가 말한바 있던 처음 두 가지의 방식, 즉, 순수히 물리적인 방식으로 행사되는 방식의 「권능」(potestas)을 떠올리게 한다. 데이비드 갈런드는 다음과 같이 언급한다:

---

[183] [역주] 저자가 인용한 영어번역본은 다소 부정확하기에 위의 인용문은 프랑스어 원전의 내용에서 직접 번역한 것이다. 프랑스어 원문은 인용원문 14 참조(Foucault 1994: 112쪽).

여기서 의미하는 '권력'이란 행위를 「통제」하거나 오히려 '생산'한다는 개념이라고 할 수 있는데, 이는 범죄자에 대하여서는 교화 훈육을 통하여 직접적으로 행사된다. 혹은 일반 대중에 대하여서는 [그들을] 억제하기 위한 위협을 가하거나 모범의 제시를 통하여 간접적으로 행사된다. 따라서 처벌이라는 것은 개인의 신체를 관리 및 「통제」하고 이를 통하여 '정치체'(政治體 body politic)를[184] 관리 「통제」하는 수단으로 생각된다(Garland 1990: 162쪽).

더욱이, 적어도 이상적으로는 이러한 권력은 비활성적(inactive) 상태이며, 판옵티컬적(Panoptical)인[185] 감시를 통하여 "수감자가 의식적으로 그리고 영구적으로 [자신이 감시자의] 시야에서 관찰되고 있다고 [느낄 수 있도록] 유도함으로써 권력이 자동적으로 기능을 수행하도록 보장한다.[186] 이는, 권력이 완전한 경우에는 실제 [권력의] 행사를 불필요하게 만드는 경향이 있기 때문이다;【98】이러한 구조물은, 그 권력을 행사하는 사람이 누구인지와는 독립적으로 「권력관계」를 창출하고 유지하기 위한 장치일 필요가 있다"(Foucault 1978 [1975]: 201쪽).

이러한 광경은 신체의 "요소, 몸짓, 행위"에 대한 "「계산된 조작」"(*manipulation calculée*) 중 하나이다:[187]

---

[184] [역주] 국가, 도시 등의 정체(政體)를 인간의 신체에 비유하여 표현한 것.

[185] [역주] 판옵티콘(Panopticon)은 18세기의 영국 철학자 벤담(Bentham, Jeremy)이 고안한 감옥 감시 체제를 일컫는데, 중간에 감시탑이 위치하여 있고 원 모양으로 그 감시탑을 둘러싼 감옥의 각 감방에 죄수들이 갇혀있는 형태로, 감시자는 죄수들을 그 중앙 탑에서 감시할 수 있지만, 죄수들은 감시자를 볼 수 없는 디자인으로 되어있다.

[186] [역주] 원문은 인용원문 15 참조(Foucault 1975b: 202쪽).

[187] [역주] 이 인용문의 전문은 다음과 같다. 원문은 인용원문 16 참조

따라서 「규율」(*discipline*)은 복속되어진(subjected) 그리고 교육되어진, 즉, 「공순한」(*docile*) 신체를 만들어낸다. 「규율」은 (효용(*utilité*; utility)이라는 경제적 측면에서는) 신체의 물리력(*force*)을 증가시키고 (「준수」(*obéissance*; obedience)라는 정치적 측면에서는) 그 같은 물리력(*force*)을 감소시킨다. 간단히 말하자면 「규율」은 신체가 가진 권력(*pouvoir*)을 [신체로부터] 분리시켜 버리고, 신체를 한편으로는 소질(*aptitude*)로, 즉, 그 「규율」이 증가시키고자 하는 「역량」(*capacité*; capacity)으로 만든다. 다른 한편으로 「규율」은 에너지(*énergie*)를, 즉, 신체로부터 발생할 수도 있는 힘(*puissance*)을 전도(*inverse*)시켜 신체를 엄격한 「예속」(subjection; *sujétion*)의 관계로 변환시킨다.(Foucault 1978[1975]: 138쪽).[188]

(Foucault 1975b: 139쪽)

그리하여 강압의 정치가 그 형태를 드러내는데, 그것은 신체에 가해지는 작동이며, 요소, 몸짓, 행위에 대한 「계산된 조작」이다. 그리하여 인간 신체는 권력이라는 장치 속으로 들어가게 되는데, 이 권력은 그 신체를 낱낱이 조사하고 그것을 분해한 후 다시 재구성하여 끼워 맞춘다.

[188] [역주] 본 번역은 프랑스어 원문을 기초로 하였다. 푸코의 위 문장은 결코 이해하기가 쉽지 않다. 역자가 독자의 편의를 위하여 쉽게 풀어쓰자면 다음과 같다: "「규율」은 교육들을 통하여 인간의 몸(이는 정신과 신체 모두를 포함)을 유순하게 「순종」할 수 있도록 만든다. 그것은 다름 아니라, 경제적으로 볼 때는 일하는 힘을 늘려서 열심히 물리적으로 일하게 만들고, 반대로 「반항」하는 등의 정치적 측면에서의 물리력 힘은 줄이는 것을 의미한다. 즉, 「규율」을 통하여서 그 대상이 가지는 권력(이는 주인에게 「반항」하는 힘을 포함하는 인간관계에서의 힘)을 제거하여 「반항」하지 못하게 만들고 단지 권력자가 이용하려는 측면에서의 능력만을 함양시킨다. 그리하여 「규율」을 통하여 인간이 가지고 있는

그리고 푸코는 이를 '감옥'(carcéral) 혹은 「규율사회」(disciplinary society; société disciplinaire)의 이미지로 일반화한다: 그는 "감옥이 공장, 학교, 병영, 병원을 닮았다는 것이 놀랍지 않은가"라고 묻는다(Foucault 1978[1975]: 228쪽). 이 모든 것들은 일방적이고 획일적인 「통제」의 이미지를 전달한다.[189] 테일러가 지적하였듯이 이러한 설명에 의하면, 인도주의 자체는 "새롭게 성장하는 「통제」 방식이 구사하는 일종의 전략으로 이해되는 것 같다"(Taylor 1984: 157쪽). 이러한 일방적 해석의 한 가지 이유는, 특징적으로 보이는바, 푸코는 실제적 「규율」의 실천을 조사하지 않았고 단지 그

기(氣) 내지는 생명력을 그 인간 자신을 위한 것이 아니라 타인을 위하여 사용하도록 전도시킴으로서 인간을 권력자에게 「예속」(sujétion)시킨다". 위의 인용문의 프랑스어 원문에는 구체적, 실천적이면서 물리적 힘을 뜻하는 force(force, '물리력'으로 번역함)와, 더 포괄적인 의미를 가지면서 추상적인 의미의 기력도 포함하는 pussiance('힘'으로 번역함)를 구분하고 있다. 반면 énergies(energy)는 더 능동적인 기운을 지칭한다. 이것들은 권력(pourvoir)과는 구분된다. 또한 aptitude(소질 aptitude)는 본문에서는 권력이 함양하려는 자질 내지 능력을 의미하며, utilité(효용, utility)는 권력이 함양시키려 하는 어떠한 실천적 능력으로부터 나오는 실제적 효용 혹은 효율성을 의미한다.
원문은 인용원문 17 참조(Foucault 1975b: 140쪽).

[189] 찰스 테일러(Taylor, Charles)는 푸코가 새로운 「규율」들이 가지는 양면성을 간과하고 있다고 말하며, 그 「규율」들은 "단지 통제 체제를 먹여 살리는 역할만을 하여온 것은 아니다. 그것들은 또한 정치 이론상 시민적 인본주의 전통에서 인정된 것처럼, 더 평등주의적인 참여 형태를 특징으로 하는 새로운 종류의 「집단행동」을 가능하게 한, 그러한 진정한 「자기 규율」의 형태를 취하여 왔다"고 기술하고 있다(Taylor 1984: 164쪽).

설계 자체만을 조사하였기 때문이었을 것이다. 그의 목적은 그들이 작동하는 방식이 아니라 이상화된 형태를 묘사하는, 즉, 그들이 어떻게 작동하게 되어 있는지에 대한 「이데알 타이프」(ideal type)를[190] 설명하는 것이었다.[191] 그가 기술한 바처럼, 판옵티콘(Panopticon)은:

> (단지 '몽상적'인 건축물로 이해되어서는 절대로 안 된다.) 그것은 '이상적 형태로 축소 요약된, 권력 장치의 설계도였다; 그것이 가지는, 장애물이나 「저항」, 그리고 어떠한 알력도 배제된 기능은 실로 순수한 구조적 및 시각적 [감시] 시스템(système architectural et optique)이라고 말할 수 있다: 사실 그것은 어떠한 특정한 [실제적] 용도와는 무관

---

[190] [역주] 막스 베버가 제시한 방법론으로서, 현실을 그 현실의 핵심이라고 여겨지는 전형적인 형태로 추상화하고, 보이는 현실을 그 전형으로부터의 거리에 의하여 분석하여 우리의 '이해'를 돕는 기법이다. 독일어 발음인 '이데알 티푸스'(Ideal Typus)라고 불리기도 한다. 단, 그러한 「이데알 타이프」의 형성은 결코 자의적인 것이 아니고, 그것을 설정하기 위하여서는 역사적이며, 분석적인 노력이 선행되어야만 한다. 그런 의미에서 볼 때, 자의적으로 아무렇게나 모형을 설정하더라도 그 모형의 예측 결과가 유용하면 된다는 식의 「도구주의」(instrumentalism)와는 다르다.

[191] 데이비드 갈런드가 주목하였듯이 푸코의 접근 방식은 "추상화되고 완결되고(perfected) 완성적으로 형성된(fully-formed) 방식"으로 제시된, 역사적 사실에 근거한 '이데알타이프'를 분석적으로 재구성하는 것이었다. [이러한 측면에서] 그는 막스 베버적 명령을 따르지는 않았다: 사회학자나 역사가들이 대체로 따르고 있는 막스 베버의 제안은, 그러한 '이데알타이프'를 "실천들과 관계들이라는 복잡다단한 영역과 이러한 실체들이 현실 세계에서 서식하고 있는, 절충적이며 순수하지 못한 모습으로 그리고 오직 부분적인 방식으로만 나타나는 방식들"을 조사하는 경험적 분석에 활용하는 것이었다(Garland 1997: 199쪽).

할 수 있거나 무관하여야만 하는, [이상적] 정치 기술을 묘사하는 한 가지 '모델'(*figure*)이다(Foucault 1978[1975]: 205, 괄호 안의 인용 역자 추가).[192]

【99】 그런데 『성의 역사』(The History of Sexuality; *Histoire de la sexualité*)에서는 「지배」에 대한 이러한 위의 묘사로부터, 성이라는 '장치'(*dispositif*)가[193] '19세기의 위대한 「권력 기술」(*grande technologie du pouvoir*)'[194]의 일부가 되도록 한 '생체 권력'(bio-power; *bio-pouvoir*)의[195] 부상에 대한 설명으로

---

[192] [역주] 원문은 인용원문 18 참조. 위의 번역은 원문을 기준으로 하였다 (Foucault 1975b: 233쪽).

[193] [역주] 영어 번역은 deployment로 되어 있으나 오해의 소지가 큰 번역이다. 이때 프랑스 원어 '*dispositif*'는 푸코의 철학에 있어서 사회적 행위와 「권력관계」를 조형하는 복잡하고 다양한 '장치, 기구, 제도, 혹은 실천'을 의미한다. 본서에서는 이를 '장치'로 번역하였다.

[194] [역주] 원문은 인용원문 19 참조(Foucault 1978b: 184, 1998: 140쪽).

[195] [역주] 이 '생체 권력'이라는 개념이 등장한 첫 번째 문구를 번역하자면 다음과 같다. 원문은 인용원문 20 참조.

> 이제 '신체'의 관리(*administration*)와 계산적 '생'의 관리(*gestion*)가, 과거 주권적 권력을 상징하였던 과거의 '죽음의 권력'(*vieille puissance de la mort*)의 위를 세심하게 덮게 되었다: 고전적 시대 [16세기] 동안에 일어난 다양한 분야에서의 급속한 발전—학교, 대학, 병영, 작업장; 또한 정치적 실천과 경제적 관찰 영역에서의 출생률, 수명, 공공 건강, 주거, 이주와 관련된 문제의 출현; 따라서 신체의 「예속화」(*assujettissement*)와 인구 통제를 목표로 하는 다양한 기술의 폭발적 발생. 그럼으로써 '생체 권력'(*bio-pouvoir*)의 시대가 열리게 되었다 (Foucault 1978b: 184, 1998: 140쪽. 역자 강조 추가).

의 전환이 일어난다. 그럼에 있어 비록 덜 환원주의적이고 덜 '물리주의적'(physicalist)이지만,[196] 여전히 아이디얼 타이프적이며 단방향적인[197] 자세는 견지되고 있다. 이때 '생체 권력'이란, 사회과학과 통계를 사용하여 인구의 삶과 건강을 「순응화」시키고'(normalize),[198] 「통제」하고 규제하는 것과 관련된 「생을 관리하는 권력」(life-administering power; *pouvoir qui gère la vie*)이다.[199] 「규율」과도 마찬가지로, 여기서 '인간을 구성하는'(making up) 권력이 가지고 있는 '생산적'인 역할은 권력이 가진 억압적 역할과는 그 반대편에 위치하고 있지만, 우리가 현상적으로 보았을 때 [그러한 생산적 역할에] 포함된 것들에 대하여 [억압적 역할에 비하여] 더욱 풍부한 설명을 얻을 수 있게 된다. 따라서 우리는 성적 금지에서 벗어남으로써 더 많은 자유를 얻게 된다고 [착각하여] 생각할 수도 있지만, 사실 우리는 [밖으로부터] 설정된, 건강하고도 완결적인 인간을 규정하는 이미지에 의하여 지배당하고 있는 것이다. 실상, 성적 관용(寬容)은 하나의 환상에 불과한 자유인데, 이는 우리가:

> 선탠 제품부터 포르노 영화에 이르기까지의, 에로티시즘에 대한 경제적 (그리고 어쩌면 이데올로기적) 착취에 의하여 통제되기 때문이다. 「신체의 반란」(*révolte du corps*; revolt of the body)에 대응하여, 우리

---

[196] [역주] 모든 현상을 물리적 성질로 환원하려는 철학적 입장을 말하는데, 푸코와 연관하여서는 권력을 그것이 가지는 사회적, 심리적, 이데올로기적인 측면이 아닌, 물리적 힘의 행사로 보는 자세를 말한다.

[197] [역주] 권력이 한쪽 방향만의 인과로 흐르는 것, 즉 권력체에서 피지배자로 흐르는 것을 의미.

[198] [역주] 통상적으로는 「정상화」라고 번역을 한다. 하지만 본서에서는 이를 「순응화」라고 번역하였다. 각주 178을 참고할 것.

[199] [역주] *Foucault*(1978b: 179, 1998: 136쪽)에 등장하는 문구.

는 더 이상 억압적「통제」가 아니라 자극에 의한「통제」(contrôle-stimulation)의 형태로 나타나는 새로운 기도(企圖 investissement)의 방식을 발견한다. 즉, "옷을 벗어라. 단, 날씬하고, 잘생기고, 태닝을 하는 한!"(Foucault 1980a: 57쪽)[200]

그리고 고해성사의 의식을 생각하여 보자. 푸코에 따르면 "기독교 고해성사부터 오늘날까지 성은 특권적인 주제였다"(Foucault 1980c[1976]: 61쪽). 에이미 앨런이 관찰하였듯이,

> 권력은 고해성사 내에서, 그리고 그것을 통하여, 개인들로 하여금 자신의 성에 대한 진실을 말하라는 명령에 복종하도록, 그리고 동시에 성적 주체의 지위를 차지할 수 있도록 하기 위하여 작동한다(Allen 1999: 36쪽).

푸코에 따르면 고해는 "「권력관계」(rapport de pouvoir) 안에서 펼쳐지는 의식"으로서,

> 【100】개입하는 상대방의 참석이 (또는 최소한 가상적 참석이) 없이는 고백하지 않기 때문이다. 그 상대방은 단순한 대화 상대자가 아니라, 판단하고, 처벌하고, 용서하고, 위로하고, 받아들이도록 하기 위하여 고해를 요구하고, 그 고백을 부과하고(impose), 평가하는(apprécie) 판관(instance)이다. 또한 진실이 공식화되기 위하여서는 극복되어야만 하였던 장애물과「저항」의 존재에 의하여 진실이 확증(authentifier)되는 의식이다; 그리고 마지막으로, 외적 결과와는 무관하게, 표현(énonciation) 자체만으로도 그것을 분명하게 말하는 사람의 내부에 본질적 변화를 일으키는 의식이라고 할 수 있다: 그것은 그들을 면죄하고

---

[200] [역주] 원문은 인용원문 21 참조(Foucault 1975c).

구원하고 또한 정화하며, 또한 그들에게 자신들의 잘못에 대한 부담을 덜어주고, 그들을 해방시키고, 그들에게 구원을 약속한다(Foucault 1980c[1976]: 61-2쪽).[201]

그리고 푸코는 "서구가 (...) 인간의 「예속화」(assujettissement)을 만들어내기 위하여 여러 세대에게 하도록 한 엄청난 작업(task; ouvrage), 즉 인간을 '주체'(sujets)라는 단어의 두 가지 의미에 있어서 '주체'로 형성(constitution)시키는 것"에 대하여 기술한 바 있다(Foucault 1980c[1976]: 60쪽).[202]

이 마지막 요점과 이를 표현하는 [주체라는 표현에 나타난] 언어유희는, 그가 권력에 대하여 최초로 명시적으로 표현한 위의 글에서 보이는, 그의 중심사상을 완벽히 포착하고 있다: 즉, 주체는 권력에 대한 「예속화」(assujetissement)를 통하여 "형성되어(constituted) 진다"는 것이다.[203] 전혀 놀랍

---

[201] [역주] 원문의 인용은 다음과 같다: Foucault(1978b: 82-3쪽). 이 인용 문구의 다음에는 다음과 같은 결론이 나온다: "그리하여 성에 대한 진실은, 최소한 본질적으로는 이러한 담론의 형식을 통하여 파악되었다(prise)".

[202] [역주] 이때, 프랑스어 *sujet*(영어 subject)는 자신 스스로 결정하는 단위로서의 '주체'라는 의미 이외에 '신민, 복속된 자'라는 의미도 같이 가지고 있다. 원문은 인용원문 22 참조(Foucault 1978b: 81쪽).

그리고 이 인용의 후속 문장은 다음과 같다. 원문은 인용원문 23 참조.
13세기가 시작할 무렵에는 모든 기독교인들이 자신의 각각의 잘못에 대하여 고해를 하기 위하여 단 한 번이라고 거르지 않고 최소 1년에 한 번은 무릎을 꿇어야만 하였다는 것이 얼마나 과도한 처사였다는 것은 상상만 하여도 알 수 있다.

[203] 이러한 언어적 유희와 더불어, 이 생각은 '주체'가 '자발성의 중심'이자 동시에 '피지배적 존재'라고 말한 루이 알튀세르에서 시작되었다. 알튀세르에 의하면:

지 않게도, 이 주장은, 결정론'에 대하여 구조주의자들이 가지는 서약을 공격하기 위한 광범위한 비판적 논의와 비난들이 집중하는, 그러한 주요한 [공격] 대상이 되어 왔다. 그 비평가들은 이러한 그림에서는 도대체 주체가 가진 [자신 고유의] 능력에 어떠한 [역할] 범위가 남겨질 수 있는가 하고 묻게 되었다. 케니의 표현을 빌리자면, 인간 행위주체들은 양방향의 권력을[204] 가지고 있지 않은가? 이 단계에서는 푸코는 다음과 같은 매우 추상적인 대답을 내놓았다:

> 권력이 존재하는 곳에는 「저항」(résistance)이 존재한다. 그러나, 아니 오히려 그러한 이유로, 정확히 말하자면 이 「저항」은 권력과 관련하여 결코 외부적 위치(position d'extériorité)에 놓여 있는 것이 아니다 (Foucault 1980c[1976]: 95쪽).[205]

> 개인은 [대]'주체'(Subject)의 명령에 (자유롭게) 복종하기 위해, 즉 **자신의 「예속」을 「자유」롭게 받아들이기 위하여** (자유로운) [소]'주체'(subject)로서 '호명'된다(interpellated)(Althusser 1971: 169쪽, 원문 강조).

[역주] 위의 인용에서 첫 번째 언급된 '주체'는 대문자로 표시되어, 진정한 권한을 가지는 주체(혹은 진정한 권력자)를 말하며, 두 번째 소문자로 표시된 '주체'는 복속되어 있으면서 동시에 어느 정도의 자유가 있다고 간주되는 주체이다. 구별하기 위하여 역자가 '대', '소'라는 접두사를 단어 앞에 표시하였다.

204 [역주] 즉, 복속과 「저항」이라는 두 가지 측면.
205 [역주] 위의 번역은 프랑스어 원전을 기준으로 하였으며, 원문은 인용원문 24 참조(Foucault 1978b: 125-6쪽).

후속 문장은 다음과 같다. 원문은 인용원문 25 참조:
> 그리하여 우리는 필연적으로 권력의 '내에' 존재하고 있으며, 그것

그러나 앨런이 올바르게 관찰하였듯이, 이러한 주장은 단지, 「저항」은 원래 권력의 안에 내재하여 있기 때문에 [즉, 권력의 외부에 존재하는 것이 아니며 권력의 과정에서 나타나는 것이기에], 그리고 그것은 또한 권력[의 역학 그 자체]에 의하여 만들어지는 것이기에 필연적이라고 상정하는 것에 불과하다.

> 그는 자신의 계보학적 분석에서 경험적 현상으로서의 「저항」에 대한 자세한 설명을 제공한 바가 없다. 그러한 저술들에서 유일한 사회적 행위자는 단지 지배적 지위에 있는 행위주체들뿐이다; 【101】 즉, 광인, 비행 청소년, 학생, 변태 또는 '히스테리'에 사로잡힌 여성들이 그들에게 행사된 처벌 또는 '생체 권력'을 수정하거나 그것들에 대하여 이의를 제기하기 위하여 사용하는 전략에 대한 논의는 전혀 없다 (Allen 1999: 54쪽).[206]

으로부터 '도피'할 수 없으며, 그리고 그 권력과 관련하여서는 우리는 불가피하게 그 법칙에 얽매여 있기에 어떠한 절대적 외부성(*extérieur*)이라는 것은 존재하지 않는다고 말하여야 하는 것일까. 혹은 역사라는 것은 「이성의 간계」(cunning of reason; *ruse de la raison*)이기 때문에, 권력 그 자체도 역사의 간계인가. 그래서 [권력은] 항상 승리하기 마련인 것인가? 이런 이야기는 사실 「권력관계」가 가지는 철저히 관계적인 성격을 간과하는 것이다. 「권력관계」라는 것은 복수의 저항점(*points de résistance*)들과 관련하여서만 존재하는 것이며, 그러한 [저항]점들은 「권력관계」 내에서 적으로, 목표로, 거점(*appui*)으로, 그리고 어떠한 [적을] 포획을 하기위한 도약점(*saillie*)으로 기능한다.

[206] 마찬가지로 에드워드 사이드(Said, Edward)도 푸코가 권력에 대한 "효과적인 「저항」의 위력에 대하여 관심을 전혀 보이지 않았다"고 언급한다

마치 이러한 비판에 답하듯, 푸코는 「통치성」을 주제로 한 후속 저술에서 더 '자발주의적'인 어조로 말한다. 일례로 그의 에세이 『주체와 권력』(The Subject and Power; *Le sujet et le pouvoir*)에서, 권력은 "'자유로운 주체들'(*sujets libres*)에 대하여서만, 그리고 그들이 '자유로운' 한에서만 행사되는 것이라고 말한다. 이때, [자유로운 주체라는] 이 말이 의미하는 바는, 다양한 종류의 행동들(*conduite*)과 반응들, 그리고 다양한 행태(*comportement*)의 방식들이 일어나는 '실현 가능성들의 장'(*champ de possibilité*)을 마주하고 있는 개인 또는 집단적 주체이다"(Foucault 1982: 221; 2000: 342쪽).[207] 「통치성」은 푸코의 영향력 있는 개념으로서, 이는 여러 가지를 지칭한다. 첫째, 「통치적 합리성」(rationalities of rule; *rationalités gouvernementales*)[208]—「통치」의 실천 내에 구체화되어 있는 [합리적] 논증의 방식. 둘째, 능동적 시민, 소비자, 기업가적 주체, 정신과 외래 환자 등 그들이 주입 교육하고자 하는 인간에 대한 구상들. 셋째, "「자아의 기술」"(technologies of the self; *technique de soi*)—선한 습관들을 유도하기 위하여 스스로 행동하며 자신의 성격

(Said 1986: 151쪽).

[207] [역주] 원전은 Foucault(1982b: 237쪽). 참고로 영어 인용문은 프랑스 원전과는 뉘앙스의 차이를 보이기에, 불어 원전을 번역의 기준으로 삼았다. 원문은 인용원문 26 참조.

[208] [역주] 이 용어의 출전은 다음과 같다. 원문은 인용원문 27 참조:
그리고 (...) 근대 세계에서, 즉, 16세기 이후부터의 알려진 세계에서 우리는 상호 중첩되고, 보강하고, 서로 경합하면서 싸우는 모든 일련의 「통치적 합리성」들(*rationalités gouvernementales*)을 보게 된다. 「통치 기술」은 실제로 주권 국가의 「합리성」에 따른 「통치의 기술」, 경제주체들의 「합리성」에 따른 「통치 기술」, 그리고 더 일반적으로는 피통치자 자신의 「합리성」에 따른 「통치 기술」을 포함한다(Foucault 2004: 316쪽. 역자 강조).

을 형성하면서 각 개인이 각자의「이해관심」을 추구할 때 활용하는 기술.[209] 넷째, 이러한 요소들이 상호 연계되는 방식. 따라서 이러한 방식의, "인간을 구성한다"(making up people)는 것은 그들의「자유」를 보존하는 것, 즉「자유」를 통한「통치」를 표현하는 것이다. 푸코에 의하면,「통치성」(governmentality; gouvernementalité)이란 개념을 통하여,

> 나는「자유권」(liberté)을 가진 개인들이 서로에 대하여 가질 수 있는 전략을 구성하고, 정의하고, 조직하고, 도구화할 수 있는, 그러한 실천들(pratiques)의 총체를 지시하려 한다(Foucault 1987: 19쪽).[210]

그렇다면 이제 우리는 주체를 '구성'하는(constituting) 권력에 대한 푸코의 개념을 어떻게 이해하여야 하는가? 이 질문에 대한 '말년의 푸코'(The Final Foucault)에서의 대답은 많은 것을 시사한다: "주체는 자아의 실천(pratiques de soi)에 의하여 능동적으로 자신을 구성해 나간다". 이러한 실천들은 "개인이 스스로 발명하는 것이 아니라, 그가 문화에서 발견하는, 그리고 그의 문화, 그의 사회, 그가 속한 사회 그룹에 의하여 제공되고 제안되며 또한 그에게 부과되는 형태들(schémas)"(Foucault 1987: 11쪽)이다.[211]

【102】 그러나 이러한 대답을 통하여 푸코의 권력관이 가지고 있던「초 급진주의」는 해체되어 버린다. 왜냐하면 그것은 몇 가지 기초적인 사회학적 상식을 다시 언급하는 것과 같기 때문이다. 즉, 개인은 사회화

---

[209] [역주] 이는 개인들이 각자의 정체성, 주체성 그리고 윤리성을 찾아가는 다양한 방법을 지칭한다. 이 개념은 푸코의 후기 저작에서 등장하는데, 특히 후기 강의록을 담은 『진실의 용기』(Foucault 1984; 2012)에서 이 문제를 다루고 있다.

[210] [역주] 원문은 인용원문 28 참조(Foucault 1984b: 728쪽).

[211] [역주] 원문은 인용원문 29 참조(Foucault 1984b: 719쪽).

되어 있다: 개인은 문화적으로나 사회적으로 주어진 역할과 실천들을 지향한다; 그것들을 내면화하며, 그것들을 「자유」롭게 선택한 것으로 경험할 수 있다; 실제로 그들의 「자유」는 뒤르켕(Durkheim, Émile)이 말하였듯이 「규율」들과 「통제」들에 의하여 만들어진, 규제의 결과일 수 있다. 물론 그러한 대답은 이러한 진리를 푸코 특유의 방식으로 다시 재천명한다: 즉, 이러한 사회화의 실천은 다른 방식으로 전개될 수도 있고, 더 광범위한 형태의 「통치」와 연결될 수 있으며, 국가에 의하지 않는 「통치」의 형태로 간주되어야 하고, 그러한 「통치」는 고용주, 행정 당국, 사회복지사, 부모, 학교 교사, 의료인 및 모든 종류의 전문가들에 의하여 수행된다고 시사하고 있다. 이러한 비국가 기관들은 그러한 역할과 실천을 개인, 즉 양 방향적 권력을 가진 행위주체들에게 제안하고 부과하며, 개인은 반대로 전자들의 요구 사항을 해석하여야 하고, 때로는 「저항」하고 때로는 거부할 것이다. 그러나 이러한 모든 사실들은, 그들의 권력이 과연 「지배」에 해당하는지를 결정하는, 그리고 일반적으로 「지배적 권력」, 「비 지배적 권력」 그리고 「의존성」 간을 구별하기 위한 어떠한 기준이 필요하다는 것을 의미한다. 그리고 전혀 놀랍지 않게도 '말년의 푸코'에서는 그러한 구별에 도달하여, 앞서 말한 「개념적 지도」에서[212] 스케치한 경로의 역방향을 따라 여행하게 된다. 따라서 그는 다음과 같이 말한다:

> 우리는 한편으로는 「자유」들(libertés) 간의 전략적 게임들(Jeux stratégiques), 즉 어떠한 사람들이 다른 사람들의 행동을 결정하려는 전략적 게임들, (...) 그리고 다른 한편으로는 우리가 일반적으로 권력이라고 부르는 「지배」의 상태를 구분하여야 한다고 주장한다. 그리고 이 양자 사이, 즉, 권력 게임과 「지배」 상태 사이에는 「통치 기술」(governmental technologies; governmental technologies)이 있는데, 후자는 광의로 말하자면,

---

[212] [역주] 본서 115쪽을 참고할 것.

아내와 자녀를 통치하는 방식과 기관을 통치하는 방식도 포함될 수 있다(Foucault 1987: 19쪽).[213][214]

【103】 푸코에게 「지배」는 이제 "「권력관계」는 영구적으로 비대칭적인 방식으로 고정되어 있고 「자유권」의 여지가 극도로 제한되어 있는" 곳에 존재한다.[215] 푸코에게 있어서 이제 문제는 "나타날 수 있는 「지배」들을

---

[213] 이러한 행보는 푸코가 이러한 논의가 '문제적'이며 그가 이를 '의도적으로 불확실'하게 취급하였다고 인정한 그 이전 인터뷰에서 이미 예견된 것이었다: 그에 따르자면,

> 실제로 사회체, 계급, 집단, 그룹들, 그리고 개인들 자신에게 있어서는 어떤 의미에서 「권력관계」를 벗어나는 그런 어떤 것, 다소 간의 차이는 있을지언정 「공순」하거나(*docile*) 「반항」하는(*rétive*) 원초적인 어떤 것이 아닌 [자신으로 향하는] '향(向) 중심적'(*centrifuge*) 운동, 어떠한 반대 방향의 에너지(*énergie inverse*), 그리고 탈출(*échappée*) 같은 것들이 항상 존재한다(Foucault 1980b: 145, 138; 1977b: 92쪽).

[역주] 원문은 인용원문 30 참조(Foucault 1977b: 92쪽).

[214] [역주] 이에 후속되는 문장은 다음과 같다:

> 이러한 형태의 기술을 통하여 종종 「지배」의 상태가 들어서고 또한 유지되기 때문에 이러한 기술의 분석이 필요하다. 나의 권력에 대한 분석에 있어서는 그리하여 [다음과 같은] 세 가지 수준이 존재한다. 즉, 전략적 관계, 「통치 기술」 그리고 「지배」의 상태가 그것들이다(Foucault 1984b: 728쪽).

이 인용의 전문은 인용원문 31 참조(Foucault 1984b: 728쪽).

[215] [역주] 전문은 다음과 같다. 원문은 인용원문 32 참조(Foucault 1984b: 720쪽).

> 많은 경우에 있어서 「권력관계」는 영구적으로 비대칭적인 방식으로 고정되어 있고 「자유권」의 여지가 극도로 제한되어 있다(Foucault 1984b: 720쪽).

최소화하면서 권력 게임을 수행할 수 있도록"하는 것이다(Foucault 1987: 12, 18쪽).[216]

요컨대, 푸코의 권력관의 핵심을 설명하는 첫 번째 해석 방식, 즉 권력은 사회적으로 '주체들을 구성함'을 통하여 '생산적'이 되며, 피지배자들을 지배될 수 있도록 만든다는 그의 첫 번째 해석 방식은 더 이상 성립하지 않게 된다.[217] [이제는] 권력에 예속된 주체가 권력에 의하여 '구성'

---

[216] [역주] 전문은 다음과 같다. 원문은 인용원문 33 참조(Foucault 1984b: 727쪽):

> 모든 사회의 영역에 있어서 「권력관계」가 존재한다면, 그것은 다시 말하자면 「자유」가 어디나 편재하여 있다는 이야기이다. 그러나 「지배」의 상태들은 진정으로 존재한다. 따라서 문제는 그러한 「지배」의 상태들을 완벽히 투명한 소통(communication)의 유토피아 속으로 융해하여 분해하는(dissoudre) 것이 아니라, 법의 「지배」, 관리의 기술, 도덕과 윤리, 그리고 자신의 실천을 확립하는 것이며, 이것이야말로 그러한 권력 게임들 내에서 나타날 수 있는 「지배」들을 최소화하면서 권력 게임을 수행할 수 있도록 한다(Foucault 1984b: 727쪽).

[217] 푸코는 바로 이러한 결론에 도달하게 된듯하다. 그의 '최종적' 견해를 표현하고 있다고 생각되어 우리가 거론하는 그의 후기 인터뷰에서는 그는 다음과 같이 말한다:

> 나는 그러한 모든 관념들이 잘못 정의되어 왔고 우리는 스스로가 무엇을 이야기하고 있는지 잘 모른다고 생각한다. 나 자신도 이러한 권력 문제에 관심을 두기 시작하였을 때 그에 대하여 명확하게 말하였거나 필요한 단어를 사용하였는지에 대하여 확신이 없다. 나는 [지금] 그 모든 것에 대하여 훨씬 더 명확한 생각을 가지고 있다 (Foucault 1987: 19쪽).

파스칼 파스키노(Pasquale Pasquino)가 본 저자에게 말하길, 푸코는 자신

된다는 의미로 받아들이는 것은, 기껏해야 「규율적 권력」과 생체 권력에 관한 그의 순전히 「이데알 타이프」적인 묘사에서 사례로 나타난 놀라운 과장적 표현이라고 간주될 수 있는 것이며, 그가 파악한 다양한 현대적 형태의 권력이 실제로 그 예속된 대상의 「순응」을 확보하는 바에 성공하거나 실패하는 정도에 대한 분석으로 해석될 수는 없다. 실제로 푸코의 '미시물리학', '분석', '메커니즘'에 대한 모든 이야기에서 그는 규범 형성을 역사적으로 재생 복구함(예: 광인, 병자, 범죄자, 비정상인들에 관하여 정의하는바)에 관심을 가진 계보학자였기 때문에, [그것들의] 변이, 결과, 그리고 효과들을 조사함을 통하여 그러한 메커니즘을 분석하는 바에는 관심이 없었다: 그는 단지 그러한 효과들이 있다고 주장하였을 뿐이다. 그럼에도 불구하고 푸코의 저술은 실로 광범위한 영향을 미쳤고, 많은 분야의 학자들이 바로 그러한 분석, 즉 그가 파악한 실천 현장을 분석함으로써, 다시 말하자면 과도하게 과장하여 제시한 그의 「이데알 타이프」들을 실증적 작업에 적용함으로써, 그리고 정확히는 피통치자들이 어떻게 그리고 어느 정도까지 「통치」 가능하게 되는지를 물음으로써 그러한 분석에 참여하도록 독려되었다. 하지만 푸코의 글 자체가 흥미로운 종류의 권력을 보여준다고 말하는 것 자체를 단지 상상의 소산이라고 생각할 수는 절대로 없다: 그것은 실로 매력적인 힘을 가지고 있다. 인간에 대한 과학의 역사에서 그와 유사한 다른 사람들에서 보일 수 있듯이,[218]

의 지적 노력에 대한 [세간의] 오해에 너무 지친 나머지 자신의 어휘에서 '권력'(pouvoir)이라는 단어를 제거하고 그것을 오히려 「통치」(gouvernement)와 「통치성」(gouvernementalié)으로 대체하기로 결심하였다고 한다.

[218] 소위 뒤르켕의 「향 사회적 고착」(向社會的固着 socio-centric fixation)이라고* 불리는 것과 비교하고, 더 나아가 그의 주장에서의 스타일이 가지는 수사학적 위력에 의하여 그 효과가 어떻게 확대되는지를 비교하여 볼 것. 로드니 니드햄(Rodney Needham)이 본 저자에게 제안한 바 있듯이, 뒤

푸코의 경우는 이 힘은 놀랍도록 생산적이었고, 헤아릴 수 없는, 중요하고 흥미로운 경험적 연구를 생성하였으며, 이는 일찍이 임레 라카토스(Lakatos, Imre)가 '성공적이면서도 진보적인 연구 프로그램'이라고 부를 수 있을 만한 것이었다. 이러한 마지막 시사점을 따라, 본인은 푸코 자신이 제시하지는 않았지만, 그의 아이디어에서 영감을 얻은 몇 가지 사례를 인용하여, 푸코주의적 방법이 「권력의 메커니즘」의 분석에 기여한 바들이 가진 그 정밀성에 대한 문제를 다루면서 이 논의를 마무리하고자 한다.

2.6 푸코의 응용: 자발적 순응을 확보함에 대하여

【104】먼저 푸코가 가진 「규율적 권력」(disciplinary power)에 대한 생각을 검토하여 보자. 푸코 자신은 벤담의 판옵티콘의 설계를 생생하게 묘사한 반면, 다른 사람들은 감옥이 수감자들에게 미치는 영향과 그들의 다양한 반응, 더 넓게는 판옵티콘 원칙이 인간에게 미치는 영향을 조사하였다. 푸코는 이렇게 기술하고 있다:

> 관찰 가능한 장소로 제한되어 있고 또한 그 사실을 인지하고 있는 사람은 권력이 그에 가하고 있는 속박들(contrainte)을 짊어지고 있는 것이다. (그는 그 속박들을 자발적으로 자신에게 적용한다). 두 가지 역할을[219] 동시에 수행하는 「권력관계」가 그 자신 내에 각인되어 있

르켕의 『종교생활의 원초적 형태』(Elementary Forms of the Religious Life; Les formes elementaires de la vie religieuse)에 나오는 모든 주요한 명제들은 사실 아마도 거짓일지도 모르지만, 해석을 창조하여 내는 뒤르켕의 힘은 가히 타의 추종을 불허한다.
[역주] (*) 사회적 사실(사회의 규범, 제도, 가치관 등)이 인간 행동과 생각, 그리고 제도 등을 형성함에 있어서 핵심적 결정인자라는 사고.

219 [역주] 이때 두 가지 역할이라 함은, 타인에 의한 감시의 대상이 됨과

다. 그리하여 그 자신이 바로 스스로의 「예속화」(*assujettissement*)의 근원(*principe*)이 된다(Foucault 1978[1975]: 202-3, 괄호 안은 인용에서 빠져 있는 부분으로서 역자가 추가).[220]

산드라 바트키(Bartky, Sandra)는 이 같은 생각을 현재에서의 여성 예속의 한 측면을 분석하는 바에 적용한다. 그녀는 다음과 같이 기술하고 있다:

> 자신의 신체에 대하여, 그리고 그것에 '반'하여 이러한 규율을 실천하는 것은 바로 여성 자신이다. 파운데이션이 뭉쳐있는지 마스카라가 흘러내렸는지를 확인하기 위하여 하루에도 수십 번씩 화장을 점검하고, 바람이나 비 때문에 머리가 망가지지 않을까 걱정하며, 스타킹이 발목에 늘어지지 않았는지 수시로 살피고, 뚱뚱하다고 느끼면서 먹는 모든 음식을 일일이 따지는 여성이라는 존재는, 판옵티콘에 갇혀 있는 죄수처럼 자기 스스로를 치안하는 주체, 즉 끊임없는 「자기감시」에 몰두하는 자아가 되어 버렸다. 이러한 「자기감시」는 가부장제를 준수하는[221] 한 가지 형태라고도 할 수 있다(Bartky 1990: 80쪽).

수잔 보르도(Bordo, Susan)는 그녀의 저서 『견디기 힘든 무게』(Unbearable Weight)에서 다음과 같은 푸코의 주장을 인용하고 있다. 「자기감시」(self-surveillance)에는:

> 무기, 물리적 「폭력」, 그리고 물질적 제약은 필요하지 않다. 단지 시선, 즉 응시하는 시선, 그 시선들이 자신들을 누르고 있음을 느끼며

---

[220] [역주] 원문은 인용원문 34 참조(Foucault 1975b: 204쪽). 영문 인용은 다소 오역의 소지가 있다.

[221] [역주] 즉, 여성이 어떻게 보여야만 되고 어떻게 행동하여야만 한다는 식의, '가부장적' 사회적 규범이나 관습에 오히려 얽매이는 행위이다.

결국은 자신 스스로를 감시하는 정도로까지 그 시선을 내면화하려 할 때의 그 시선[만이 필요로 할 뿐이다]. 따라서 각 개인은 이러한 방식으로 자신의 위로 그리고 자신을 향하여 이러한 감시를 행할 것이다(Foucault 1980a: 155쪽).[222]

【105】 여성을 복종시키는 바에는 종종 「강압」이 수반되지만, 보르도는 위와 같은 이러한 생각이 「외모의 정치」(politics of appearance)에 대하여 밝혀 주고 있다는 것을 발견한다. 그녀는 다음과 같이 기술하고 있다:

> 그것들은 식이 요법과 운동에 대한 현대적 감시들에 대한 나의 분석, 그리고 섭식 장애가 우리 문화에서의 규범적인 여성 실천관행으로부터—즉, 여성의 신체를 「공순」하게 만들고 또한 문화적 요구에 복종하도록 훈련시키는 동시에 권력과 「통제」라는 차원의 측면에서 **겪게 되는** 실천관행으로부터—발생하고 또한 후자를 재생산하고 있다는 나의 이해에 매우 도움이 되었다. 푸코의 틀 안에서는 권력과 즐거움은 서로 배반적인 것이 아니다. 따라서 자신의 사회적 위치를 반드시 정확하게 반영하는 것과는 거리가 먼, 자신의 힘이 강하다는 느낌이나, '통제하고 있다'는 [착각에서 비롯된] 의기양양한 경험은, [그 자체가 그러한 경험과는] 매우 다른 모습을 하고 있는 「권력관계」의 산물일 수 있기 때문에 항상 의심스러운 것이다(Bordo 2003: 27쪽).

보르도는 푸코가 자신의 후기 저서에서 "「권력관계」는 결코 매끄럽지 않지만, 항상 새로운 형태의 문화와 주체성, 새로운 변환(transformation)의

---

[222] [역주] 인용된 영어 번역문과 프랑스어 원문은 다소 차이가 존재한다. 위의 번역은 프랑스어 원문을 기초로 하였다. 원문 인터뷰의 제목은 *L'oeil du pouvoir*(The Eye of Power)로서, 인용된 문구는 인용원문 35 참조(Foucault 1994: 198쪽).

기회를 낳는다"고 강조하였으며,[223] 푸코는 또한 권력이 있는 곳에 「저항」도 있다는 것을 알게 되었다고[224] 언급한다. 그러나 지배적인 형식들과 제도상의 변환은 [당대의] 우세적인 규범들에 대한 「순종」을 통하여서도 일어날 수 있다: 예를 들어,

> 유행하는 스타일리시한 외모를 갖추기 위하여 혹독한 웨이트 트레이닝 프로그램에 참가한 여성은 자신의 새로 생긴 근육이 직장에서 더 강력하게 자신을 주장할 수 있도록 작동하는 자신감을 준다는 사실을 발견할 수 있다. 따라서 현대의 「권력관계」는 불안정하다; 「저항」은 영원하며 반면 「헤게모니」는 위태로운 것이다(Bordo 2003: 28쪽).[225]

또는 우리는 자크 동젤로(Donzelot, Jacques)의 『가족의 관리』(The Policing of Families; *La police des familles*)에 관한 연구를 고려할 필요가 있는데, 그는 이를 "미셸 푸코의 연구가 성공적으로 파악해 온 것들", 즉 다음과 같은 것들을 분석하는 작업이라고 기술하고 있다:

---

[223] [역주] 이 문장은 보르도가 설명한 것이며(Bordo 2003), 푸코로부터의 직접 인용은 아니다. Bordo(2003)에서의 각주에는 이 인용의 출처는 푸코의 'The Subject and Power'(*Le sujet et le pouvoir*, 1982b; 1983)라고 되어 있는데, 후자에는 이 문장 그대로의 문구는 없고, 위 문구는 단지 보르도의 요약으로 보인다.

[224] [역주] Foucault(1980c[1976]: 95;1978b: 125-6). 각주 205참고.

[225] [역주] 여성의 외모상의 변화가 개인적 자신감, 능력, 권력, 그리고 사회적 관계에 영향을 준다 함은, 이러한 개인적 변화가 현존의 권력 구조에 영향을 주게 됨을 의미한다. 따라서 이러한 의미에서 「권력관계」는 항상 변화할 수 있는 것이다.

【106】「생체정치적」(biopolitical) 차원: 신체, 건강, 그리고 생계의 방식 및 주거 방식, 다시 말하자면 18세기 이후 유럽 국가들에 있어서 삶의 존재들이 위치된 공간 전체를 둘러싼 정치 기술의 확산(Donzelot 1979: 6쪽).

동젤로의 분석은 다양한 푸코적 요소를 결합하고 있다: 사회복지사, 의사, 자선가, 정신과 의사, 페미니스트, 산아조절 운동가 등으로 구성된 "「후견인 복합체」"(tutelary complex)로부터 습득한 전문 지식이 학교를 비롯한 병원, 사회복지 사무소, 진료소, 소년법원 등 사회 전반에 걸쳐 미세하게 적용되었고, 비록 방식은 다르지만, 관찰과 권고를 통하여 부르주아 가정과 노동계급 가정 모두를 "「순응화」시킴"(normalizing)에 관여하였다. 따라서

> 특정 아동을 '위험아'로 만드는 사회적 맥락인 가족 환경이 철저히 연구될 것이다. 이렇듯 징후의 목록을 작성하면 그 목록이 모든 형태의 부적응을 포괄할 수 있으므로 두 번째 예방의 고리를 구축할 수 있게 된다. 사법적 호소와 형벌 체계에 대한 의존성을 줄이려는 열망에서 출발하면서 사회복지사업은 이제 정신과적, 사회학적 및 정신 분석학적 지식으로부터의 도움에 의존할 것이고, 법의 세속적인 팔을 교육자의 더 넓은 영역을 아우르는 손으로 대체함으로써 경찰이 행동에 나서는 드라마를 사전에 방지하기를 희망하게 된다.

동젤로는, 가족을 역사적 시대에 따라 상이한 방식일지언정 '다스리는' 동시에 '다스려지는' 존재로서 취급한다. 외부적으로 보았을 때는 가족은 경제, 법률, 자치권 등에 의하여, 그리고 내부적으로 볼 때는 부모가 자녀를 사회화하고 어머니가 아버지를 예의 바르게 만드는 등의 방식에 의하여 조형되는데, 이러한 내부적 관계에서의 변화는 외부적인 개입에 의하여 작용을 받게(affected) 된다. 19세기 후반, 의료 및 교육 개혁가,

자선 활동가, 독지가들은 가족 내 자녀들의 후생을 개선하기 위하여 아버지/남편에 비하여 어머니/아내가 이에 참여하도록 하였으며, 또한 후자에 힘을 실어주었다; 그리고 그녀들은 자녀를 위하여 최선을 다하고 가족의 지위를 향상시키기 위하여 기꺼이 전문가들의 조언을 받아들이려 하였다.【107】이러한 방식으로 동젤로는, 한편으로는 자신들의 여러「이해관심사」들을 추구함에 있어 사회적으로 구조화된 규범에「순종」하는 개인들의「순응화」와, 그리고 다른 한편으로는 국가 효율성, 인구의 건강, 출산율 조절, 범죄 통제를 촉진하는, 인구의「생체정치적 통제」(bio-political control)라는 그 양자 간을 관련시키는 푸코의 주제를 모색한다. 현대적「후견인 복합체」는 더 넓은 범위와 침투력을 가진 새로운 형태의 권력을 포함하고 있는데, 그러한 권력을 통하여 금지와 처벌을 수반하는 구 형법에 추가하여, 건강, 심리, 그리고 위생 등에 관한 새로운 전문적 규범을 결합시키고 있다고 할 수 있다: 즉,

> 사법적인 것들을 교육적인 것들로 대체한다는 것은 다시 말하여 사법을 확장시키고, 후자의 방법을 개선하며, 또한 사법이 가지는 권력을 영원히 구현하는 바로 해석될 수 있다(Donzelot 1979 : 97, 98쪽).

가족, 학교, 순회 보건사, 독지가 및 소년법원 등으로 이루어진 전체적 네트워크는 주로「강압」에 의하기보다는 대체로 협력을 통하여 기능하는데, 그럼에 있어서 단일한 전체적 전략 혹은 단일한 일련의 일관된 목표가 없음에도 불구하고 더 많은「정당성」을 확보함과 동시에 더 많은 통제권을 행사한다. 하지만 가족에 대한 관리는 사회 계급별로 차별화되어 보인다. 노동계급에 속한 가족들은 채무 불이행화, 피청구인화, 그리고 여타 문제를 일으킬 가능성이 더 높기 때문에 외부의 관심과 강제적 개입을 필요로 한다; 반면 부르주아에 속한 가족들은 (푸코식으로 역설적으로 말하자면) 더욱 순종적이고「자기규율」적이며「자기 관리」적인 측면에 있어 '보다 더 자유롭다'고 동젤로는 말한다.

이하에서는, 푸코의 분석에 의하여 역시 자극을 받았지만 [위의 예를에 비하여] 덜 명백한 메커니즘하에서 이루어지는 「자발적 순응」의 확보에 대한 두 가지 사례를 살펴보면서 본 장을 결론지으려고 한다. 첫 번째는 벤트 플루비야(Flyvbjerg, Bent, 1998)가 덴마크의 북부 유틀란드(Northern Jutland)에 있는 올보르그(Aalborg) 마을에서의 정치, 행정, 그리고 계획에 관한 매우 세밀한 분석연구 사례이다. "가장 눈에 띄는 권력의 측면에만 주목하면 (...) 「권력관계」에 대하여 불완전하고 편향된 상(像)만을 결과할 수 있다"고 이 연구는 가정한 뒤, 수상 경력에 빛나는 "올보르그 프로젝트"가 "도심 환경을 실질적으로 재구성하기 위하여, 그리고 [그것을] 민주적으로 개선하기 위하여 설계되었음에도 불구하고 (...) 어떻게 환경파괴와 사회적 왜곡으로 변질되었는지"에 대하여 이야기한다.【108】플루비야는 "'공공의 이익'을 대변하여야 한다고 스스로 자처하는 기관들"이 어떻게 하여 "감춰진 권력 행사"와 특수 이해관심을 보호하기 위하여 깊이 뿌리박혀 있었는지"를 보여준다(Flyvbjerg 1998: 231, 225쪽). 올보르그의 버스 터미널의 입지 선정이 어떻게 결정되는지에 관한 그의 면밀한 조사에서는, 권력을 "지식을 촉진하거나 혹은 억제하는 능력"으로 상정하면서 "권력의, 합리성과 관련된 전략과 전술"에 주목하고 있다(Flyvbjerg 1998: 36쪽). 플루비야는 프로젝트의 발상부터 설계, 정치적 비준, 실행 및 운영, 그리고 마침내는 '교착 상태'에 이르는 전 과정에 대한 "두꺼운 [분량의] 묘사"를 다양한 행위자들의 관점에서 제공하고 있다. 그로써, 강력한 권력을 행사할 수 있는 위치에 놓인 행위자들이[226] 어떻게 문제를 프레임화하고 정보를 제시하며, 그리하여 논점을 구조화하고, 반면 권력이 약하거나 없는 자들이 어떻게 그 과정을 묵인하거나 약하게만 저항하여, 결국 대부분의 사람들의 처지가 더 나쁘게 전락하게 되는지를 아주

---

[226] 특히 상공회의소, 경찰청, 올보르그의 인쇄 언론을 거의 독점하다시피 하였던 주요 신문사 등이 대표적이라고 할 수 있다.

잘 드러내고 있다.[227] 이 이야기에는 때때로 "어떤 것이 되었든 상대를 이기는 바에 있어서 가장 효과적인 바에 의하여 행동이 결정되는" 그러한 부류의 "원초적 권력"(raw power)의 행사에 대한 이야기도 포함되어 있지만, 대부분은 다음과 같은 방식에 대한 설명으로 채워져 있다: 즉, "설문조사, 분석, 문서화, 기술적 논거들은 (…) 합의를 도출하기 위하여 사용"되지만 동시에 그것들은 "대립을 회피하려는 시도인데 이때 그러한 회피는 (…) 안정적인 관계를 유지하기 위한 특징"이다(Flyvbjerg 1998: 141쪽). 그에 대한 저자의 상세한 분석은 [그 자체로도] 대단히 흥미롭지만, 저자는 극단적인 푸코 방식의 선언으로 그 위에 양념을 가미한다: 그는 「합리성」이란 "그 맥락에 따라 달라지며 「합리성」의 맥락은 [결국] 권력이고, 또한 권력은 「합리성」과 「합리화」[시킴] 간의 구분을 모호하게 만든다"고 주장한다. 「합리성」에는 "권력이 침투되어 있으며, 따라서 권력이 부재한 상태에서 「합리성」의 개념을 가지고 논하는 것은—정치인, 행정가, 연구자 모두에게 있어서—사실 무의미하거나 혹은 호도하는 것이 될 뿐이다". (푸코 자신과도 같이, 플루비야는 이 대목에서 위르겐 하버마스(Jürgen Habermas)를 비판하고 있다).[228] 사실, 그리고 가장 간명하게 말하자

---

[227] "올보르그 프로젝트를 둘러싼 투쟁에서의 패자는 사실 올보르그 시내에서 거주하고, 일하고, 걷고, 자전거를 타고, 자동차를 운전하고, 대중교통을 이용하는 시민들, 즉 사실상 도시와 외곽에 거주하는 50만 명에 달하는 모든 주민들이다. (…) 승자는 올보르그 시내의 비즈니스 공동체로서, 이들은 대중교통, 보행자 및 자전거를 위한 개선 사항을 마지못하여 수용하는 동시에 자동차 제한 조치에 반대하는 전략을 통하여 고객 기반을 크게 증가시켰다"(Flvbjerg 1998: 223-4쪽).

[228] 진실의 게임이 장애물 없이, 제약 없이, 강압적인 효과 없이 자유롭게 순환할 수 있는 소통의 상태가 존재할 수 있다는 생각은 나에게는 유토피아로만 보인다"(Foucault 1987: 18쪽).

면 권력은 "무엇이 지식으로 간주되는지, 어떤 해석이 지배적인 해석으로서「권위」를 획득하는지를 결정한다"(Flyvbjerg 1998: 97, 227, 226쪽).

마지막으로, 클라리사 헤이워드(Hayward, Clarissa)의 저술인 『권력의 진면목』(De-Facing Power)에 나오는 권력의 진면목에 대한 사례를 살펴보면,[229] "행동이 독립적으로 선택되거나 혹은「진정성」있다는" 식의「자유」에 대한 설명이 시사하고 있는 바[의 반대개념의]로서의 권력을 생각하는 것에 반대하고, 권력을 "사회적으로 가능한 것의 영역을 구분하는 경계들의 네트워크"로 정의하는 바를 옹호하고 있다(Hayward 2000: 3-4쪽).【109】따라서 그녀는 본서에서 지지하는 견해에 반하여, 그리고 더 일반적으로는 소위「권력논쟁」에 반하여 직접적인 도전을 진행하고 있는데, 부분적으로는 이를 미국 코네티컷(Connecticut)에 위치한 두 학교에 대한 상세하고도 미묘한 민족지학적 연구를 통하여 수행하고 있다. 그녀의 저술은 대체로 푸코로부터 영감을 받았는데,[230] 본 저자의 생각으로는 그 저술은 그러한 푸코적인 영감이 경험적 연구에 부여할 수 있는 분석적 미덕, 그리고 권력에 대하여 이론화하려는 사람들에게 행사될 수 있는 매혹적인 힘을 동시에 보여주고 있다. 두 학교에 대한 그녀의 연구는 "제도와 관행들이 교육 방법상의 [다양한] 가능성을 조형하는 방식에 있

[역주] 원문은 인용원문 36 참조(1994b: 727쪽).

[229] 주디스 버틀러(Judith Butler)는 "목소리나 서명 없이" 권력이 순환하는 것에 대하여서도 기술한 바 있다(Butler 1997: 6쪽).

[230] 정확히 말하자면, 그녀는 다음과 같이 주장한다: 그녀 자신의 주장은 "권력은 사회체와 공존하며 또한 '그 네트워크의 그물망 사이에는「원초적 자유」가 들어설 범위란 존재하지 않는다'라는 푸코주의적 '가설'을 공유한다(Foucault 1980a: 142, 1977b: 95쪽). 그러나 특정「권력관계」에 대한 비판적 논증을 정교화하고 또한 민주적 규범과 가치에 근거한 구분을 도출하는 것은 확실히 푸코적이지는 않다"(Hayward 2000: 6쪽).

어서 [보이는] 정형화된(patterned) 비대칭성"에 초점을 맞추고 있다(Hayward 2000: 56쪽). 그중 한 학교인 노스엔드 지역 학교(North End Community School)는 상대적으로 가난하고 대부분 흑인으로 구성된 도시 지역에 교육 서비스를 제공한다. [그 학교는] "규율, 특히 「권위」에 대한 복종을 강조"하고, 학생들은 "일상적이고 사소한 것부터 잠재적으로 심각한 것까지를 망라하는 다양한 규칙 위반에 대하여 일련의 질책과 처벌 세례를 받으며", 교사들은 학생들에게 "생존 기술"을 심어주고 "거리"의 도처에 잠재하는 위험과 유혹을 피하는 법을 가르치는 바에 중점을 둔다. 반면 또 다른 학교인 페어뷰(Fair View)는 고급 관리자와 전문가들로 구성된 백인 중상류층 교외 지역 사회를 그 대상으로 한다. 이곳, 즉 사회적으로 격리된 환경에서[231] 교사들은 "현대 미국 사회에서 권력을 가지고 있는 사람들이 그들이 가진 사회적 지위의 근거하여 자녀들에게 「능력 부여」(empowering)를[232] 하는" 것처럼도 보일 수 있는 일들을 하고 있다. 학생들은 「권위」에 대하여 "적극적이고 때로는 거의 논쟁적인 참여"를 하며, "규칙 결정에 참여"할 수 있도록 되어 있고, "자신의 행동을 스스로 정하고, 지속적인 [교사들의] 보살핌하에 (...) 자신의 성격을 주조"할 수 있게 된다(Hayward 2000: 67, 98, 117, 116, 134쪽). 그녀에 의하면, 노스 엔드에서는 외부적 환경으로부터 오는 제약으로 인하여 교사들이 강압적이고 권위주의적인, 그리하여 그 지역에서의 효율적인 실천관행을 선호하고 있는데, 이는 그러한 「권위」와 규칙에 대한 신뢰와 「준수」가 '거리'에서의 위험으로부터 [학

---

[231] [역주] 즉, 노스 엔드 지역의 학교와는 달리, 페어뷰의 경우에는 학교 밖에서 일어나는 사회적 문제에 대하여서는 신경을 쓸 필요가 없다는 의미이다.

[232] [역주] 이때 「능력 부여」라고 함은, 교육 과정에 있어서부터 자신들 계급이 특권적 권력을 가지고 있음을 주입시킴으로써 실제로 그러한 능력을 부여받게 됨을 의미한다.

생들에게] 단기적인 보호를 제공하기 때문이다. 반면, 페어뷰의 학교에서는 배타적인 사회적, 인종적 고정관념들과 '신성시'되고 탈정치화된(de-politicized)[233] 학습 과정에 대한, 의심을 용납하지 않는 관(觀)을 재생산하는 것을 지향하고 있음을 보여준다.【110】'페어뷰의 교사들은 막강하며 또한 그들의 교육 방법이 "능력 부여"를 하고 있음'을 부정하는 생각에 대한 우려를 그녀는 표하고 있다. 그녀의 주장의 요지는, '권력이 행위주체들 사이에 [골고루] 배분되어 있다는 생각'은 그르며, 오히려 권력은 "가능한 것들의 영역"을 조형함으로써 비인격적으로 작동한다는 것이다(전게서, 118쪽). 따라서 그녀는, 교사들과 학생들 모두 마찬가지로 그러한(가면을 벗은 후에서야 비로소 보이는) 권력에 의하여 제약을 받으며, 그에 따라서 가능성들과 교육 방법적 선택권은 제한되어 있다고 주장한다. 그리하여 그녀는 다음과 같이 주장하고 있다:

> 첫째, 노스 엔드에서의 위계적으로 부과되고 시행되는 규칙만큼이나, 페어뷰에서의 「권력관계」를 정의하는 바에 도움이 되는, 행동 및 인격상의 탈정치화된 기준, 학습의 목적, 그리고 사회적 [위상에 있어서 그들이 가지고 있게 되는] 정체감은 [그들의] 행동을 확고히 제한한다. 둘째, 페어뷰에서도 마찬가지로 이러한 한계를 넘어서는 경우 적어도 그 [노스 엔드] 이상은 아닐 수 있더라도 역시 엄중한 처벌을 받게 된다. 셋째, 페어뷰에서의 교육 방법적 실천관행을 정의하는 주요 규범, 정체감 및 기타 경계 설정에서 보이는 탈정치화는, 그 지역 공동

---

[233] [역주] 이때 '탈정치화' 되었다는 것은, 페어뷰에서의 교육 실천관행은 사회나 정치적인 문제와는 격리되어 있으며 또한 그것들을 외면함으로 인하여 기존에 그들이 가지고 있는 사회적 특권이나 혹은 가치관을 문제 삼지 않으며, 그리하여 사회적, 정치적 사안에 대하여 중립적인 것처럼 보이도록 함을 의미한다.

체의 경계 안에서 그리고 그것을 넘어서는 곳에서도 불평등을 재생산하고 또한 강화한다(Hayward 2000: 67, 98, 117, 116, 134, 9쪽).

그러나 규범들은 제약적으로 될 수도 있고 '해방적'이 될 수도 있다. 물론 헤이워드의 설명에 따르면 페어뷰에는 강력한 제약적 규범이 작동하고 있다. 하지만 이는 동시에 학생들 스스로가 규칙들을 비판하고 「권위」에 맞서도록 장려하는 규범이라고도 할 수 있다. [그녀처럼] 교사와 학생 모두에 대하여 부과되는 비인격적 제약에만 초점을 맞추는 경우, 그녀로 하여금 교사와 학생들이 가지고 있는 강력한 사회적 위상이 부여하는 다양한 「자유」에 대하여서는 눈감거나 침묵하도록 하게 된다.

문제는 헤이워드는, 이렇듯 조심스러운 민족지학적 연구를, "[개인의] 자유로운 행동과 타인의 행동에 의하여 조형된 행동 간"을 구분할 수 있는 가능성 자체조차도 부정하는 초 급진적인 푸코주의적 권력관과 연결시키고 있다는 점이다(Hayward 2000: 15쪽). 그녀는 다음과 같은 주장을 하고 있다:

> 자유로운 행동과 부분적으로는 「권력 행사」 자체의 산물인 그러한 행동의 양자 간을 구분하는 경계선에 대하여 어떤 정의를 내리는 것은, 사회적 행동의 일부 영역이 자연스럽거나, [자유로이] 선택되었다거나 혹은 진실한 것으로서 취급하는, 일종의 특권을 부여하는 정치적 기능을 수행한다.(Hayward 2000: 29쪽).

【111】 왜냐하면,

「정체성」 그 자체가 「권력관계」의 산물이라는 것을 인정하고, 행동 영역도 예를 들어 문화적 적응과 「정체성」이 형성되는 과정을 통하여 필연적으로 제약된다는 점을 인정한다면, 한편으로는 자유로운 행동과 다른 한편으로는 타인의 행동으로 인하여 형성된 행동의 양자 간이 구분될 가능성을 이미 전제로 하는 권력관을 거부할 필요가 있다. 사람들이 행동하는 방식들은—즉, 사람들이 스스로 행동하고, 생각하고, 느끼고, 지각하고, 추론하는 방식, 사람들이 중요하게 여기는 것, 그리고 자신이 소속되어 있다고 경험하는 공동체와 관련하여 자신을 정의하는 방식들은—상당 부분 사회적 행동으로부터 나타나는 결과이다. 주어진 욕구, 사회적 필요,「역량」, 신념, 성향 또는 행동 등을 포함하는 집합을 "「자유」"라고 정의하는 것은 인간의「자유」가 형성되는 다양한 방식을 선험적으로 분석에서 배제하는 것이다 (Hayward 2000: 30쪽).

하지만 독자들이 이미 눈치챌 수 있듯이, 이 인용문 자체는 [푸코식의] 극단적인 견해를—권력은 '「자유」로운' 주체를 '구성'한다는 견해—표명하는 바에 대한 일종의 주저함도 드러내고 있다 (예: 위의 인용문에서 보이는, '부분적으로는', '상당 부분'이라는 표현의 사용). 즉 관련된 민족지학 연구 중 어느 것도 그러한 [극단적] 주장을 필요로 하거나 혹은 정당화하지는 못하며, 실제로 우리가 이미 살펴보았듯이, 푸코 자신조차도 결국 그러한 극단적 입장으로부터 현명하게 후퇴한 바 있었다.

***

본인이 푸코에서 영감을 받은 (수많은 사례 중에서) 위와 같은 다양한 사례를 인용한 것은 두 가지 목적을 가지고 있다. 첫 번째는「자발적 순응」이 확보되는 미묘한 형태를 연구자들이 탐구하기 시작하였음을 보여주기 위하여서이다. 이때 그「자발적 순응」으로 인하여 사람들은 종종 자신이 스스로에 대한 '감독자'로서 행동하면서 더 넓은 규범적「통제」 형태들로 편입되는데, 이때 자신들은 권력으로부터 자유롭고, 스스로 선택하고 있으며, 자신들만의 독자적「이해관심」을 추구하고, 모든 주장을 합리적으로 평가하며, 그리하여 자신들의 결론에 도달한다고 (때로는 허위로) 믿고 있다. 【112】 두 번째 목적은 푸코 및 기타 다른 많은 사람들이 제기하는 과도한 주장들을―즉, 푸코의 사상이 「자유」와 「합리성」에 대하여 우리가 어떻게 생각하여야 하는지에 대하여 심오한 전복적 함의를 내포하고 있는 매우 초 급진적 권력관을 제공한다는 생각을―이러한 연구들은 지지하지 않는다는 것을 보여주기 위한 것이다.[234] 우리 모두는 권력에 의하여 '구성'되는 피지배적 주체이며, 현대에서의 개인들은 권력에 의하여 야기된 '결과'이며, 권력은 '가면을 벗어야' 하고, 「합리성」이란 단지 '상황 의존적'이며 또한 그 개인들은 권력에 의하여 '침투'되어 있고, 권력은 합리적 「동의」에 기반할 수 없다는 그러한 결론들에 우리가 과연 다다를 수 있을까? 한마디로 말하자면, 푸코 이후에는 스피노자가 말한바처럼, 사람들이 타인의 권력으로부터 어느 정도 자유로워져서 자신의 본성과 판단에 따라서 살 수 있는 가능성을 논하는 것은 더 이상 의미가 없다는 결론을 도출할 수 있을까. 다음 장에서 본인은 그럼에도 불구하고 그렇게 주장함이 의미가 있다고 상정하려 하며, 그럼에 있어 그러한 주장이 어떤 의미에 있어서 타당한지에 대한 몇 가지 제안을 제시하려 한다.

---

[234] 본 저자는 그러한 주장에 동조하는 믿음을 가진 사람들을 위하여 이 저술의 제목을 "권력-그다지 급진적이지 않은 관점"으로 바꾸고 싶다는 생각이 잠시 든 적이 있었다.

3 삼차원적 권력

【113】약 45년 전 진행 중이었던 논쟁의 맥락하에서 짧은 저술의 형식으로 처음 출간된 PRV는 매우 간략한 범위 내에서 몇 가지 논쟁적인 주장을 펼친 바 있었다. 그 저술은 권력의 개념에 대한 정의를 제시하면서 그 개념이 "본질적으로「논쟁대립적」"이라는 점과, 그때 제안된 개념적 분석이 그 분석에 의하여 비판받고 있던 다른 것들보다 우월하다는 점을 모두 주장한 바 있다; 그리고 그 저술은 더 깊이 들어가면서 동시에 가치 판단적, 이론적, 경험적으로 권력을 분석하는 방법을 제공한다고 주장하였다. 앞서 언급하였듯이, 이러한 본인의 주장들은, 많은 비평가들에 의하여 제기되었고 또한 견지되었던 일련의 어려움과 반대들(특히 그것들은 서로 상호 양립할 수 없다는 점)에 직면하여 있었다. 이러한 주장들, 어려움들, 그리고 반대들을 고려할 때 우리 앞에 놓인 질문은 다음과 같다: 본서의 제1장에서 재현된 기존의 설명에서 어떤 것들을 포기하고, 무엇에 [제한적] 단서를 추가하여야만 하며, 무엇을 옹호하고, 무엇을 더욱 개진시킬 것인가?

이 장에서는 첫째, '권력 일반'이라는 더 넓은 개념적 영역 내에 속하여 있는, 「지배로서의 권력」이 가지고 있는 그 특수성에 관하여 이전에 전개된 논의를 이어서 계속하려 한다. 또한, 우리는 이러한 의미에서의 [즉, 지배로서의] 권력에 중점을 두는 입장을 옹호하려 한다. 둘째, 우리는 권력에 대한 이해를 함에 있어「비논쟁대립적」인 방식의 이해에 도달할 수 있다고 생각하는 것이 과연 타당한지 물으려 한다. 하지만 권력이란「자유」, 「진정성」, 「자율성」, 「진정한 이해관심」들과 같은「논쟁대립적」관념들과 밀접히 연관되어 있기 때문에 그러한「비논쟁대립적」인 이해에 도달한다는 것은 가능하지 못하다는 견해를 피력하려 한다.【114】셋째, 본인은 권력이 세 번째 차원을 가지고 있다는 것, 즉 자발적 주체들로부터「지배」에 대한「동의」를 확보하는 권력에 대한 주장을 옹호하려 한다. 이와 연관된 두 종류의 이견이 존재하는바, 그것들은 그러한「동의」라는 것은 존재하지 않거나 매우 드물다는 것, 그리고 그러한「동의」를 확보하는 것은 불가능하다는 것이다. 본인은 이러한 두 가지 이견들에 대한 반론을 개진하려 한다. 마지막으로, 본인은 이러한 방식으로 권력을 구상하는 경우, 「진정한 이해관심」들과 「허위의식」이라는 관념들에 대한 우리의 이해는 '방어 가능한'(defensible) 것임을 주장할 것이다.

3.1 권력의 정의

첫째, 2장에서 이미 언급한 바와 같이, PRV 제5절에서 제시한 바 있던 「기저적 권력 개념」(underlying concept of power)에 대한 정의는 여러 측면에서 볼 때 단지 완전히 불만족스러운 것임은 분명하다. 그러한 정의는 당시의 「권력논쟁」 중에 등장한 다른 논의들과도 마찬가지로 권력이 행사된다는 측면에 초점을 맞추었고 따라서 「실행의 오류」(exercise fallacy)를[235] 범하고 있었다: [하지만] 권력은, 행사할 수도 있고 행사하지 않을 수도 있는, 능력이나 「역량」을 의미하는 「성향적」 개념이다. 둘째, 그 정의는 「탈취적 권력」(power over)의 행사, 즉 어떤 A가 어떤 B의 '위로' 행사되는 권력과 [그때] B의 A에 대한 의존 상태의 여부에 전적으로 초점을 맞추고 있다. 셋째, 그 정의는 이렇듯 「의존성」을 유발하는 권력을 「**지배**」와 동일시하였으며, 그러함에 있어 "A가 B의 「이해관심」에 반하는 방식으로 B에게 작용을 미친다"고 가정함으로써, 권력이 타인에게 [오히려] 생산적이고 전환적(transformative)이며[236] 「권위적」(authoritative)이고, 심지어 [그 대상에 대한] 존중(dignity)과도 양립할 수 있는, 그렇듯 다양한 방식들을 무시하고 있다. 넷째, 이렇게 정의된 권력이 그 권력에 예속된 사람들의 「이해관

---

[235] [역주] 권력은 실제로 행사되어야만 존재하는 것이라는 추론에 내포된 오류. 본서 99쪽을 참고할 것.

[236] [역주] 단순히 대상을 「통제」하는 것이 아니라 대상 자체를 (생산적인 방향 등으로) 전환시킬 수 있음을 의미한다.

심」에 부정적인 작용을 미친다고 가정할 경우, 그 정의는 그러한 「이해관심」이 과연 무엇인지에 대한 가장 피상적이고 미심쩍은 설명만을 제공할 뿐이다. 더욱이 그 정의는 한 행위자의 「이해관심」은 단일한 것으로만 취급하였으며, 그의 「이해관심」들 간의 상이성, 상호작용, 그리고 그것들 간의 「갈등」을 고려하고 있지 않았다. 그리고 마지막으로, 그 정의는 (권력에 관한 다른 많은 문헌과도 마찬가지로) 이분법적(binary) 「권력관계」라는 환원적이면서도 단순화된 구상하에서, 즉 A와 B 간의 순열관계들(permutating relations)에 대한 끝없는 나열하에서 작동한다.²³⁷ 이는 레닌이 "누가 그리고 누구에게"라는 질문만이 유일하게 중요한 질문이라고 말한 것을 당연시하는 듯하였다. 어쩌면 실상이 그러하고 또한 레닌의 말이 맞았을 수도 있지만, 우리는 분석의 범위를 더 넓히고 심화할 필요가 있다.

분명한 것은 여기서 [본서에서] 정의된 기저적 개념은 '권력'이 아니라 「지배」에 대한 「순응」의 확보'라는 것이다.【115】따라서 본서는 다음과 같은 질문을 제기한다: "권력자는 어떻게 자신이 지배하는 사람들의 「순응」을 확보할 수 있는가?"²³⁸ —그런데 이 질문은 간결

---

²³⁷ [역주] 이 문장의 의미는 분명하지는 않다. A와 B 간의 '순열관계'란, 다른 조건이나 제3자의 개입 등을 배제한 채 오로지 A와 B의 상호 간에 「영향」을 미치는 다양한 방법을 이야기하는 듯하다.

²³⁸ [역주] 저자의 참고 문헌 목록에는 빠져 있지만, 오스트리아 경제학파의 창시자 중의 한 사람인 von Wieser는 이러한 종류의 「순응」을 확보하는 권력을 '내적 권력'이라고 칭하였는데, 이는 피지배자의 '정서'에 작용하여 자발성을 끌어내는 권력이고 대표적인 예는 종교적 권력이라고 할 수 있다. 그에 의하면 이러한 내적 권력을 행사할 수 있는 능력의 '궁극적' 원천은 지배자가 대중에게 보여주는 '성공'이며, 일단 이렇게 등장한 이러한 권력은 역사적으로 고착되어 그것이 비효율적임에도

한 본서의 제목이 암시하는 것보다 더 좁은 [즉 더욱 논의의 폭을 한정하여 집중하는] 의미의 질문이다. 하지만 다른 한편으로는, 이러한 [본인이 주장하는 한정된] 개념이 전통적으로 이해되어 온 권력이라는 개념의 중심적 의미라고 주장하는 것, 그리고 그것이 [즉 우리의 개념이] 표현하고자 하는 관심 사안, 즉, [과거] 권력을 연구하는 학자들이 항상 몰두하여 온 바라고 말하는 것은 과장이라고도 할 수 있다. 하지만 그렇다고 할지라도 우리가 다루려 하는 위와 같은 질문은 중요한 관심 사안임에는 틀림없다고 주장할 수 있다. 실제로 이 질문은 라 보에티(La Boétie, Etienne de)와 홉스부터 시작하여 푸코와 부르디외(Bourdieu, Pierre)에 이르기까지의 수많은 이들을 사로잡아 **왔으며**, 따라서 이에 대한 답을 구하는 시도는 충분히 가치가 있는 작업이라고 생각된다.

3.2 본질적 논쟁대립성

하지만 과연 이에 대한 대답을 찾을 수 있는가? 더 정확히 말하자면, 모든 합리적인 사람들이 그 진실에 동의할 수 있도록 객관적으로 대답이 결정될 수 있는가?

2장에서 설명하였듯이 권력의 개념을 얼마나 넓게 확장할 것인지에

불구하고 어느 정도 지속될 수 있다. 흥미로운 점은 본 저자나 Wieser의 경우 모두에 있어서 결국 논의에서의 철학적 출발점은 스피노자와 막스 베버라는 공통점이 있다는 것이다(비저는 막스 베버에서 개진된 권력에 대한 논의를 정치화시켰다고 간주될 수 있다. 참고로 Wieser와 막스 베버는 오랜 기간 같이 작업한 절친한 관계였다). Wieser의 권력론에 대하여서는 이미 본 역자가 번역하여 출판한 『권력의 법칙』(비저 2023)을 참고할 것. 룩스와 비저를 비교하는 것은 매우 흥미로운 작업임에 틀림없다.

대하여서는 이견이 존재한다. 권력[이라는 개념]을 [여러] (실제적 및 잠재적) 사안과 상황에 걸쳐 공히 적용하여야 하는가? 그렇다면 어느 범위까지 포함하여야만 하는가. 또한 그 범위에는 의도하지 않은 결과와 「부작위」까지 포함시켜야만 하는가. 일반적으로 이러한 질문에 대한 이견은 방법론적 문제에서 비롯된다. 어떤 종류의 「반사실적 가정」을 하여야만 타당한지를 어떻게 판단할 수 있는가? 어떤 종류의 '비의도적 결과'를 고려할지를 어떻게 결정하는가? 그리고 「부작위」와 그로 인한 결과를 어떻게 연구할 것인가? 물론 이러한 고민은 [단지 그 개념들의] 정의(定義)를 다시 내리는 일련의 결정을 함으로써 [간단히] 해결될 수는 있다. 예를 들어 '권력'이라는 단어에 [우리가 원하는] 특정한 의미를 부여할 수도 있다. 즉, 많은 학자들이 그렇게 하였듯이, [그 개념을 단지] 의도적이며, 어떠한 밖으로 드러나는 행동들에만 연결하여 사용할 수 있으며, 그 이외의 다른 의미들을 지칭할 때는 또 다른 명칭을 [발명하여] 사용할 수도 있다. 또 다른 예를 들자면, 만일 타인들이 내가 의도하거나 개입하지 않아도 나의 「이해관심」를 증진시킬 수 있다면, 그때는 내가 '권력'을 가지고 있다고 말하는 것은 타당하지 않고, 오히려 내가 [단지] '운'이 좋다고 말하여야 한다고 어떤 다른 학자들은 생각하기도 한다(Barry 1989: 270-302, Dowding 1996). 하지만 이러한 견해와는 반대로 본인은 [위의 예처럼 비의도적, 비개입적으로 나의 「이해관심」을 증진시킬 수 있는] 그러한 경우는 때로는 가장 효과적이면서 가장 교활한 형태의 권력일 수도 있고 때로는 그렇지 않을 수도 있다고 주장하고자 한다. 【116】 본인은 더 광의의 권력이라는 개념을 구성하는 요소들은 [충분히] 연구 가능하며, 권력이라는 개념을 모든 것들을 포용하는 방식으로 간주하는 것이 그렇지 않은 자세보다 더 나은 이유가 존재한다고 계속 생각하고 있다.

그러나 총체적인 권력을 파악하고 상호 비교하는 방법에 대한 질문으로 넘어가면 이야기는 더욱 복잡해진다. 앞서 살펴본 바와 같이 여기에는 권력이 야기할 수 있는 결과들의 중요도를 판단하는 문제가 포함되기 때문이다. 앞서 살펴본 바와 같이, 다양한 일련의 사안들에 대하여 서로 다른 행위주체들이 가진 권력을 비교하는 것은, 그들이 가진 권력이 자신의 「이해관심」을 증진시키거나 타인의 「이해관심」에 작용을 미치는 정도와 방식에 대한 판단을 필연적으로 수반한다. 본인은 이러한 판단에는 본질적으로 논란의 소지가 존재하며, 이는 도덕적이며 정치적 논쟁에서 어느 한쪽을 지지하는 것과 맥을 같이하는 문제라고 주장한 바 있다. 누가 더 많은 권력을 가지고 있는지, 그리고 얼마나 더 많이 가지고 있는지를 결정하는 것은 그 권력이 미치는 「영향」의 중요성, 즉 작용을 받는 사람들의 「이해관심」에 미치는 강도를 평가하는 것과 분리할 수 없는 문제이기 때문이다. 위에서도 언급한 바 있듯이, 여기서도 권력을 단지 좁게 정의하여 버리고, 그 좁은 정의에서 제외되는 것을 다른 것으로 호칭하면 문제를 간단히 해결할 수는 물론 있다.

예를 들어, 「일차원적 권력」을 (「의사결정」 상황에서 지배적인 사람에게 귀속되는) '권력'이라고 부르고 「이차원적 권력」을 별도의 명칭인 "「의제 통제」"(agenda control)라고[239] 부르자고 합의할 수도 있다. 그러나 본인은 여기서도 「이차원적 권력」을—즉, 결정되어질 것들을 [즉, 그 범위를] 결정하는 권력을—[「일차원적 권력」에 비하여] 더 진전된 형태이며 더 근본적인 형태의 권력으로 보는 것이 가장 타당하다는 입장을 견지하려 한다. 그 이유는 권력이 「이해관심」에 미치는 「영향」의 측정은 단순히 표현된 선호들만을 참고할 것이 아니라, 정치적 영역에 존재하는, 표현에 이르지 못한 「불만」들을 참고하여서도 이루어져야만 하며, 또한 권력은 그렇듯 「불만」이 표현되지 못하도록 작동될 수 있다고 보는 것이 우리의 이해를 더 밝힐 수 있다는 이유에서이다. 그리고 같은 논리에 의거하였

---

[239] [역주] 혹은 「의제 설정」(agenda setting)이라고 부를 수도 있다. 참고로, 「의제 설정 권력」(agenda setting power) 이라는 명칭은 수잔 스트레인지 (Strange, Susan)에 의하여 사용되었다(Strange 2015[1988]: 31쪽).

을 때, 본인은 '동의의 확보'를 통하여「갈등」과「불만」을 회피할 수 있는 어떠한 방법을 권력의 또 다른 진전된 차원으로 보는 것이 가장 합리적이라는 입장을 견지한다.

「지배」에「순응」하게 하는 메커니즘을 연구하게 되는 경우에 있어서는 더 복잡한 문제에 직면하게 된다. 왜냐하면 이러한 경우에는 우선적으로 어떻게「지배」라는 것을 파악하여야만 하는지에 관한 질문이 즉각 제기되기 때문이다. 누가 그리고 어떤 근거로 지배를 받는다고 말할 수 있는가?

이 질문에 대한 고전적인 대답 중 하나는 막스 베버에서 찾을 수 있다.【117】베버는 "「지배」(*Herrschaft*)란 어떤 특정한 내용을 가지는 명령(*Befehl*)이 어떤 주어진 사람들에 의하여 복종(*Gehorsam*)될 기회(*Chance*)로 불린다"라고 언급하였고[240] "「지배」라는「사태」(*Tatbestand*)는 단지 성공적으

---

[240] [역주] 본문에 인용된 영어 번역은 Roth & Wittich가 Parsons의 그것을 기초로 하여 1978년에 출판한 것인데(Weber 1978), Erik O. Wright를 비롯한 많은 학자들이 이 번역본이 가지는 문제점(오역, 편향성 등)에 대하여 지적한 바 있다. 더 정확한 영어 번역은 Tribe교수가 2019년 완전히 새로 번역한 번역본인데(Weber 2019), 단, 전역이 아니라 1부만을 번역한 아쉬움이 남는다. 1978년 번역본으로부터의 인용문은 따라서 오역의 소지가 있기에 본 번역은 독일어 원문에 근거하였다. 베버의『경제와 사회』(*Wirtschaft und Gesellschaft* 1922)에 나오는 원문은 인용원문 37 참조(Weber 1922: 28-9; Weber 2019: 136쪽).

참고로 위의 정의에 있어서 베버는 '확률'(*Probabilität*; probability) 혹은 '가능성'(*Möglichkeit*; possibility)이라는 용어를 의도적으로 피하고 그 대신 *Chance*라는 용어를 선택하였다. 본 번역에서는 따라서 '기회'로 번역하였다. 단, 영어 번역에는 *Chance*를 probability로 번역하였는데, 이는 오해의 소지가 있다—이에 대한 Tribe 교수의 설명은 Weber(2019: 164쪽)

로 [타인에게] '명령을 내리는 한 개인'(*erfolgreich andern Befehlenden*)이 실제로

를 참고할 것.

그리고 번역 시 문제시되는 단어는 독일어 '*Herrschaft*'이다. 통상적으로는 이 단어를 영어로는 'domination'(「지배」)으로 번역하는데, Tribe 교수의 견해는 더 정확한 표현은 사실 'rulership'(「통치권」)이라는 것이다. 그럼에도 불구하고 본서의 논의상 이 단어를「지배」라고 그대로 번역하기로 한다. 하지만 관련된 문제점에 대하여서는 Tribe교수의 상세한 설명을 참고할 것(Weber 2019: 471쪽). 또한 각주 50에 있는 역자의 설명을 참고할 것.

또한 베버는「지배」를 '권력'의 한 특수한 형태로 간주하였다(아래 인용문). 본 역자의 견해는 그 차이점은「지배」의 경우에는 물리적 강제에 의하거나 혹은 정당하지 못한 방식의 권력의 행사는 배제된 형태라는 점이다.(원문은 인용원문 38 참조: Weber 1922: 603; 1978: 942쪽).

그리고 위의 문장 이후에는 다음과 같은 문장이 후속되는데, 여기서 베버는 권력이 행사되는 인적, 상황적 요소는 다양하기에 '권력'이라는 개념은「무정형적」이라고 설명하였음에 반하여,「지배」는 더 정확히 정의될 수 있음을 강조한다:

1. '권력'이라는 개념은 사회학적으로 보았을 때「무정형적」(*amorph*)이다. 모든 생각 가능한(*denkbar*) 어떤 한 인간의 특질(*Qualitäten eines Menschen*)과 모든 생각 가능한 상황들(*Konstellation*)도 어떤 사람을 그 위치에 놓이게(*versetzen*) 할 수 있다.

2. 따라서 그에 비하여 사회학적으로 볼 때「지배」라는 개념은 더 정확하며, 어떤 명령에 대한「순응」(*Fügsamkeit*)을 찾을 수 있는 '기회'(*Chance*)만을 의미할 수 있다(전게서. 방점 역자 추가, 원문은 인용원문 39 참조).

단, 이때 복종(*Gehorsam*)이라는 단어 대신「순응」(*Fügsamkeit*)이라는 단어를 사용하고 있음에 유의할 것.

존재함과 연관되어 있다"고 덧붙였다(Weber 1978[1910-4]: 53쪽).[241] 베버에게「지배」는 정당한(legitimate) 것, 즉「지배」에 예속된 사람들이 정당한

마지막으로 언급할 바는, 베버는「지배」의 유형을 잘 알려진 법적「지배」(rationalen Herrschaft-legale Herrschaft), 전통적「지배」(traditionalen Herrschaft) 그리고 카리스마에 의한「지배」(charismatischen Herrschaft)로 분류하였고 (Weber1922: 124쪽;2019: 341-2쪽), 많은 이들이 간과하고 있지만, 그에 추가하여 광의로는 시장에서의 '이해 절충'(Interessenkompromisse)에서 보여지는, 궁극적으로는 소유(Besitz)에 기인하는 '이해 경합의 상황에 의한「지배」'(Herrschaft kraft Interessenkonstellation)(Weber1922: 604, 606쪽; 1978: 943, 945쪽)도「지배」의 한 유형으로 간주하였다. 반면,「무정형적」인 권력에는 그 같은 세부적 분류는 존재하지 않는다.

[241] [역주] 마찬가지로 영문 인용은 오해의 소지가 있기에 원전을 직접 번역하였다. 이 인용문구 뒤에 오는 문장은 다음과 같다:

단, 그러함에 있어서 그 [명령을 집행하는] 행정 직원이나 조직(Verband)이 반드시 있어야만 하지는 않는다―단, 최소한 모든 일반적 경우에 있어서는 관리 직원 또는 조직이 있게 된다.

전체 원문은 인용원문 40 참조(Weber1922: 29; 2019: 135쪽).
그리고 베버의 같은 저술 후반부에는 다음과 같은 설명이 등장한다(원문은 인용원문 41 참조).:

여기서「지배」란 '지배자'의 어떠한 표출된 의지(명령)가 타인들(피지배자들)의 행동에「영향」을 미치려고 하고, 그리고 실제로 그러한 방식으로「영향」을 미쳐서, 마치 피지배자들이 그 명령의 내용을 자신들의 행동에 있어서 그 자체로서 좌우명(Maxime)으로 간주하는 것처럼 (즉, 복종(Gehorsam)) 그러한 행동들이 사회적으로 유의미한 정도로 발생하는, 그러한 사실(Tatbestand)로 이해되어야만 한다 (Weber 1922: 606; 1978: 946, 방점 역자 추가).

것으로 인정하는 것이었다(그는 정당하지 못한 권력에 대하여서는 관심이 없었다). 우리의 관점에 있어서는 이 정의(定義)는 일종의 난점을[242] 내포하고 있다. 즉, 권력이란 그것에 예속된 자의 「이해관심」에 반하여 어떤 것을 부과함 내지는 제약이라는 생각에 입각하여, [통상적으로] 「지배」의 개념을 「예속」(subjection) 또는 「복속」(subjugation)을 야기하는 「묵종」(acquiescence)으로만 생각할 수도 있는데, 위의 [베버의] 정의는 「지배」를 이같은 생각으로만 한정하지는 않고 있다. 베버의 「지배」의 개념은 피지배자가 기꺼이 「순응」하고[243] 그로부터 자신과 다른 사람들 모두가 총체적으로는 이익을 얻을 수 있는 광범위한 의미의 긍정적 「권력관계」와도[244] 양립할 수 있는 것이다. 그런데 이안 샤피로(Shapiro, Ian)는 다음과 같이 지적하고 있다:

> 군대, 회사, 스포츠팀, 가족, 학교 및 기타 수많은 기관들에서는 「순응」이 강요되는 경우가 많이 존재한다. 실제로 플라톤에서 푸코에 이르는 정치 이론가들은 많은 사회생활에서 보이는 불가피한 위계적 특성으로 인하여 「권력관계」는 인간 상호작용에 편재되어 있다고 지적한 바 있다. 그러나 이것이 「지배」를 의미하는 것은 아니다. (...) 위계적 관계는 종종 정당한(legitimate) 경우가 많은데, 그렇듯 정당한 경우에는 「지배」를 수반하지 않는다.

이 때문에 샤피로는 「지배」를 "비 정당한 「권력 행사」에서 비롯된 것"

---

[242] [역주] 이때 '난점'이라는 것은 통상적인 생각과는 반한다는 의미이지, 베버의 정의가 문제점을 가지고 있음을 (즉, 오류가 있다는) 것은 아님에 유의할 것.

[243] [역주] 베버의 「순응」에 대한 명시적 언급은, 각주 240을 참고할 것. 또한 각주 241에서 명령을 피지배자가 자신의 '좌우명'으로 삼는다는 문구에 주목할 것.

[244] [역주] 즉, 이전에 말한 「개선적 권력」(power-to).

이라고 [잘못] 생각하고 있다. 하지만, 이 같은 견해는 우리의 목적에도 부합하지 않는다. 왜냐하면 샤피로도 인정하듯이, 그가 「권력의 면모 논쟁」(faces-of-power debate)이라고 부르는 것도 "「지배」는 개인이나 그룹이 의제를 형성하고, 선택지(選擇肢)를 제한하며, 극단적인 경우 사람들의 선호와 욕망에 「영향」을 미치는 바에서 발생할 수 있다"는 결론에 다다랐기 때문이다(Shapiro 2003: 53쪽). 그러나 만약 그렇다면 그때의 '극단적 경우'는 분명히 문제를 야기할 수 있다. 왜냐하면 [그가 정의한 바의] 「지배」는 사람들이 일반적으로 정당하다고 인정하는 인간과 대상에게도 「영향」을 미칠 수 있다는 것을 의미하기 때문이다. 즉, 만일 샤피로의 [지배에 대한] 정의(定義)에서의 「정당성」에는 [그에 대한 절대적인 기준이 있는 것이 아니라] 현행의 규범과 신념에 비추어 상대적이라는 점이 시사되어 있다면, 그러한 경우, 지배받는 사람들이 그들을 지배하는 사람에게 「정당성」을 부여하는 경우를²⁴⁵ 파악하지 못하는 어려움이 존재하는 것이다.²⁴⁶

---

²⁴⁵ [역주] 본문이 다소 혼란스러울 수 있는데, 뜻하는 바는, 만일 어떤 자가 (정당하지 못한) 지배력을 행사하여 피지배자들로 하여금 그의 「지배」가 정당한 것으로 믿게 만들 수 있다면, 그때의 「지배」는 피지배자들이 그 「지배」를 정당한 것으로 여기기 때문에 '정당한' 것이라는 모순이 발생한다는 것이다.

²⁴⁶ 물론 [지배자인] 타인 혹은 타인들에게 「정당성」을 부여하는 것은 그러한 [「정당성」을 부여하는] 행동 그 자체에 「정당성」을 부여하는 것은 아니다. [그들의 행동이 「정당성」을 확보하기 위하여서는] 그들의 행동이, 지배자 및 「권력관계」에 「동의」하는 피지배자의 양자 모두가 공유하는 규범 또는 신념에 의하여 「정당화」될 수 있는, 그러한 정착된 현행의 규칙이나 역할들과 부합하여야 한다(Beetham 1991: 16쪽). 하지만 다른 한편으로는 이와는 달리 어떤 [절대적인] 규범적 또는 어떠한 '객관주의적' 방식으로 「정당성」을 정의할 수 있는 경우에는 물론 문제가 발생하지

그리하여 본 저자가 최초에 제기하였던 질문으로 다시 돌아가 보자: 즉, 누가, 누구를, 어떤 기준으로「지배」한다고 말할 수 있을 것인가? 【118】때때로는 이 질문에 대한 답은 실제로는 논란의 여지가 없다. 노예제, 농노제, 아파르트헤이트(apartheid),[247] 카스트제도가「지배」에 있어서의 종속적 형태인가? 오늘날 그 누구도 그러한 지배 형태가 종속적 형태임에 대하여 심각하게 의심하지 않는데, 그 이유는 특히 그것들은 드러나게「강압적」이기 때문이다. 이러한「지배」는 종속되어 있는 인구로부터 노동력, 재화 및 용역을 강제적으로 수탈하고, 반면 그러한 인구의 종속성은 출생에 의하여 고착되어 있으며 대부분 피할 수 없다. 그리고, 그들의 열등성은 변할 수 없는 것이라고 강변하는, 법과 공공 의식(儀式)을 통하여 확인 및 거듭 확인되는 이데올로기에 의하여 그「지배」는「정당화」된다. 그러나 다음과 같은 경우에 있어서, 즉, 푸코의 고백에서, 산드라 바트키와 수잔 보르도가 묘사한 바 있던 '자신의 신체에 대한「규율」을 실천하면서 그럼에도 불구하고 '권력과「통제」'를 경험하고 있는 여성들에 있어서, 동젤로가 말한 '자기 치안적' 부르주아 어머니들에게 있어서, 그리고 플루비야가 언급한 교통체증에 시달리는 올보르그시에서, 크렌슨이 말한 공기오염에 시달리는 미국 인디애나주의 게리시에 있어서, 그리고 헤이워드가 말한바 있는, 교사들이 각자 처해진 환경에서의 지배적인 규범들에 맞추어 학생들을 사회화하는 그 대조적인 두 학교들에서 등, 이 모든 경우에 있어서 지배의 존재 자체를 의문시할 수 있는가.

그런데 한 가지 분명한 사실은 존재한다. 이 질문은 단순한 사실관계에 대한 질문은 아니라는 점이다. 이 질문에 답하기 위하여서는「묵종」이 가지는 의미를 어떻게 해석할 것인가에 관한 '관점'을 필요로 한다: 즉, 어떠한 경우에 있어서, 그리고 어떻게,「순응」이「지배로서의 권력」

는 않는다.

[247] [역주] 남아프리카공화국의 인종차별정책.

을 의미하는지를 판단할 것인지에 대한 일정한 관점을 먼저 가지고 있어야만 한다. 본인은 제임스 스콧(Scott, James)의 말처럼 "어떤 일련의 사회적 행위의 배후에 있는 어떤 [확고한] 기반이 될 만한 현실이나 진실을 확실하게 규명할 만한 만족스러운 방법이란 존재하지 않는다"는(Scott 1990: 4쪽) 고전적인 해석학적(hermeneutic) 또는 해석적(interpretive) 문제를 단지 언급하고자 하는 것이 아니다. 여기서의 문제는 「지배」라는 단어가 적절한지 아닌지를 어떻게 알 수 있느냐는 것이다. 권력을 「지배」라고 말하는 것은, [그 권력이] 행위주체 또는 행위주체들의 욕망, 목적 또는 「이해관심」에 어떤 중대한 제약을 '부과'하는 것을 시사하는데, 그럼으로써 그러한 것들이 좌절되거나 그것들의 성취가 가로막히거나 심지어는 공식화되는 것조차도 방지된다. 따라서 이러한 의미에 있어서, 권력은 위처럼 이해된 방식의 의미를 가지고 있는 '부과'(imposition)와 기타 다른 「영향」(influence) 간을 구분하도록 한다. (푸코가 구사한 니체적 수사에 있어서는 이러한 구분이 모호하게 나타난다). 찰스 테일러(Taylor, Charles)는 이러한 핵심적인 점을 명확히 함에 있어 도움을 주고 있다:

> 【119】 어떤 외부의 행위 주체나 상황이 나에게 어떤 변화를 일으켜 그러한 욕망/목적/열망/관심을 전혀 방해하지 않는다면, [그것을] 「권력 행사」/「지배」라고 말할 수 없다. [심적] 각인(imprinting)이라는 현상을 예로 들어보겠다. 인간의 삶에도 각인 현상이 어느 정도는 존재한다. 우리는 일반적으로 배고픔을 달래주던 음식, 우리가 살고 있는 문화권에서 익숙하여졌던 음식을 좋아하게 된다. 그런데 이러한 것들이 과연 우리 문화가 우리를 지배하고 있다는 지표인가? 이 단어가 이렇게 널리 남용되도록 놓아두면 그 단어가 가지고 있는 유용한 모습은 모두 상실되고 그 단어를 통하여서는 어떠한 특별함도 더 이상 표현할 수 없을 것이다(Taylor 1984: 173쪽).

본인은 이러한 점을 파악하기 위한 한 가지 방법으로서 '타인의 위로 행사되는 권력'이라는 관념에 더하여 다른 한 가지 주장이 추가되는 방식으로 「지배」라는 개념을 바라보는 방법을 제안하고자 한다. 그 주장이란, 「지배」에 예속된 사람들은, 스피노자의 표현을 빌리자면, "자신의 본성과 판단에 따라" 살지 못하기에 덜 자유로워진다는 것이다.[248]

이때 '덜 「자유」롭다'라는 생각부터 검토를 시작하여 보자. 「자유」의 정도를 파악하려면 무엇이 「자유」의 침해 또는 위반을 구성하는지에 대한 여러 상반된 견해 중에서 취사선택하여 결정할 수밖에 없다. 그런데 이는 다시 「자유」가 무엇인지에 대한 다양한 상반된 견해 중에서 선택하여 결정하는 문제로 소급되기 마련이다. 그러한 「자유」에 대한 상반된 견해 중에서는, 예를 들어, 사람들의 선호가 무엇이든 간에 그것을 실현하는 바에 있어서 간섭받지 않는 것이 「자유」라고 보는 견해가 있다. 이 관점에 따르자면, 내가 하고 싶은 일을 하는 것을 아무도 방해하지 않는 한, 혹은 (더 넓게 해석하면) 방해할 수 없는 한 나는 자유롭다. 만일 「자유」에 대하여 이런 식으로만 생각한다면, 나의 선호들이 어떻게 형성되는지, 나의 판단들이 어떻게 이루어지고 무엇이 그것들에 「영향」을 미치는지 등의 이 모든 것들은 나의 「자유」의 범위와는 아무런 관련이 없게 된다. [이러한 방식으로 생각하는 경우] 나의 '본성'은 나의 선택에 의하여 드러나는, 그러한 이미 주어져 있는 선호들의 배열일 뿐이고, 나의 '판단'이란 그것이 어떤 것이 되었든 단지 내가 선택하는 것일 뿐이다: 즉, 판단들은 선호에 의하여 드러나고, 선호는 선택의 상황에서의 행동으로 드러나게 됨을 주장할 뿐이다. 이러한 구도를 비판하는 방법에는 여러 가지가 존재하는데,[249] 그중 현재 논의와 가장 관련이 있는 것은 다음과 같

---

248 [역주] 105쪽 참고.

249 예를 들어, 캐스 선스타인(Sunstein, Cass)은 [주류] 경제학과 그 경제학으로부터 감명을 받은 사회과학 분야에서 매우 중요한 개념인 '선호들'이

다. 「자유」에 대하여 이렇듯 제안된 관점에서 볼 때는 나의 선호가 어떻게 형성되는지는 전혀 중요하지 않게 된다: 관심사는 오로지 아무도 그 선호의 실현을 방해하지 않는다는 것뿐이다. 이러한 관점은 "습관, 두려움, 낮은 기대감, 부당한 배경 조건들이 사람들의 선택과 심지어 자신의 삶들에 대한 소망을 변형시키는 그러한 다양한 방식을 드러낼 수 있는, 즉, [인간의] 선호와 욕망에 대한 비판적 연구"를 할 여지를 아예 배제하게 된다(Nussbaum 2000: 114쪽). 【120】 그러나 그러한 선호들은 **내 것**이라는 점, 내 「자유」를 판단하는 한 척도는 내가 내 선택을 통제하고 있고 또한 내 인생이 진행되는 방식에 있어는 내가 저자라는 점이 또한 중요하다는 것을 부정하는 것은 과연 타당한가. (물론 이는 단지 현행 지배적인 규범과 전통에 기꺼이 「순응」하는 것을 의미할 수 있다). 그럼에도 불구하고, 널리 받아들여지는 「자유」에 대한 견해 중 하나는 이렇듯 아주 간단하고

라는 개념 자체에 의문을 제기하였다. 그는 '선호들'이라는 용어가 "매우 모호하다"고 주장한다. 선호라는 생각은 "다양한 환경에서 다양한 선택을 만들어 내는 각기의 상황적 요인들을 무시하는 경향이 있다"고 그는 말하였다. "어떤 선호"가:

> 선택들이라는 행동의 뒤에 있는 것, 그리고 선택들보다 더 추상적이고 일반적인 것으로 생각하는 것은 잘못이다. 선택들의 뒤에 존재하고 있는 것은 어떤 단일한 것이 아니라 다양한 요소들의 혼합체이며—이에는 열망, 취향, 신체 상태, 기존의 역할과 규범에 대한 반응, 가치, 판단, 감정, 충동, 믿음, 변덕 등이 있다—이들 힘들의 상호작용이 특정한 상황에 따라 특정한 결과를 만들어 내는 것뿐이다. 따라서, 즉, 선호들은 「사회적 설정」 상황과 지배적 규범의 함수라는 의미에서, 선호들은 [기존에 이미 존재하고 있어서] 끌어내 오게 되는 것이 아니라 사회적 상황에 의하여 오히려 만들어진다고 말할 수 있다(Sunstein 1997: 35, 38쪽).

도 단순한 견해이다: 즉, 어느 주어진 순간에 그것이 무엇이든 자신이 원하는 것을 함에 있어 아무도 간섭하지 않는 한 사람들은 「자유」롭다는 것이다. 이를 「자유에 대한 최소한의 관점」(minimal view of freedom)이라고 부른다.[250]

우리는 스피노자의 '공식'을 통하여 이러한 주장에 내재된 문제점을 파악할 수 있다. 왜냐하면 [스피노자의 공식에 대하여서는] [위와 같은] '최소한의 관점'을 넘어서는 다양한 해석들이—물론 그러한 모든 해석들이 상호 양립할 수 있는 것은 아니지만—가능하기 때문이다. 여기서는 다음과 같은 질문에 답하는 다양한 방식들에는 어떤 것들이 관련되어 있는지만 요약하려고 한다: 즉, "나의 본성과 판단이 따르려고 하는 것은 무엇인가?" 이 질문에 대한, 스피노자 자신의 방식에 따른 대답은 단 하나뿐이다. 그 [스피노자의] '공식'에 의하면, 「자유」를 (광의에서의[251]) 「자율성」

---

[250] 이 견해는 때때로 「주관적 복지주의」(subjective welfarism)라고 불리는 바의 당연한 귀결이라고도 할 수 있다. 이 이론에 따르자면 모든 기존의 선호들은 정치적 고려에 있어서는 동등한 것으로 간주된다. 이러한 '최소한의 관점'은 아마도 프리드리히 하이에크(Hayek, Friedrich)의 견해라고 생각된다. 하이에크에 따르자면, 어떤 사람이 자유롭다는 것은 "그가 자신의 현재 의도에 따라 행동할 수 있는지, 아니면 타인이 그 상황을 「조작」하여 자신의 의도 대신 그 타인의 의도에 따라 행동하게 만드는지를 기준으로 판단할 수 있다"(Hayek 1960: 13쪽). 이러한 관점에서 볼 때는 [그의 견해에 따르자면] 현재 [어떤 사람이] 가지고 있는 그러한 의도들이 생성된 배경이나 맥락은 한 사람의 「자유」에 영향을 미치지 않으며, 하이에크에게 있어서의 「자유」란 단지 타인의 자의적인 의지에 의하여 강압적으로 지배되지 않은 상태를 의미할 뿐이다(전게서 11쪽).

[251] [역주] 이 문장에서 '광의'로 해석한다고 함은, 위에 나온 하이에크식의 「자율성」을 이야기하는 것이 아니라 더 근원적인 (이하에 나오는 자신

(autonomy; sui juris)으로서 생각하는 것이 타당할 듯 여겨질 수 있음을 시사한다. 즉「자유」란 (자신의 '본성'(*natura*) 또는 '자아에 충실함'을 의미하는)「**진정성**」(authenticity)과[252] (보다 협의에서의, 자기 스스로 [자율적으로] 생각한다는)「**자율성**」(*autonomy; sui juris*)이라는 두 가지 생각을 떠올리도록 하는 것임을 말하고 있다. 스피노자 자신의 설명에 따르자면, 자신의 '본성에 따라서',[253] (진정으로(authentically)) 살고 '판단에 따라서'(자율적으로(autonomously; *sui juris*)) 사는 것이 바로「**이성적**」(rational)인 것이다.「지배」에 예속되면 "「이성」을 올바르게 사용하는" 주체의 능력이 저해된다:

> 그의「이성」(*ratione*)이 가장 강력하고 그「이성」에 의하여 가장 많이 인도되는 사람은 바로 '스스로의 권리를 가장 많이 소유한' 사람이다 (이때 '권리'라 함은「자유」라는 의미임[254])(Spinoza 1958[1677]: 275쪽).[255]

의 진정한 본성 내지「이성」을 따라 행동하는)「자율성」을 의미한다.

[252] [역주] 스피노자의 용어 중 저자가 말하는 이「진정성」(authenticity)이라는 영어 단어의 직접적 라틴어 표현이 어떤 것인지는 불분명하다. 저자가 인용한 스피노자의 저작 두 권(참고문헌 참조)에는 이 영어 단어는 등장하지 않는다.

[253] [역주] 각주 130을 참고할 것.

[254] [역주] 인용된 영어 번역 문구의 표현은 "most possessed of their own right"(스스로의 권리를 가장 많이 소유한)이라고 직역되어 있기에, 괄호 안의 부연 설명은 이때의 번역어인 'right'라는 단어를 염두에 두고 저자가 설명한 부분이다. 하지만, 라틴어 원문에는 '*sui juris*'로 되어있는데, 이 표현은 의역하자면 '독립적으로', '자율적으로' 혹은 '자신에 따라서'를 의미한다.

[255] [역주] 위의 번역은 영어 번역을 중역한 것이다. 하지만 라틴어 원문은

이 말은 직관적으로 인식될 수 있는「권력의 메커니즘」뿐만 아니라 더 덜 분명한 메커니즘도 또한 분명히 포착하고 있다. 특히, "본성적"(natural)이란 것이란 무엇인지에 대한, 그리고 그 "본성"(nature)이 어떤 종류의 삶을 지시하는지에 대한 오해나 환상을 심어주고 그 오해와 환상들을 유지시킴으로써, 그리고 일반적으로 이성적 판단을 위한 그들의 [즉, 피지배자들의]「포텐시아」의 발전을 가로막거나 무디게 함으로써, 권력은 피지배자가 가진,「이성」을 잘 사용할 수 있는「포텐시아」를 차단하거나 훼손시키기 위하여 사용될 수 있다.[256] 권력은「이성성의 실패」들(理性性, failures of

---

다음과 같은데, 영어 번역본과는 다소의 차이가 있다(원문은 인용원문 42 참조; Spinoza 1958[1677]: 274):

인간의「포텐시아」(*potentia*)는 신체에 깃들어 있는 힘(*fortitudine*; *force*)이 아니라 정신(*mentis*)의 그것에 의하여 가늠되기(*aestimanda*) 때문에, 따라서 최대로 '자신에 따르는'(*sui juris esse*) 사람은「이성」(*ratione*)이 가장 강력한(*pollent*) 사람이며, 그「이성」에 의하여 가장 인도되는(*ducuntur*) 사람이다.

[256] 따라서 마르크스는 "자본주의 생산의 도래는 교육, 전통, 습관에 의하여 그 생산 방식에서 요구되는 사항을 자명한 자연적 법칙으로 간주하여 생각하는 그러한 노동 계급을 육성시킨다"고 기술한 바 있다(Marx 1976[1867]: 899쪽). 그리고 존 스튜어트 밀은『여성의 종속적 지위』(The Subjection of Women)에서 다음과 같이 서술하고 있다:

현재에 여성의 본성이라고 불리는 것은 어떤 방향에서 볼 때는 강제적 억압, 그리고 다른 방향에서는 볼 때는 부자연스러운 자극의 결과로서 나타나는 지극히 인위적인 것이다. 나는 의심의 여지 없이, 어떠한 피지배 계층들이라고 할지라도 [여성보다 더욱] 주인과 가지는 관계에 의하여, 그들의 성격이 자연스러운 조화 상태(proportions)로부터 그렇게끔 완전히 왜곡된 계층은 존재하지 않았다

rationality)²⁵⁷을 유발하거나 조장할 수 있다. 또는 스피노자의 견고한 (그리고 성차별적인²⁵⁸) 17세기적 언어를 빌리자면, 한 사람의 판단력이 다른 사람에게 지배되어 있는 경우 첫 번째 사람은 두 번째 사람에게 '사기당하는 자'(dupe)가 될 수 있다.²⁵⁹

하지만 이같은 점들을 인정하는 경우 오히려 더 많은 의문이 제기될

고 주장할 수 있다. (...) 그 누구일지라도 [자의적으로], 여성이 타고난 정체(constitution)에 의하여 무엇이 되고 또는 안 되고, 또는 무엇이 될 수 있고 될 수 없는지를 결정하려고 시늉하는 것은 주제넘는 바라고 생각한다(Mill 1989[1869]: 38-9, 173쪽).

²⁵⁷ [역주] 영어 원문의 'rationality'를 통상적으로처럼 「합리성」이라고 번역함에는 곤란함이 있다. 「합리성」은 논리에 의하여 추론함을 일반적으로 말하기 때문인데, 본문의 의미는 그러한 부류의 「합리성」은 아니고 인간의 「이성」(ratione)을 사용하여 결정하는 것을 의미한다. 따라서 부자연스럽기는 하더라도 부득이 「이성성」(理性性)으로 번역하였다.

²⁵⁸ [역주] 인용된 영어 번역 문장은 남성(men)만을 사용하기에 성차별적 편향이 있을 수는 있지만, 라틴어 원문에는 그러한 흔적이 없음에 비추어 보았을 때, 저자가 위와 같이 언급한 것은 20세기에 이루어진 영문 번역만을 참고하였기 때문일 듯하며, 스피노자의 원래 라틴어 문장과는 상관이 없는 듯 보인다.

²⁵⁹ [역주] 영어 인용에 따라서 번역한 것이다. 하지만 영어 번역문은 다소 의역을 한 것이며, 원래 문장의 전문을 해석하면 다음과 같다(방점부분이 인용된 부분임)(원문은 인용원문 43 참조: Spinoza 1958[1677]: 274쪽).

판단의 능력은 그 사람의 정신이 타인에 의하여 기만될 수 있는 한, 타인에 의하여 좌우될 수(juris) 있다. 그로부터 알 수 있는 바는, 정신은 자신의 「이성」(ratione)을 올바르게 사용하는 한에 있어서만 자신이 스스로 자율적일 수(sui juris) 있는 것이다.

수 있다. 과연 「이성성의 실패」는 무엇을 의미하는가? 【121】 상이한 역사적 시대나 문화, 심지어 하위문화에 내재하는 또 다른 「이성성」은 존재하는가? 어떤 것이 「이성」으로 간주될 수 있는지, 혹은 어떤 것을 믿거나 혹은 행함에 있어서 판단을 위한 올바른 「이성」에 대한 대안적 기준은 과연 존재하는가? 혹은 대안적 논리 내지는 대안적 논증 방법은 존재하는가? 아니면 비코(Vico, Giambattista)가 생각하였듯이,

> 모든 국가에 공통된, 인간의 사회생활에서 실현 가능한 것들의 실체를 불변적으로 파악하고, 그 가능한 것들이 다양한 측면을 가지는 것처럼 그러한 실체를 [어떠한 정신적 언어의] 무수히 다양히 변형된 모습으로 표현하는, 그러한 정신적 언어란 과연 존재하는가?(Vico 1963[1744]: 115쪽).

아니면 오히려 문화적 다양성에도 불구하고 [그 다양한 문화들이] 공유하고 있는 기반, 문화들 간의 교두보, 혹은 "역사에 얽매이지 않는 인간 사고에 내재하는 '거대한 중심핵'"은(Strawson 1959: 10쪽) 과연 존재하는 것인가? 그리고 우리가 「이성성의 실패」들에 대하여 어떠한 객관적이고도 '비상대적'인 의미를 부여할 수 있다고 가정한다면, 그때 우리는 그 「이성성의 실패」들을 말하기 위하여서는 어떤 기준으로 소급하여야 하는가. (이러한 「이성성의 실패」들의 사례에는 자기기만과 [막연한] 희망을 가짐, 인지적 「편향성」, 오류 그리고 착각에 사로잡힘, 사안과 질문을 어떻게 구성하는가에 따라 달라지는 각종 편차 등에 좌우됨, 그리고 통계적 추론의 원리에 대한 무지 등이 있다). 그 「이성성의 실패」들은 어떻게 또 이해되어야만 하는가: 즉, 내부적으로 생성된 것으로 볼 것인가, 아니면 외부에서 활성화되고 지속되는 것으로 볼 것인가? 물론 가장 타당하게 보이는 견해는 양자 모두가 해당된다는 것이다: 한편으로는 모든 사람이 그러한 [「이성성」의] 실패들에 취약하다는 사실, 그리고 그러한 실패를 피

하기 위하여 교육을 받을 수 있고 또한 자신 스스로를 교육할 수 있다는 사실을 알 수 있다. 하지만 다른 한편으로는 어떤 사람들은 그러한 [「이성성」의] 실패가 지속됨으로써 오히려 이득을 얻을 수 있는데, 실제로 오늘날에는 숙련된 전문가, 커뮤니케이션 및 홍보 전문가들 등으로 이루어진 집단들이 고용되어 있으며, 이러한 자들은 그러한 [「이성성」의] 실패로부터 지속적으로 이득을 얻고 있다. 고대의 수사학 방법부터 현대의 홍보 및 선전 전문가들의 기술(技術)에 이르기까지, 스피노자의 말처럼 "사람의 판단은 여러 가지 방식으로, 그리고 거의 믿을 수 없는(incredibilibus) 방식(modis)으로 「영향」을 받을 수 있다"는 것은 부인할 수 없는 사실이다.²⁶⁰

그러나 [스피노자의] "자신의 판단(sententia)에 따라서"라는²⁶¹ 표현은 반드시 「이성성」만을 포함할 필요는 없다. 이때의 '판단'은 아리스토텔레스적 의미로는 '프로네시스'(phronesis),²⁶² 즉, 원칙을 어떤 특정 상황에 적용하는 실용적인 지혜를 의미할 수도 있기 때문이다. 그것은 하나의 「탁월성」(virtue)으로서,²⁶³ 그것을 가지고 있음은 곧 성숙함을 스스로 입증하

---

260 [역주] 각주 167 참고.

261 [역주] 본서 105쪽 참고.

262 [역주] 이때 phronesis(φρόνησις)는 실용적 지혜를 의미하는 그리스어인데, 아리스토텔레스는 이를 sophia(σοφία), 즉 이론적/절대적 지식과 대비시킨 바 있다.

263 [역주] 저자는 이때 그리스 철학의 핵심 개념인 arete(ἀρετή)를 염두에 둔 것으로 생각된다. 이는 도덕적, 기능적, 기술적인 모든 측면에서 '탁월함'을 뜻하며, 소크라테스/플라톤 철학에서 가장 중요한 개념 중의 하나이다. 이 개념은 통상적으로 영어로는 virtue라고 번역되고 한국어로는 '덕목'으로 번역된다. 하지만 '덕목'이라는 번역어는 어떠한 '도덕적

는 것이다.【122】여기서도 문화적 상대성에 대한 질문을 제기할 수 있다. (즉, 어느 정도까지 그러한 지혜와 성숙함으로 간주되는 것들이 각기 다른 문화에서 상이할 수 있는가? 올바른 판단이라고 평가하는 '초 문화적'인 방법은 과연 존재하는가). 그러나 올바른 판단이라는 것이 언제 존재하고 언제 부족한지에 대하여 우리가 동의할 수 있다고 가정하면, 올바른 판단이라는 것은 더욱 함양될 수 있거나 혹은 [그것이 부족하게 되는 경우에서도 알 수 있듯이] 좌절될 수도 있는「탁월성」이라는 것은 분명하다.「지배」란, 그룹들 간에서의 관계에 있어서 '억압되거나 질식될 수 있는 상태'로 구성된다. 예를 들어 파농(Fanon, Frantz)이 이야기한 바 있는 식민지적 상황, 권위주의적 가정과 전제적인 교육 기관, 입센(Ibsen, Henrik)의 소설『인형의 집』에 등장하는 토르발트(Torvald)와 노라(Nora)의 관계처럼 비대칭적인 관계에 있는 개인들 간의 관계에서 이 같은「지배」를 엿볼 수 있다.

그렇다면 [스피노자의] "본성(ingenio)에 따라서"라는 표현은 어떤가? 개인이나 개인들의 그룹들이 "본성"을 가지고 있다고 말하는 것은 근자에 있어서는 더 이상 유행이 아니다: 왜냐하면 그렇게 말하는 것은 결코 용서받지 못할「본질주의」(essentialism)라는 죄를 범하는 것으로 간주되기 때문이다. 여기서 문제가 되는 것은, 개인의 경우에 있어서 사회화되기 전의, 또는 생물학적으로 주어진 본성은 분명히 아니고, 반면 민족, 인종, 국가 그룹들의 경우에 관하여서 언급되는 소위「원초적 본성」들(primordial natures)도 분명히 아니다.「지배」라는 것을, '자신의 본성에 따르는' 바에 대한 [어떤 제약을] 부과하거나 혹은 제한하는 것으로 이해할 수 있는 한 가지 방법은, 인간 본성에 관한 이론의 관점에서 '본성'을 해석하는 것이다. 이때 다음과 같은 핵심적 질문이 나타난다: 즉, 인간이 번영하기 위

인 의미만을 가지는 것으로 오해할 소지가 많기에, 기존 번역의 관행과는 달리 원래적 그리스어의 의미에 따라「탁월성」으로 번역하였다.

하여 필요한 조건들은 과연 무엇인가? 다시 말하자면, 마르크스가 질문하였음 직한 이 질문은, 인간이 진정으로 인간답게 살기 위한 전제 조건들은 과연 무엇인가라는 것이다(Geras 1983, Lukes 1985 참조). 이 질문이 묻고 있는 바는, 사람들이 일정한 규범적 기준에 부합하는 삶들을 영위할 수 있도록 하기 위하여서는 반드시 확보하여야 하는 물질적, 사회적 환경들이 무엇인가에 대한 설명이다: 즉, 서로를 목적으로 대하고 또 그렇게 대우받으며, 인간의 존엄에서의 차별이 존재하지 않으며, 각자의 삶을 스스로 조형함에 있어서 동등한 기회를 가지고, 자신이 스스로 선택하며, 타인과의 호혜적인 관계들하에서 각자 자신들의 재질을 개발할 수 있는, 그러한 인간 존재에 적합한 삶들을 영위하기 위한 환경들이 과연 무엇인가에 대한 설명을 구하고 있다고 할 수 있다. 이러한 설명을 제시하기 위한 가장 유망한 현대적 시도는 소위 「역량 접근법」(capabilities approach)으로서, 이는 아마르티아 센(Sen, Amartya)과 마르타 누스바움(Nussbaum, Martha) 각자에 의하여 약간 상이한 버전으로 개발되었다(Sen 1984, 1985, 1992, 2002, Nussbaum 2000, Nussbaum and Sen 1993).【123】이 접근법의 배후에 존재하는 '직관적 생각'은 "어떠한 특정 기능들(function)은, 일반적으로 그 [기능들의] 존부 여부가 인간 삶의 존부 여부를 나타내는 표시로 이해된다는 점에서 인간 삶에 있어서 특히 핵심적"이며, 마르크스와 아리스토텔레스가 주장하였듯이 인간은 '자기 주도적(self-directed)이라는 면에서 동물과 구별된다는 것이다: 즉, "'무리'나 '떼'를 이루는 동물과도 같은 방식으로 세상에 의하여 수동적으로 형성되거나 혹은 떠밀려 사는 것이 아니라, 타인들과 협력하고 호혜적 관계하에" 자신의 삶을 조형할 수 있다는 면에서 그러한 것이다. "이러한 인간의 실천적 「이성」과 사회성이 가진 힘들에 의하여 지속적으로 조형되기 때문에" 인간의 삶은 뚜렷하게 인간다울 수 있다. "우리는 광범위한 문화적 합의를 이끌어낼 수 있는, 진정한 인간 기능에서의 핵심적 요소들을 나열할 수 있으

며",²⁶⁴ 더 나아가:

> 인간들이 추구하거나 선택하는 것이 어떠한 것들이든, 이러한 역량들은 모든 인간의 삶에서 가장 중요하다고 설득력 있게 주장될 수 있다. 그 핵심적「역량」들은 단지 다른 어떤 것들을 추구하기 위한 수단은 아니다: 삶이 그것들을 포함하는 경우 삶은 온전히 인간답도록 만들어 지기에 그것들은 그 자체로서의 가치를 지니고 있다(Nussbaum 2000: 72, 74쪽).

이러한 점이 설득력 있게 주장될 수 있다면, [스피노자의] "본성에 따라서"라는 표현에 객관적인 의미를 부여할 수 있게 되고, 따라서 무엇이 과연「지배」로 간주되는지에 대한 설명을 제시할 수 있다.「지배」라는 것은, 어떤 사람들이 진정 인간적으로서 기능하기 위한 그들의「역량」을 타인들의 권력이 제약함으로써 그 어떤 사람들의「이해관심」에 작용을 미치는 경우에 생겨난다.

하지만 모든 사람들이 이러한 '객관주의적' 논증에 수긍할 수 있는 것은 아니다. "본성에 따라서"라는 표현을 해석하는 또 다른 방법은 개인들의 '본성들'이란 그들의「정체성」들(identities)에²⁶⁵ 의하여 주어진 것으로 이해하는 것이다. 개인들과 그룹들의 '본성'이 객관적으로 추어진 것인지, 혹은 주관적 내지는 '상호 주관적'으로(inter-subjectively)²⁶⁶ 구축되

---

²⁶⁴ 아마르티아 센과 누스바움 두 사람 모두, 문화적 경계를 넘나들며, 특정한 형이상학적 또는 목적론적 관점에 얽매이지 않는 방식으로 "도덕적 주장을 행사하는"(Nussbaum 2000: 83쪽) 독특한 인간 능력들에 관한 (다양하고도 변화하는) 목록을 구성하려고 시도한다.

²⁶⁵ [역주] 본 절에서 말하는「정체성」이란 '진정한 자기됨'을 규정하는 본질을 의미한다.

²⁶⁶ [역주] 상호 주관적이란, 주체들이 상호 교류하는 과정에서 발생되는

는(construct) 것인지에 대한, [상반된 견해상의 주장이라는 의미에서의] 양면성(ambivalence)이 존재한다. 그런데 오늘날 우리는 개인적 그리고 집단적(collective) 「정체성」들에 대하여 말하는데, 이 「정체성」이라는 단어에는 위와 같은 [본성에 대한 서로 다른 입장 간의] 양면성이 잘 반영되어 있다. 사실 이 [「정체성」이라는] 단어 자체는 모호한 것으로 잘 알려져 있다. 그것이 가지는 의미는 "'딱딱한' 의미와 '부드러운' 의미들 사이에서, 혹은 「본질주의」적 함의들과 「구성주의」적으로 '한정되어진'(qualifier) 의미 사이에서 방황하고 있다"(Brubaker and Cooper 2000: 2쪽).[267] 【124】 「정체성 정치」(identity politics)라는 표현은[268] 그러한 정치를 [실행하는] 옹호자와 [그러한 정치에 대한 이론적] 분석가 모두가 사용하고 있는데, 이 표현의 의미는 [고정되어 있지 않고] 양극단을 오고 간다. 그 대립이란 다음과 같은 것들이

것을 의미한다.

[267] [역주] 다소 혼란스러운 표현이다. 일단, 이때의 「구성주의」라는 것은, 「정체성」이라는 것은 이미 주어진 어떤 것이 아니라 사회적 과정과 인간들 간의 교류 접촉을 통하여 만들어지는 것임을 주장하는 이론이다. 따라서 이는 본질주의적 입장과는 배치된다. 본문에서는 「구성주의」에 의하여 '한정된다'는 표현을 사용하고 있는데, 이는 그러한 「구성주의」적 과정에 의하여 「정체성」들이 수정되고 변화될 수 있음을 의미한다. 그리고 이때 본질주의적인 입장을 '딱딱하다'고 표현하였으며, 「구성주의」적으로 한정된 「정체성」의 의미는 그것이 가변적이라는 의미에서 유동적이고, 따라서 '부드럽다'라고 표현하였다.

[268] [역주] 「정체성 정치」란, 사람들이 그들 자신과 동일시하는 집단, 특히 인종, 민족, 성별, 성적 지향, 종교, 국적 또는 기타 정의된 특성에 따른 집단을 기반으로 하여, 그러한 집단의 이익과 관점을 옹호하는 것을 주요 사안으로 하는 정치적 입장, 운동, 또는 행동을 일컫는다.

다: 옹호자들의 관심사에²⁶⁹ 대립되는 분석가들이 가진 통찰력;²⁷⁰ 그리고 「정체성」이라는 것의 상호 대립적 해석은²⁷¹ 이미 주어진 것이라는 생각에 대립되는 창조되거나 혹은 구성되는 것이라는 생각, 진정한 자아를 찾는 것에 대립되는 [그것을] 창조하는 것, 자아의 발견(self-discovery)에 대립되는 자아의 발명(self-invention), 원초적 일체화(原初的一體化 primordial identification)에²⁷² 대립되는 포스트모더니즘적 자아성형(self-fashioning) 등. 그런데 인간은 스스로를 자신에게 부여된 「정체성」과 일체화시키거나 반대로 그것을 무시하거나 거부하려 할 수 있다. 그렇기에 「정체성」을 둘러싼 「지배」의 양상은 여러 가지 형태로 나타날 수 있다. 한 가지 형태는 「불충분한 인정」(insufficient recognition)이다. 즉, 한 사회에 있어서 「종속적」 위치에 있거나 소수인 그룹에 속한 구성원들이 지지하거나 혹은 고수하려 하는, 민족적, 문화적, 종교적, 지리적 「정체성」에 대한 「몰 인정」(沒認定 non-recognition) 혹은 「오 인정」(誤認定 mis-recognition)이 그것들이다.²⁷³ 즉, 사람들

---

269   [역주] 「정체성 정치」를 추구하는 자들이 가진 자신들이 추구하는 특정한 목표를 말함(예를 들어 특정 「정체성」을 가진 집단의 이익을 옹호하는 행위 등). 그들은 자신들의 믿음을 절대적인 것으로 여긴다.

270   [역주] 「정체성 정치」에 대한 더 분석적이며 이론적인 연구이며, 이러한 연구는 실제 「정체성 정치」를 추구하는 주체들의 관심과 일치하지 않을 수 있다. 따라서 상대적이다.

271   [역주] 이하의 모든 대비에 공히 적용되는 문구이다.

272   [역주] 어떠한 이미 선천적으로 주어진 요인들(인종, 문화, 기타의 「정체성」을 구분 짓는 요인들)에 자신을 일체화시킨다는 것을 말한다.

273   [역주] 「몰 인정」이란, 어떤 집단의 「정체성」 자체가 사회적으로 전혀 인지되지 못하는 경우이다. 예를 들어 어떤 소수민족, 문화적 집단 등의 존재 자체가 사회적으로 무시되거나 관심 밖의 영역일 수 있다. 반

은 고착되고 변경할 수 없는 [자신들의 사회적] 위상과 [그러한] 일련의 역할에 의하여 돌이킬 수 없이 정의된, 그래서 그로부터 어떠한 출구도 없는 자로 간주되거나 스스로를 그렇게 간주하게끔 된다. 예를 들어 마르타 누스바움(Nussbaum, Martha)은 인도 과부들에 대한 보고서를 통하여 "[그들은] 딸이자 어머니이자, 아내이자, 과부라는 사회의 인식을 스스로 내면화하여 온(과부들의)「정체성」은 남성과의 관계에 따라 어김없이 정의됨)"것으로 기록한다.[274] 다음과 같은 두 가지 유형의 경우 모두에 있어서「인정의 실패」(failure of recognition)가[275] 존재한다: 첫 번째는 행위자가 주장하는「정체성의 인정의 실패」(failure of recognition of identity), 두 번째는 행위자가 거부하는「정체성의 인정의 실패」이다. 이 두 경우 모두,「인정」되지 못하는'(unrecognized) 당사자들은 "그 당사자들 주변의 타인들 또는 주변의 사회가 그 당사자들 자신들을 제한하거나 경멸하는 모습을 그

면「오 인정」이라는 것은 어떤「정체성」을 가진 집단에 대하여 스테레오 타이프적인 딱지를 붙이는 경우, 예를 들어 인종적 편견, 지방적 편견 등이 있다.

[274] 1994년 4월 24일 자『힌두 매거진』(The Hindu Magazine)에 게재. Nussbaum and Glover(1995: 14쪽)에서 인용함. 그녀는 또한 라빈드라나트 타고르(Tagore, Rabindranath)의『아내의 편지』(Letter from a Wife, 1914)를 인용하고 있다:

당신의 공동 가족에서 저는 둘째 며느리로 알려져 있습니다. 그동안 저는 제 자신을 그 이상도 이하도 아닌 존재로 알고 있었습니다. 15년이 지난 오늘, 바닷가에 홀로 서 있는 저는 이 우주와 그 창조주와의 관계라는 또 다른 정체성을 가지고 있다는 것을 깨닫게 되었습니다. 따라서 이 편지를 당신 집안의 둘째 며느리가 아닌 저 자신으로 쓸 용기를 낼 수 있었습니다 (Nussbaum 2000의 서문).

[275] [역주] 위에 설명한「몰 인정」내지는「오 인정」의 경우를 말한다.

당사자들에게 반사하여 비추어 보여서" 그 당사자들을 "거짓되며 왜곡되고 축소된 삶의 방식"으로 "가두어 두기" 때문에, 그 당사자들은 그렇듯 지배당하는 것으로 비추어질 수 있다. 찰스 테일러는 다음과 같이 [이 같은 이야기를] 좀 더 상세히 기술한다:

> 열등하거나 비하하는 이미지를 타인에게 투사하는 것은 그러한 이미지가 내면화될 수 있기에 실제로 [타인을] 왜곡하고 억압할 수 있다. 현대의 페미니즘뿐만 아니라 인종 관계와 다문화주의에 대한 논의도, 「인정을 하지 않음」(withholding of recognition) 자체가 억압의 한 형태가 될 수 있다는 전제에 기반하여 있다(Taylor 1992: 25, 35쪽).

그러나 「정체성」을 단지 그룹과 관련된 「정체성」의 관점에서만 생각할 이유는 없다. 실제로 현대에서의 중요한 형태의 「정체성 지배」(identity domination)는 **과도하거나** 원하지 않는 「인정」이라고 우리가 부를 수 있는 형태의 것들이다. 이는 다양한 방식과 다양한 이유들로 인하여, 개인들이 자신들에게 낙인찍힌 어떤 특정 그룹이나 구분 범주들과 자신들을 동일시하기를 꺼려함에도 불구하고, [그러한 낙인화에 대한] "순응", 공개적인 '자기 낙인화'(self-ascription)(소위 벽장으로부터의 '커밍아웃') 및 [그 그룹 및 범주와의] 연대감을 강요받는 경우에서 보인다. 【125】 그러한 방법을 통하여 「정체성 정치」를 주도(entrepreneur)하고 동원하는, 소위 '식별자들'(識別子 identifiers)은[276] 해당 그룹이나 범주에 대한 태도가 덜 헌신적이

---

[276] [역주] 이때 식별자(識別子 identifier)라 함은, 통상적으로 사용되는 용법인 어떤 '인식의 표시'도 아니고 '식별하는 자'(者)도 아니며, 단지 「정체성」을 가지고 있는 자'를 의미한다. 완전한 「정체성」을 가지고 있는 사람은 그 그룹 내지는 집단에 적극적으로 나서며, 비적극적인 사람들을 독려하거나 또는 강제하려고 할 수 있다. 이 문장 바로 뒤에는 그러한

거나 그렇지 않은 경우 모호하거나 무관심하거며 심지어는 적대적인 모든 사람들을 지배할 수 있는데, 그러한 [후자의, 피지배적 위치의] 사람들에는 다음과 같은 다양한 종류가 있을 수 있다: 준(準) 식별자, 반(半) 식별자, 비(非) 식별자, 구(舊) 식별자, 전환 식별자, 다중 식별자, 반(反) 식별자 등.[277]

해석과 소통의 수단을「통제」하는 지배적 그룹이나 민족이 자신들의 경험과 문화를 표준으로서 타인들에게 투영하여 그 피지배자들 자신들의 관점(perspective)이 보이지 않게 만드는 동시에, 그 피지배자들을 스테레오 타이프화하고 단지 '열외자'로 낙인찍어 버리는 경우에 있어서는,「정체성 관련 지배」(identity-related domination) 또는 소위「인정 지배」(recognitional domination)는 여전히 더 복잡한 형태로 나타날 수 있다. 흑인 시인 에메 세제르(Césaire, Aimé 1913-2008)가 "나는 두려움, 열등의식, 떨림, 예종, 절망, 비하의 감정을 교묘하게 주입받은 수백만 명의 인간들에 대하여 이야기하고 있다"고 쓴 것처럼, 지배자들은 다양한 권력 장치들을 활용한다. 이 말은 프란츠 파농이 그의 첫 번째 저서인『검은 피부, 하얀 가면』(Black Skin, White Masks)의 첫머리에서 인용한 말이다.[278] 파농

후자의 경우를 각각 상이한 명칭으로 지칭하고 있다.

[277] [역주] '준(準) 식별자'(quasi-identifiers)란「정체성」은 가지고 있되 비적극적 가담자, '반(半) 식별자'(semiidentifiers)란「정체성」에 대하여 모호한 입장을 취하는 사람, '비(非) 식별자'(non-identifiers)란 그「정체성」을 가지고 있음을 부인하는 사람, '구(舊) 식별자'(ex-identifiers)는 과거에「정체성」을 가지고 있던 사람, '전환 식별자'(trans-identifiers)란「정체성」이 바뀌는 경우, '다중 식별자'(multi-identifiers)란 복수의「정체성」을 가지고 있는 사람, '반(反) 식별자'(anti-identifiers)란 그「정체성」에 반대하는 사람 등을 각각 지칭하는 것으로 여겨진다.

[278] Fanon(1970[1952]: 7쪽).

은 이 저술과 그의 다른 작품에서 알제리를 비롯한 여타 아프리카에서의 독립 투쟁과 식민지화 이후의 경험이라는 맥락에서, 위와 같은 지배 형태에 있어서 다음과 같은 두 가지 차원 간의 밀접한 관계를 연구하였다: 즉, 한편으로는 심리적, 사회적, 정치적 차원, 그리고 다른 한편으로는 언어, 성격, 성적 관계, 정치적 경험이 그것이다. 그러나 결국 중요한 바는 [정신적] '주입'(injection)이 부분적으로만 효과적일 것이라는 점을 주목하는 것이다: 즉, 피지배자들은 자신들을 평가절하하고 스테레오 타이프화하는 세상의 해석 방식을 완전히 내면화하지는 않고 오히려 미국의 흑인 정치 사상가 W. E. B. 듀 보이스(Du Bois, W. E. B.)가 「이중의식」(dual consciousness)이라고 불렀던 것을 경험하게 된다는 것이다:

> 항상 타인의 시선에 의하여서만, 그리고 [타인들로부터의] 오히려 재미있어하는 듯한 경멸과 연민으로 가득 찬 그러한 세상의 잣대로만 자신들의 영혼을 측정하는 그러한 [타인의] 시선에 의하여서만 자신들을 바라본다는 의미에서 그러하다(Du Bois 1969[1903]: 45쪽).

【126】 본인은 위에서 "본성에 따라서"를 「정체성」이 지시하는 바에 따라서'라는 의미로 해석하는 것은 그것이 어떻게 이해되든, '인간본성'에 의존하고 있는 객관주의적 해석에 대한 일종의 대안이 될 수 있는 **것처럼 보인다고** 제안한 바 있다. 하지만 과연 이러한 방식은 진정한 대안인가? 그렇게 생각한다면 왜 우리는 인간의 「정체성」을 그것이 어떤 방식으로 이해되더라도 「인정」하여야 한다고 생각하는 것인가? 「정체성」이 가진 어떤 측면이 가치 있는 것이며, 또한 무엇이 그 「정체성」을 「인정」함을 「정당화」하는가? 만일 「정체성」을 「인정」하는 것이 선이고, 또한 그것이 규범적으로 요구된다고 주장한다면, 그렇게 주장하는 것이 아마도 그러한 「인정」을 함으로써 인간에게 있어서의 핵심적 기능의 관점에서 볼 때 어떠한 '기본적' 또는 '진정한' 「이해관심」을 충족시키기 때문

일 것이다. 또한, 「인정」을 주장하는 사람이든 혹은 「인정」을 거부당하는 사람이든, 그리고 그 「정체성」이 그룹과 관련된 것인지 혹은 개별적이든, 도대체 어떠한 기준으로 그러한 「인정」이 '불충분하다'거나 또는 '과도하다'고 판단할 수 있는가. 그리고 어떻게 「인정」에 대한 상호 경쟁적인 요구들 중에서 「정체성」의 주도자들과 동원자들의 주장과는 독립적인 어떤 기준에 의하여 선택을 결정할 수 있는가. 테일러는 그러한 기준이 없을 때는 사람들은 자신들에 관한 '거짓', '왜곡', 내지는 '축소'된 구상들을 받아들이게 된다고 말하지만, 이 모든 것은 다음의 질문에 대한 답을 전제로 한다: **무엇과 비교하여** 거짓, 왜곡, 축소된 것인가? 따라서 [위에서] 시사된 그러한 굴욕감 없이 산다는 것이 무엇인지에 대한 암묵적인 관념이 존재하여야만 한다. 예를 들어, 아마르티아 센은 아담 스미스를 인용하며, 인간에게 필요한 핵심적인 '기능들'(functionings) 중 하나는 "대중 앞에 수치를 당하지 않는 것"이라고 말한다(Sen 1985: 15쪽). 요컨대, 인간본성에 관한 이론에 근거하여 실질적 또는 「객관적 이해관심」이 무엇인지를 전제하지 않는 한, 「정체성 관련 지배」 혹은 「인정 지배」라는 관념이 어떻게 작동할 수 있는지 알기는 어렵다.

본인은 여기서 그 질문에 대한 그럴듯한 대답들의 범위, 그리고 [그들 간의] 상호 양립 불가능성을 묘사하려고 노력하였다: 예속된 사람들이 자신의 본성과 판단에 따라 자유롭게 살 수 없게 만드는 그러한 형태의 「지배」에 대하여 우리는 어떻게 생각하여야 하는가. 이에 대한 대답들은 푸코가 우리의 주목을 집중시킨 것들을 포함하는 메커니즘들을 자세히 설명함으로써 밝혀낼 필요가 있다. 푸코는 성적, 그리고 정신적으로 무엇이 「정상」인지에 대한 구상, 패션에 대한 규범과 미의 신화들에 대한 구상, 성의 역할과 연령 범주에 대한 구상,【127】예를 들자면 사적인 것과 공적인 것 간의, 그리고 시장과 비시장적 분배 방식 간의 이데올로기적 경계들에 대한 구상들을 주입하고 단속하는 바에 주목하였으며, 또한 무수한 형태와 방식을 가지는 억압적 스테레오 타입, 그리고 대중매체와 정치 캠페인에서 정보의 프레임화와 조작(spinning) 등과 같은 것들에도 우리의 주목을 집중시켰다. 또한, 더 명시적인 일차원적 및 이차원적 형태의 권력은 모든 다양한 종류의 삼차원적인 「영향」도 동시에 미친다는 점을 이해하는 것이 중요하다. 이러한 효과는 종종 단순히 「문화적 전승」(cultural transmission)이라는 비인격적인 과정의 효과로 잘못 인식되기도 한다. 배링턴 무어(Moore, Barrington)는 다음과 같이 이러한 오류를 설득력 있게 폭로하고 있다:

> 사회적 혹은 문화적인 연속성은 두말할 나위가 없이 당연히 '관성'에 의하여 유지된다는 가정은, 이 두 가지 종류 모두가 매 세대마다 새롭게 재창조되어야 하며, 종종 큰 고통과 시련을 수반한다는 사실을 간과하게 한다. 가치 체계를 유지하고 전승하기 위하여 인간은 맞고, 괴롭힘당하고, 감옥에 보내지고, 강제 수용소에 던져지고, 회유되고, 뇌물로 유혹되며, 영웅으로 만들어 지기도 하고, 신문을 읽도록 권장되고, 총살되기 위하여 벽에 세워지기도 하고, 그리고 때로는 사회학을 배우기도 한다. [단순히] 「문화적 관성」(cultural inertia)에 대하여 말하는 것은 세뇌, 교육, 그리고 한 세대에서 다음 세대로 문화를 전달하는 복잡한 과정 전체에 의하여 제공되는 구체적인 「이해관심」과 특권을 간과하는 것이다(Moore 1967: 486쪽).

이러한 모든 다양한 방식으로 「지배」는 '자기 결정'에 대하여 내적으로 제약을 가하도록 유도하고 그 제약을 유지할 수 있으며, 사람들의 자아에 대한 자신감과 감각을 약화시키고 왜곡하고, 자신들의 「이해관심」을 진전시키는 최선의 방법에 대한 그들의 판단을 호도하거나 또는 전복시킬 수도 있다.

물론 다음과 같은 질문에 대한 납득하기 어려운 대답들도 수많이 존재한다: 사람들을 예속시킴으로서 그들이 자신의 본성과 판단에 따라 자유롭게 살 수 없게 만드는「지배」를 어떻게 생각하여야 하는가. 그러한「지배」중의 하나는 공산주의의 역사에서 너무도 익숙한 장면이다: 즉, 외부에 위치한 관찰자나 활동가들에 의하여 [각 개인들의] 사회적 위치(즉, '부르주아', '소부르주아', '노동자' 등)에 따라 그 개인들에게 [일방적으로] 추정하여 귀속시키는 그러한 지시들을 '객관적' 또는「진정한 이해관심」들이라고 부르는 것이 그것이다. 그러나 이러한 장면은 사회적 행위자들을 단순히 사회적 역할의 수행자만으로서 간주하고, 그들의「이해관심」을 그들의 역할에서 요구되는 사항들과 동일시하는 것이다.【128】진실한 것으로 가정된 어떤 거대한 구도 내에 따라 정하여진 목적이나 운명에 도달하는 것이 그들의「이해관심」으로 간주되는 경우, 납득하기 어려운 점들은 더욱 가중된다. 그런데 사실 우리의 기억 속에 남아있는 많은 다양한 종류의 마르크스주의자들이—결정론자, 구조주의자 그리고 교조적 속물 마르크스주의자들이—이러한 노선을 취한 바 있었다(PRV에 인용된 그람시의 구절에서조차도 이러한 경향이 보인다). 사람들이 [타인에 의하여] 자신에게 있는 것으로 추정된「이해관심」을 추구하거나 인식하지 못할 경우, 죄르지 루카치(Lukács, Gyorgy)같은 학자로 하여금 이러한 실패를「허위의식」(false consciousness)이라고 설명하도록 이끌었다. 하지만 이에 관한 모든 것은 사실 빛바랜 이야기에 불과하며, 이는 이 장의 마지막에 다시 다루려고 한다.

두 번째 납득하기 힘든 대답은 푸코의 권력 취급에 대한 논의에서 우리가 이미 마주쳤던 대답이다: 즉,「지배」는 그「지배」에 예속된 사람들을 (넓게 보았을 때) 덜 자율적으로 만들 수는 없다는 것인데, 이는 더 자율적인 상태란 존재하지 않기 때문이다. 권력은 어디에나 편재하여 해방을 방해하고 [자신들이 만든] 진리의 체제를 강요하기 때문에 그「지배」를 벗어날 수는 없다는 것이다. 이 주제에 대한 그의 초기 저술에서 푸코는 '주체'의 본질과 판단은 모두「권력관계」에 의하여 완전히 '구성'되었으며, 우리가 이미 살펴보았듯이, 푸코에게서 감명을 받은 수많은 저술가들은 "「정체성」 자체가 「권력관계」의 산물"이며, 푸코의 주장은 결국 "「이성적」이며 자율적인 행위주체의 모델"의 기반을 약화시켰다는 등의 주장을 하여온 바 있다. 앞서 살펴본 바와 같이 푸코 자신은 이러한 초 급진적 관점을 결국 부정하게 되었는데, 그러한 초 급진적 관점은 사실 「지배」에 반하여 발생하는 「저항」을 이해불가능한 것으로 만듦과 동시에 푸코 자신의 비판적 관점과 정치적 입장을 약화시키는 결과를 초래하였던 것이었다.

앞서 살펴본 논의들을 정리하는 결론이란, 「지배」를 어떻게 해석할 것인가에 대한 질문에 대하여 수긍할 수 있는 대답은 단 한 개의 대답으로만 귀결되지는 않는다는 사실이다. 「자유에 대한 최소한의 관점」을 지지하는 사람들은 다음과 같이 자신들의 입장에 대한 방어적인 주장을 개진할 수 있다: 즉, 「지배」란 단지, 전체 인구나 소수자들 또는 개인들이 자신들 스스로 선택한 대로 살 수 있는 선택권을 제한하는 외부의 압력과 제약하에 있는 경우일 뿐이고, 그 당사자들은 실현 가능한 일련의 선택에 직면한 자율적이고 「이성」적인 행위자로 간주되어야만 하며, 또한 그 당사자들은 자신이 직면한 외부 제약을 어느 정도 인식하고 있고 때로는 자신들을 「지배」하는 자들과 협동하고 심지어 협력하면서 기회가 생기면 「저항」하고 반란을 도모하기도 한다. 하지만 본서에서 살펴본 「비 최소주의자」들의 관점은, '선호의 형성', '내면화', 그리고 「헤게모니」라고 불리는 내적 제약이라는 문제를 제기함으로써 '최소한의 관점'을 지지하는 구도에 도전하면서 전체적 모습에 복잡성을 더하게 하고 있다.

【129】 다시 말해, 「비 최소주의자」들은 「지배」가 사람들의 판단력을 저해하고, 약화시키고, 위태롭게 만듦으로 인하여, 그리고 '자기 인지'(self-perceptions)와 '자기 이해'(self-understanding)를 위조, 왜곡, 축소함으로써 사람들 자신들의 「이해관심」에 반하는 방향으로 작동할 수 있는 방식을 언급하고 있다. 그들은 또한 이러한 「사태」가 어떻게 발생하는지에 관한 다양하고도 상이한 여러 방어 가능한 설명을 제시하고는 있다. 하지만 어

떤 설명이 도대체 「이해관심」이 무엇인지에 대한 이성적으로 방어 가능하고 왜곡되지 않은 설명'인지에 대하여서는 (그리고 어떻게 그러한 설명에 도달할 수 있는지에 대하여서는) 서로 상이한 답을 제시하고 있다. 본인은 그렇기 때문에 「지배로서의 권력」이라는 개념은 본질적으로 논쟁 대립적이라고 계속 주장하는 것이다.

3.3 삼차원적 관점의 방어

하지만 여기까지 인정하더라도 추가적 질문이 생긴다: 「지배」와 그 메커니즘에 대한 어떤 특정한 설명이 다른 설명보다 우월하다는 것을 어떻게 보여줄 수 있는가. 특히, 삼차원적 관점은 경쟁적 위치에 있는 다른 이론들에 대하여 어떻게 스스로를 방어할 수 있는가. 본인은 대안적 견해, 특히 그중에서도 가장 설득력 있는 견해와 비교하였을 때 우리의 견해가 과연 더 잘 설명할 수 있는지를 살펴봄으로써 우리의 견해의 타당성을 시험하여 보는 것보다 더 좋은 방법 내지는 실제로 다른 어떤 방법을 생각할 수 없다고 생각한다. 이를 위하여 제임스 스콧의 인상적인 저서 『지배, 그리고 저항의 예술: 감춰진 대본들』(Domination and the Arts of Resistance: Hidden Transcripts)(Scott 1990; Scott 1985, 8장 참조)에서 개진된 대안적 견해를 살펴보고자 한다. 스콧은 「권력관계」를 연구하는 방법, 즉, "「침묵에 대한 해석」"(interpretation of quiescence)과 "「헤게모니」와 「허위의식」에 대한 비판"(critique of hegemony and false consciousness)을 제안하고 있다.[279] 그의 섬세한 분석은 본서에서 개진된 견해에 대한 명백한 도전에 해당하며 다양한 사회와 환경에서 도출된 설득력 있는 증거에 의하여 뒷받침되고 있다.

---

[279] 다음에서 살펴보겠듯이, 스콧은 그람시의 「헤게모니」에 대한 문화주의자적 해석의 방법을 따르고 있다.

그 증거들은 대부분 "노예, 농노, 불가촉천민, 식민주의를 포함한 인종적 지배, 고도로 계층화된 농민 사회에 대한 연구"와 "감옥과 전쟁포로 수용소와 같은 「전체제도」(total institutions)[280]"(Scott 1990: 20, x쪽)에서 선택되었다. 하지만, 이러한 증거들은 사실 스콧의 논지에 유리할 수 있는 것들로부터만 취사선택 되었을 수 있다고 본인이 생각하는 이유를 나중에 제시하려 한다. 그의 취지를 간단히 말하자면, 「지배」에 의한 희생자들은 일종의 '전술적이며 전략적'인 행위자로 간주되어야 한다는 것인데, 그들은 자신들의 생존을 위하여 [자신들의 진정한 의도를] 「위장」하는' 양상을 보인다;【130】틸리가 언급하였듯이 "스콧의 현미경 아래에서 보이는 「순응」이란 일종의 지속적인 「반항」으로 밝혀지게 된다"(Tilly 1991: 598쪽). 또는 스콧이 자신의 저술의 서문에서 인용한 에티오피아 속담에 의하면, "대군주가 지나가면 현명한 농부는 깊이 고개를 조아리지만, 조용히 방귀를 뀐다"는 것이다. 그는 크게 두 가지 종류의 증거를 제시한다. 한편으로는 "「감춰진 대본」들"(hidden transcripts)이 존재한다―이는 희생자들의 "노예 숙소, 마을, 가정, 그리고 종교 및 의식(儀式) 등과 같은 생활에서 떨어져 있는 삶"의 뒤로 숨겨져 존재하는 외딴 환경, 그리고 "「권력관계」를 입증하는 「공개된 대본」에 대하여 반대의 목소리를 낼 수 있는, 무대 밖의 사회적 공간"에서 생성된 것들인데, "언어적 「위장」, 의식에 사용되는 비밀표식, 동네 주막, 장터, 노예들의 종교를 위한 '숲속의 비밀스러운 장소'"와도 같은 형태로 나타나고, 또한 "선지자의 재림에 대한 희망, 마녀의 의한 주술적 저주 공격, 의적들과 저항 순교자들에 대한 찬양"으로 구성되어 있다(85, xi쪽). 반면에 공개적이지만 「위장」된 모습을 띤 이념적인 불복의 표현들도 존재한다. 이러한 표현들은, "힘없는

---

[280] [역주] 그 구성원이 외부의 다른 사회로부터 격리되어 살도록 강요하는 사회조직.

자들이 가지고 있는 소문, 가십, 민담, 노래, 몸짓, 농담, 연극 등을 익명성을 빌어, 혹은 그들의 행동이 위해적이지 않다는 [지배층의] 이해의 뒤에 숨어서 표출되는, 다른 무엇보다도 권력 비판을 암시하는 수단"으로 해석함으로써 해독할 수 있다고 설명한다(xii3쪽).

반면, 역사가와 사회과학자가 접근할 수 있는 대부분의 증거를 구성하고 있는 "공식적" 또는 "「공개된 대본」"(public transcript)은 위와는 상당히 상이한 이야기를 들려주고 있다. 스콧은 그것은 [즉,「공개된 대본」은] "지배적 가치가 가지는 「헤게모니」, 지배적 담론이 가지는 「헤게모니」에 대한 설득력 있는 증거를 제공할 것"이라고 말한다. 이러한 것들에서:

> 「권력관계」로부터의 「영향」이 가장 뚜렷하게 드러나며, 그러한 「공개된 대본」에만 근거한 분석은 종속적 그룹들이 그 「종속」의 조건에 「동의」하고, 심지어는 열성적으로 그들 종속적 그룹들 자신이 그 「종속」의 파트너라는 결론을 내리도록 할 수도 있다(4쪽)

공개 무대에서는 물론:

> 농노나 노예들은 「동의」와 만장일치라는 외관을 만듦에 공모하는 것처럼 보일 것이다; 아래로부터의 긍정적 담론을 나타내는 듯한 연극 무대는 마치 「이데올로기적 헤게모니」가 안전한 것처럼 보이게 할 것이다.

【131】 실제로, 지배자의 권력은 (...) 보통 「공개된 대본」에서는, 「통치 엘리트」들 자신들의 주장이 실제로 눈앞에 보이는 사회적 증거들에 의하여 검증되었다고 확신할 수 있도록 더욱 도움이 되는 경의, 존경, 경외, 감탄, 영예, 심지어 숭배가 연속되는 공연을 이끌어낸다(87, 93쪽).

따라서 스콧은 많은 사람들이 종속적 그룹들의 「이해관심」을 [논의에서] 완전히 배제하고 있지는 않지만, "직접적으로 파악할 경우 지배 엘리트의 「이해관심」에 해가 될 수 있는 사회관계의 측면을 은폐하거나 왜곡하는 역할을 하는", 그러한 지배적 또는 「헤게모니」적 이데올로기라는 개념을 받아들인 것도 전혀 놀라운 일이 아니라고 주장한다. 그는 이러한 "「허위의식」"에는 '두꺼운'(thick) 버전과 '얇은'(thin) 버전이 있다고 다음과 같이 제안하고 있다:

> 「두꺼운 허위의식」의 버전에 따르자면, 지배적 이데올로기는 종속적 그룹들의 「종속」을 설명하고 「정당화」하는 가치를 그 [종속된 자들] 자신들이 적극적으로 믿도록 설득함으로써 마법을 건다고 주장한다. (…) 반면 「얇은 허위의식」의 버전의 이론은, 지배적 이데올로기는 종속된 그룹들에게 그들이 살고 있는 사회 질서가 자연스럽고 필연적이라고 설득함으로써 「순응」을 얻는다는 점만을 단지 주장한다. 즉, 「두꺼운 이론」은 「동의」를 [얻는 측면을] 주장하는 반면, 「얇은 이론」은 「체념」(resignation)이라는 정서에 터를 잡고 있다(72쪽).[281]

실제로 스콧은 그가 맞서 이의를 제기하고자 하고 있는 [마르크스주의적 개념인] 「이데올로기적 통합」(ideological incorporation)이라는[282] 생각이 [오

---

[281] 스콧은 이러한 '얇은' 버전의 잘 알려진 주장자는 피에르 부르디외인데, 후자는 자신의 개념인 「자연화」(naturalization; *naturalisation*)를 통하여 그 의미를 포착하고 있다고 주목하고 있다. 부르디외는 다음과 같이 기술하고 있다: "모든 확립된 질서는 **그 자신에 내재한 「자의성」의 「자연화」***를 —상이한 정도로 그리고 상이한 수단을 통하여— 생산하는 경향이 있다"(Bourdieu 1977[1972]: 164쪽).

[역주] (*) 사회적 구조와 「권력관계」가 마치 자연적이며, 불가피하고, 또한 명백한 것으로 보여지게 함으로써, 실제로는 자의적으로 만들어진 것이라는 것을 숨기도록 하는 과정을 지칭.

[282] [역주] 마르크스주의 이론상, 자본주의 체제하에서의 지배적인 이데올

히려] 실제로는 주류 사회과학인 파슨스(Parsons) 계열의 사회학 형태로 더욱 확장되었으며, 그러한 사회학 형태에 의하면 종속적 사회 그룹들은 "어떤 사회를 막론하고 그 사회의 지속을 위하여 필수적인 사회적 질서의 뒤에 존재하는 일정의 규범적 원칙을 자연스럽게 받아들이게 된다"고 가정하고 있음에 주목한다. 이러한 이론들은 "엘리트와 종속된 자들 모두가「공개된 대본」에 통상적으로 끼워 맞추어져 있는 그러한 전략적 외관"을 가지고 있기에 매력적인 특성을 가지고는 있다고 그는 주장한다. 따라서:

> 만일 종속된 자들과 엘리트들 모두의「공개된 대본」을 [그 속 깊숙이까지] 꿰뚫어 볼 수 없다면, 사회적으로 제시된 증거들을 읽는다는 것은 거의 항상「헤게모니」적 측면에서의 현상 체제(*status quo*)를 그저 재확인하는 것을 의미할 따름이다(86, 89, 90쪽).

그렇다면 스콧에 따르자면 과연 진실된 이야기는 무엇인가. 그것은 외적인 제약하에서도 거의 보편적으로 보이는「위장」(dissimulation)과「저항」에 관한 이야기이다. 일반적인 상황들에서는:

> 【132】 종속된 자들은 [자신들의] 불복을 어떠한 방식이던 외적으로 드러나게 표시하는 것은 피하려고 하는 성향을 가지고 있다. 물론 그들의 실질적「이해관심」은 항상「저항」에 있으며, 또한 자신이 복종하여야 하는 강제, 노역, 그리고 모멸감을 최소화하는 바에도 있다. 일견 서로 어긋나 보이는 이 두 가지 목표들은, 일반적으로 그「저항」의 대상인「권위」의 구조와의 공개적인 대치를 피하는 형태의「저항」을 추구함으로써 화해되어 달성된다. 따라서 농민층은 [자신들의] 안

로기는 노동자들을 통합하기 위하여 기능하며, 그로 인하여 사회적 질서와 응집을 유지한다는 개념인데, 사실 이 개념은 논쟁적이다.

전과 성공이라는 「이해관심」를 좇아서, 역사적으로 볼 때 그 「저항」을 「위장」하는 것을 선호하였다(86쪽).

하지만 이러한 이야기는 사람들이 [너무도] 합리적으로 계산을 한다는 전제를 깔고 있다: 즉,:

> 중요한, 그럼에도 드문 예외를 제외하면, 신중함과 두려움, 환심을 얻고자 하는 욕망 때문에 피지배자의 공개적 활동은 권력자의 기대에 부응할 수 있게끔 형성되기 마련이다.

그리고 이러한 설명은 다름 아니라 합리적 행위자들 간의 상호작용에 대한 이야기이다. 물론, 실제에 있어서 권력 간의 균형은 정확히 알 수 없지만, "감시, 보상 그리고 처벌이라는 구조"가 존재하는 경우, 그리고 "한편으로는 지배자, 그리고 다른 한편으로는 규율과 처벌이라는 관계에 의하여 억제되는 종속된 자들이라는 그 양자 간에 근본적 적대감"이 놓여 있는 곳에서는, "탐색과 조사의 과정"을 통하여 "끊임없이 그 균형을 저울질"하는 과정이 존재한다(4쪽, 192-3쪽).[283] 스콧에 따르자면, "지배 엘리트는 (...) 그들에 의한 물질적 통제와 그들의 상징적 「영향」을 유지하고 확장시키기 위하여 끊임없이 노력하고 있으며", 종속적 그룹들은 "그에 상응하여 그러한 전유(專有)를 저지하거나 역전시키고, 또한 상징적 「자유권」을 획득하기 위한 전략들을 구상하고 있는 것이다"(197쪽).

그리고 스콧에 의하면, 이 같은 상황은 "노예제, 농노제, 카스트적 「지배」와 "전유와 신분 격하가 결합된 형태인, 소작인과 지주 관계"에도 해당된다고 주장한다; 또한 "교도관과 수감자, 정신병원 직원과 환자, 교

---

[283] [역주] 저자는 이같은 스콧의 이야기가 결국 그 주체들이 너무나도 이성적이고 합리적인 계산을 하는 '게임'을 하고 있는 것처럼 묘사하고 있는 점을 비판하고 있는 것이다.

사와 학생, 고용주와 노동자 간 등의 특정 제도적 환경"에도 적용될 수 있다고 덧붙이고 있다. 그러나 이 마지막 두 가지 예는 스콧의 분석 **범위**에 대한 문제를 제기하고 있다. 때때로 그는 그것이 [즉, 자신의 분석이] 원래 그가 지적한 체계적으로 억압적인 사회와 맥락의 범위를 넘어서도 일반화될 수 있다고 제안한다.【133】따라서 그는 자신의 주장에 대한 그가 가지는 자신감은 "자유민주주의에서의 노동계급이 가지는 가치관에 대한 연구에 의하여도 강화"되며(112쪽), 자신의 주장이 "명백한 형태의 「강압」(예: 「폭력」, 위협)을 사용하지 않는 경우에서의 「순응」을 설명함"에 있어서(71쪽), 즉, [그러한 경우] 어떻게 약자들에게서 보이는 「순응」적 행위를 해석하는지에 대한 문제를 해결하기 위하여서도 타당하게 적용될 수 있다고 기술하고 있다.

스콧의 사례는 사실 두 가지 상이한 형태를 취하고 있는데, 이들은 서로 구분할 필요가 있다. 그중 하나는 원래 지적한 사회와 맥락의 범위를 포괄하는 경험적 주제이다.

따라서 그는 다음과 같이 적는다:

> 「두꺼운 이론」에서 주장하는 그러한 부류의 「신비화」에 반대하는 증거는 널리 산재하여 있고, 특히 「동의」와 시민권 같은 것들이 단순히 말의 차원에서도 거의 나타나지 않는, 농노제, 노예제, 불가촉천민과 같은 지배 체제들에 있어서는 일반적으로 유지될 수 없음을 확신할 수 있다(72쪽).

그리고 그는 이러한 점은, 이념적 「지배」가 종속적 그룹들에게 "현실적인 것과 현실적이지 않은 것"을 규정하고 "어떤 열망과 「불만」들을 불가능의 영역 내지는 헛된 꿈의 영역이라고 몰아가는" 소위 「얇은 이론」에 있어서도 적용된다고 주장한다(74쪽). 요컨대, 역사적 증거에 따르자면 "「헤게모니」에 관한 「두꺼운 이론」이나 「얇은 이론」의 모두를 인정할 근거는 거의 또는 전혀 존재하지 않는다"는 것이다:

「저항」을 억제하는 많은 장애물들은 단순히 「종속적」인 위치에 놓인 사람들이 [자신들이 희망하는] '가상적 사회질서'(counterfactual social order)를 상상할 수 없기 때문에 기인하는 것은 아니다. 그들은 [자신들이 처힌] 「지배」 상태를 전도시키고 부정하는 것 모두를 실제로 상상하며, 가장 중요한 점은, 만일 상황이 허락하는 드문 경우에 있어서는 절박하게 이러한 가치들을 좇아 행동하여 왔다는 사실이다. (...) 그리고 그러한 가상적 사회질서를 상상하였던 종속적 그룹들은, 그들 스스로의 상황을 변화시키려는 그들의 노력이 사실 희망 없는 것이라는 점을 확신시키기 위하여 엘리트들이 조장한 담론에 의하여 마비되어 버린 것으로 보이지는 않는다 (...) 왜냐하면, 거의 변함없이 실패하지만, 노예 봉기와 농민 반란은 충분히 자주 발생하고, 현실에 대하여 편재되어 있는 잘못된 인식이 그 무엇이든 간에 그러한 인식은 사실들에서 드러나 보이는 바에서보다도 더욱 희망적인 것이었다고 설득력 있게 주장할 수 있기 때문이다(81-2쪽).

【134】 스콧이 제시하는 또 다른 사례는, 침묵을 해석할 때 그가 따르는 일반적인 원칙인데, 그에 따르면, 종속적 그룹들이 보이는 「순응」적 행동이나 혹은 「순응」적 담론에 마주치게 되는 경우 그들이 「동의」나 「체념」을 하고 있다고 해석하기보다는 오히려 그들을 '전술과 전략'의 관점에서 이해하여야 한다는 것이다. 스콧 자신이 관찰한바, 그는 일반적으로 "「헤게모니」적 가치에 의존하여 이야기하는 경우 과연 어느 정도까지가 [종속된 자들이 가지고 있는] [합리적] 신중함 내지는 계산적 공식의 소산인지, 그리고 어느 정도까지 윤리적 복종의 문제인지를 구분하는 것, 그리고 "지배 담론을 [종속된 자들이] 외견상 수용하는 행태가 [단순히 피상적인 것이 아니라] 얼마나 깊이를 가지고 있는지의 여부는 (...) 「공개된 대본」만으로는 종종 판단할 수 없다"고 말한다(92쪽, 103쪽). 노예 숙소나 그들의 비밀회합 장소에서 발견된 직접적인 증거란 존재할 수도 없는 상

황에서는, 이용 가능한 증거는 당연히 간접적이고 불확실한 것들일 수밖에 없다 (그러한 간접성과 불확실성은, 스콧이 이차적(further) 해석, 소문이나 가십 등을 해독하는 것을 그 「감춰진 대본」에 접근하는 또 다른 방식으로서 제시하고 있기 때문에 야기된다). 그렇다면 어떻게 어느 쪽이 더 납득이 가는 해석인지를 결정하여야 하는가에 대한 또 다른 흥미로운 질문이 제기된다.

이러한 해석적 전략이 가지는 문제점은 바로 위와 같은 질문이 제기될 수 있다는 점에 있다. 물론 스콧은 [자신의 주장의] 적용 가능성에 대한 예외도 제시하고 있는 것은 사실이다. 그는 "우리가 주목하고 있는 대규모적 「지배」 형태에는 적용되지 못하는", "제한적이고도 협소한 조건"에서는 "종이만큼이나 더 '얇은' 「헤게모니」 이론"이[284] 적용될 수 있음을 인정한다. 종속적 그룹들은 "낮은 신분으로부터의 신분 상승 이동의 전망이나 탈출의 전망이 있는 경우", 혹은 "몇몇 형벌 기관, 사상개혁 수용소, 정신병동"에서처럼 "상대적으로 담론의 자유를 누릴 수 있는 사회적 영역이 완전히 절멸"된 곳에서는 "자신들의 「종속」을 「정당화」하는 제도를 심지어는 정당한 것으로도 받아들이게 될 수 있다"고 그는 인정하고 있다(82-5쪽). 그 이외의 경우에 있어서는 그는 자신의 '해석적 접근 방법'(interpretative approach)이 올바른 답이라고 추정하고 있을 뿐이다. 이러한 그의 추정은, 앞서 살펴본 것처럼 명시적 「강압」, 강제적 전유와 「체계적 열등화」(systematic degradation)를[285] 특징으로 하는 사회 내지 환경, 그리고 □타인들과] 전복적인 사고를 발전시킬 수 있는 "자유로운 공간"의 존

---

[284] [역주] 앞서 말한 「허위의식」에 관한 '얇은' 이론을 비꼬는 표현.

[285] [역주] 의도적이며 체계화되고 조직화된 방식으로 권력자들(혹은 권력기관들)이 피지배적인 위치에 있는 개인이나 그룹이 가지고 있는 가치, 위상, 내지는 존엄성을 훼손하고 그렇게 느끼도록 함으로써 피지배자들을 탄압하고 「통제」하는 방식을 일컬음.

재가 특징인 그러한 사회와 환경에서 도출된 증거들에서 보이는 성격들로[286] 인하여 더욱 강력하게 보인다. 【135】 그런데, 우리는 그러한 「강압」과 억압이 더 명시적인 곳에서는 「동의와 체념」의 가능성이 낮고, 더욱 은폐되어 있고 덜 심각한 곳에서는 「동의와 체념」의 가능성이 더 높다고 생각할 수도 있다. 스콧이 "「강압」은 물론 「순응」을 낳을 수도 물론 있겠지만, [그와는 반대로 그 「강압」은] 사실상 「순응」의 대상들에게 「자발적 순응」은 하지 말도록 주입시킬 수도 있다"고 말한 것으로 보아 스콧도 또한 그렇게 [즉, 「강압」이 큰 경우 「동의」 내지 「체념」의 가능성이 작다고] 생각하는 것도 같다; 왜냐하면, 그는 다음과 같이 말하고 있기 때문이다: "외부적으로 주어지는, 우리에게 행동을 강요하는 이유의 강도가 클수록 (그것이 더 큰 협박이든 혹은 더 큰 보상이든) [그것들은 너무도 명백하기에] 우리 자신의 행동을 [정당화하기 위하여] 자신 스스로 만족할 만한 구실을 스스로 찾아야만 할 필요는 줄어들기 때문이다"(109쪽, 110쪽). [물론] 이 가설이 결코 명백히 진실로서는 생각되는 것은 아니다. 하지만 그러한 점에 있어서 [즉, 가설이 명백히 옳지는 않다는 점에서], 그가 제시한 증거는 자신의 논지에 유리한 것들만 취사선택한 것일 수도 있다고 본 저자가 이미 위에서 언급한 바가 있다.

【136】 그러나 '침묵'을 어떻게 해석할 것인가에 대한 질문은 여전히 대답이 없는 상태로 남아있다. 스콧은 "종속적 그룹들이 종종 보이는 정치적으로는 도피적인 행위"에 대한 광범위한 증거를 설득력 있게 제시하고 있는데, 그러한 경우에 있어서 "힘없는 자들은 종종 강자의 면전에서는 전략적 자세를 취할 수밖에 없고", "강자들은 자신의 명성과 지배력을 과대 포장하는 바에 관심을 가질 수 있다"고 기술하고 있다(xii쪽). 또한

---

[286] [역주] 강압이 더 명시적이기 때문에 피지배자들은 그에 속지 않고 적극적으로 그에 대항하는 전략과 전술을 그들만의 자유로운 공간에서 모색할 수 있다는 의미이다.

스콧은 『지배이데올로기론』(Dominant Ideology Thesis)(Abercrombie et al., 1980)을 수차례 인용하고 있다. 그 저술은 「종속적 계급」이 「이데올로기적 헤게모니」에 의하여 통합되었거나 혹은 봉건주의나 초기 및 후기 자본주의하에서 보이는 공통의 문화를 통하여 흡수되었다는 논제에 반대하여 역사적 증거를 십분 활용하여 효과적으로 반박하고 있다.[287] 스콧은 또한 영국의 노동계급에 속한 가정의 학생들이 가진 자기방어적 냉소주의를 드러내고 있음을 기술한 폴 윌리스(Willis, Paul)의 『노동학습』(Learning to Labour)(Willis 1977)도 인용하고 있다. 그러나 그럼에도 불구하고, 권력의 세 번째 차원이라고 불렀던 권력이, 이미 보여준 바 있던 그러한 사회들과 상황들이라는 범위에서 선호들, 신념들 그리고 욕망들을 조형하며 판단에 「영향」을 미치는 바에 자주 그리고 광범위하게 작동하고 있다는 본인의 주장을 반박함에는, 다른 저자들도 마찬가지로 그도 성공적이지는 못하였다. 실제로 스콧이, 「삼차원적 권력」이 미국 애팔래치아(Appalachia) 광부들에 미치는 「영향」을 분석한 존 가벤타(Gaventa, John)의 [스콧의 생각에는] '그 밖의 측면에서는 통찰력이 있는' 연구인 『권력과 무력함: 애팔래치아 계곡의 침묵과 반항』(Power and Powerlessness: Quiescence and Rebellion in an Appalachian Valley)(Gaventa 1980)을 논하면서, 그는 두 가지 형태의 「권력관

---

[287] 그들의 주장에 따르자면: 지배적 이데올로기는 "「종속적 계급」들에는 거의 영향을 미치지 않았다. 봉건주의에서는 사회 계급 간의 문화적 분리가 광범위하게 이루어졌고 농민들은 지배적인 문화와는 상당히 다른 문화를 가지고 있었다. 초기 자본주의에서는 지배적 구상들이 노동자 계급 내로는 거의 침투하지 못하였는데, 후기 자본주의에 접어들면서도" (…) "이데올로기적 구조의 정의(定義)와 통일성이 부재하였기에", "「종속적 계급」의 「이데올로기적 통합」이 제한적으로만 이루어졌다". 그런데 "대중 매체와 대중 의무교육 체제의 발달로 [문화의] 전달 장치는 잠재적으로 더 효율적으로 되었다"(Abercrombie 외. 1980: 157-8쪽).

계」가 공존할 수 있음을 인정하고 있다. 그는 가벤타의 그 저서가 "「허위의식」을 말하는 「두꺼운 이론」과 「자연화」(naturalization)를 말하는[288] 「얇은 이론」을 모두 지지"하지만(73쪽), 그 안에서 "발견되는, 「정당화 이론」들(theories of legitimation)에서의 누락된 요소를" 자신의 설명이 보완하고 있다고 말하고 있다(197쪽). 「강압」이 덜 명시적이거나 부재하고 또한 불평등의 정도가 더 불투명한 사회와 상황에서는, 침묵을 어떻게 해석할 것인가의 문제가 더욱 첨예하게 제기된다. 스콧이 가장 효과적으로 성취한 바는, 그 질문에 답할 수 있는 [여러 가지 방법 중] 단 한 가지의 방법에 관하여서만 명료하게 공식화하고 체계적으로 탐구한 바에 있었다고 할 수 있다.

요약하자면, [내심을] 「위장」하고 항상 경계하는 노예, 농민, 그리고 불가촉천민 등이 가지고 있는 기발한 전술과 전략에 대하여 스콧이 제시한 설득력 있는 설명을, 「헤게모니」에 관한 「두꺼운 이론」이나 「얇은 이론」을 반박하는 것으로 간주할 이유는 없다. 그것은 [즉, 스콧의 설명은] 전근대 사회와 현대 사회 모두에서 광범위한 「동의와 체념」이 존재하지 않았다는 사실은 밝히지 못하고 있는데, 이러한 사실은 이러한 것들이 [즉, 「동의와 체념」이] 「권력관계」를 표현하고 있음과 동시에 그 「권력관계」로부터 결과되는 것들로 간주되는 경우 가장 잘 설명된다고 할 수 있다. 대군주의 면전에서는 깊은 절을 하고 뒤로는 조용히 방귀를 뀌는 현명한 에티오피아 농부의 반응은 그저 결국 많은 사람들 중 한 명일 뿐이다. (현명하지 못한 농부들은 다르게 반응하지는 않을까?). 스콧의 접근 방식은 야릇할 정도로 획일적이다: 그는 생각들을 구분하는 것을 허용하지 않으며, 지배받는 사람들이 표면적으로 「순응」하는 행위를 하면서, 조지 엘리엇(Eliot, George)의[289] 표현을 빌리자면, 소위 "가면 연기"를 한다는 것

---

[288] [역주] 「자연화」의 의미는 각주 281을 참고할 것.

[289] [역주] 영국의 소설가이자 시인(1819~1880).

을 당연하게 생각하고 있다. 따라서 그는 "「지배」라는 상황하에서는 가면 연기를 하도록 될 수밖에 없는 사람들이 결국은 자신의 얼굴이 그 가면에 맞게 변하게 되었다는 발견하게 될 것"이라는 "대안적 주장"을 [다음의 인용문에 말하고 있는 것처럼] 고려하기는 하였으나 결국은 일축하여 버렸다:

> 이러한 경우, 「종속」을 [계속] 실천하게 되면 시간이 지남에 따라 그 「종속」이라는 것이 정당하다는 생각을 가지게끔 되며, 이는 종교적 신앙이 없지만 그 신앙을 원하였던 사람들에게 하루에 다섯 번 무릎을 꿇고 기도하라고 파스칼이 권한 것과 유사하다고도 할 수 있다(10쪽).

그런데 왜 우리는 이러한 것들을 일종의 대안들이라고 생각하여야 하는가. 파버(Farber, S)가 말하였듯이, 스콧은 "이러한 '대안들'이 반드시 시간적 순차에 따라 서로를 계승하는 것이 아니라 동일한 그룹들과 개인들 사이에 동시에 병존할 수 있다는 수 있다는 생각을 모색하려 하지는 않고 있다"(Farber 2000: 103쪽).

실제로 이 문제에 대하여 숙고하기 시작하면 「동의」와 「체념」을 대신하는 대안들은, 「무력함」과 「의존성」이라는 상황에 대하여 혹은 그러한 상황이 보여줄 수 있는 형태의 범위에 대하여 인간에게 남아있는 반응이 가지는 단지 겉모습에 대하여만 기술하고 설명하는 어떤 절망적으로 황폐해진 윤곽으로만 보인다.【137】[그런데,] 사실 [「동의와 체념」이라는] 그 두 가지 용어들 모두도 우주론적, 종교적, 도덕적, 정치적 생각과, 그리고 그러한 상황들을 이해할 수 있거나 견딜 수 있게 하거나 혹은 덜 견딜 수 있게 하거나, 또는 실제로 바람직하게 보이도록 만드는 바에 도움을 주는, 그러한 일상에서의 상식적인 가정들의 범주를 적절하게 포착하지는 못한다.

따라서 니체의 노예들은 스콧의 노예들과 비교할 때 스스로의 처지에 대한 반응에 있어 뚜렷한 대조를 보여주고 있다. 스콧과 마찬가지로

니체에게 있어서도 노예들은 이기적이고 계산적이었다. 실제로 그들은:

> 심지어 곤충들조차도 가지고 있는 이러한 가장 낮은 수준의 영리함(Klugheit)을 가지고 있는데, (...) 이 영리함은 [자신들의] 무력함(Ohnmacht)을 감추기 위한 「위장」(Falschmünzerei)과 자기기만(Selbstverlogenheit) 덕분에, 단념하고, 조용하고 인내하는 미덕(Tugend)이라는 가면을 쓰고 있다.—마치 약자의 나약함이 (...) 자발적인 성취(freiwillige Leistung)인 것처럼"(Nietzsche 1956[1887]: I, 13쪽).[290]

그러나 니체에게 이것은 "**그들 자신**에게 가장 유리한(günstig) 가치 판단(Werturteile; value judgment)을 관철하려는 시도를 표현하는" "권력에 대한 의지"(Wille zur Macht; will to power)라는 창조적 형태를 취하며(Nietzsche 1968[1906]: 400쪽)[291] 그리하여 비이기심(Selbstlosigkeit)도 그들에게 이득(Vorteil)을 가져다 주는 것인 한에서 그들은 비이기심을 찬양한다(Nietzsche 1974[1882, 1887]: 21쪽).[292] 왜냐하면 "모든 동물들은 (...) 자신의 힘을 방

---

[290] [역주] 영어 인용문은 원문과는 약간 차이가 있다. 본 번역은 독일어 원문을 기초로 한 것이다. 전체 인용문장은 인용원문 44 참조.

[291] [역주] 전문은 인용원문 45 참조(독어 원문 번역):
도덕성의 역사에 있어서, 권력에의 의지는 자신을 표현하며, 그러한 표현을 통하여 어떠한 때에는 노예와 압박받는 자, 그리고 어떠한 때에는 불운한 자와 스스로 고통받는 자, 그리고 어떠한 때에는 [짐승의 무리에서 볼 수 있는] 평균적 「저항」을 가지고 있는 자들이 그들에게 있어서 가장 유리한 「가치판단」을 관철시키려고 시도한다.

[292] [역주] 전문은 인용원문 46 참조(독어 원문 번역):
그 이웃은 '비이기심'을 찬양하는데, 이는 그가 그 비이기심으로부터 이익을 얻을 수 있기 때문에 다름 아니다! 만약 이웃 그 자신이 자신을 비이기적이라고 생각할지라도, 그는 자신의 힘을 감소시키

출할 수 있는 [그들의 권력감(*Machtgefühl*)의 최대치를 달성하기 위하여 필요한] 최적의 조건들을 본능적으로 추구하기 때문이다"(Nietzsche 1956[1887]: III, 7).[293] 니체의 『도덕의 계보』(genealogy of morals; *Zur Genealogie der Moral*)는 서기 1세기에서 3세기 사이의 로마 제국에서, 결국은 승리한, 도덕에 있어서의 노예들의 반란에[294] 대한 이야기로서, 그 반란은 새로운 도덕을 만들어 내었다(하지만 결국 그 이후 '도덕 그 자체'와 구별할 수 없게 되어 그 본질과 기원은 더 이상 우리에게는 보이지 않게 되었다).[295] 그 도덕관

는 것, 그의 이득에 해를 초래하는 것, 그의 그러한 성향을 표출되는 것에 반대하는 작동을 하는 것을 거부할 것이며, 무엇보다도 그의 비이기심은 좋은 것이 아니라고 정확히 보여주게 될 것이다.

[293] [역주] 전문은 인용원문 47 참조(독어 원문 번역):

철학적인 체하는 짐승들을 포함하여 모든 동물들은, 자신의 힘을 방출하고 그들의 권력감(*Machtgefühl*)의 최대치를 달성하기 위하여 필요한 최적의 유리한 조건들을 본능적으로 추구하기 마련이다.

[294] [역주] 이때 '반란'이라 함은, 물리적 폭동 등의 반란을 이야기하는 것이 아니라, 일종의 정신적, 도덕적 측면에서 새로운 가치를 주창하였다는 의미에서의 반란이다. 당시 힘이 없던 자들(노예들)은 자신들이 폭정에 맞서 물리적으로 「저항」하기에는 미약하였기에 오히려 자신들이 가지고 있는 '나약함'을 도덕적 덕목으로 간주하고, 그것은 선한 것이며, 반면 압제자들이 가지고 있는 힘, 권력 등을 '악'으로 규정하면서, 점차적으로 이러한 피압제자들의 덕목이 압제자들의 그것에 비하여 우세하게 만들고, 따라서 사회의 도덕적 틀에서의 현저한 변형을 초래하게 된다.

[295] [역주] 그리하여 그러한 「노예의 도덕」은 사회에 깊이 정착하여 이제는 오히려 표준적인 도덕, 즉 어떠한 여러 도덕 체계 중의 하나가 아닌, '도덕 그 자체'가 되었고, 그것이 출발한 기원은 잊혀지게 되었다는 의미.

은 특히 이타주의, 연민, 칸트식의 인간 존중과 평등주의와도 같이, 연관된 실천들과 태도들의 범위에 대하여 긍정적인 평가를 부여하는, 그리고 "선"과 "악"의 구분을 둘러싼 가치관의 재평가 작업이라고 할 수 있다. 예를 들어 노예들의 무력감은 "선한 마음"으로, 불안한 비천함은 "겸손"으로, "남을 거슬리지 않음"과 "문 앞에서 머뭇거림"은 "인내"로, 보복에 대한 욕망은 정의에 대한 욕망으로, 적에 대한 증오는 불의에 대한 증오로 바뀌었다(Leiter 2002: 125 참조). 「노예의 도덕」의 승리와 그와 관련된 "금욕적 이상"(이는 기독교와 관련된 도덕이다)의 승리는 억압받는 사람들이 억압자에 대하여 느끼는, 니체가 소위 "분노"(*Ressentiment*)라고 칭한 바를 통하여 이루어졌다. 니체는 다음과 같은 목소리를 듣는다고 써 내려가고 있다:

> 【138】 억압받고 짓밟힌 자들, 그리고 범죄자들이 그들의 복수심 가득 찬 무기력한 현명함(*List*)으로 그들끼리 다음과 같이 속삭이는 소리를 [듣자]. "저 악한 자들과는 다르게 되자, 즉 선하여지자. 폭력을 행사하지 않고, 누구에게도 해를 가하지 않으며, 공격하거나 보복하지 않으며, 복수는 오직 신에게 맡기고, 우리처럼 숨어 지내는 사람, 악한 모든 것을 피하고, 우리처럼 삶에 대하여 거의 요구하지 않는 사람—인내심 있고 겸손하며 정의로운 사람이 되자"[296] (Nietzsche 1956[1887]: I, 13).

그리고 "선생들, 인간성을 지도하는 자들, 일반적인 신학자들", 즉, "도덕성을 수단으로 하여 자신들 스스로를 가치를 결정하는 위치로 스스로 격상시킨", "그 기생충 같은 인간 유형", 즉, "기독교의 도덕성 내에서 권력을 향한 수단을 발견한 자들"인 "성직자의 유형"의 영향과 도움으로

---

[296] [역주] 독일어 원전에서 직접 번역. 영어 번역은 누락된 부분이 존재한다.(인용원문 48 참조).

그들은 장기적 승리를 쟁취한다[297] (Nietzsche 1967[1908]: IV, 7).[298]

물론 니체의 계보는 논쟁적인 의도를 가지고 정형화시킨 역사 서술이라고 할 수 있다: 그것은 "그렇게 하여 [그 기원으로부터] 생성된 것의 가치가 줄어드는 감정을 초래하고, 그리하여 그렇게 생성된 것에 대한 비판적 분위기와 태도로 나아가는 길을 예비"함으로써(Nietzsche 1968[1906]: 254쪽),[299] 도덕성에 대한 비판을 목표로 함을 위할 뿐이다. 따라서 이는

---

[297] [역주] 결국은 사제들과 일종의 결탁을 하여 자신들의 도덕적 혁명을 성공시킨다는 의미.

[298] [역주] 인용된 문장의 전문은 다음과 같다(인용원문 49 참조):

> 지금까지 가르쳐온 유일한 도덕성은, 즉, 자신을 부정하는 도덕성은 [생을 긍정하는 가치들의] 종식을 고하고자 하는 의지를 드러내며, 그러한 도덕성은 생을 근본적으로 부정한다. 여기서 가능성이 남게 되는데, 그리하여 [그러한 도덕성에 의하여] 타락하는 것은 인간성(*Menschheit*) 그 자체가 아니라 바로 단지 그 기생충 같은 인간 유형, 즉, 성직자의 유형뿐이다. 도덕성을 수단으로 하여 그들은 자신들을 가치를 결정하는 위치로 스스로 격상시켰으며, 기독교의 도덕성 내에서 권력을 향한 수단을 발견한 자들이다. 그리고 진정 다음이 나의 통찰이다: 선생들, 인간성을 지도하는 자들, 일반적인 신학자들은 전반적으로 타락한 자들이다. 따라서 모든 가치들이 삶에 적대적인 것으로 전도되고, 그리하여 도덕도 따라서 그렇게 된다. 그리하여 도덕성의 정의(定義)란, 생에 복수하려는 숨은 의도를 가진, 그리고 결국 성공을 거둔 그러한 타락에서 보이는 특별함(*Idiosynkrasie*)이다. 나는 이러한 정의(定義)를 강조한다.

[299] [역주] 인용 문장의 전체를 번역하자면 다음과 같다(인용원문 50 참조):

> 우리의 가치의 기원과 그리고 선함을 평가하는 질문은, 자주 그렇게 믿어오던 바처럼 절대로 그러한 것들에 대한 비판을 의미하는

비교 민족지학적 연구에 근거한 일련의 경험적 주장은 아니다. 그러나 첫째, 앞서 제시하였듯이 스콧의 주장은 논쟁의 여지에서 자유로울 수 없으며, 둘째, 「노예의 도덕」에 대한 니체의 대안적 해석은 그 납득 가능성에 대하여 어떻게 생각하든 「무력함」과 「의존성」에 대한 해석과 대응으로 보이는, 종교적 가르침의 풍부하고도 시사적인 영역으로 우리를 안내한다. 산상수훈으로부터 여성의 대우와 적절한 역할에 대한 코란의 선언, 그리고 힌두교의 마누 율법에 이르기까지, 이러한 가르침들은 「자발적 순응」과 「복종」에 대한 정당한 이유를 제공함으로써, 권력에 대하여 [사람들이] 적극적인 "동의"를 보내고 있음을 시사하는 많은 말들을 담고 있다(물론 일부 종교 전통에서는 인도적 가치와 인간 평등이라는 이름 하에는 「자발적 순응」과 「복종」 양자의 그 어느 것도 「정당화」되지 않는다고 강하게 주장한다[300]).[301] 대부분의 세계 종교는 평등주의적 에토스

것과는 절대로 같지는 않다: 심지어는 어떤 '부끄러운 기원'(*pudenda origo*)에 대한 통찰(*Einsicht*)이 그 기원으로부터 생성된 것의 가치가 줄어드는 감정을 초래하고, 그리하여 그렇게 생성된 것에 대한 비판적 분위기와 태도로 나아가는 길을 예비한다고 할지라도 그러하다. 우리가 가지고 있는 가치와 도덕적 잣대는 도대체 어떠한 가치가 있는 것인가. 그것들이 「지배」한다는 것은 어떤 결과를 가져오는가. 누구에게, 그리고 무엇과 관련하여? 그 답은 '생'을 위함이라는 것이다. 그런데 '생'이란 무엇인가? 그에 대하여 대답하기 위하여서는 '생'에 대한 새롭고도 더 정밀한 개념이 필요시 된다. 그에 대한 나의 공식은 다음과 같다: "생이란 권력을 위한 의지이다".

[300] [역주] 즉, 어떠한 종교들은 「순종」과 복종을 하도록 강조하지만, 반면 다른 종교들은 평등과 정의 등을 내세움으로써, 그러한 「순종」과 복종을 지지하지 않는다는 의미.

[301] Nussbaum(2000: 3 장)을 참고할 것.

에서 출발하였지만, 무엇보다도 여성과 관련하여서는 그러한 사상을 단지 선택적으로만 해석하고 적용하였다.【139】「체념」에 관하여서는, 세계 종교들은 힌두교의 탈속 사상에서 불교의 품덕수양에 이르기까지 '자연적' 사물의 질서에의 「묵종」을 가르치는 메시지가 가득 차 넘치며, 한갓 인간의 열망과 꿈을 (포이에르바흐(Feuerbach, Ludwig)가 마르크스에게 가르친 것처럼) 초자연적 환상으로 해석한다. (하지만 반면 베버가 주장한 바와도 같이 그 종교들은 세속적인 활동과 때로는 세상을 변화시키는 행동주의를 고무시킬 수도 있다).

3.4 적응적 선호들

여기서 우리가 주목하는 바는, 종교적으로 유도된 것이든 장려된 것이든 간에 상관없이 행위주체의 외부에 존재하는 요인에 의하여 행위주체의 욕망과 신념이 조형되는 경우이다. 존 엘스터(Elster, Jon)는 이를 「적응적 선호 형성」(adaptive preference formation), 즉 욕망이 환경에 맞게 다듬어지는 현상이라고 부른 바 있다. 물론 여러 비평가들이 지적하였듯이, 실현 가능한 바에 맞춰 자신의 바람을 조정하는 것은 납득 가능하며 실제로 현명한 일이다. 엘스터가 파악하고자 하는 것은 이러한 적응이 「**비자율적 적응**」(non-autonomous adaption)인 경우이다. 그러한 적응의 메커니즘은 무엇이며 그것이 「삼차원적 권력」과는 어떤 관련이 있는가. 간단히 말하자면, 그러한 경우의 선호는 **어떻게** 형성되는가.

엘스터는 이러한 경우에 연관되어 있는 바를 아주 좁게 해석하였으며, 또한 그것들을 권력의 영향과는 명확히 구분하려고 한 바 있다. 그는 소위 「신 포도」(sour grape)의 메커니즘에 초점을 맞추고 있다. 그러한 메커니즘에 의하면 사람들은 통상 자신이 얻을 가능성이 있는 것에만 만족하려고 하는 [그리고 불가능한 것은 외면하려는] 경향이 있는데, 엘스터는 이러한 현상이 "「인지적 부조화」"(cognitive dissonance)를 감소시키는³⁰² 한 가지 방법이라고 보고 있다. 그는 포도에 관련된 우화를 언급하고 있는데, 손을 뻗쳐 포도를 잡을 수 없는 여우가 포도가 시다고 선언하는 [그리고는 돌아서 버리는] 경우를 언급하며, "적응"이란 '의도적'인 것이 아니라 '인과적'이라고 부르며 이를 '엄격한「내생적 인과관계」'(endogenous causality)라고³⁰³ 간주하고 있다(Elster 1983: 116쪽). 그것은 우리의 마음이 우리에게 속임수를 거는 것이며, 또한 당사자의 '등 뒤에서 일어나는' 인과적인 과정으로서, 예를 들어 스토아주의, 불교, 스피노자 철학에서의, 행위주체 자신이 '욕망을 의도적으로 조형'하는 것을 옹호함에 반대된다고 할 수 있다(117쪽).【140】따라서 그는「적응적 선호」를, 학습과 경험,「사전적 경도」(事前的傾倒 precommitment)(즉, 가능한 선택들을 사전적으로 의도적 배제를 하는 것) 혹은 성격 형성 등으로부터 결과된 욕망의 변화와는 구별하고자 한다. [이 세 가지 종류의] 후자들은 엘스터가「자율적 욕구」(autonomous wants)라고 부르는 바를 예시하고 있는데, 이때 여기서「자율적 욕구」라 함은, 그러한 욕구 내에서는 사람들 자신이 "욕망이 형성되는 과정을「통제」하거나, 혹은 최소한 (…) 자신과 일체화되지 못하는 과정에 의하여서는 좌우되지는 않는 경우를 말한다"(21쪽). 반면「적응적 선호」는 '대안의 부재로 인하여 조형되며'(120쪽),「습관화와 체념」(113쪽)으로 인하여 야기된 것으로 추정되는 욕망의 변동, 즉 실현 가능하다고 보이는 것들의 한계에 맞

---

302 [역주] 인지(cognition)적 요소들(믿음, 행위, 태도) 간의 부조화 내지「갈등」으로 인하여 심리적인 불만족 상태(dissonance)에 빠지면 오히려 인지 자체를 변화시켜 조화 상태를 유지하고자 함을 의미. Leon Festinger이 주창한「인지적 부조화 이론」(Theory of Cognitive Dissonance)에서 주장하는 바.

303 [역주] '내생적'(endogenous)이라고 함은, 어떤 결과를 야기하는 원인이 자신의 체계 내에서 존재하고 외부의 원인에 의하지 않는 것을 의미하며, 그 반대는 '외생적'(exogenous)이라고 불린다.

추어 욕망을 비의도적으로 조정함으로 인하여 발생한다. 그러나 그는 또한 그러한 환경에 맞추는 조정은 「권력 행사」에서는 비롯될 수 없거나, 또한 그렇다고 가정하는 것은 '납득하기 힘든 것'임을 보여주고자 하고 있다 (116쪽). 그러나 본인은 그의 주장이 설득력이 없다고 주장하고자 한다.

엘스터는 본인의 PRV에서 보이는 다음 구절에 대하여 문제를 제기하고 있다:

> A는 B가 원하지 않는 일을 하게 함으로써 권력을 B의 '위로' 행사할 수도 있지만, B의 욕망에 「영향」을 미치거나, 조형하거나 혹은 결정함으로써 B의 '위로' 권력을 행사하기도 한다. 실제로 타인에게 내가 원하는 욕망을 갖게 하는 것, 즉 타인의 생각과 욕망을 「통제」하여 그 타인으로부터의 「순응」을 확보하는 것이야말로 가장 상위의 「권력 행사」가 아닌가? 굳이 『멋진 신세계』(Brave New World)나 B. F. 스키너(Skinner, B. F.)가 묘사한 세계를 이야기하지 않더라도 이 같은 점을 쉽게 알 수 있다: 생각의 「통제」는 정보의 「통제」를 통하여, 대중 매체를 통하여, 그리고 사회화 과정을 통하여 더욱 덜 전체적이며[304] 더욱 일상적인 형태를 취한다.

엘스터는 인용된 이 구절은 모호하다고 (옳게) 주장하고 있다. 즉, 그는 위의 구절이 "욕구에 대한 「목적의향적 설명」(purposive explanation)을 제안하는 것인가, 아니면 「기능적 설명」(functional explanation)을 제안하는 것인가"라고 묻고 있다.[305] 만약 후자를 의미한다면, 우리는 관찰된 결과

---

304 [역주] 위에서 언급한 『위대한 신세계』나 스키너의 세계에 비하여서는 덜 절대적이고 덜 전체적이라는 의미.

305 [역주] 이때, 「목적의향적 설명」이란, 지배자의 행위가 어떠한 목적을 염두에 두고 그에 따라서 대상주체들의 욕망과 믿음을 지배자 자신의

들로부터 역으로 추론하는 경우를 말하고 있는데, 이러한 방식은 그러한 결과들의 원인이라고 상정되는 것을 설명할 수 있는 '피드백 메커니즘'을 구체적으로 명시하지 않는 한 정당할 수 없다[306]: 즉, 물론 "대상주체들이 자신들의 상황에 대하여 「체념」하는 것은 통치자에게는 좋을지 모르지만", 우리는 그러한 결과가 어떻게 발생하는지를 알아야 한다. 전자의 질문이 가지는 의미에 대하여는 엘스터는 다음과 같이 묻고 있다: 【141】"통치자는 의도적으로 대상주체들에게 특정한 신념과 욕망을 유도할 수 있는 권력을 진정으로 가지고 있는가?" 그는 그러한 설명은 납득할 수 없다고 주장한다: 즉, "문제의 [달성하고자 하는] 상태는 본질적으로 부산물이기 때문에", 다시 말하자면 그러한 "정신적, 사회적 상태"는 "지성적으로나(intelligently) 또는 의도적으로는 결코 야기될 수 없는데, 왜냐하면 그렇게 하려는 시도 자체는 야기하려는 상태 자체를 불가능하게

「이해관심」과 일치시키려고 직접적 「영향」을 가하여 조형한다고 설명하는 것이다. 반면, 「기능적 설명」이란, 피지배자들의 욕망과 믿음이 지배자의 「이해관심」을 위하여 결과적으로는 조형된다고 하더라도 그러한 결과는 지배자의 의도적 행동의 결과가 아니라 사회체계 내에서 어떠한 특정한 기능을 수행하기 때문에 더 넓은 사회적 체계로 인하여 발생하게 된다는 것이다.

[306] [역주] 이때, 피드백 메커니즘이란, 대상주체의 「순응」적 행동 그 자체가 지배자 자체의 권력을 강화시키는 역할을, 그리하여 기존 권력 체제 자체를 더욱 강화하는 역할을 하게 되고, 그럼으로써 대상 주체의 믿음과 욕망 자체도 계속하여 변화시켜 더 「순응」적으로 되는 과정을 반복하는 것을 의미한다. 이하의 232쪽에서 저자는 이 피드백 메커니즘은 결국 존재할 수 있다고 말하고 있다.

[307] [역주] 위의 엘스터의 논증은 혼란스러운데, 다시 정리하자면 다음과 같다. 즉, 그렇게 특정한 신념과 욕망을 유도하려는 고의적 행동 자체

하기 때문이다".[307,308]

그러나 엘스터의 이 마지막 주장을 정당화하기 위하여서는 심각한 고민이 필요하다. 첫째, 문제시되는 마음의 상태가―즉, 자신의「이해관심」에 반하는 규범을 지지하고 심지어 그것에「순응」하는 것을 찬양하거나, 혹은 자신들의 운명에 대하여「체념」을 표출하는 그러한 욕망과 신념이―"근본적으로는 부산물이며", 의도적으로 주입되는 것은 본질적으로는 불가능한 것이라는 그의 주장은 결코 자명한 주장은 아니다. 엘스터의 견해와는 달리, 본인은 그러한 결과들이「조작」의 결과들일 수는 없̇다̇는̇ 이유는 이해할 수 없다. 하지만 물론 그러한 [조작의 결과라는] 주장에 대하여 증거는 존재하여야만 한다는 바에는 동의한다: 단순히 "「체념」이란 일반적으로 그로 인한 이득을 누리게 되는 사람들에 의하여 유도된다는 가정"에(115쪽) 안주하여서는 안 되는 것은 당연하다. 그러나 둘째, 본인이 거듭 주장하였듯이 권력의 개념을 의̇도̇적̇인̇ 개입으로 정의하면서 [의도적인]「조̇작̇」에 초점을 맞추는 것은 권력의 범위를 지나치게 좁게 한정하는 것이다. 권력은 '지성적이고 의도적'이지는 않더라도 욕망과 신념에「영향」을 미쳐「순응」을 유도하는 방식으로 작동할 수도 있

로 인하여 목표하는 상태가 변할 수 있으며, 따라서 애당초의 목적들을 달성하는 것이 불가능하게 됨을 의미한다(예를 들어, 그러한 행동 자체는 대상주체로부터의「반항」을 야기하는 등의 복잡한 과정을 거치면서 대상주체의 상태의 변화를 야기하기 때문에 그러하다는 것이다). 따라서 대상주체의 어떠한 정신적 상태는 지배자의 고의적인「조작」의 결과가 아니라 단지 부산물이라는 것이 엘스터의 주장이다.

308 [역주] 결론적으로 말하자면 엘스터는 PRV에 나온 위의 인용문구는 목적의향적, 기능적 종류의 설명이 모두 가능하기에 모호함이 존재한다는 것이다.

다. 셋째, 인용된 구절을 [309] 기능적으로 해석하는 것이 타당하다고 주장할 수 있다. 왜냐하면, '대상주체'가 '지배자'를 이롭게 하는 [즉 지배자의 「이해관심」을 위하여 행동하는] 피드백 메커니즘이[310] 작동할 수도 있기 때문이다.[311]

엘스터는, "고의적으로는 만들어 낼 수 없는"(86쪽) 그러한 상황들을 권력이 만들어 낼 수 없다는 흥미로운 발상에 지나치게 경도되어 있을 뿐, [자신이 주장하는 바인] 「적응적 선호」라는 것이 권력에 의하여 유도되거나 장려될 수 없다는 것'을 (혹은 그러할 개연성이 없다는 것을) 논증하는 바에는 성공하지 못하였다. 그러나 실제로 이 [「적응적 선호」가 권력에 의하여 유도되는] 현상에 대하여서는 잘 알려진 대안적 해석은 존재하며, 이는 이러한 현상이 발생할 수 있고 실제로 종종 발생한다는 것을 시사해 주고 있다. 따라서 아마르티아 센은 "가장 노골적인 형태의 불평등과 착취가 세상에서 존속하게 되는데, 이는 [지배자가] 박탈당한 자 및 착취당하는 자와의 [일종의] 동맹을 맺음으로써 가능하다"고 말하면서, 다음과 같이 적는다:

> 약자는 [자신의] 짐을 감당하는 법을 너무 잘 배우기에 그 짐 자체를 쉽게 간과하기 때문이다.【142】 불만은 수용으로, 희망도 없는 「반

---

[309] [역주] 인용된 구절이라 함은, 위에서(229쪽에서) 『멋진 신세계』나 스키너를 언급한 구절을 말한다.

[310] [역주] 각주 306을 참고할 것.

[311] [역주] 엘스터는 위에 인용된 문장이 '기능적'으로 타당하다고 해석되기 위하여서는 그 메커니즘을 구체적으로 설명하여야만 한다고 위에서 주장한 바 있는데, 이에 대하여 저자는 그 메커니즘은 설명될 수 있고, 그럼으로써 그 기능적 해석은 타당함을 이야기하고 있다(반면, 목적의향적 해석은 타당하지 않다는 견해에는 동조하고 있다).

항」은 「순응」적 침묵으로, 그리고 (...) 고통과 분노의 마음은 이제 즐거운 인내로 바뀌게 된다(Sen 1984: 308-9쪽).

그는 많은 면을 시사하는 한 가지 예를 들어 이 점을 설명한다. 벵골 대기근이 발생한 이듬해인 1944년, '전인도 위생 및 공중보건 연구소'(All-India Institute of Hygiene and Public Health)에서 실시한 설문조사에 따르면 과부와 홀아비의 경우 자신들의 건강에 대한 각각의 보고자의 숫자에 있어서 현저한 차이를 보였다. 여성의 경우 [남성에 비하여] 건강과 영양 면에서 훨씬 더 박탈감을 느꼈음에도 불구하고 그들 중 단지 2.5%만이 설문 상의 '아픔 혹은 보통'이라는 항에 그렇다고 표시한 반면, 홀아비의 48.5%가 그렇다고 응답하였다. 그보다는 더 구체적인 주관적인 질문인, 그들이 '보통' 건강 상태인지에 대하여 묻는 질문에는 45.6%의 홀아비들이 그렇다고 답하였으며, 미망인은 단 한 명도 그렇다고 응답하지 않았다. 아마르티아 센은 다음과 같이 언급한다:

> 박탈의 상태와 모진 운명에 대하여서 조용히 [그들이] 수용함은 그들이 가지는 불만의 크기에 작용을 미치는데, 공리주의적 계산법은 그러한 왜곡에 대하여 [외면하면서 오히려 그 왜곡이 도덕적으로] 신성하다고 여긴다(Sen 1984: 309쪽).[312]

같은 예를 역시 인용한 마르타 누스바움은 "특정 카스트 및 지역적 상황"에 놓인 개별 인도 여성에 관한 다른 사례를 추가하고 있는데, 그들은 "남성에게 아주 깊이 의존"하고 있다(Nussbaum 2000: 21쪽): 한 사람은

---

[312] 물론 이같은 조사의 반응에 대한 대안적인 해석도 존재한다. 즉, 과부들은 자신들의 '선호'들을 적응시키는 것이 아니라, 여성들은 그에 대하여 감히 불평하지 못하는 사회적 규범에 「순응」하여 자신들의 '행위'를 적응시킨다고 보는 것이다.

알코올 중독자이자 낭비벽이 심한 남편의 가정 폭력에 시달리면서도 자신이 잘못 취급되고 있다는 자각이 결여되어 있었다. 그보다는 '더 깊숙히 적응적인'(140쪽) 성향을 가진 또 다른 여성은, 여성에게는 승진이 제약되어 있고, 또한 남성들에게는 허락되어 있는 기술을 배울 수 없는 벽돌 가마에서의 중노동을 자연스럽고 정상적인 것으로 간주하였다. 누스바움은 이러한 반응은 "평생에 걸친 사회화와 정보의 부재"로 인한 결과라고 지적하고 있다(139쪽). 그러나 권력이 어떻게 작동하고 있는지를 밝혀내기 위하여서는 이 마지막 문구에 들어있는 의미를 해석하여야 한다.

그러한 「적응적 선호」를 형성하고 유지하는 바에 권력이 작동하고 있음을 분명히 밝힌 한 사상가는 존 스튜어트 밀이었다(누스바움도 그를 인용하고 있다).【143】그의 저서 『여성의 종속적 지위』(The Subjection of Women)(Nussbaum 1989[1869])에서 그는 빅토리아 시대 여성들에 있어서의, 평생에 걸친 사회화에 대하여 놀라운 설명을 제공하는데, 존 스튜어트 밀에 따르면, 그들은 '피속박계급(subject-class)을 형성하였는데 (...) 뇌물과[313] 협박이 만성적으로 결합된 상태'에 놓여 있었다(174쪽). 그는 다음과 같이 기술하고 있다:

> 남성은 여성의 명령 「준수」만을 원하는 것이 아니라 그들의 감정도 원한다. 가장 잔인한 남성들을 제외한 모든 남성들은 자신과 가장 가까운 여성들로부터 강제적인 노예가 아니라 '자발적인 노예'를, 즉, 단순한 노예가 아니라 그녀들의 애정 또한 가지고 싶어 한다. 따라서 그들은 그녀들의 정신마저 노예로 만들기 위하여 모든 것을 실천으로 옮겼다. 다른 모든 종류의 노예의 주인은 그 노예들의 명령 「준수」를 유지하기 위하여 두려움에 의존한다; 그 같은 두려움들은, 그 주

---

313 [역주] 여성들을 「순응」하게 만들기 위하여 각종 선물 등을 제공함을 의미.

인 자신에 대한 두려움이 있거나 혹은 종교적 두려움이다. 하지만 여성의 주인들은 단순한 명령준수 그 이상을 원하였고, 그들의 목적을 달성하기 위하여 모든 힘을 교육에 바쳤다. 모든 여성들은 아주 어린 시절부터 자신들의 인격적 이상은 남성과는 정반대라는 믿게끔 양육된다; 자기 의지와 자기 「통제」에 의한 [스스로에 대한] 「통치」가 아니라, 복종과 타인의 「통제」에 굴복하는 것이다. 모든 도덕 강령들은 여성들에게 타인을 위하여 사는 것이 여성의 의무라고 말하며, 현재의 모든 감상적 관념들은, 그러한 것들이야말로 여성의 본성이라고 말한다; 그리고, 자신을 완전히 헌신하고 [타인에 대한] 애정 이외에는 별도의 삶을 가지지 않는 것이 여성의 본성이라고 가르친다.

존 스튜어트 밀의 설명에 따르자면 '여성의 종속적 지위'는 외부적 제약과 내부적 제약, 그리고 '내면화'된 제약의 조합으로 구성된다:

***

일단, 다음과 같은 세 가지를 고려하여 보자 첫째, 이성 간의 자연스러운 매력; 둘째, 아내가 남편에게 전적으로 의존하고 있다는 점. 즉, 아내가 가진 모든 특권이나 즐거움은 남편의 선물이거나 남편의 의지에 전적으로 의존한다는 점. 마지막으로, 인간이 추구하고 고려하는 주요한 대상, 그리고 사회적 야망의 모든 대상들은 일반적으로 남편을 통하여서만 추구하거나 얻을 수 있다는 점. 이러한 세 가지 요소들을 결합시켜 생각하여 보면, 남성에게 매력적인 대상이 되는 것이 여성 교육과 성격 형성의 구심점이 되지 않았다면 오히려 기적이라고 생각될 정도이다. 【144】 그리고 여성들의 마음에 영향을 미칠 수 있는 이러한 막강한 수단을 획득하여 왔기에, 남성들은 자신들의 이기심의 본능에 의하여, 온유함과 복종, 모든 개인적 의지를 남성의 손에 맡기는 「체념」이 여성에게 있어서의 성적 매력의 필수적인 부분이라고 여성들에게 표현함으로써, 그러한 것들을 여성을 예속하에 두기 위한 수단으로서 최대한 활용하게 되었다(26-9쪽).[314]

물론 존 스튜어트 밀 이후에도 「지배」의 메커니즘을 규명할 수 있을 것으로 기대되는 방안으로서, 그가 여기서 '인격형성'이라고 부르고 다른 이들은 '사회화', '내면화', '체화'(incorporation)라고 부르는 '블랙박스'를 열어보려는 많은 시도가 지속되었다. 그러나 실상 이러한 다양한 용어들은 문화력(cultural forces)이 개인들에게 작용하여 그 개인들이 이를 내면화하도록 만드는 과정에 대한 설명의 부재를 아주 자주 은폐하고 있다(Boudon 1998 참조). 그런데 우리가 알아야 할 바는 '어떻게'이다.

이러한 시도 중 하나가 피에르 부르디외의 저술의 핵심이다. 존 스튜어트 밀과 같은 주제를 다루고 있는 부르디외의 저술 『남성지배』(Masculine Domination; La domination masculine)에서 말하는 '남성지배'는 다음과 같이 정형화될 수 있다:[315]

---

[314] 이와 관련된, 이러한 「권력 행사」가 아니었다면 상황이 어떻게 되었을지에 대한 「반사실적 가정」을 정당화하는 문제에 대한 존 스튜어트 밀의 대답에 주목할 필요가 있다: "만약 여성이 남성의 지배를 받지 않는 남성 사회가 있었다면, 남성과 여성의 각각의 본성에 내재된 정신적, 도덕적 차이에 대하여 긍정적으로 파악할 수도 있었을 것이다"(138쪽). 존 스튜어트 밀의 '유아 퇴행화'(infantilization)와 '결혼 전제주의'(結婚專制主義 marital despotism)의 설명에 대한 훌륭한 논의는 Urbinati(2002)를 참조할 것.

[315] [역주] 이하에서는 부르디외로부터의 (영어 번역에 근거한) 인용문들이 많이 등장하는데, 본 번역을 위하여서는 프랑스어 원전과 일일이 대조를 한 후, 프랑스어 원전을 기준으로 하여 번역하였다. 영어 번역 중에는 오역이나 오독의 소지가 다소 존재하기 때문이다. 그리고 프랑스

피지배자는 지배자의 관점에서 구성된 범주를 「지배」 관계에 적용하여 [그 지배 관계를 피지배자들에게] 자연스러운 것으로 보이게 만든다. 이것은 일종의 체계적인 자기 비하(*auto-dépréciation*), 심지어 자기 멸시(*auto-dénigrement*)로 이어질 수 있으며, 이는 특히 (...) 카빌(Kabyle)[316] 여성들이 자신의 성기를 결핍되고 추하며 심지어 혐오스러운 것으로 표현하는 것에서 (또는 현대 사회에서의 많은 여성들이, 자신의 신체를 패션이 부과하는 미적 기준에 부합하지 않는 것으로 비하하는 관점에서), 그리고 더 일반적으로는 여성에 대하여 비하하는 이미지를 고수하는 바에서 특히 보인다.(Bourdieu 2001[1998]: 35쪽).[317]

부르디외는 "이러한 특정한 형태의 「지배」를 이해하는 유일한 방법은 한편으로는, (「위력」(*forces*)에 의한) '구속'(*contrainte*)과 그에 대비되는 (「이성」(*raison*)에 따른) 「동의」(*consentement*)라는 이분법을 넘어서야만 하는 것이며, 그리고 다른 한편으로는 기계적 「강압」과 [그에 대비되는] '자발적이고 자유롭고 고의적(*délibérée*)이며 심지어 계산된 「복종」'이라는 이분법을 넘어서야만 하는 것"이라고 주장한다(37쪽).[318][319]

어 원문은 부록에 수록하였다.

316 [역주] 알제리 북부의 베르베르족 거주 지역.
317 [역주] 원문은 인용원문 51 참조(Bourdieu 1998: 41쪽).
318 [역주] 불어 원전을 기준으로 번역하였다. 영어 인용과는 약간의 차이가 있다. 원문은 인용원문 52 참조(Bourdieu 1998: 43쪽).
319 부르디외는 엘스터를 대표주자로 하는 "「합리적 행동 이론」"(rational action theory)이 "'기계론적 시야'와 '목적론적 시야', 즉 원인에 의한 '외적 기계적 결정론'과 「이성」에 의한 지적 결정론'—다시 말하자면 "「계몽된 이기심」"(enlightened self-interest; *intérêt bien compris*)(Bourdieu 2000[1997]: 139쪽;(Bourdieu 1977b: 167쪽)을 가진 「이성」—간을 바꿔가며 오가며 양

부르디외가 제안하는 방법은 그가 수사학적으로「상징폭력」(symbolic violence; *violence symbolique*)이라고[320] 부르는 관념, 즉 "피해자에게까지도 인지되지 않고「비가시적」인 [일종의]「부드러운 폭력"을 통하여 이루어진다(1-2쪽).[321] 「상징적 지배」(symbolic domination; *domination symbolique*)의 효과는

쪽 모두에 충성한다고 본다. 하지만 이같은 견해는 엘스터에게는 공정한 평가는 아니다. 왜냐하면 그는「이성」을 '원인'으로 간주하고 있으며, 반면「이성」을 비단「계몽된 이기심」으로 국한시키지 않기 때문이다.

[320] [역주]「상징폭력」에 관하여 직접 부르디외의 말을 인용하자면,
> 상징체계들은「지배」의 수단 또는「지배」의「합리화」의 수단으로서의 정치적인 기능을 수행한다. 상징체계들은 자신이 이미 가지고 있는 힘을 강화하고, 그 강화된 힘을 기존의 힘의 역학관계에 추가함으로써, 따라서 막스 베버가 이야기한 바대로 '피지배자들'을 '사육화'함으로써, 한 계급(*classe*)이 다른 계급을「지배」하도록 도와준다. 이것을「상징폭력」이라고 지칭한다(Bourdieu 1979/77b: 77쪽).

이것은 베버가 말한 강권(*Gewalt*)이라는 개념을 더욱 확장시킨 것이라고 볼 수 있는데, 즉, 물리적인 측면에서의 힘의 행사는 이러한「상징폭력」과 보조를 같이하여야만 효율적으로 목적을 달성할 수 있다는 것이다. 이러한「상징폭력」이 효과적으로 행사되는 경우, '지배'-'피지배' 관계가 자연적이고 정당한 것으로 간주된다. 이러한「상징폭력」의 예에는, 국가, 학교, 성차별, 그리고 심지어는 소비 형태도 포함된다. 신자유주의는 이러한「상징폭력」에 의존하고 있다.

[321] [역주] 전문은 다음과 같다(Bourdieu 1998: 7쪽). 원문은 인용원문 53 참조.
> 나는「상징폭력」이라는 용어를 통하여, 심지어는 그 피해자에게까지도 인지되지 않고「비가시적」인 [일종의]「부드러운 폭력」을 지칭하는데, 그것은 순전히 소통과 인지(*connaissance*)라는 순수히 상징적인 통로를 거쳐서, 더 적확히 말하자면「오인」(*méconnaissance*),「인식」

(그것의 대상은 인종, 성, 문화, 언어 등이 될 수 있다) 부르디외가 말하는 「아비투스」(habitus)라고 부르는 것을 조형하는 것이다.【145】「아비투스」란 한편으로는 「실천적 감각」(practical sense; sens pratique)을 생성하고, 다른 한편으로는 의식 수준 아래의 저변에서 [주체가 가지는 생각들의] 명료화, 비판적 성찰, 그리고 의식의 「통제」를 방해하는 방식으로 작동하면서 행위자들이 가지고 있는 세계에 대한 관점을 조직화하는, 그러한 「체화된 성향」들(embodied dispositions; dispositions incorporées)을 의미한다.[322] 그러한

(reconnaissance), 그리고 궁극적으로는 감정(sentiment)이라는 통로를 거쳐서 주로 행사된다.

[322] [역주] 「아비투스」(habitus)의 어원은 고대 그리스어의 hexis(ἕξις)로서, 상대적으로 안정된 심적 상태 내지는 그러한 배치, 그리고 간혹 '습관'의 의미로 사용되었다. 이 단어가 라틴어에서 「아비투스」로 바뀐 것이다. 이 「아비투스」는 현대에 와서 부르디외 철학에서의 핵심 개념이 되었다. 이러한 고대적인 의미와 부르디외의 사용법은 유사하다. 「아비투스」를 더 정확히 이해하기 위하여서는 부르디외의 다음과 같은 언급을 인용할 필요가 있다:

> 이것은 항구화(恒久化)된 성향(性向), 즉 지속적인 태도, 말, 그리고 그로 인하여 지속화되는 느낌과 사고들의 일종으로서, 실현되고, 체화되고 또 변화되어 버린 정치적 신화(political mythology)이다. 이러한 방식으로 체화된 원칙들은 의식이 파악하는 영역을 넘어서며, (...) 또 명백하게 드러날 수 없다 (Bourdieu 1977c: 93, 94쪽).

부르디외의 평론가인 리차드 젠킨스(Richard Jenkins)에 의하면, 부르디외에게 있어서 「아비투스」는 행위자가 무의식적으로 항상 가지고 있는 행동, 태도, 그리고 스타일 등으로서, 그것은 개인과, '그들이 태어나고 자란, 그리고 그 속에서 다른 사람들과 같이 생활하는' 어떠한 체계화된 세계나 문화와 소통하는 '매개'의 역할을 한다(Jenkins, 1992: 46쪽).

「지배」는:

> '인지적 의식'(knowing consciousness; *consciences connaissantes*)에 내재하는 순수 논리를 통하는 것이 아니라 그 「아비투스」를 구성하는 지각(*perception*), 판단(*appréciation*), 행동의 체계를 통하여 발휘되는데, 이때 「아비투스」는 의식의 결정과 의지의 「통제」라는 차원의 저변에서, 그 자체로는 심히 모호한 인지적 관계(cognitive relationship; *relation de connaissance*)를 설정한다(37쪽).[323]

부르디외는 "남성의 지배와 여성의 복종이라는 일종의 역설적 논리는 (...) 자발적이면서도 강요된 것이라고 동시에 묘사될 수 있고 그럼에 있어서 어떠한 모순도 없다"고 말한다. 또한 그는 [그것은] "사회적 질서가 여성에게(그리고 남성에게도) 미치는 지속적인 영향을, 즉, 그 사회적 질서가 그들에게 부과하는 질서에 자발적으로 부합하는 성향을 우리가 인정하는 경우에 있어서만 이해될 수 있다"고 주장한다.[324] 부르디외

따라서 이 「아비투스」는 습관(habit)과는 대비된다. 습관은 반복적인 행동을 통하여 체화된 것이며, 행동의 '결과'이다.

[323] [역주] 원문은 인용원문 54 참조(Bourdieu 1998: 43쪽).

[324] [역주] 전게서 37쪽에서 인용(Bourdieu 1998: 44쪽). 이 두 문장의 전문은 다음과 같다. 단 영어 번역에서는 아래 번역의 「영향」 앞에 '이중적'(durable)이라는 표현을 첨가하고 강조체로 표시하고 있는데, 원문에는 그같은 표현이 없다. 원문은 인용원문 55 참조.

> 따라서, 자발적이면서도 강요된 것이라고 동시에 묘사될 수 있고 그럼에 있어서 어떠한 모순도 없는, 남성의 지배와 여성의 복종이라는 일종의 역설적 논리는, 사회적 질서가 여성에게(그리고 남성에게도) 미치는 지속적인 「영향」을, 즉, 그 사회적 질서가 그들에게

의 설명에 따르면:

> 「상징적 위력」(force symbolique)은[325] 신체에 직접적으로, 그리고 마치 마법처럼 물리적 「강압」도 없이 발휘되는 권력(pouvoir)의 한 형태이지만, 이 마법은 신체의 가장 깊은 수준에서 용수철처럼 '축적된 성향'(dispositions déposées)에 기초하여서만 작동한다. 그것은 마치 방아쇠처럼, [즉, 아주 최소한의 에너지만을 사용하여] 작동하는데, 이는 주입(inculcation)과 체화(incorporation)의 작동으로 인하여 결과적으로 그것에 감수적으로 된 사람들 내에 [이미] 축적된 성향을 활성화시키기 때문이다. (다시 말하자면, 그것은 자신의 가능성의 조건과 대상을 찾게 된다).[326]

그리고 "신체의 지속적인 변형(transformation)을 야기하기 위하여 필요한, 그리고 그것이 촉발하고 일깨우는 영구적인 성향들(dispositions permanentes)을 생성하기 위하여 서는" "초기의(préalable) 막대한 노동(immense travail)"이 필요하며,

> 이때의 변형은 더욱 막강한데, 왜냐하면 물리적으로 그리고 상징적으로 구성된 세계에서 감지될 수 없을 정도로 서서히(insensible) 친숙하게 됨을 통하여, 그리고 「지배」의 구조에 의하여 안착하게끔 된

> 부과하는 질서에 자발적으로 부합하는 성향을 우리가 인정하는 경우에 있어서만 이해될 수 있다.

325 [역주] 이때 「상징적 위력」은 앞서 말한 「상징폭력」과 같은 의미로 사용되었다.

326 [역주] 전문은 Bourdieu(1998: 44쪽). 번역문 중 소괄호 내의 문구는 원문에는 포함되어 있으나 인용문에서는 누락되어 있는 부분이다. 원문은 인용원문 56 참조.

(habitées), 초기의 그리고 지속적인 상호작용의 경험을 통하여, 그것은 대부분 「비가시적」이고 은밀한 방식으로 행하여지기 때문이다(37-8쪽).[327]

【146】 부르디외는 「상징폭력」을 통한 「지배」에 대하여 "그 「상징폭력」의 결과와 그 효율성의 조건들은 신체 내에 성향(dispositions)으로 지속적으로 깊이 각인되어 있기 때문에"(39쪽),[328] 다양한 「필드」(filed; champ)에

---

[327] [역주]전문은 다음과 같다(Bourdieu 1998: 44쪽). 원문은 인용원문 57 참조. 다시 말하자면, 그것은 [즉 「상징적 위력」은] 그 자신의 가능성의 조건을 발견하며, 그리고 그것에 상응하는 (넓은 의미에서의) 경제적 대상을, 그리고 신체의 지속적인 변형(transformation)을 야기하기 위하여 필요한, 그리고 그것이 촉발하고 일깨우는 영구적인 성향들(dispositions permanentes)을 생성하기 위하여 필요한 그러한 초기의(préalable) 막대한 노동(immense travail)에서 찾는다. 이때의 변형은 더욱 막강한데, 왜냐하면 물리적으로 그리고 상징적으로 구성된 세계에서 감지될 수 없을 정도로 서서히(insensible) 친숙하게 됨을 통하여, 그리고 「지배」의 구조에 의하여 안착하게끔 된(habitées), 초기의 그리고 지속적인 상호작용의 경험을 통하여 그것은 대부분 「비가시적」이고 은밀한(insidieuse) 방식으로 행하여지기 때문이다.

[328] [역주] 전문은 다음과 같다. 원문은 인용원문 58 참조(Bourdieu 1998: 45쪽): 성별, 민족, 문화, 또는 언어의 관점에서의 피지배자가 가진 「아비투스」의 열정(passions), 즉 신체적 증상으로(somatisée) 나타나는 사회적 관계, 그리고 변형되어 체화된 사회적 법칙들은, 해방적 자각(conscience libératrice)에 의하여 단순한 의지의 노력으로 중단될 수 있는 부류의 것은 아니다. 「상징폭력」(violence symbolique)이 오직 의식과 의지라는 무기로 극복될 수 있다고 믿는 것은 완전한 환상이다. 왜냐하면 「상징폭력」의 결과와 그 효율성의 조건들은 신체 내에 성향

상응하여 조정된 실천들을 생성하여 낸다고 생각하고 있다. 부르디외의 용어로서의 「필드」란, 불평등하게 배분되어 있는 (경제적, 문화적, 상징적 등의) '자본'의 분배를 놓고 개인들이 투쟁하는, 계층화된 사회적 공간을 지칭한다.[329] 사회적 행위주체들은 "과거의 경험에 의하여 신체에

(*dispositions*)으로 지속적으로 깊이 각인되어 있기 때문이다.

[329] [역주] 「필드」, 혹은 '장(場)'은 「아비투스」라는 개념과 함께 부르디외의 철학에 있어서 가장 핵심적인 개념 중의 하나이다. 이를 정리하자면 (1) 어떠한 특정한 「이해관심」을 추구하는 구성원들로 구성된 집합이 존재한다. (2) 그 특정한 「이해관심」을 「통제」하고, 배분하고 향유하는 것은 각 구성원들이 그 안에서 가지고 있는 '권력'의 배분에 의한다. (3) 그 집합 내에서의 각 구성원들의 위상은 그들이 가진 '권력'에 의하여 정하여진다. 그 위상들은 현재의 위상과 잠재적 위상을 가지고 있다. (4) 그리고 위상들은 상호 간에 어떠한 객관적인 관계를 가지고 있다. 예를 들어 「지배」, 복종, '상동성'(相同性 homology: 어떠한 체계들 간에 1:1 상응을 하는 성질) 등이 그것이다. (5) 그 집단 안에서 그러한 위상들 간의 관계를 지속하기 위한 어떠한 규범이나 가치관 등이 생성되고 재생산된다. (6) 이러한 네트워크로서의 집단을 「필드」라고 한다. 즉, 「필드」는 일종의 투쟁의 '장(場)'이다. 참고로 다소 장황하지만, 와캉(Wacquant)과의 인터뷰에서 부르디외가 정의한 바를 번역하자면 다음과 같다:

나는 「필드」를, 객관적으로 규정된 위상들 간의 객관적인 관계들이 이루는 하나의 네트워크, 혹은 '설정'으로 정의한다. 어떠한 힘을 소유함으로 인하여 그 해당 「필드」에서 가장 중요한 어떠한 특정 형태의 이익들에 접근하는 것을 「통제」할 수 있을 때, 그러한 '권력'(혹은 자본)들을 [그 「필드」 내의 구성원들에게] 배분하는 구조에서의 위상들의 현재와 잠재적인 위상들에 의하여, 혹은 그 위상들

각인되어진 「아비투스」를 부여받은"[330] 존재이다: 다양한 「필드」에 존재하는 사회적 규범과 관습은 그들의 몸에 "체화"되거나 "각인되어" "영구적인 성향(*disposition permanente*), 즉 서고, 말하고, 걷고, 그리하여 그로 인해 느끼고 생각하는 방식"을 생성한다(Bourdieu 1990[1980]: 70쪽).[331] 「아비투스」를 구성하는 '성향'은 스스로 자명하고 자연스러운 것으로 인식되는 사회질서에 "자발적으로 조율(*spontanément accordés*)"된다(Bourdieu 2000[1997]: 138-9쪽).[332] 젠더에 관하여 말하는 경우, "남성성(男性性)과 여성성(女性性)에 대한 학습의 본질[적 목적]은, 걷고, 말하고, 서고, 시선을 두는 등의 방식으로 (특히 의복을 통하여) 남녀 간의 차이를 신체에 각인하는(*inscrire*)

> 이 다른 위상들에 대하여 가지는 객관적인 관계에 의하여 (「지배」, 복종, '상동성' 등), 이 위상들은 그 위상 내에 거주하는 자들, 행동주체, 혹은 제도들에게 그들의 존재와 결정을 부과한다. 각 「필드」들은 그 「필드」들'의 기능에 있어서 그 「필드」가 제공하는 가치에 대한 믿음을 전제하거나 혹은 생성한다(Wacquant 1989: 26-63쪽).

[참고] 각주 336의 '자본'에 대한 설명과 연관하여 생각할 것.

[330] [역주] 영문 인용은 Bourdieu(2000[1997]: 138쪽). 원문은 인용원문 59 참조(Bourdieu 1977b: 166쪽).

[331] [역주] 전문은 다음과 같다. 원문은 인용원문 60 참조(Bouridue 1980: 117쪽).

> 신체적 헥시스(*hexis*; ἕξις)*는 실현되고 체화된 정치적 신화로서, 영구적인 성향, 즉, 서고, 말하고, 걷고, 그리하여 그로 인해 느끼고 생각하는 지속적인 방식이 된다.

[참고] (*) 헥시스란 고대 그리스어로 특히 아리스토텔레스의 저술에서 등장하는데, 그것은 신체, 성격, 영혼 등의 상태, 조건 혹은 성향을 의미한다. 「아비투스」와 같은 의미로 쓰인다. 각주 322를 참고할 것.

[332] [역주] 원문 출전: Bourdieu(1977b: 167쪽).

경향을 가진다"고 그는 주장한다(Bourdieu 2000[1997]: 141쪽).³³³ ³³⁴

사회생활의 다양한 「필드」에 대한 부르디외의 풍부한 민족지학적 연구는 본인이 강조하고자 하였던, 「지배로서의 권력」의 양상들을 풍부하게 보여준다: 무엇보다도, 「위장」되거나 「비가시적」으로 됨으로써 권력의 효과가 강화되는 방식, 관습적이며 지위 내지는 계급에 기반한 것들이 행위자들에게 자연스럽고 객관적인 것으로 보이는 「자연화」(naturalization; *naturalisation*), 그리고 그 원천과 작동 방식에 대한 「오인」(misrecognition; *méconnaissance*)에 의하여 강화되는 방식의 그것들[즉, 「지배로서의 권력」의 양상들]이다. 더욱이 부르디외의 설명에 따르자면 이것들 중 어느 것도 의도적으로 이루어지는 것은 아니다:

> 일부 사람들이 믿는 것과는 달리, 사회적 질서(*ordre social*)의 「정당화」는, 선전에서, 혹은 '상징적 부과'(symbolic imposition; *imposition symbolique*)에서 볼 수 있는 '의도 지향적'(*délibérément orientée*) 행위로부터의 결과는 아니다(Bourdieu 1989[1987]: 21쪽).³³⁵

예를 들어, 카빌 사회에서 선물을 주는 것은 관대함을 가장하여 다른 사람을 구속하는 방식이다. 학력과 같은 "「상징자본」"(symbolic capital)은³³⁶ 그

---

333 [역주] 불어 원문에 따른 번역이다. 원문은 인용원문 61 참조(Bourdieu 1977b: 169쪽).

334 이러한 점을 지지하기 위하여 그는 "'신체의 복종'을 주입"하는 바에 관한 Nancy Henley와 Frigga Haug의 연구를 인용하고 있다(28쪽).

335 [역주] 영어 인용문은 약간의 오역과 혼동 가능성이 있어서, 원문을 기준으로 번역하였다. 원문은 인용원문 62 참조(Bourdieu 1987: 160쪽).

336 [역주] 부르디외는 '자본'이라는 개념을 종래적인 마르크스의 자본 개념에서 생각하던 단순히 경제적인 것만을 넘어서 확장시켰다. 각 「필

것을 가진 사람들에게 "자신들이 만들어낸 것에 가장 유리한 가치 척도를 부과할 수 있는 권력을 부여하는데, 특히 그들은, 우리 사회에서의 학교 시스템과 같이 공식적으로 순위를 결정하고 보증하는 제도들에 대한 사실상의(*de facto*) 실질적인 독점권을 가지고 있기 때문이다".【147】예를 들어, "교수들은 학생들, 자신들의 성과, 자신들의 가치에 대한 이미지를 만들어내고, 동일한 범주에 의한 방침하에서 선임 과정(*cooptation*)을 실천함을 통하여 자신들이 동료와 학과 교수진이라는 바로 그 그룹"을 (재)생산해 낸다(Bourdieu 1989[1987]: 21, 14쪽).[337] 그리고 그의 저서 『구

드」(위 각주 329 참고)에는 그 「필드」에서 중요하게 생각하는 핵심적인 '자본'이 있다. 예를 들어 경제적인 「필드」에 있어서는 돈의 크기일 수 있고, 문화적 영역에서는 지적인 생산물이 (예를 들어 지적인 고상함이나 학문적인 위상 등이) 있을 수 있다. 부르디외를 따를 때, 이렇게 확장된 개념으로서의 '자본'을 아주 크게 분류한다면 네 가지인데 그것은, 경제자본, 사회적 자본(혹은 사회적 네트워크 내지는 소위 인맥), 문화자본, 그리고 「상징자본」이 그것들이다.

그런데 다른 자본들과는 달리, 이 「상징자본」은 그 다른 자본들에 모두 관련되어 존재하는 하나의 형식으로서, 그 각 「필드」의 구성원들이 '인정'하는 종류의 소위 '명예' 내지는 '위상(status)'이라는 형식을 가지고 있다(이 '위상'은 베버(Max Weber)가 주장하였듯이, '계급(class)'과 구분되는 소위 '지위(status)'와 유사하며, 따라서 부르디외는 다분히 베버적이다). 이러한 「상징자본」을 통하여 다른 종류의 '자본'이 「정당성」을 부여받게 된다. 부르디외의 말을 빌리자면, 「상징자본」은 어떠한 인지적 기반을 가지고 있는 자본인데, 그것은 (스스로의) 인지(cognition)와 (타인들에 의한) 「인정」(recognition)에 근거하고 있다. 이에 대한 자세한 논의는 Bourdieu(1986) 참고.

[337] [역주] 원문은 인용원문 63 참조(Bourdieu 1987: 148쪽).

별짓기』(Distinction; La Distinction: Critique sociale du jugement)에서 부르디외는, 예술, 스포츠, 신문 읽기, 실내 장식, 음식 소비, 언어 습관, 신체적 미학 등과 같은 영역에서, 사람들이 자신을 분류하고 자신을 분류에 노출시킴으로써, 위상의 구분이 유지되고 강화되는 방식을 마치 소설적으로 훌륭하고 자세히 설명하고 있다. 부르디외에 따르면 계급투쟁은 「분류투쟁」(classification struggle; la lutte des classements)으로 되는데(Bourdieu 1984[1979]: 479-481쪽), 그러한 "사회적 세계의 의미에 대한 [즉, 누가 의미를 결정하는지에 대한] 투쟁에서의 상금(enjeu)으로 걸려 있는 것은 분류의 틀(schèmes classicatoires)과 등급평가의 체계(systèmes de classement)에 대하여 행사되는 권력이며, 이러한 틀과 체계는 그룹들을 [구별하여] 표현(représentation)하는, 따라서 그룹들을 동원하거나 해체하는 근원(principe)이다"(Bourdieu 1984[1979]: 481쪽).[338] 부르디외에 따르면, 이 모든 것들은 "의식적으로 구별(distinction)하려는 의도가 있지 않거나 명시적으로 그들 간의 차이를 구분(différence)하는 바를 추구하지 않더라도" 발생하며,[339] 그리고 "완전히 무의식적일 수도 있고, 따라서 더욱 효과적일 수도 있는 전략"의 결과로서 발생한다(Bourdieu 1984[1979]: 479, 246, 255쪽).[340] 그러나 엘스터가 관찰하였듯이, 이러한 "무의식적 전략"에 의존하는 것은 설명을 위한 장치로서는 의문스러울 수 있으며(Elster 1981),[341] "객관적으로 조건과 성향이 차별화"되어 있다는 이유만으로 "자동적이며 무의식적인 효과"가(Bourdieu 1984[1979]: 244쪽)[342] 생성된다고 [부르디외처럼] 말하는 것은 더 이상 설명적이지는 않다.

---

[338] [역주] 원문은 인용원문 64 참조(Bourdieu 1979b: 746쪽).

[339] [역주] 원문은 인용원문 65 참조(Bourdieu 1979b: 376쪽).

[340] [역주] 원문은 인용원문 66 참조(Bourdieu 1979b: 392쪽).

[341] 엘스터는 부르디외의 소위 '반(半)음모주의적' 내지는 '반(半) 기능주의적' 세계관을 비판하고 있다(Elster 1981: 11쪽).

[342] [역주] 원문은 인용원문 67 참조(Bourdieu 1979b: 376쪽).

이 모든 논의들은 신체에 새겨지고 사회적 지위의 존재 조건에 자발적으로 조율되는 부르디외의 「실천의 성향 이론」(theory of dispositional practices; théorie dispositionnelle des pratiques)이 [여타 논의들과의] 통합을 이루어 「지배」라는 블랙박스를 열도록 할 수 있는지를 묻게 한다. 그것은 [즉, 「실천의 성향 이론」은] '신체에 행사되는 권력'의 '마법'을 설명하는 바에 과연 도움이 될 수 있는가(부르디외는 그 이외에도 '연금술'에 대하여서도 이야기하기를 좋아한다). 사회와 신체의 물리적, 화학적, 생리적 기능 사이의 상호작용, 그리고 일반적으로 사회적인 것과 생물학적인 것 간의 상호 침투에 관한 주제는 매혹적인 주제임에는 분명하나 그에 대하여 우리는 아직 거의 이해하지 못하는 상태이다.[343] 그에 대한 부르디외의 이론화 작업은, "사회 구조의 신체에로의 각인"이라는 예비적 담론을 제안한다. 문제는 이같은 제안이 단지 암시적인 은유에 불과한가, 혹은 그렇지 않다면 그 은유는 설명으로 우리를 이끄는 바에 도움이 되는가 하는 것이다.[344] 이 제안은 확실히 경험적 조사를 위한 흥미롭고 중요한 영역으로 향하는 문을 열어준다. 【148】 하지만 학습, 특히 조기 학습이 '상당히' (물론 '상당하다'는 정도를 어떻게 가늠할 것인가?) 신체적, 행태적으로 '체화' 되어 진다고 하더라도 과연 그 사실이 정확히 무엇을 설명할 수 있는가. 「필드」를 통하여 사회적 지위의 위계를 반영하고 재생산하는 '신체적 지식'(bodily knowledge)에[345] 대한 설득력 있고 잘 연구된 사례는 전근대와 현대 모두에서 존재하지만 (예를 들어, Wacquant (2003)을 참조), 이것들은

---

[343] 이 문제와 관련된 훌륭한 논의에 대하여서는 Freund(1988)를 참고할 것.

[344] Lahire(1998: 189-219쪽)를 참고할 것. 이에 대하여 대안적이며 또한 이와 대비되는 은유는, 문화를 하나의 "연장 세트"로 간주한다(Swidler 1986).

[345] [역주] 즉, 신체에 체화된 지식.

어느 정도까지 일반화가 가능한가. 암묵적이고 실제적인 체화된 지식은 언제, 어디서, 어떻게 '담론적'(discursive) 학습과 자기 변환(self-transformation)에 한계를 설정하는가?[346] 우리들 각자의 말하기 방식은 의심할 여지 없이 우리 자신들 각자의 사회적 위치를 아마도 그 깊은 측면에서 드러내고 강화하며, 사람들이 자신의 신체를 살펴보고, 이용하고, 그리고 대하는 방식에서도 사회적 의미를 찾아보려는 시도는 충분히 납득할 만하고 많은 것에 대한 이해를 밝히고 있다. 예를 들어 '바디 랭기지'(body language)는 계급, 성별, 실제로 「국가 정체성」을 표현하고 영속화한다. 그러나 이러한 모든 것들은 [즉, 말하기 방식, 사람들의 신체에 대한 태도 등이] 또한 초기 사회화부터 종교적 가르침과 대중 매체에 이르기까지의 다양한 '담론적'인 문화적 영향들에 따르는 것들로서 이해될 여지도 있으며, 후자의 것들은 [즉, 문화적 영향들은] 다시 정치적 영향과 역사적 변화에 따르게 되는 것들로 이해될 수도 있다. (예를 들어, 수십 년 동안 페미니즘이 지속되는 경우 그 이후에는 젊은 여성들이 스포츠나 혹은 임신 중에 있어서 자신의 몸을 바라보고, 유지하고, 이용하는 방식에 변화가 생겨날 가능성이 높다).

부르디외는 전반적인 마르크스주의 전통과 "단순히 습관적 사고에 의존하면서 정치적 해방은 단지 '의식의 고양'으로부터 성취된다고 기대

---

[346] [역주] 이 문장 자체로는 다소 혼란스러운 표현이다. 이는 암묵적이며 체화된 지식이 어떻게 더 명시적인 담론(말함)에 의한 학습 그리고 가시적으로 보이는 자기 변환을 제약할 수 있는가, 그렇다면 그 한계는 무엇인가라는 질문이다. 예를 들어 아무리 학교에서 인종 차별이나 지역 차별 등을 비도덕적인 것으로 학습시키더라도, 이미 그 학생의 가정을 통하여 신체에 깊이 각인되어 태도는 변하지 않고, 그러한 각인되어 있는 형태의 생각들은 '신체의 미세한 몸짓, 얼굴 표정' 등으로 표현될 수 있다.

하는 페미니스트 이론가들"의 양자 모두가 "(「실천의 성향 이론」을 가지고 있지 못하기에) 사회 구조가 신체에 각인되는 결과에서 야기되는 그러한 「비상한 관성」(extraordinary inertia; extraordinaire inertie)을 무시한다"는 이 유로 비판하고 있다(Bourdieu 2000[1997]: 172쪽).[347] 그러나 이 「비상한 관성」은 신체적 '체화'의 메커니즘과 효과에 대하여 현재 우리가 알고 있는 것을 훨씬 뛰어넘는 것이며, 더욱이 「반성적 비판」(reflexive critique)을 넘어 '내면화'(internalization)에 대하여 일반화된 관점을 표현하는 것으로 보이는데, 이는 어찌 되었든 부르디외 자신의 활동주의적이고 참여 정치적 견해와는 화해하기 어려운 것으로 보인다.[348] 마르크스주의와 페미니즘에 관하여 분명한 사실은, 이들 모두가 권력의 삼차원이라는 주제에 대

---

[347] [역주] 소괄호 안은 영문의 인용에서 생략된 부분이다. 원문은 인용원문 68 참조(Bourdieu 1977b: 205쪽).

[348] [역주] 이 문장은 그 자체로 볼 때 이해하기 쉽지 않다. 이때, 「반성적 비판」은 부르디외의 「반성적 사회학」(La sociologie réflexive)과 연관되어 있는 개념이다. 이때 '반성적'이라는 의미는, "사회과학이 그 자신을 대상으로 하여 그 자신이 가진 도구를 이용하여 스스로를 이해하고 통제하는 그러한 과정"이다(Bourdieu 2001b: 173-4쪽). 이는 또한 사회적 구조가 개인과 타인의 사고와 행위에 미치는 영향을 반성적으로 분석하고 비판함을 의미하는데, 그에 의하면 사회 구조들에 의하여 심지어 아주 깊이 신체에 체화 내지 각인되어 있는 것들이라도 영원히 불변적으로 고정되어 있는 것이 아니라, 그에 대한 자각과 반성적 성찰 및 비평을 통하여 변화될 수 있음을 시사한다. 또한 이는 부르디외 자신의 정치 활동가적 입장을 대변하기도 한다. 그런데 이러한 측면에서 볼 때, 부르디외 자신이 이야기한, '변하기 힘든' 「비상한 관성」이라는 개념과는 충돌의 소지가 있을 수 있다. 즉, 이렇듯 「비상한 관성」이라는 개념은 그의 「반성적 비판」을 무색하게 만들 수 있음을 의미한다.

한 탐구를 위한 문을 우리 앞에 열어놓았다는 점이다: 즉, 양자 모두는 역사적으로 변화하는 상황에서, 내적 제약을 부과함으로써 신념과 욕망의 조형을 통하여 「지배」에 대한 「순응」을 확보하는, 그러한 「역량」으로서의 「삼차원적 권력」이라는 주제를 연구하는 문을 열어 놓게 된 것이다.

3.5 진정한 이해관심과 허위의식

【149】 그렇다면 언제 그러한 조형과 부과가 「지배」라고 간주될 수 있는가. 여하하건 간에 「문화화」(enculturation)는 우리가 참되고 옳고 선하다고 여기는 많은 것들의 원천이며, 우리의 반성적 믿음과 욕망이란 것들도 우리가 단순히 당연하게 여기는 수많은 다른 것들을 전제하고 있으며 그것들로부터 파생되는 것들이다. 믿음의 획득과 선호의 형성을 통한 「순응」의 확보가 「지배」의 예시라고 할 수 있는 이유는 과연 무엇인가.

마르크스주의자들은 이 질문에 대한 답이 너무도 자명하다고 생각하였기 때문에 이 질문을 직시하고 파악하는 바에 큰 도움이 되지 못하였다. [그들의 견해에 따르면] 권력은 근본적으로 「계급 권력」이다: 그들의 소위 「지배 이데올로기 논제」(dominant ideology thesis)는 (그것의 가장 조악한 버전과 마찬가지로 가장 정교한 버전에 있어서도), 이데올로기에 의하여 예속된 자들은, [그러한] 사고가 가지는 「헤게모니」적 형태에 의하여 자신들 고유의 「계급적 이해관심」을 인식하고 추구하지 못하게 된다는 점을 전혀 의심하지 않았다. 따라서 본서 제1장에서 지적하였듯이 그람시는 「복종」과 지적인 「종속」은 「종속적 계급」으로 하여금 세계에 관한 '자신들의 구상'을 따르도록 함에 걸림돌이 될 수 있다고 생각하였다. 그람시는 서구의 시민사회를 「통치 계급」이 가지는 문화의 우월적 지위와 자본주의의 안정성을 보장하도록 동의를 획책하는 현장으로 보았다. 페리 앤더슨(Anderson, Perry)이 표현하였듯이, 그람시에게 있어서의 「헤게모니」는 그 용어의 사용에 있어서 "「동의에 의한 통치」를 가능하게 하는, 부르주아지에 의한 노동자 계급의 「이데올로기적 종속」"을 의미하였다(Anderson 1976-7: 26쪽). 그람시의 생각에는 자본주의하의 「종속적 계급」은 이중적이고 모순적인 의식을 가지고 있다: 그들에게 부과된 의식과 「상식」으로 그들은 분열되어 있는데, 이때 「상식」은 그저 "단편적이고 일관성이 없으며 하찮은 채로 남아있다". 이렇게 남아있는 이유는 대중들의 철학인 「상식」은 그 대중이 놓여있는 사회적, 문화적 지위에 따르기 때문이다 [즉, 그 「상식」의 위상이 정하여 지기 때문이다. [하지만] 이 「상식」은 노동자의 「이해관심」을 표현한다: 그 「상식」은 "노동자의 활동 저변에 숨어 있으며 (...) 현실 세계의 실천적 변혁에서 그를 모든 동료 노동자와 결합하도록 하지만", '피상적으로 명시적이거나 혹은 피상적인 말로서 존재하는", 그리고 "과거의 유산으로 물려받아 어떠한 비판 없이 흡수된" 그러한 지배적 이데올로기에 의하여 동원되지 못하고 있을 뿐이다. 【150】 그람시는, 이념적이고도 정치적인 투쟁을 통하여 노동자들이 자신들의 「진정한 이해관심」을 파악하고 추구할 수 있으리라고 생각하였다. 반면 죄르지 루카치는 (보다 레닌주의적인 방식으로) 그들의 [즉, 노동자들의] 반복되는 실패를 설명함에 있어서, [자본주의적] 생산의 과정에 끼워져 있는 [노동자라는] 어떤 특정한 전형적 위치에 귀속된(imputed) [노동자들의] "적절하고도 이성적인 반응"에 반하도록 하는 "「허위의식」"의 탓으로 돌렸다. 그 [노동자] 계급에 "귀속되는" 이러한 후자의 (진정한) 의식은 "그 계급을 구성하는 개개인이 생각하거나 느끼는 것의 총합도 평균도 아니지만", "역사적으로 중요한 그 계급의 행동은 이 [진정한] 의식에 의하여 결국 결정된다"고 그는 말하고 있다 (Lukács 1971[1923]: 229쪽).

　물론 사회적 행위자들은 단일하거나 단지 두 가지에 불과한 「이해관심」이 아닌, 서로 상이한 부류의 「이해관심」이라고 할 수 있는 복수의 서로 상충하는 「이해관심」들을 가지고 있으며,[349] 또한 그들의 「정체성」이

---

[349] 본서 2장을 참고할 것.

란, 그들에게 귀속되는 계급적 지위와 운명로만 국한되지는 않는다. 그럼에도 불구하고 이 같은 마르크스주의적 설명은 스피노자의 말처럼 "사람의 판단은 여러 가지 방식으로, 그리고 거의 믿을 수 없는 방식으로 「영향」을 받을 수 있기 때문에"[350] [노동자가 가지는] 상식과 실제적 경험을 왜곡하고 전복시키는 이데올로기적 권력이 가지고 있는 놀라운 역량을 잘 포착하고 있다. 이 질문에 대한 마르크스주의적 답변과 이를 표현하는 언어의 근본적인 문제는 실상 그 뒤에 숨어있는 것으로 보인다: 즉, 행위자의 외부에 존재하고 있으면서 무엇이 '진정'한지, 무엇이 종속에 대항하는 "적절하고도" "합리적인" 반응인지에 대하여 '진실한' 설명을 할 수 있는 일종의 특권적인 접근이 [어떤 외부자에게는] 가능하다는 주장이다. 「허위의식」이라는 말은 일견 [그 외부자가 가진 판단이 노동자들에 비하여] 우월함을 자랑하는 듯 들리고, 만일 물질적인, 또는 [그 노동자 개인이] 주관적으로 자인하는 「이해관심」과 그 「진정한 이해관심」이 충돌하게 되는 경우에는 후자는 사실 주제넘게 들리며, 실제로 마르크스주의적 가정이 전제되지 않는다면 「진정한 이해관심」은 아무런 근거도 없어 보인다. 이같은 논점이 [즉, 위에 말한 「허위의식」과 「진정한 이해관심」이라는개념에 대한 비판이] 바로 PRV의 최초 출판 시 어느 비평가가 그 저술을 "마르크스주의적 관념을 매우 비 마르크스주의적인 방식으로 사용하였다"고 비난한 이유이다(Bradshaw 1976, Scott (ed.) 1994: 271쪽).

하지만 과연 여기서 문제가 되는 바는 정확히 무엇인가. 마르크스주의적 분석의 내용인가. 그중 특히 [위와 같은] 논의의 초점이 계급에 대하여 중요성을 부여하지 않기 때문인가. 아니면 과거 수십 년에 걸쳐, 마르크스주의 사상가들, 종파주의자들, 당의 비서들이 줄곧 가지고 있던, 「진정한 이해관심」과 「허위의식」을 판단하는 역할을 어떤 다른 사람들에게 귀속시키려 하는 태도의 배후에 있었던, 그들의 자기 확신과 종종 독

---

[350] [역주] 이 문장의 의미에 대하여서는 각주 167을 참고할 것.

단주의가 문제인가. 【151】 아니면 셋째, 특정 일부인이 타인들 위로 행사되는 권력을 가지고 있다고 생각하고, 그「권력의 메커니즘」을 분석할 때 그 권력에 예속된 것으로 추정되는 그 타인들의 [자신으로부터가 아닌] '외부'에 존재하는 [어떤 관찰자의] 관점을 택할 수도 있다는 바로 그 생각 자체 때문인가.

처음 두 가지의 비판 가능성은 [즉, 계급성에 대한 중요성의 부재, 독단성은] 사실 친숙한 것이며 또한 충분히 옹호 가능한 비판이며, 따라서 정당한 비판의 근거가 될 수 있다. 하지만, 세 번째 비판의 가능성은 그렇지 [즉, 항상 정당하지는] 못하다. 신념과 욕망의 조형에 의하여「지배」에 대한「순응」을 확보할 수 있다는 주장은, 「지배」에 예속되었다고 추정간주되어지는 행위자들의 실제 신념과 욕망과는 상이한 어떠한 인지적, 「가치 평가적」판단이 불가결하기 때문이다. 즉, 권력에서의 삼차원이라는 개념 자체는 바로 외부적인 관점이 필수 불가결하다. 본인은 다음을 주장하였다: 즉, 「지배로서의 권력」은「이해관심」에 대한 제약'이라는 개념을 수반하게끔 되며, 그러한 권력의 삼차원을 말하는 것은 행위자들에게 귀속되어는 있음에도 불구하고 [그들에게는] 인식되지 않는「이해관심」을 말하는 것이다. PRV에서 본인은 "「진정한 이해관심」을 식별하는 경험적 근거"가 있을 수 있다고 제안하였는데, 이때의 이해 관심은 "[권력자인] A에게 달려 있는 것이 아니라, 「상대적 자율성」의 조건하에서, 특히 민주적 참여를 통하여 A의 권력과는 독립적으로 선택권을 행사하는 [A의 권력의「영향」하에 있는] B에게 달려 있는 것"이었다.[351] 이를 뒷받침하기 위하여

---

[351] [역주] 즉, 이같은 기준은 만일 타인에 의한「권력 행사」가 없어지고 따라서 행위주체에게 선택지가 열리게 된다면, 그 행위주체가「상대적 자율성」을 가지고 어떤 선택을 할 때 그 선택 결과가 그 행위주체의「진정한 이해관심」을 의미한다는 논지이다. 하지만 뒷부분에서 저자가 이야기하고 있듯이, 이렇듯「상대적 자율성」라는 기준으로 파악함에 있

본인은 마르타 누스바움이 언급한 바 있던 인도 안드라 프라데시(Andhra Pradesh)의[352] '여성개발그룹'과도 같은 사례를 들었는데, 그 구성원들에게 있어서는 "한때는 [맹목적으로] 존중받던 전통이 [어느 순간 그 환상이 깨지면서] 갑자기 그렇게는 보이지 않게 된" 경우가 존재하기 때문이다. 왜냐하면 누스바움의 말하고 있듯이,

> 만일 법적으로 재산권이 없고, 정규 교육을 받지 못하였으며, 이혼할 법적 권리도 없고, 집 밖에서 일자리를 구할 경우 구타를 당할 가능성이 매우 높은 여성이 정숙, 순결, 자기 헌신의 전통을 지지한다고 말한다면, 우리가 그러한 그녀의 말이 이 사안에 대한 최종적 결론으로 간주하여야만 하는지는 전혀 분명하지 않기 때문이다.

요컨대, 우리는 "선택권을 전혀 가지지 못한 여성이 실제로 자신들이 이끄는 삶을 진정으로 승인한다고 결론을 내리기 전에 먼저 신중히 생각해 보아야만 한다"는 것이다(Nussbaum 2000: 43쪽). 그러나 내부적 제약들이 그들의 「이해관심」에 반하는 경우, 그리고 만일 그들이 선택권을 가지고 있는 경우일지라도, 그 선택권을 가지고 있는 사람들은 반드시 그렇게 [즉, 자신의 「이해관심」에 부합하는 선택을 하게] 할 것이라고 가정하여서도 안 된다.

하지만 본인이 주장하였듯이 사람들의 「이해관심」은 많고, 상호 상충되며 그 종류에 있어서도 상이하다는 점을 고려할 때, 어떻게 '진정한' 「이해관심」에 대하여 말할 수 있는가. 【152】 예를 들어 근본주의 기독

어서는 다양한 문제가 발생한다. 이때 '상대적'이라는 수식어를 붙인 이유는 「절대적 자율성」이라는 것은 존재할 수 없기 때문인데, 물론 이 경우에 있어서는 어느 정도까지 상대적이어야만 「상대적 자율성」이라고 부를 수 있는가라는 문제가 제기된다.

[352] [역주] 인도 남동부의 주.

교 신자들이 신의 뜻에 위배되고 영원히 저주받을 것이라는 이유 등으로 생명을 살릴 수 있는 의료적 개입을 거부하는 경우에서[353] 볼 수 있듯이, 「복지적 이해관심」(wellbeing interest)과 (혹은 '강한 평가'(strong evaluation) 내지는 「초 선호」(meta-preference)), 기본적인 필요를 충족시키는 「후생적 이해관심」(welfare interests) 간의 충돌이 존재하는 경우 '진정한' 「이해관심」은 어디에 놓여 있는가? 그리고 "「진정한 이해관심」들을 식별할 수 있는 경험적 근거"가 존재하고 이것이 "A에게 달려 있는 것이 아니라 「상대적 자율성」의 조건에서 선택권을 행사하는 B에게 달려 있다"는 위의 주장은 과연 어떻게 옹호될 수 있는가. 왜냐하면 PRV의 또 다른 초기 비평가가 주장하였듯이,

> **어떠한** 종류의 욕구, 선호, 선택 등이 「권력 행사」에 예속된 행위자의 「이해관심」에 해당하는지에 대한 판단은 그 행위자 자신을 **대신하여** 외부의 관찰자, 혹은 분석가가 내려야 하기 때문이다. 판단하여야 하는 바는, 현재 존재하지도 않고, 과거에도 존재하지 않았을 수도 있고 앞으로도 존재하지 않을지도 모르는 그러한 조건하에서 행위자가 과연 어떻게 느끼거나 행동할 것인지에 대한 것이다. 관찰자가 아무리 좋은 의도를 가지고 있더라도 이 같은 판단은 여전히 「이해관심」의 '타자귀속'(other-ascription)이지 '자기귀속'(self-ascription)이라고는 할 수는 없다(Benton 1981, Scott(ed.) 1994: 2권, 288쪽).

더욱이 어떤 경우가 「상대적 자율성」에 해당하는지를 경험적으로 파악하는 바에도 문제가 존재한다:

> A가 B의 위로 행사되는 권력의 행사가 일시적으로 철회되는 상황을 가정하여 보자. 이때, 충분히 A의 권력이 철회되어서 [그 시점부터

---

[353] 본인은 이같은 예를 Clarissa Hayward로부터 전해 들었다.

는] B가 표현한 선호를 B 자신의 '진정한'「이해관심」의 표현이라고 할 수 있는 바로 그 [철회된] 시점을 구분할 수 있는 방법은 과연 무엇인가.[354] 그리고 이 경우에서의 제3자인 C 등으로부터의「권력 행사」에 의하여 A가 작용을 받지 않았다는 것을 어떻게 알 수 있는가[355] 등의 문제가 제기된다.

그리고 더 나아가, 왜 이러한 [「상대적 자율성」과 같은] 조건들이「이해관심의 귀속」(interest-ascription)을 위하여 우선적으로 고려될 수 있는 자격이 있는가: 즉, 하필 "왜「상대적 자율성」이라는 조건이 중요한 판단 기준으로 선택되어야 하는가?"【153】 다시 한번 반복하여 말하자면, 무한히 많은 종류의 '반사실적 조건들' 중에서 어떤 것이 과연「이해관심의 귀속」을 판단하기 위한 목적으로 중요한 위치에 있는 조건으로 간주될 것인지를 (「이해관심」의 여러 구상 중에서 선택하여) 결정하는 것은 외부 관찰자'이다.[356] 그리고 이러한 반사실적 추론은[357] 과연 일관성을 가지고 있는가. "우리에게 이미 친숙한 것과는 근본적으로 다른 형태로 조직화되어 있고 또한 상당히 상이한 사회적 실천관행으로부터 도출될 수 있는 결과에 대하여 한번 상상하여 보자. (…) [그러한 경우에 현재의] 행위자들이, 가

---

[354] [역주] 즉, 언제부터 B가「상대적 자율성」을 가지게 되었는지를 파악할 수 있는 방법은 무엇인가.

[355] [역주] 이 경우는, 비록 B가 A의 권력으로부터는 벗어났지만 또 다른 사람인 C의 권력에 의하여 여전히 지배당하고, 따라서 B 자신의「진정한 이해관심」을 여전히 표현하지 못하는 경우도 있을 수 있음을 의미한다.

[356] [역주] 즉, 이「상대적 자율성」이 존재 여부를 판단하는 것도 외부 관찰자라는 이야기로 해석된다.

[357] [역주] 즉, 위에서 이야기한 것은, "A의 권력이 철회되었고, 그리하여 선택지가 B에게 열려있다는"「반사실적 가정」을 전제로 하고 있다.

상적 선호들과 가상적 욕구 등을 가진 사람들과 동일한 사람이라고 상정하는 것이 적절하다고 판단하기는 어렵다"(전게서, 289-91쪽).[358] 그리고 [일련의] 필요한 「반사실적 가정」을 받아들이라고 요구된다면, 우리는 "터무니없이 황폐한, 그러한 '비현실적 사회'(asocial)의 영역으로 한 발짝 더 다가서게 되는 것은 아닌가"(Bradshaw 1976, Scott(ed.) 1994: 2권, 270쪽).

이러한 어려움은 「진정한 이해관심」이라는 용어를 단순히 [연구자가 지향하는] 설명의 목적, 틀 그리고 방법의 함수라고 [즉, 그러한 연구자의 목적, 틀, 그리고 방법 등에 의하여 정의되는 것이라고] 간주하는 경우 덜 심각해질 수 있는데, 하지만 물론 이것들은 [즉, 목적, 틀 그리고 방법은] 재차 정당화되어야만 한다. 도덕적 「갈등」을 해결하고 권장되어진 설명들에 도장을 찍어 진실로서 확정시킬 수 있는, 그리하여 그러한 '사안들에 대한 최종적 결론'이 될 수 있는, 「이해관심」을 규정하는 그러한 표준적인 것들이 존재한다고 믿을 이유는 없다. 따라서 인도 여성 단체들의 사례들에서 보이는 증거는 만일 그 구성원들에게 가하여진 '제3의 압력'이 없었다는 것을 납득 가능하게 보여줄 수는 경우에만 적절하고 설득력이 있을 수 있다.[359] [한편,] 프르제보르스키(Przeworski, A, 1940-)처럼 자본주의

---

[358] [역주] 즉, 현실의 어떠한 사람에게 어떠한 선호나 「이해관심」을 귀속시킨다고 하자. 그런데 만일 현실의 그 사람이 전혀 다른 가상적 사회적 환경에 놓이게 되는 경우에도 (즉, 「반사실적 가정」을 도입하여 상정하는 어떤 환경에 놓이는 경우) 앞서 말한 선호나 「이해관심」을 여전히 그에게 귀속시킬 수 있는가. 즉, 그 가상적 환경하에서의 사람이 현실에서의 그 사람과 과연 동일한 사람이라고 간주하여야 하는가? 즉, 이 두 가지 환경에서 각자는 같은 「정체성」을 가지고 있다고 보아야 하는가.

[359] [역주] 앞의 사례에서 등장하는 인도 여인들의 경우에는 (255쪽) 직접적인 압력이 사라진다고 하더라도, 그녀들이 그 이후에 표현하는 바

하에서의 계급 간 타협을 '유물론적'으로 설명하고자 한다면, 그가 말하는 「진정한 이해관심」은 물질적 「이해관심」이 될 것이다. [또 다른 한편,] '합리적 선택'이라는 틀 안에서 '제약 조건하에서의 선택'을 통하여 설명하고자 한다면, 「진정한 이해관심」은 개인들의 [이상적인 것이 아닌] '최선의 「이해관심」을 의미할 수 있는데, 이는 "개인들이 자신들이 실현 가능한 [선택지의] 집합이 제한되어 있는 상황에 스스로가 놓여 있음을 발견하게 되는 그러한 상황에서 선택을 하여야만 하는 경우, 그 개인들은 자신들의 더 넓은 「이해관심」에 반하여 행동하고 있다고 말할 수 있기 때문이다"(Dowding 1991: 43쪽). 따라서 크렌슨이 말한바 있는 미국 인디애나주 게리시에 있는 철강 노동자들에게 있어서 공해와 고용이 '트레이드 오프'의 관계에 놓여 있다면, 그들의 실질적 또는 최선의 이익은 [가급적] 깨끗한 공기와 고용이 동시에 양립 가능하게 만드는 것인데, 그와 같은 목적을 성취하기 위하여서는 [일개 지역에 국한된 것이 아닌] 미국 전역에 걸친 공해 규제가 필요하고, 따라서 상대적으로 [고용의 감소 등의] 불이익을 받는 지역 공동체가 없도록 하는 것이다. 또는 「진정한 이해관심」은 기존에 존재하는 모든 설정 상황들이 배제하고 있는 '기본' 또는 '핵심' 「역량」을 파악하는 방법으로도 이해할 수 있다. 【154】 누스바움의 말을 다시 한번 인용하자면, "집 밖을 내다보기만 하고 세상 속의 어떠한 행위에도 참여하지 않는" 인도 북부 지역의 여성들이 영위하고 있는 은둔적 생활은 "완전히 기능하는 인간상"과는 양립할 수 없는 것이다(Nussbaum 2000: 43쪽).[360]

가 「진정한 이해관심」을 반영하고 있다고 말하기 위하여서는 그 이외의 다른 압력, 즉 다른 '제3의 압력'도 없다는 전제가 필요하다는 이야기이다. 이때 '제3의 압력'은 앞서(각주 355)의 예에서와 같이, 또 다른 권력인 C를 의미하는 것으로 여겨진다.

[360] 그녀는 "최근 일행과 함께 델리를 방문하였던" 문맹인 "이빨 없는 노인

마지막으로, 「허위의식」이 가지고 있는 속성은 무엇인가. PRV는 이 같은 믿기 힘든 관념을 사용한다는 비난에 반복적으로 노출되어 왔다. 한 비평가는 다음과 같이 비평하고 있다:

> (룩스는) 현대 사회 이론 및 정치 이론에서 이미 퇴치되었다고 많은 사람들이 생각하였던 「허위의식」이라는 유령을 다시 되살리고 있다. 이러한 개념화가 가지는 문제점은, 사회적 주체를 그 [허위의식이라는] 개념화가 주술을 걸어 깨어나게 하는 '이데올로기적 사기 피해자'로 생각하는, 심히 자만적인 구상이라는 점이다. [룩스는] 이렇듯 가련한 개인은 부르주아들의 세뇌로 인한 환각적 효과에 의하여 자신의 「진정한 이해관심」이 억제되고 있다는 것을 인식할 수 있는 능력이 결여되어 있다는 것만을 보여주고 바에 그치는 것은 아니다. [그의 이론이] 추가로 보여주는 바는, 이데올로기적 안개의 위로 뚫고 올라간 계몽적 학자가 자신의 상아탑 위에 높이 앉아, 자신과 유사한 그러한 축복을 받지 못한 사람들의 「진정한 이해관심」을 분별하기 위하여 [천상에서] 그들을 내려다볼 수 있는 광경이다(Hay 1997: 47-8쪽).

「허위의식」이라는 용어는 반김을 받지 못하는 무거운 역사적 짐에 시달리고 있는 표현이다. 그러나 그러한 「허위의식」이라는 용어는 다른 사람들이 접근할 수 없는 것으로 추정되는 **진리들**에 대하여 어떤 자들은 특권적으로 접근할 수 있다는, 그렇듯 오만한 주장을 지시하고 있는 것이 아니라, [역으로 그 용어는] 상당한 중요성과 범위를 가진 인지적 권력(cognitive power), 즉, [타인을] 호도할 수 있는 권력의 존재를 지시하고 있는 것으로 이해한다면 그 용어가 가진 짐은 제거될 수 있다: 그러한 인지적

여성"의 말을 인용하며, 그런 여성은 "여성이라기보다는 '양과 물소'에 가깝다"고 말한 바 있다(Nussbaum 2000: 43쪽).

권력은 다양한 형태를 취하는데, 그중 일부는 직접적인 검열과 허위 정보에서부터, 판단을 유아적으로 만드는 다양한 종류의 제도화되고 개인적인 방식들, 그리고 모든 종류의 「이성성의 실패」와 환상적 사고를 조장하고 또한 영속시키는 것들이며, 그렇지 않을 수도 있는 것을 「자연화」시키고 욕망과 믿음의 [진정한] 원천을 「오인」하게끔 하는 것도 그러한 것들 중의 일부에 해당한다. 어떠한 특정 상황에 있어서 그러한 권력이 가지는 범위와 효과에 대하여 우리가 연구를 통하여 내릴 수 있는 결론이 그 무엇이든지 간에, 우리가 살고있는 이 세상에서 그러한 권력이 현실적으로 존재하고, 만연되어 있으며 중요성을 가지고 있음 그 자체를 의심한다는 것은 과연 납득할 만한 견해인가?【155】더욱이, 그 가능성 자체를 인정하는 것은 헤이나 혹은 그와 유사한 입장을 가지는 다른 많은 사람들이 말하는 바처럼 고상한 '자만'을 떠는 것은 결코 아니다. 또한 그러한 [권력의 존재에 대한] 인정은 본질적으로 비자유주의적인 것은 아니고 가부장적이거나 혹은 전제에 대한 허가증도 아니다. 예를 들어, 「지배」에 대한 「자발적 동의」를 확보하는 권력에 대한 언급은 존 스튜어트 밀의 저서인 『여성의 종속적 지위』에서의 분석상 핵심적 부분이다. 하지만 밀 자신도 올바르게 지적하였듯이, 이러한 사실을 명확히 인식하는 여성들의 수는 많이 존재하였고 또한 늘고 있었다.[361]

---

[361] 그러나 존 스튜어트 밀은 다음과 같이 적고 있다. 그는 아마도 Wollstonecraft(1988[1792])를 인용하였을 듯하다.

> 남성의 규칙은 이러한 다른 모든 것들과는 달리 위력에 의한 규칙이 아니며 자발적으로 받아들여진다. [반면] 여성에 대하여서는, 불만을 제기하지도 않는 그저 「동의」하는 당사자라고만 말해질 것이다. [하지만] 일단, 많은 여성들은 이 같은 점을 받아들이지 않는다. 여성들이 글을 통하여 자신의 감정을 알릴 수 있게 된 이후 (그것은 사회가 여성에게 허용하는 유일한 항의 메시지의 수단이었다), 점

이렇듯 해석되는 「허위의식」은 언제나 부분적이고 또한 제한적일 수밖에 없다. 허버트 마르쿠제(Marcuse, Herbert)는 그의 저서 『일차원적 인간』(One-Dimensional Man)에서, 점점 더 모든 것을 포용하고 있는 소위 「일차원적 사고」(one-dimensional thought)에 대하여 기술하고 있다:

> (그것은) 정치의 제작자들과 그들을 위하여 대중 정보를 조달하는 자들에 의하여 체계적으로 조장되고 있다. 그들의 담론의 우주는 끊임없이 그리고 독점적으로 반복되는, 그리하여 최면을 거는 정의(定義) 또는 단순 받아쓰기로 되는 「자기 입증적 가설」들(self-validating hypotheses)로 가득 채워져 있다(Marcuse 1964: 14쪽).

그러나 「삼차원적 권력」은 일차원적 인간을 생산하지 않으며, 생산할 수도 없다. 왜냐하면, 권력의 삼차원은 항상 경험의 특정 영역에만 초점을 맞추며, 가상의 디스토피아에서의 경우를 제외하고는 단순히 부분적으로만 효과적일 뿐이기 때문이다. 그리고 「지배」에 대하여 「자발적 순응」과 「비자발적 순응」이 상호 배타적이라고 가정하는 것은 너무도 단순한 구분법일 수 있다: 즉, 권력에는 「동의」하면서도 그 행사 방식에는 분노할 수 있다.[362] 더욱이 고도로 이성적이고 냉철한 시각을 가지고 있는 것

점 더 많은 여성들이 현재의 사회 상태에 대한 항의의 글을 써 내려가며 기록하였다(Mill 1989[1869]: 131쪽).

[362] 존 스튜어트 밀을 다시 인용하자면 다음과 같다:

> 고대로부터 물려받은 어떤 권력하에 [신음하고] 있는 사람들은 권력 그 자체에 대하여 불평하는 것이 아니라 그 권력의 억압적인 행사에 대하여서만 불평한다는 사실은 정치에서의 자연법칙이다. 남편에 의한 [권력의] 부당한 사용에 대하여 불평하는 여성은 결코 적지 않다. 그런데, 만일 불평이야말로 그러한 부당한 사용의 반복과 증가를 초래하는 가장 큰 도발이 아니었다면, 무한대로 더 많은 여

과, 내면화된 환상들과 살아가는 방식은 서로 완전히 양립할 수도 있다. 수잔 보르도는 이같은 점을 잘 설명해 준다:

> 문화적 형태를 「순응화」시킴(normalizing)이 존재한다는 것을 인정하는 것은, 일부 작가들이 주장하였듯이 여성이 억압적인 아름다움의 체제에 맹목적으로 복종하는 '문화적 사기 피해자'라는 견해를 지지하는 입장을 항상 수반하지는 않는다. 예를 들어, 현재의 피트니스 열풍이 단지 건강에 관한 것이라거나 '유대인' 또는 '흑인'들의 코를 '교정'하기 위한 성형 수술은 개인의 선호에 불과하다고 주장하고, 그리하여 많은 사람들은 그러한 신화들을 믿고 따르고 있지만, 종종 다이어트나 성형 수술의 결정에는 고도의 의식적 결정이 개입될 것이다.【156】사람들은 현존의 이러한 문화에서 성공으로 향하는 길들을 알고 있으며, 그러한 길들은 충분히 널리 광고되고 있으며, 따라서 이를 추구하려 하는 것은 단순히 '사기 피해자'는 아니다. 종종 문화에 있어서의 성차별, 인종차별, 그리고 나르시시즘을 고려할 때, 그들의 개인적인 행복과 경제적 안정이 그것들에 [즉, 피트니스와 성형수술에] 달려 있을 수도 있다(Bordo 2003: 30쪽).

그리고 일반적으로 푸코가 주장하였듯이 권력은 「저항」을 만나게끔 되는데, 이는 재차 스피노자가 다음과 같이 관찰한 바이다:

> 그러나 정치 기술이 이 분야에서 많은 성과를 이룩한 것이 사실임에도 불구하고 [어떤 사람을 타인의 권리에 예속시킴] 완전히 성공한 적은 없었다. 사람들은 개인들이 자신들의 생각으로 가득 차 있고, [그
>
> 성들이 불평하였을 것이다. 이 때문에 [남편의] 권력을 유지하면서도 그 남용으로부터 여성을 보호하려는 모든 시도가 좌절되게 된다 (1989[1869]: 132쪽).

들의] 취향만큼이나 [그들의] 의견들도 다양하다는 것을 발견하였다.[363]

---

[363] [역주] Tractatus theologico-politicus, Spinoza(1958[1677]: 227쪽). 같은 문구는 본서 132쪽에 등장한다.

4 지배와 동의

【157】 본인은 본서 제3장에서의 논의의 초점을 제1장에서 제시된 이 저술의 원래 주제로, 즉 피지배자로부터 「지배」에 대한 「자발적 동의」를 확보하는 「역량」과 그에 관한 핵심적 질문으로 좁히려고 노력하였다: 권력자는 역사적으로 변화하는 상황에서 [피지배자에게] 믿음과 욕망을 조형시키고 내적 제약을 부과하면서 어떻게 그들의 「순응」을 확보할 수 있는가?

본인은 상호 연관된 다음과 같은 두 가지 개념들의 의미를 어떻게 이해하여야 하는지에 대한 이중적인 과제를 해결하기 위하여 이 연구를 시작하였다: 즉, 무엇이 「동의」를 구성하고 무엇이 「지배」로 간주되어야 하는가. 「동의」와 관련하여서는 제임스 스콧이 말한 바처럼 「두꺼운 동의」와 「얇은 동의」를 구분하는 것이 도움이 되지만, 다른 많은 이분법적인 대조와도 마찬가지로 그러한 구분은 오해의 소지가 있다고 본인은 주장하였는데, 이는 상대적 무력감과 「의존성」에 대하여 인간이 반응하는 전반[적 모습]을 은폐하는 역할을 하기 때문이다. 스콧은 두 가지 형태의 「지배」에 대한 「동의」는 아주 드물며, 그리고 실제로는 거의 존재하지 않는다고 주장하였고,[364] 엘스터는 욕망과 신념은 외부에서 형성될 수 없기

---

[364] (저자들은 스콧을 언급하지 않았지만) 스콧의 견해와 유사한 견해는 인도의 카스트 차별에 대한 증거를 제시하면서 '「지배」하에서 「동의」'가 가지는 본질을 검토하는 도전적이고 중요한 논문에서 살펴볼 수 있다(Rafanell and Gorringe 2010). 이들은 본서에서 옹호하는 견해에 대하여서는 명백히 이견을 표하고는 있지만 "지배체제는 억압된 자들의 비자발적이지만 인지하고는 있는 [일종의] 공모(共謀)에 의존한다"고 주장하였다(605쪽). 푸코의 입장에 동조하면서 부르디외에는 반대하는 입장인 이들은, 권력 작동의 결과들이 무의식적으로 체화된다는 생각을 거부하고 그에 대신하여 "사회 지배에 대한 더 상향식(bottomup), 그리고 [개인들의] 상호작용주의적인 이해"를 제시하고 있다(606쪽). 스콧

때문에 불가능하다고 주장한 바 있다; 하지만 이같은 그들의 주장에 반대하여 본인은 두 주장 모두 설득력이 없다고 주장하였다. 「지배」에 대하여서도 본인은 이 용어가 무의미한 것은 아니며 반면 결정적인 기준도 없다고 주장하였다: 바로 이러한 불확실성 때문에 「지배적 권력」(dominat-

과도 마찬가지로 이들은 "사람들은 자신들이 처하여있는 「지배」에 대하여 매우 잘 알고 있다"고 주장한다(608쪽). 반스(Barnes 1988)의 견해를 따라 그들은 "권력 역학에 참여하는 모든 참여자들, 즉 권력 보유자와 권력의 대상주체들 모두가 가지고 있는 「자기성찰적(reflexive) 본성」"을 주장하며 "상호작용의 '미시적 역학'(micro-dynamics)이 사회생활을 이루는 기초"라고 보고 있다(611쪽). 따라서 카스트는 "존속되고, 실천되며, '또한 지속적으로 도전받는'(contested) 것"이다(616쪽). 이들은 "서로 다른 존재론적 입장들" 간을 대조하며 [그 입장들이] "[권력]행사주체들에 대한 완전히 상이한 구상들"에 기반하여 있음을 보여주고 있다. "룩스의 「삼차원적 권력」에 숨어 있는 「허위의식」이라는 관념"에 반대하면서, 그들은 「순종」도 "계산적"이라고 주장하며 「동의」는 '분노'의 가능성을 배제하지 않는다고 주장한 룩스의 견해는 그가 말한 '무의식적 「순응」이라는 관념과는 명백히 모순되고 따라서 "이같은 모순성은 룩스가 가지고 있는 개념에서의 약점을 드러내는 것"이라고 주장한다(619, 620쪽). 그런데, 이들은 그러한 이견은 연구의 이전에 이미 전제되어 있는 상이한 존재론들에 내포된 상호 배타적인 입장들의 차이에서 비롯되었다고 주장하는 반면, 본인은 그 이견을 사회학적인 이견으로 보고 있다. 「동의」가 「조작」되었는지 여부와 또는 분노를 경험하였는지 여부는 조사가 필요한 문제이다. 본인은 어떤 주어진 경우에 있어서는 「삼차원적 권력」이 어느 범위까지 그리고 어느 정도까지 작동하고 있는지를 판가름하는 것은 항상 경험적 문제라고 주장하며, 나아가 제5장에서는 사례를 통하여 이같은 주장을 뒷받침하려고 한다.

ing power)이라는 개념은 "본질적으로「논쟁대립적」" 개념이 된다.【158】학자들이 이의를 제기하는「진정한 이해관심」들이나「허위의식」과 같은 표현들은「지배」라는 개념을 명확히 하려는 목적을 가지고 있으며, 본인은 이같은 표현을 사용하여 지배에 대하여 말하는 것은 우월함을 자랑하는 듯한 자만을 떨거나 혹은 주제넘은 자세는 아니라고 말하고자 한다.

지난 30년 동안 정치 이론가들과 철학자들 사이에서는「지배」가 실제로 무엇인지에 대한 활발한 논쟁이 벌어졌다. 이러한 논쟁은「비 지배로서의 자유」(freedom as non-domination), 이른바「신공화주의자」(neorepublican)의 관점을 중심으로 이루어졌는데, 이 같은 논쟁에서는 '「지배」가 무엇인지'에 대한 관점이 분명히 필요하다. 이러한 논쟁은 매우 생산적이었으며, 본인이「삼차원적 권력」이라고 부르고 있는 것이 작동하는 영역을 더욱 정밀하게 규명하는 바에 분명히 도움이 된다.

「신공화주의자」들의 핵심 사상은「자유」를「비 지배」(non-domination)로 분석하고 후자의 개념을 옹호하는 것이다. 이들의 설명에 따르면「지배」는 "일종의 권력, 일반적으로 **사회적** 권력인데, 즉 타인의 위로 행사되는 권력"이다(McCammon 2018). 이러한「지배」는 비대칭적인 상호 간의 관계이며, 권력의 부과를 포함하며, 권력 간의 불균형을 수반하게 된다;「지배」는 '자의적'이거나, 혹은 사람들의 [즉, 권력자들의]「이해관심」을 보호하는 방식에 있어서 무제약적이며,[365] 시간의 흐름에 따라 비교

---

[365] 이 토론에 참여한 대부분의 참가자들은「자의성」의 존재 여부에 대하여 동의하고 있었다(Arnold와 Harris 2017 참조).[i] 러벳은 그「자의성」에 대한 "절차주의적"(proceduralist)[ii] 설명을 선호하는 반면, 페팃은 두 가지 다른 "실체주의적"[iii](substantivist) 설명을 제시하였다. 이러한 다양한 견해의 공통점은, 자의적인 간섭은「이해관심」을 해친다는 것이다. 맥캐먼은 "「고의적 배제」"(deliberative isolation)라는[iv] 개념을 이용하여 위와 같은 점들을 파악하려 하고 있는데 이는 유용하다고 생각된다

적 안정적이다. 또한 「지배」는 도덕적으로 심각한 사안이며, 그에 예속된 사람들의 분노와 의분의 근거를 이루게 된다(그러나 그러한 권력이 **정당한** 것으로 여겨지는 한에 있어서는 사람들은 이러한 반응들을 나타내지는 않겠지만, 여전히 그러한 권력은 지배적(dominating)이라고 간주될 수 있다.) 「비 지배」는 페팃(Pettit, Philip)이 소위 「안구 테스트」(eyeball test)라고 부르는 잣대를 통과할 때 존재한다고 간주될 수 있다: 즉, 사람들이 "서로의 눈을 바라볼 수 있을 정도로 (...) [자신들이 소유한] 자원(resource)과 보호를 안심하고 누릴 때", 다시 말하면 "간섭하는 권력이 불러일으킬 수도 있는 두려움이나 경멸"로부터 자유로울 때 「비 지배」는 존재한다(Pettit 2012: 105, 84쪽). 이러한 「자유」를 지키기 위하여서는, 국가의 법과 정책은 "불운 테스트"(tough luck test)를 추가로 통과하여야 한다. 즉,

---

(McCammon 2015).

[역주] (i) 원문은 「자의성」의 '기준'(criterion)에 대하여 동의하고 있다고 표시되어 있으나, 그 밑의 문구에서는 세 가지 다른 방식의 「자의성」에 대한 판단 기준을 제시하고 있는바, 위의 criterion을 '기준'으로 해석하면 모순적이다. 저자의 설명에 따르자면 공통 분모는 「자의성」이 존재한다는 것, 그리고 자의적 간섭은 「이해관심」을 해친다는 것이다. 따라서 criterion을 '존재 여부'라고 번역하였다.
(ii) 결정이나 행동이 공평하고 투명한 절차를 따르는 한, 그 결과는 덜 자의적이라는 견해.
(iii) 절차에 중점을 두기보다는 그 실체적 내용을 판단하자는 견해인데, 어떠한 근본적 권리나 가치를 무시하는 한 그 절차가 공평한지의 여부를 떠나서 자의적일 수 있음을 의미하는 듯하다.
(iv) 이는 결정 과정에 있어서 어떤 개인이나 그룹을 배제함으로써 그들의 이해를 반영하지 않는 결과를 초래할 수 있는데, 따라서 그러한 경우 그 결과는 「자의성」을 가지게 됨을 뜻한다.

"개인으로서 우리에게 자의적 또는 재량적(discretionary) 의지"를 강요한다는 느낌에서 비롯된 분노 촉발의 근거를 제공하지 않는 것이어야 한다(Haugaard and Pettit 2017: 36, Pettit 2014). 이러한 「비 지배로서의 자유」(freedom as non-domination)는 특히 쿠엔틴 스키너(Skinner, Quentin), 필립 페팃과 프랭크 러벳(Lovett, Frank)을 위시한 「신공화주의자」들에 의하여 주창되고 있는데, 이는 「자유」에 대한 「자유주의적 관점」(liberal views of freedom), 즉, 사람들이 가지고 있는 실제적 또는 잠재적 선택에 대한 **실제적**인 불간섭'으로서의 「자유」에 초점을 맞추고 있는 관점에 대한 대안적 견해로 간주된다.³⁶⁶ 사실 권력은 그것이 지배적이기 위하여 굳이 행사될 필요는 없다:【159】「신공화주의자」적 「자유」는, 그 권력이 자비롭게 행사되는지를 예상할 수 있는지 여부와 상관없이, 다른 의지의 권력하에 놓여 있지 않거나 혹은 그런 의지의 처분하에 있지 않음을 의미한다. (앞서 살펴본 바처럼, 이는 스피노자의 「권능」(potestas)이라는 개념에 의하여 잘 포착된다.) 따라서 그들은 자비롭다고 여겨지는 노예 주인과 같은 몇 가지 전형적인 사례를 반복적으로 언급하고 있다; 입센의 『인형의 집』에 나오는 토르발(Torval)처럼 아내 노라(Nora)를 애지중지하면서도 그녀를 단지 [상류사회라는] 금빛 새장 속에 가두는 남편(Pettit 2014: 서문); 노블레스 오블리주(noblesse oblige)를 실천하는 귀족; 그리고 "백인의 짐"(white man's burden)을³⁶⁷ 짊어지고 있는 식민지 행정가 등. 반면 페팃에 따르면 고전적이든 현대적이든 자유주의의 모든 종류의 변형은 「자유」를 단지 '불간섭'으로

---

366 이같은 언급은 많은 주요 자유주의 사상가들에 대한 전반적 요약 설명으로서는 오해의 소지가 존재한다. 하지만, 이 요약은 「신공화주의자」 입장과의 차별성을 부각하는 바는 그 목적이 있음에 주목할 것.

367 [역주] Rudyard Kipling의 시 『백인의 짐』(The White Man's Burden 1899)을 지칭. 키플링은 식민지를 점령하는 백인들은 미개한 자들을 계몽하는 임무를 가지고 있다고 그 시에서 역설하고 있다.

만 보는 반면, 공화주의의 전통에서는 그것이 고전적 공화주의이든 신공화주의이든 '「자유」는 타인의 의치에 의존하지 않는 것'을 의미한다. 후자의 「자유」라는 개념은 요컨대 여러 가지 「반사실적 가정」들, 즉, 타인이 얼마나 더 적대적이거나 우호적인지에 관한 다양한 가정들에 좌우되지 않고, 견고(robust)하다는 것을 의미한다. 페팃은 사람들이 특정 관계들 내에서는 '관계적'「지배」를 겪을 수도 있지만, 이러한 관계는 "더 넓은 사회와 세계에 존재하는 관행과 제도"로 인하여서만 가능하기 때문에, 「지배」는 그가 "「예속」의 더 깊은 원천"(deeper sources of subjection)이라고 부르는 것과 관련되어 있다는 점에서 '구조적'일 수 있다고 인식하고 있다: 즉, [그러한 관계는] 문화, 경제, 정체(政體)라는, 사람들이 그 안에서 살아가고 있는 것들이 존재하기 때문에 가능한 것이다(Pettit 2014: 53쪽). 본인이 「지배논쟁」(domination debate)이라고 부르는 것은, 본서가 추적하고 있고 또한 기여한 바 있던 「권력논쟁」과는 거의 독립적으로 진행되어 왔으며, 사회과학자들, 특히 부르디외와 같은 사회학자들이 「지배」를 분석하고 연구하는 바들을 거의 참조하지 않고 진행되어 왔다.

이 「지배논쟁」에서 보여진, 「지배로서의 권력」이라는 주제에 있어서의 세 가지 측면은 본서에서 개진된 논의를 위하여 타당한 측면이 있지만, 단, 더 세심한 주의가 필요하다. 첫째, 이러한 논의는 권력을, 구조 내에서 [활동] 가능해지고 제한받는 것으로 보이는 그러한 행위 주체들(개인과 집단)에 의하여 보유되고 행사되는 것으로 올바르게 초점을 맞추고 있었다. 그러나 다른 한편으로는 「지배적 권력」은 항상 의지나 의도를 가지고 있다고 가정하는, [권력의] 행사주체(agency)라는 지나치게 제한적인 시각에 의존해 왔다. 「신공화주의자」들이 「자의성」과 「간섭」이라는 범주를 지속적으로 언급함에서 알 수 있는 바처럼, 그 논쟁의 중심 주제는 지배자의 '**의지**'가 피지배자의 삶에 실제적 또는 잠재적으로 부과됨에 관한 것이었다.【160】따라서 「신공화주의자」들 전반에 걸쳐서, 「지배」는 "권력 보유자의 의지나 기쁨을 좇는 사회적 권력"을 함의하고 있다는 생각에는 그들 간에는 큰 이견이 존재하지 않는다(Lovett 2012: 112쪽). 이때 여기서 말하는 의지나 기쁨은, 피지배자의 목소리와 요구에 반응하지 않거나 심지어 그것들을 고려하지도 않는, 어떠한 한 행위주체 또는 행위주체들의 집단(또는 집단적 행위주체)이 가지고 있는 의지나 기쁨이라는 것이 이「신공화주의자」들이 가지고 있는 사고의 핵심이다. 앞서 살펴본 것처럼 페팃은 관행과 제도를 언급하며「지배」가 구조적일 수 있다고 인정하고는 있고, 이것들을 '원천들'(sources)로 간주하고는 있다. 그런데 이것들은 행위주체들 간의 지배적인 관계를 가능하게 하는 배경을 구성하기 때문에 '더 깊은' 것으로 보이고는 있지만, 행위 주체들은 항상 목적지향적(purposive), 즉 의지적이거나 의도적인 것으로 간주된다. 그런데 고려 사안은 "행위주체들 간의「지배」, 특히 자연인들 간의「지배」"이며, 구조라는 것은 단지 "그러한「지배」를 촉진"하여 "[그들 중] 상대적으로 권력이 없는 자들, 즉 이러저러한 취약 계급을 타인의 지배하에 노출"시키게 한다(Haugaard and Pettit 2017: 26, 29쪽). 그러나 앞 페이지들에서도 본인이 반복하여서 강조하였듯이「지배적 권력」은, 그「지배적 권력」이 일상화되고 또한 그것에 사람들이 무심하게 될 때, 즉「종속」, 의존 그리고「무력함」을 낳고 유지시키는 '규범과 관행', '규칙과 역할'을 일상화된 것으로서 제정할 수 있게 될 때 가장 효과적일 수 있다. 따라서 본서에서는 단지 의지나 의도가 아닌, 의식 수준 아래에 있거나 없을 수도 있는, 따라서 주관적으로 경험되지 않을 수도 있는, 그러한「이해관심」에 의하여「지배적 권력」을 설명하는 더 포괄적인 관점을 제시하고 있다.

둘째,「지배」에 대한「신공화주의자」적 설명의 핵심 요소는「지배적 권력」은「성향적」이라는 주장인데, 이때「성향적」이라 함은 마치 '깨지기 쉬운'이라는 표현과도 유사하다고 할 수 있다.[368] 즉 [그들의 견해에 따르

---

368 [역주] '깨지기 쉬운'이라는 표현은 깨질 수 있는 잠재적 가능성을 의미하는 것이지 실제로 깨진 것은 아니듯이,「성향적」이라는 것도 일종의

자면]「지배」는 실현될 수도 있고 실현되지 않을 수도 있는 어떠한「취약성」(vulnerability)을 만들어 낼 수 있는 가능성(potential), 즉, 행사될 수도 있고 행사되지 않을 수도 있는 성향(disposition)을 지칭한다. 초기 단계의「권력논쟁」에서는 이를 제대로 인식하지 못하였다. 당대의「행태주의」적 사고에 휘말린 방법론적인 이유로, 당시에는 관찰 가능한「권력 행사」에만 초점을 맞추었기 때문이다. 그럼으로써 이중적으로 오해를 불러일으켰다: 첫째, 바로 위와 같은 이유로 권력의 실제적인 행사가 없이도 [단지 상대가 취약하게 된다면] 권력을 가질 수 있음을 시사하고 있다는 점, 둘째, [권력의] '행사'라는 것은 '의도적 개입'을 시사할 수 있다는 점에 있어서 그러하였기 때문이다. [이같은 견해에 의하면,] [타인에 의하여] 권력이 [전혀] 행사되지 않더라도, 만일 자신의「이해관심」은 훼손되고 동시에 아마도 타인의「이해관심」이 증진되도록 하는 방식으로 [자신이] 타인 혹은 타인들에게 단지 취약한 상태에 놓이더라도「지배적 권력」이 작동한다고 볼 수 있다.³⁶⁹ 하지만 이러한 기준은 너무도 모호하다.【161】이러한 방식으로 정의된다면,「지배」는 어디에나 편재하게 될 것이다—즉, 자신의「이해관심」이 타인들에 의하여 '가상의 위협'을 받을 수 있는 곳이라면 어디든지, 심지어 (혹은 특히) 자신을 걱정하고 사랑하는 타인들에 의하여서도 자신이 해를 입을 수 있는 경우에 있어서도 [「지배적 권력」이 작동하고 있다고 간주될 수 있다] (하지만 물론 이러한 극단적 경우는 실제로 발생하지 않을 것이다). 따라서 우리는 어떠한 권력이 지배적인 것으로 간주될 수 있을 만큼 충분히 위협적인 경우로 한정할수 있는 방법이 필요하

잠재성을 이야기하는 것이지 실재화된 것은 아니라는 의미.

369 [역주] 즉, 타인의 어떠한 행위로 인하여 자신의「취약성」이 야기되고 결국 자신이 결국 해를 입을 가능성이 생길 수 있음을 말하고자 하고 있다. 그렇다면 이때 타인은 권력을 행사하고 있는지 여부에 대한 문제가 야기된다.

게 된다. 권력은 [그 권력의] 행사주체와 연관되어 있지만 그 행사주체라는 개념을 그것의 '의도'와는 분리시키고 「이해관심」도 포괄할 수 있도록 **넓힐** 필요가 있는 것처럼, 권력을 '잠재적'인 것으로 파악하려면 그 가능성의 범위를 **좁혀야** 할 필요가 있다. 즉, 권력에 예속된 사람들의 「이해관심」에 대한 위협이 그 당사자들의 분노와 의분을 「정당화」할 수 있을 만큼 중대한지를 파악하여야 한다.

그러한 「이해관심」들이 무엇인지에 대한 합의가 없는 현재의 상황에서 볼 때, 그렇게 될 시기가 언제가 될지에 대한 합의조차도 이루어지지 않을 것이다. 예를 들어 당신들이 현재 소위 자유주의적 성향을 가지고 있거나 또는 로버트 노직(Nozick, Robert)의 『무정부, 국가, 그리고 유토피아』(Anarchy, State and Utopia)(Nozick 1974)를 읽고 감명을 받은 기억이 있다면, 국가가 당신들의 재산권을 침해할 수 있는 그 가능성의 존재만으로도 [국가가] 지배적이라고 느낄 수 있을 것이다. 혹자는 (군대와 경찰을 차지하고라도) 국가의 권력 존재 자체에 의하여 지배당한다고 느끼는 것 같다. 이 글을 쓰는 현재의 시점에서도, 많은 미국 시민들은 COVID-19 바이러스로부터 자신과 타인을 보호하기 위하여 마스크를 착용하는 것에 반대하는 것을 자신들이 가진 헌법상 권리로 여기며, 마스크 착용을 의무화하는 것 자체가 자신들이 가지는 시민으로서의 「자유」를 제한하는 것으로 간주하고 있다. 일부 페미니스트들은 성희롱이나 부부 강간과 같이, 불평등한 권력 남용에 취약한 상태를 「지배」로 간주하고 있다. 물론 이러한 남용에 대한 「취약성」은 법적 보호를 통하여 대응할 수 있다. 그러나 다른 페미니스트들에게는 모든 종류의 남성 권력에 취약하다는 것 그 자체가 남성의 「지배」에 예속되어 있는 상태라고 간주한다. 이러한 관점에서는 볼 때는 정상적이면서도 합법적으로 허용되는 것조차도 「지배」로 간주될 수 있으며, 따라서 그들은 「비 지배로서의 자유」를 증진하기 위하여서는 더 넓고 깊은 변화가 필요하다고 생각한다. 그리고 어떤 사람들에게는 종교의 지시를 따르는 것이 기본적인 「이해관심」이라고 볼 수 있다; 따라서 이들에게「지배」란 자신들의 신념과 관습이 가진 특별함을「인정」하지 않는 것들이라고 간주될 수 있다. 인종적 또는 민족적 차별을 겪는 사람들에게 있어서의「지배」란 그들이 가진 그 특별성을「인정」하지 않는다는 점에서 그들을 몰(沒) 취급하는 것을 말한다. 【162】 그리고 어떤 이들에게는 [소수민족, 여성 등에 대한]「적극적 우대조치」(affirmative action)와 같은 특별한 대우는 [그러한 우대적 대우를 받지 못하는] 자신들이 평등하게 대우받고자 하는「이해관심」을 침해하는 것으로 간주될 수 있다. 이러한 의견 불일치의 근거는 근본적으로 도덕적, 정치적이며 그 함의에 있어서 각자가 가진「지배」의 범위에 대한 해석과는 분리하여 생각할 수 없다. 즉, 당신이 사람들의 기본적인「이해관심」이 무엇인가에 대하여 생각하는 바에 따라 당신이 이 세상에서 작동하는 것을 발견하는「지배」의 범위와 정도도 달라지기 마련이다. 그렇기 때문에 본인은 최초부터, 그리고 지속적으로 반복되는 비판에도 불구하고, 권력의 개념은 본질적으로「논쟁대립적」이라고 주장해 온 것이다.

「신공화주의자」들의「지배」개념의 세 번째 문제 되는 특징은「지배」라는 것은 권력이 있는 자가 권력이 없는 자에게 권력을 행사하는 비대칭적인 관계로 보고, 따라서 권력의 부과와 불균형을 수반한다는 간주하는 측면이다. 그러나「지배」를 그 관계 당사자 간의 지속적인 사회적 의존관계로 생각하는 이러한 방식은 이미 시사된 여러 이유로 인하여 지나치게 제한적이다.「지배」의 가장 원초적인 원형의 사례는 노예제에서 찾아볼 수 있다. 이는 놀라운 바는 전혀 아닌데 그「지배」라는 용어의 어원을 살펴본다면 그렇듯 전혀 놀랍지 않음에 대한 부분적 이유를 이해할 수 있다:「도미누스」(*dominus*)란 '주인'을 의미하며,[370] 노예제, 즉 주인-노예 관계는「지배」의 가장 핵심적이고도 대표적인 원형적 사례이다. 페팃이 기술한 바처럼, 공화주의 전통은 "자유"를 노예제도의 반대 개념으

---

[370] [역주] 이 어원에 대하여서는 각주 157을 참고할 것.

로 보는 바에 만장일치"하고 있었다(Pettit 1997: 31쪽). 그 이후 「지배」는 가부장제, 식민주의 및 다양한 형태의 사적, 사회적, 공적인 전제 형태를 지칭하는 것으로 확장되어 나아갔다. 따라서 러벳은 "주인이 좋든 나쁘든 무관심하든 주인이 있다는 것 자체가 바로 「지배」를 받는 것이다"라고 언급하였다(Lovett 2012: 121쪽). 따라서 「지배」의 개념을 제한하는 것은 언어와 어원에 의하여 갇히는 것이라고 본인은 주장한다. 더 넓게 보자면, 행위주체들이 시공간을 초월하여 간접적, 그리고 비의도적으로 타인의 「이해관심」에 작용을 미칠 수 있는 권력을 가지게 되는 방식에 주목할 수 있다. 「신공화주의자」적 「지배」는 '구조적' 요인을, 능동적 활동을 하는 행위주체의 단지 배경적 요인으로 강등시킴으로써, 사회적, 정치적 경계와 세대를 넘어 개인들 자신이 개별적으로 또는 집단적으로 타인의 「순응」과 [자신들에 대한] 「의존성」을 확보하는 권력을 어떻게 가질 수 있게 되는 지를 포착하지 못한다. 【163】 찰스 틸리가 "「지속 가능한 불평등」"(durable inequality)(Tilly 1998)이라고 부르는 것이, 「동의」의 확보를 통하여 재생산되는, 직간접적이고도 시공간을 가로지르는 그러한 다양한 방식을 드러내기 위하여서는, 「지배」에 대한 더 넓은 구상을 필요로 한다. 다음 장에서는 이러한 현상들이 우리에게 친숙한 일상적, 지역적, 그리고 세계적 맥락에서 어떻게 발생하는지 살펴보고자 한다.

본인이 이해하는 바에 있어서의 「지배」는, 예속된 사람의 자유로운 「동의」가 의문시되는 조건하에서 「순응」이 확보되는 경우를 의미한다. 「순응」이란 사람들에게 불리한 선택지들을 제시하거나 그들이 가진 선택지들이 무엇인지에 대하여 오도함으로써 유도될 수도 있고, 불의(不義)의 역사에 의하여 초래된 과정이나 메커니즘에서 비롯된 것일 수도 있다. 「순응」은 비자발적이거나 자발적일 수도 있지만, 만일 자발적인 경우라면 우리가 그에 관련된 증거 또는 사실로 비추어 보았을 때, 그러한 「자발적 순응」은 어떠한 적절한 판단을 방해하거나 침해할 수 있는 상황하에서 이루어진다고 생각할 수 있다.

「지배」는 또한 **강압적**일 수 있으며, 실제로 「강압적」인 경우가 많이 존재한다. 만일 「강압적」이라는 것이 어떤 자에 의한 타인들에 가해지는 「강압」을 의미한다면, 그것은 다소 명시적이거나 공공연할 수 있는 「부정적 제재」(negative sanction) 또는 위협을 수반할 것이다. 이러한 「부정적 제재」는 영화『대부』에서처럼 권력이 될 수도 있다: 즉, [그 영화에서의 마피아처럼 상대를 두려움에 휩싸이게 하여서 상대가] 거절 불가능한 제안을 하는 것과 같은 형태를 보일 수도 있다. 또한, [「강압적」이라는 것은] 어떤 제안에 대하여, 그 제안을 하지 않거나 철회하거나 또는 철회를 위협함으로써 [상대에게] 상당한 손실을 입게할 수 있는 「강압적」 유인이라 형식을 띠는 「긍정적 제재」(positive sanction)를 포함할 수도 있다. 일반적으로 성희롱 사례는 이러한 사태들이 발생하는 다양한 방식을 보여준다(Wilson and Thompson 2001 참조). 일반적으로 「강압적 지배」는 앞서 언급한 의미에서 자신의 의지에 반하여, 자신보다 더욱 권력이 강한 타인의 의지에 「복종」하는 것을 포함한다. 「지배」는 자신이 자신보다 권력이 강한 자가 우세하여야 한다는 사실을 기꺼이 받아들이는 정도에 따라서 덜 강압적이거나 혹은 비강압적인 것으로 경험될 수 있다. 따라서 이러한 사실들은 그러한 '자발성'이 어떻게 발생할 수 있는지에 관한 다양한 방법을 우리가 고려하도록 인도한다. 물론 타인의 「순응」을 확보하는 것은 지배적이지 않을 수도 있다: 예를 들자면, 진정으로 어떠한 강제도 존재하지 않는 서로 간의 상호작용이나 혹은 공정한 의사 결정의 상황하에서는, 지금의 패자는 다음번에는 혹은 곧 자신도 이길 수 있다는 가정하에 지금의 패배를 받아들이는 것일 수도 있다. 과학자들 간의 협력적 토론이나 동등한 사람들 사이에서 혹은 같은 권리를 가진 사람들에 의한 투표가 지속적으로 이루어지는 소규모 환경에서와 같은 이상적인 민주주의에서처럼 「지배」가 없는 상황 내지는 이에 근접한 상황도 물론 존재한다.

【164】 이때 「강압적」이라는 용어는 행위주체에 중점을 둔 표현이라기보다는 오히려 구조적인 측면을 더 강하게 가지는 표현이라고 할 수

있다. 이는 마르크스가 말한바, "경제적 관계로부터의 무언(無言 stumm)의 강박(Zwang)"이라는 표현에서 잘 나타나 있는데, 그것은 "자본가의 노동자에 대한 「지배」(domination; Herrschaft)를 확정 짓는다"라고 그는 기술한 바 있다.[371] "일반적인 상황에서의 노동자는 '생산의 자연법칙', 즉 자본에 대한 「의존성」(Abhängigkeit), 다시 말하자면 생산 조건 자체에서 비롯되고 그것에 의하여 보장되고 영구히 존속되는 그러한 「의존성」에 맡겨질 수 있다"(Marx 1976: 898쪽).[372] 이는 라이트 밀스가 자신의 저서 『사회학적 상상력』(The Sociological Imagination)의 서문에서, 인간들의 사생활을 직장, 가족, 이웃들의 클로즈업된 장면에서 보이는 "일련의 덫들"로 묘사한 바에서도 잘 드러나는데, 그러한 덫들은 "대륙 전체 사회구조의 비인간적 변화"로부터 결과된 "야망"과 "위협"에 의하여 강제로 부과된 것들이다(Mills 1959a: 3쪽). 이러한 '강박'(compulsion), 그리고 '덫에 갇힌' 느낌은 때로는 「정당화」될 수 있는 것으로, 심지어 '공정'하고 '정의로운' 것으로 어떤 때에는 해석되어 기꺼이 받아들여지기도 한다.[373] 이러한 상황은 착취당하는 노동자, 복종하는 아내, 빚을 진 학생, 불안정한 세입자, 서류 미비 이민자, 그리고 그 외의 수많은 종속적이고 불우한 사람들이 일반

---

[371] [역주] 전체 문장은 각주 123을 참고할 것. 단, 영어 번역은 원문의 'stumme Zwang'을 'dull compulsion'으로 표기하였는데, 이러한 경우 그 뜻을 전혀 알 수 없게 되는 이상한 오역으로 여겨진다. 굳이 영어로 번역하자면 silent compulsion이다.

[372] [역주] 이 문장의 바로 앞 구절은 다음과 같다. 원문은 인용원문 69 참조. 경제외적인 직접적 폭력은 여전히 사용되고는 있으나, 단지 예외적인 경우에 있어서만 그러하다.

[373] 마르크스는 이렇게 받아들여지는 과정을 분석하거나 설명하는 바에는 관심이 없었고 자본주의하에서의 '정의'와 '공정성'에 대한 이야기를 "쓸모없는 언어적 쓰레기"라고 경멸하였다(Lukes 1985 참조).

적으로 경험하는 바이다.

「지배」로서의 「삼차원적 권력」은 그때의 자발성 그 자체가 자의든 타의든 권력을 가진 자에 의하여 유발되고 유지되는 한에 있어서 우리의 논의에 있어서 관심거리가 된다. 예를 들어, 특정 회의에서는 사람들이 직면하는 대안의 범위 내지는 논의되거나 혹은 결정되는 사안들과도 같은 「의제 통제」가 이루어질 수도 있다. 이미 본서에서 살펴보았듯이 이는 「편향성의 동원」이라고 불려 왔는데, 또한 이는 "어떠한 사안은 정치[적 사안의]에로 「조직적으로 포함」되는(organized into) 반면 다른 사안은 그로부터 「조직적으로 배제」(organized out)되는" 현상이다(Schattschneider 1960: 71쪽).[374] 가장 간단하고 명시적이며 명확한 사례는 바로 검열인데, 검열을 미연에 방지하려는 자들의 자기검열을 통한 사전 예견적 반응에 의하여 검열 자체가 불필요하게 될 수도 있으며, 그 이외에도 "「정치적 조작의 기술」"에 관여된 다른 많은 방법들이 존재한다(Riker 1986). 그러나 「지배」에 대한 「자발적 순응」은 「조작」을 필요로 하지 않는 다른 많은 형태를 취할 수도 있으며, 이에는 습관화, 충성심, 존경 등이 있다. 또한 그러한 「순응」은, 과거와 현재에 걸쳐, 사람들의 믿음과 선호에 「영향」을 미치고 또 조형할 수 있는 다양한 방식을 취할 수도 있고, 또한 어떠한 대안적인 사고와 행동의 형태들이, 타인들에 의하여 그 타인들의 「이해관심」에 부합하도록 의도적이든 비의도적이든 차단되어질 수도 있다(Jenkins and Lukes 2017).

【165】 다음 장에서는 이러한 방식에 대한 매우 현대적인 몇 가지 사례들을 살펴보고자 한다. 그 장에서의 목표는 본인이 권력의 세 번째 차원이라고 부르는 것이 작동하지 **않는** 곳과 작동하는 곳을, 예시를 통하여 제시함으로써 이전 논의의 초점을 더욱 좁히고 선명하게 하는 것이다.

---

[374] 본서 xxx, 14쪽 참고.

5 삼차원에 대한 탐구

5.1 삼차원인가 사차원인가

【166】 몇몇 저자들은 권력에 대한 분석이 세 가지 종류의 차원을 넘어 네 번째의 차원으로도 확장되어야 한다고 제안한 바 있다. 피터 다이지(Digeser, Peter)에 있어서는, "권력의 네 번째 얼굴은 다른 세 가지 얼굴의 주체들(즉, 본서에서 A와 B로 지칭하던 주체들)을 전제로 하지 않는다". 네 번째 차원의 권력에 있어서는, "주관성이나 개인성은 사회적으로 구성된 것들로 이해되며, 이러한 「사회적 구성」들의 형성은 역사적으로 설명될 수 있다고 상정한다. 푸코가 사용한 **권력**이라는 용어는 그가 이러한 형성에 대하여 기술(記述)한 것들 중의 일부라고 할 수 있다". 이같은 설명에 따르자면, 권력은 "대상주체와 지식의 형성이라는 면에 초점을 맞추고 있다"(Digeser 1992: 980, 990쪽).[375] J.C. 아브라함(Abraham, J. C.)은 애팔래치아 광부들의 침묵을 설명하기 위하여 「삼차원적 권력」을 탐구한 존 가벤타의 저서 『권력과 무력함』을 비판하고 있는데, 왜냐하면 후자의 저서는, 그 '네 번째의 얼굴'이 상정하고 있는, "권력이 스스로 대상주체, 즉, 광부들의 「이해관심」, 그들의 「저항」에 대한 전망, 그리고 그들이 진리라고 생각하는 것을 만들어낸다"는 사실을 간과하였기 때문이라는 것이다(Abraham 2016: 1쪽). 이와 유사하게 마크 하가드(Haugaard, Mark)게 있어서도 권력의 네 번째 차원은 "「대상주체화」(subjectification)의[376] 과정으로 구성"된다. 【167】 이러한 「대상주체화」의 과정이란, 사회적 행위자가 사

---

[375] [역주] 아래의 문장에서 나오는 '주체'(subject)라는 표현은 두 가지 의미를 가지고 있는데, 행위의 주체로서의 subject, 그리고 대상으로서의 subjects가 그것이다. 구분을 위하여 후자의 경우는 '대상주체'라고 번역하였다.

[376] [역주] 이하의 문구에서 설명하고 있듯이 「대상주체화」란 주체를 하나의 대상으로 만든다는 것이다.

회적 대상주체로 만들어지는, 그리고 그러함을 통하여 "인간이라는 주체가 지식의 대상이 되는"(Haugaard 2012a: 47쪽), 그러한 「객관화의 과정」(process of objectification)을 구성한다. 그리고 하가드는 푸코의 말을 인용하기도 하는데, 푸코에게 있어서 함의되어 있는 바는 그의 다음과 같은 기술에서 보인다:

> [「대상주체화」의 과정이란] 개인을 [대상]주체(*sujet*)로 만드는 권력의 한 형태이다. '**주체**'라는 단어에는 두 가지 의미가 공존한다: 「통제」(*contrôle*)와 「의존성」(*dépendance*)에 의하여 타인에게 복종하는 주체, 그리고 「자기의식」(*conscience de soi*)이나 「자기인식」(*connaissance de soi*)에 의하여[377] 자신의 「정체성」(*identité*)과 단단히 연결되어 있는 주체가 그것들이다 (Foucault 1982: 208쪽).[378]

'주체성의 「사회적 구성」, 「대상주체화」 등과 같은 이러한 표현들은 유아기 초기부터 소위 '사회화'라고 불리던 과정 내에서, 그리고 사회적, 정치적 조건들하에서, 인간이라는 [권력의] 행사주체(agency)가 형성되는 다양한 방식들에 주목한다 이에는 지배적 규범과 기대를 재생산하는 「아비투스」나 「순응화」나 「규율」 등으로서의 성향을, 혹은 「자율성」 및 권

---

[377] [역주] 이때, 「자기의식」(*conscience de soi*)이란 주체가 즉각적으로 자신을 사고하고, 느끼고, 또는 행동하는 존재로서의 개인이라고 느끼는 것, 즉 자기로서 경험하는 것을 의미한다. 반면 「자기인식」(*connaissance de soi*)은 자신에 대한 오랜 기간의 더 깊은 성찰을 통하여 자신에 대하여 알아감을 의미한다.

[378] [역주] 번역에는 프랑스어 원문을 참조하였다(Foucault 1982b: 227쪽). 이 문장의 바로 다음 문장은 다음과 같다. 원문은 인용원문 70 참조.
　이 두 경우 모두, 이 용어는 「지배」하고(*subjugue*) 복종시키는(*assujettit*) 권력의 한 형태를 시사하고 있다.

한 부여 그리고「저항」등을 촉진하는 것으로서의 성향을, 또는 이 두 가지 종류 모두로서의 성향을 조형시키는 바가 포함된다. 하가드는 사회적 대상주체의 사회적 존재방식이 생성되는 과정을 더욱 깊숙히 살펴보았는데, 예를 들어 이를 위하여서 노르베르트 엘리아스(Elias, Norbert)가 설명한 바 있던,[379] 중세 이후의 (변화하는 계급 관계 및 국가 형성을 반영한) 자기 절제에 대한 주입교육을 인용하기도 하였다.[380] 푸코가 말한바 있던「자기 배려」(care of self; le souci de soi)에 대한 논의도 이러한 점에 대한 또 다른 예이다.[381] 하가드는 또한 강제 수용소, 노예제, 독방 감금이라는 극한

---

[379] [역주]『문명화 과정』(Elias 2000[1939]).

[380] [역주] 엘리아스가 말하는 '문명화 과정'(Prozeß der Zivilisation)이라는 것은 결국 야만성과「폭력」등을 극복하고 점차로 규제와「통제」가 도입됨을 의미하는데, 이때 과거의 무력에 의한「통제」를 대신하여 법이라는 부드러운 형태의「통제」, 그리고 각 개인들의「자기 규율」과 자기억제라는 형태의「통제」형태가 도입된다. 특히 사회가 복잡하여 짐에 따라 과거와 같은 무력적「통제」방식은 그 효율성을 상실하게 되는데, 따라서 개인이 주어진 사회적 규범을 내면화시킴으로서 스스로「규율」하는 형태가 효율적일 수 있다. 엘리아스에게는 특히 국가의 형성이 이같은 과정에서 중요한 역할을 하고 있다. 즉, 국가에 의한 무력의 독점과 법의 제정은 각 개인들 간의 분쟁을 해결함에 있어서 종래에 행사되던 사적인 무력을 대신하게 되고, 개인들은 그로 인하여 더 평화롭고 규제된 삶을 영위할 수 있게 된다. 이와 동시에 부르주아지의 등장과도 같은 사회적 계급구조의 변화는 절제, 자제 등의 자기「규율」을 강조하게 되며, 이러한 태도의 변화는 다른 계급으로 파급되어 간다. 이렇듯 사회적 규범 등의 내면화로 인하여 동시에 개인들은 타인에게 비추어지는 모습에 신경을 쓰게 된다.

[381] [역주] 푸코의「자기 배려」란 개념은 개인들이 자신들의 삶, 윤리, 그리

적 조건하에서 대상주체들이 「지배」에 의하여 체계적으로 망가질 수도 있는 경로에 대하여서도 논의하고 있다(Haugaard 2020).

그런데, 이러한 「사차원적 권력」이라는 개념이 도대체 필요한 것인가. '차원'이라는 개념은 그것을 통하여 우리가 어떠한 대상이 가진 측면들을 지시거나 또는 그 대상들의 특성들을 볼 수 있게 되는 방식이라고 할 수 있다.[382] 이때의 대상이란 함께 연결되어 인식 가능한 통일체(unity)를 형성하는 것들인데, 현재 우리가 논의하고 있는 경우에 있어서는 [하나의 통일체로서의] '권력이라는 사회적 사실'을 구성하는 메커니즘과 관계들을 말한다.[383] 그것들이 [즉, 메커니즘과 관계들이] 서로 연결되어 있다고 가정한다는 것은, 물론 그러한 [권력이라는] 사회적 사실이 존재한다고 가

고 「정체성」을 조형함에 있어서 스스로 적극적 역할을 수행함을 의미하는데, 이는 외부적으로 주어진 어떠한 규범을 수동적으로 받아들이는 것이 아니라, 자기 성찰, 「자기 규율」, 그리고 자기 스스로의 진리를 적극적으로 추구하는 것을 의미한다. 이 개념은 고대 그리스/로마 철학에서 말하는 「자기 배려」(epimeleia heautou; ἐπιμέλεια ἑαυτοῦ)에 해당하며, 이는 자신을 성찰하여 스스로를 알고 (소크라테스의 '너 자신을 알라') 도야하여 '탁월함'(aretē; ἀρετή)을 성취하고 좋은 삶을 영위하기 위한 자세를 의미하였다. 푸코는 이를 현대적으로 해석한 것이며 후기 푸코의 사상에 있어서 중요한 역할을 차지한다. 특히 이와 같은 「자기 배려」는 외적으로 강제되는 권력과는 대조되며, 그러한 외적으로 부과된 것에 대한 「저항」의 원천이 된다.

[382] [역주] 다소 혼란스러운 표현이다. 일차원적으로 보면 넓이가 보이지 않으며, 이차원적으로 보면 높이가 보이지 않는다. 이렇듯 차원이라는 것은 우리가 세상을 이해하는 방식으로 이해하면 된다.

[383] [역주] 다양한 사회적 관계와 메커니즘의 총체로서 (혹은 통일체로서) 권력 현상이 발생한다는 이야기이다.

정하는 것이다. 권력의 세 가지 차원을 제안하면서 본인은, 각 차원을 더함으로써 [그 이전의 차원에서는 볼 수 없었던] 또 다른 그러한 [즉, 권력이라는 사회적 사실의] 측면들이 드러나게 되는 일련의 방식을 보여주려고 노력한 바 있다. 【168】그런데 위에서 제안된 네 번째 차원은 과연 세 번째 차원에서는 보이지 않았던, 권력이 작동하는 [새로운] 방식을 보여줄 수 있는가. 본인은 이 질문에 대한 해답을 결정하지 않은 채 남겨두고, 같은 주제를 삼차원의 시야에서 계속 바라보려고 한다. 왜냐하면 삼차원적 시야에서 계속 바라보는 경우라고 할지라도 사차원을 지지하는 사람들이 [추가로] 밝히겠다고 약속한 내용들이 은폐될 것이라고는 믿지 않기 때문이다.

이러한 「사차원적 권력」에 대한 제안에 영감을 준 것은 주지하다시피 푸코의 「예속화」(*assujettissement*)라는 관념이었다. 이것은 다음과 같은 주장으로 정확하게 표현되어 있다.

> 개인은 사회적 「권력관계」의 제약, 즉 자신의 위로 행사되고 있는 권력에 예속되어 있다. 동시에 개인은 이러한 권력이 가하는 제약들이나 권력의 작동들 내에서, 그리고 그것들을 통하여 **주체**로서의 지위를 차지할 수 있게 된다(Hamilton 2013: 51쪽).

자주 인용되는 예 중의 하나는 여성이 "[자신의] 신체의 위로 그리고 신체에 반하여 [자기] 「규율」"을 실천하는" 방식인데, 이때 그들의 "자기감시란 다름 아닌 가부장제에 대한 「준수」의 한 형태"이다(Bartky 1990: 80, Hamilton 2013: 50쪽). 비슷한 맥락에서, 부르디외에 의하여 잘 알려진 알제리의 전통적 카빌 사회에서의 여성들이 가진 「아비투스」에 대한 설명이 있는데, 여성은 남성과 만나게 될 때는 눈을 피하여야 한다는 것이 지배적인 규범이었다. 남성은 고개를 높이 들고 있어야 하지만, 여성은 온순한 존경의 표시로 땅을 바라보아야 하였다(Bourdieu 1979). 푸코의 가장 유명한 예는 개인들을 "「유순한 신체」"(docile bodies; *corps dociles*)로 변화시키도록「순응화」시키는 훈육의 실천이다(Foucault 1978).[384] 그리고 개인 들이 가진 특성들은 개인들 스스로를 제한하고 동시에 그들을 활동하게 끔 만들면서 그 특성들이 사회적 역할에 맞게 조형된다는 관념을 적용할 수 있는 다양한 사례들이 존재한다. 그들 중 하나는, 점점 더욱 시장지향 적으로 되어가는 사회들에 속한 시민들이 스스로를 그 사회들 내에서 살 아갈 수 있도록 사회화되거나, 또는 그에 맞추어 '사전 성향화'(predisposed) 된다는 주장이다.【169】이미 1979년에 다양한 제도적 영역들에 걸쳐, 소위 '경제적 인간-호모 이코노미쿠스'(*Homo economicus*)가 등장하고 있음에 충격을 받은 푸코는, 점차 개인들이「기업가적 자아」(entrepreneurial self; *entrepreneur de soi*), 실로「자신들에 대한 기업가」(entrepreneur of himself; *entrepreneur de soi-même*)가[385] 되어가고 있다고 주장하였다(Foucault 2010b). 그리고 또한 웬디 브라운(Brown, Wendy)은「자아의 금융화」(financialization of the self)(Brown 2019)에 대하여 서술한 바 있는데, 이는 일찍이 필립 미로프스키(Mirowski, Philip) 말한바 있는 기억에 남을 표현인, "일상화된 신자유주의」"(everyday neoliberalism)(Mirowski 2013)의 세계에 적합한 자세라고 할 수 있다.

물론 권력이 개인의 성격과 성향을 체계적으로 조형하도록 작동한다 는 생각은 새로운 생각은 전혀 아니다. 위에서 제안된, 푸코로부터 영감 을 받은「사차원적 권력」은,「삼차원적 권력」에 대한 추가적 이론적 성찰 과 경험적 연구가 필요한 영역을 지시하는, 다음과 같은 세 가지의 특징 적인 요소를 추가하고 있다.

첫째는, 억압적이면서도 동시에 생산적인「지배적 권력」에 대한 주 장, 달리 말하자면 제약[의 부과] 및 기능 부여(enablement) 간의 연계에 관 한 주장이다: 즉, "「규율적 권력」(disciplinary power)은, 가능하게 함으로써 제

---

[384] [역주] 본서 141쪽을 참고할 것.

[385] [역주] 기업가적 정신을 자신 스스로를 관리함에 적용한다는 의미이다. 이는 기업가적 자세와 전략을 사용하는「기업가적 자아」와는 구분된다.

약하고, 제약하는 한에서만 가능하게 한다"는 것이다"(Hamilton 2013: 51, Allen 1999: 36쪽). 우리는 이미 이전 장의 마지막 부분에서, 지배적 규범을 내면화하는 것이 어떻게 「능력 부여」(empowering)를 할 수 있는지에 대한 한 가지 예를 통하여 이러한 상호 얽힘에 대하여 생각해 본 바 있었다.

두 번째는 [특정] 용어의 사용은 그 과정이 [즉, 권력이 개인의 성격과 성향을 체계적으로 조형하는 과정이] 가지는 효과에 대하여 부당한 가정을 하게끔 한다는 사실이다. 「예속」(subjection)이라는 용어, 그리고 대상주체의 '형성(formation)', '생산(production)', 심지어는 '구성(constitution)'이라는 용어 자체는, 마치 '자아'가 '형성', '생성' 또는 '구성'될 수 있음을 시사하고 있는 것처럼 들린다. 따라서 이러한 용법은, 자주는 사용되지만 충분히 명확하게 설명되지는 못하는, 소위 '사회적으로 구성된'(socially constructed) 자아라는 생각에 의존하고 있다. 바로 이 「사회적 구성」(social construction)이라는 딱지는 매우 광범위하게 그 쓰임이 확산되어 있고, 철자가 어떠한 알파벳으로 시작하는 대상이라도 그같은 딱지가 부착되어 있음에도 불구하고, 그리고 주변에 널려있는 곡식의 겨들에서 밀알이 들어있을 법한 것들을 추슬러 내려는 이안 해킹의 세밀한 노력에도 불구하고(Hacking 1999), 이 두 번째 주장을 [즉, 사회적으로 구성된 자아라는 생각을] 연구 가능한 것으로 만들기 위하여서는 하여야만 할 일이 아직 많이 남아 있다 (즉, 어떤 조건하에서 그 과정이 [즉, 사회적으로 개인을 구성하는 과정이] 어느 정도 효과적인가?)-이러한 점은 단지 매혹적인 말장난에 휘둘려서는 안 되는 과제임에는 분명하다.

세 번째는 권력과 지식의 관계라는 푸코식의 주제를 차용한 것으로, 하가드의 말을 빌리자면, 사람들은 자신들의 [주어져 있는] 사회 세계를 "사물의 자연적 질서의 일부"로 해석하고, 따라서 '진정한 것'과 '본질적'인 것을 규정하는 어떤 '사회 존재론(Social ontology)'을 받아들인다는 주장이다. 【170】 그리고 그것은 [즉 그러한 사회 존재론은] "사회적 행동을 가능하게 하는 조건을 만들어 내는", "사회 행위자의 암묵적 해석의 지평"이며, 따라서 하가드의 견해에 있어서는 그것이야말로 네 번째 차원이 세 번째 차원과 구별되는 바를 보여주고 있다(Haugaard and Pettit 2017: 28쪽). 특히 이점이 바로 인종과 성별의 「탈 자연화」(denaturalizing)라는,[386] 지속적이고 미완성이며 또한 중요한 과제와 관련하여 오늘날 가장 중요한 주제로 남아있는 것이다.

***

이 마지막 장에서는 현재와 바로 최근의 과거 사례를 통하여 권력이 보이는 네 가지의 방식을 살펴볼 것이다. 첫 번째의 사례를 통하여서는, (제임스 스콧의 정신을 따라) [소비에트 시대와도 같은] "실존하였던 사회주의"(actually existing socialism)의 후기 단계에서 존재하였던 「지배」에 대하여 논의하려 하는데, 이 경우에 있어서 보이는 바는, 실패한 이데올로기가 존속하였던 상황에서 「순종」과 「은밀화된 저항」(coded resistance)의 기술'이 살아남은 바 있었다. 그 다음의 사례들은 각각 디지털 미디어[의 권력]와 극단적인 환경 파괴에 관한 것이다. 이 두 가지 사례들에서는 지금까지 고려되지 않았던 삼차원적인 권력의 형태를 예시하고 있다. 두 번째 예에서는 권력이 사람들의 판단과 선택에 대한 「성찰적 역량」(reflective capacity)을 **우회**하는 경우를 볼 수 있다. 세 번째 예에서는 바로 그러한 「역량」을 **약화시키기** 위하여 권력이 작동하고 있다. 그리고 본 장의 마지막 절에서는, 다양한 맥락들과 사회적 및 정치적 삶의 다양한 수준에서 세 가지 차원 모두에 걸쳐 작동하는 권력에 대하여 밝힐 수 있는, 현재 진행 중인 진보적 연구 프로그램을 소개하고자 한다.

---

386 [역주] 인종과 성별의 차별이 존재한다는 것이 '자연'스러운 것이라고 믿는 생각을 탈피함을 의미.

5.2 동의가 없는 순응

먼저, 체계적인 '비(非) 삼차원적' [즉, 삼차원이 아닌 일차원, 이차원 수준에서의] 권력의 사례로서, 시민운동가이자 뛰어난 극작가이며 체코슬로바키아를 거쳐 1989년부터 2003년까지 체코 공화국의 대통령을 역임한 바츨라프 하벨(Havel, Vaclav)(Havel 2018)이 1978년에 저술한, 지금은 고전이 된 에세이 『힘없는 자의 힘』(The Power of the Powerless)을 검토하여 보려 한다. 이 유명한 에세이는, 체코슬로바키아에서 소비에트 식 "실존하였던 사회주의"의 마지막 암울한 수십 년 동안 작동하고 있었던, "포스트 전체주의 체제"하에서의 권력의 본질과 메커니즘에 대한 기억에 남을만한 묘사와 예리한 분석을 동시에 담아내고 있다. 【171】 그것은 "겉모습만의 세계", 즉, 단순한 게임에 불과하였고, 그 이면에는 사실 철저한 「조작」만이 있었으며, 일탈은 위험하고 매우 엄격하게 처벌되었고, 아이들은 선생들과 부모에 대한 정보를 [당국에] 제공하며, 「순응」하지 않는 지식인들이 도시 전차를 운전하거나 보일러에 불을 때는 위치로 전락하였고, 법전이라는 것은 단지 법원, 검찰, 경찰들의 자의적인 「권력 행사」를 감추는, 의식(儀式)적 의사소통만을 위한 필수적인 도구에 불과하였다. 하벨은 다음과 같이 적고 있다: 주민들이 "거짓말 속에서 사는 것"에 익숙해져 있었고, 그 주민들 중에는 "세계의 노동자들이여, 단결하라!"라는 슬로건을 창문에 내어 붙인 청과물 상인(그에 대하여서는 차후 언급하려 한다), 그리고 자신의 슬로건을 붙인 회사원도 있었는데, 이들은 각각 상대방의 슬로건에 무관심하면서도 각각 서로에게 "게임의 규칙을 받아들이고 그럼으로써 그 슬로건을 요구하는 권력을 우선 인정"하도록 강요한다. 그 슬로건은 그 세상에 있어 일종의 "내적 일관성"을 부여하고 있었다: 즉, 그 슬로건은 "그 세상을 하나로 묶는 접착제, 구속력 있는 원리, 그 세상의 규율을 위한 도구"였다(362쪽).

그 세상 주민들이 "거짓 속에서 살아야 하였다"는 하벨의 주장은, 마치 구호가 의미가 있고 마치 법이 제대로 적용되는 것처럼 행동함으로써, 그 거짓과 함께 있는, 그리고 그 거짓 속에 있는 자신의 삶을 받아들이는 것으로도 충분할 수 있다는 것을 의미하였다. 따라서 그들은 "겉모습만의 세계", 단순히 의식(儀式)적 세계, 그리고 현실과의 의미론적 연관성(semantic contact)을 상실한, 그리고 현실을 사이비 현실로 대체하는 의식(儀式)적 기호의 체계로 변형된 형식화된 언어의 세계에서 살고 있었다(362쪽). 그런데 우리는 이 같은 그림은 성공적인 이데올로기를 세뇌하는 세상을 묘사하는 것이 아니라 오히려 실패한 이데올로기의 세계를 그리고 있다는 점에 주목하여야 한다. 실상은 어느 누구도 속지 않았었다: 청과물 상인, 사무원, 양조장 노동자부터, 그리고 하급 당 간부부터 노멘클라투라(nomenklatura)에 이르기까지 권력 계층의 모든 사람은 게임의 규칙과 그 게임에서의 「조작」 방식을 완전히 꿰뚫고 있었다.

이제 하벨의 에세이를 사랑하는 수많은 독자와 논평가들이 널리 주목하고 또한 많이 논의한 인물인 청과물 상인으로 돌아가 보자. 가장 먼저 주목하여야 할 것은 이 인물이 소비에트식 공산주의하의 청과물 상인이었다는 점이다: 재산을 소유함에 의하여 어느 정도의 존엄성과 자유를 누리는, 작은 가게 주인인 소부르주아 자본주의자가 아니라,【172】데이비드 오스트(David Ost)의 말을 빌리자면 오히려,

> 주로 지적이고 전문적인 하벨의 독자들보다 훨씬 적은 영향력을 가진 소매 노동자였고, 심지어 체코슬로바키아의 공장 노동자보다도 더 적은 영향력을 가진 사람이었다. 그의 가게(오브초드(obchod))[387]는 경제의 생산 사이클에서 어떤 중요한 단말에도 위치하지 않았다. 또한 그가 파는 상품에 의존하는 기업도 없었다. 가게의 소수 직원을 제외하면 그 가게의 관리자는 누구에게도 영향을 미칠 수 있는 위치

---

[387] [역주] 가게를 의미하는 체코어.

에 있지 않았다 (…) 하벨 자신은 그 청과물 상인을, 그 자신이 필요할 때 동원할 [사회적] 네트워크라고는 전혀 없는 고독한 개인으로 묘사하고 있다(Ost 2018: 302쪽).

둘째, 하벨은 청과물 가게의 이야기를 일종의 비유로 제시하고 있다. 슬로건이 적힌 포스터는,

양파와 당근과 함께 기업의 본사로부터 그 청과물 가게로 배달되었다. 그는 단순히 수년 동안 그렇게 하여 왔기 때문에, 그리고 모두가 그렇게 하기 때문에, 그리고 그렇게 하여야만 하는 것이 세상이 돌아가는 이치이기 때문에 그것들을 창문에 붙였다. 만약 그가 거부한다면 문제가 생길 수 있다. 창문에 제대로 된 장식을 하지 않았다는 비난을 받을 수도 있다; 심지어 충성심이 결여되었다고 비난할 수도 있다. 인생을 무난히 잘 지내려면 이러한 일들은 반드시 하여야 하기 때문에 그는 그렇게 하였다. 그것은 그들이 말하는 것처럼 "사회와 조화를 이루며 사는" 비교적 평온한 삶을 보장하는 수천 가지 방법들 중 하나였다(Havel 2018: 359쪽).

이 슬로건은 "청과물 상인의 상사에게 보내는 메시지인 동시에 잠재적 제보자로부터 청과물 상인을 보호하는 방패이기도 하였다. 따라서 이 슬로건의 진정한 의미는 청과물 상인의 존재 자체에 확고하게 뿌리를 두고 있었다. 그것은 그의 핵심적「이해관심」을 반영하고 있었다". 그것은 "적어도 그 문구 표면상으로 볼 때는 그저 무관심한 믿음의 차원을 보여주는 표식"에 불과하지만 그것은 실상 "청과물 상인 자신이 가진 취약한 준수 정신을 은폐하는 바에 도움을 줌과 동시에, 권력의 취약한 기반을 은폐하는 바에도 도움이 되는 표식"이었다(359쪽). 이것이 바로 하벨이 일반 시민의 초상으로 간주한 그 청과물 상인에 대한 설명이다. 하벨에게 이 사례가 가지는 실제적 의미는 분명하다:【173】청과물 상인이 슬

로건을 내거는 것을 멈추고 자신이 진정으로 생각하는 바를 말하기 시작하면, 그는 드디어 "진실 속에서 살기" 시작할 것이고 전체 체제는 그 내부로부터 붕괴될 것이다.

본인은 오랫동안 이 에세이에 경탄하여 왔지만, [마침내] 데이비드 오스트의 [하벨의 견해에 대한] 날카로운 비평에도 동의하게 되었다(Ost 2018). 오스트는 하벨이 "청과물 상인에 대한 정당한 평가를 하지 않았다"고 기술하고 있다(304쪽); 실제로 하벨의 접근 방식은 사실 자만에 가득 차고 우월감을 자랑하는 듯하다. 더욱이 [오스트에 따르자면] "가장 취약한 사람들을 비난한다는 점에서 도덕적으로 잘못된 것"이며 또한 이는

> 정치적으로도 잘못된 것이다: 국가 사회주의가 붕괴한 것은 일반 사람들이 그러한 의식(儀式)들을 따르지 않았기 때문이 아니라, 활동가들이 조직한 운동이 경계심 많은 [기존의] 「순응」자들을 설득하고 변화시킬 수 있을 만큼 강력해졌기 때문이었다"(302쪽).

청과물 상인은 사실 가진 자원이 부족한 사람 중 하나라고 할 수 있다. 그는, 대결을 피함으로써 권력에 「저항」하고, 속임과 「위장」을 통하여 자신의 존엄을 지키려는, 제임스 스콧이 묘사한 그림을 거의 현대적으로 보여주는 예라고 할 수 있다. 스콧이 "공개된 대본"이라고 부르는 것은 이 청과물 상인의 경우에는 그의 창문에 걸린 슬로건이라고 할 수 있다. 실제로 오스트 자신도 스콧의 말을 인용하면서 "자원이 부족한 사람들은 자신의 벽에 포스터를 의무적으로 걸어두더라도" 그리고 "국가 사회주의를 그 말의 액면 그대로 받아들이며 게임을 하더라도" 그는 "진실 속에 살 수도 있다"(306쪽) (이러한 경우는 체코 공장 노동자들이 이같이 [위와 같이 「순응」하는 척] 행동하여 임금과 조건을 개선함으로써 어느 정도 성공하였던 점에서 보인다).[388] 이는 모두가 공식적인 이야기

---

[388] [역주] 이때 '진실 속에 산다'는 의미는 위에서 하벨이 말한 바인, 즉,

를 따르는 척하는 경우에서 보편적으로 실행되는, "마치"(as if)라고 불리는 게임이다. 반면 하벨이 말하는 바에서의 "진실 속에 사는" 공적인 방식은 "지식인의 저항 방식, [자원은 없지만] 막 싹트기 시작하는 [의기에 충천한] 반대자들의 저항 방식, 방어에 동원할 충분한 자원을 가진 사람들의 저항 방식"에 불과한 것이다(303쪽). 요약하여 설명하자면 1970년대까지에 이르러서는 동유럽에서는 자발적인 시민 주체에 의한 '동의의 시대'는 이미 지났고, 서방 언론인과 논평가들이 광범위하게 선호하는 "반체제 인사"라는 명칭은 오해의 소지가 충분히 있었는데, 이는 다른 모든 사람들이 단지 주어진 상황으로 받아들이는 것들을 큰 소리로 외칠 만큼 대담하거나 무모한 자들을 가리키는 것에 불과하였기 때문이다. 사실 당대에는 [그 체제를 믿는] 진정한 신자라고는 남아있지 않았다: 모든 사람의 일상에서 그 구조, 메커니즘, 그리고 그에 의한 수혜자가 너무도 명백하게 보이던, 그러한 지배 체제에 실제로 속은 사람은 사실 아무도 존재하지 않았다. 그 모든 사람은 권력과 그 권력의 실행 메커니즘, 즉 권력의 첫 번째와 두 번째 '얼굴'들을 쉽게 파악할 수 있었다.[389]

현 체제에 대하여 공개적으로 「저항」하는 것만이 '진실 속에 사는 것'이라는 견해를 부정하고, 「순응」하는 척하면서도 '진실 속에 살 수 있다'는 점을 강조하고 있는 것이다.

[389] 마이클 부로워이(Burawoy, Michae)(Burawoy 2012)는 하벨의 그림을 확인하고 논의를 심화시키는 방식으로 국가 사회주의하에서의 노동자 지배와 선진 자본주의하에서의 노동자 지배를 가장 설득력 있게 대조하였다. 그의 주장은 한편으로는 그람시의 「헤게모니」 관념의 장점과 한계를, 다른 한편으로는 부르디외의 「아비투스」와 「상징적 지배」에 대한 설명의 장점과 한계를 바탕으로 한다. 부로워이는 「신비화」(mystification)를 통한 선진 자본주의하에서의 「동의」의 생산을 국가 사회주의하에서의 "명백히 투명하게 보이는 착취와 지배"(201쪽)와 대조하고 있다. 자

본주의하에서의 노동자는 착취의 대상이 될 뿐만 아니라, 노동자가 [실질적] 보상에 관한 게임을 진행하거나 노동자로 하여금 상징적 보상을 추구하도록 부추기는 관리 기법을 통하여 착취의 진실을 숨기도록 하는 「오인」을 결과하는 일종의 「신비화」의 대상이 된다. 그러나 국가 사회주의하에서는 "일당 국가와 그 기관들로부터의 사회주의 이데올로기 집중적 주입"이 "착취의 기능상에서의 투명성"을 만들어내기 때문에 그러한 「신비화」는 불가능하다(198쪽). 따라서 노동자들이 "지배자들을 상대로 하여 [오히려] 지배 이데올로기를 강조하면서, 그 지배자들이 사회주의적 선전에서 요청하는 바를 몸소 실천할 것을 요구"하기 때문에 작업장에서의 조직적인 의식(儀式) 행위는 그 효과가 없다. "국가 사회주의의 관료주의적 정권은 「동의」보다는 '반대'라는 씨앗을 뿌린다"(199쪽). 그람시의 자본주의 「헤게모니」에 대한 설명이 오늘날 부적절한 이유는 그가 직장에서 「신비화」가 작동하는 것을 보지 못하였기 때문이다: 그의 경험은 오직 노동자들이 공장을 점거하고 노동자 평의회를 통하여 생산을 조직하는 것이었고, "자본주의에 대한 정당들과 노동조합들의 「동의」에 있어서는, 숨겨지거나 무의식적인 것이라고는 존재하지 않았다"(196쪽). 반면 부로워이에 따르면 부르디외는 "현대 프랑스와 전 자본주의 사회인 카빌 사회에 대한 구상에서 출발하여 모든 사회적 질서로 잘못 일반화"(192쪽)하여 "「오인」(misrecognition)을 깊고도 보편적인 것으로, 즉, 체화되고 착상되어 있는 「아비투스」의 결과, 내지는 자본주의적 생산관계에서 존재하는 자발적 결과라기보다는 무의식적인 내면화 과정"으로 간주하였다(189쪽). 따라서 그람시는 선진 자본주의의 안정화를 위하여 작동하는 「신비화」의 중요성을 보지 못하였고, 반면 부르디외의 「아비투스」는 국가 사회주의가 가지고 있는 「취약성」을 이해하기에는 너무 깊숙한 곳에 새겨져 있는 것이었다. 따라서 그람시는 지배에 맞설 가능성에 대하여 지나치게 낙관적이었던 반면, 부르

5.3 행태 수정

【174】 청과물 상인의 세계에서는 모두가 게임의 규칙을 이해하고 있었기 때문에 모두가 동일한 게임을 수행하여야 하였다. 하지만 우리 모두가 점점 더 몰입하고 있는 작금의 디지털 세계에서는, 타인이 [주연으로] 진행하고 있는 '게임'들에[390] 대부분 무의식적으로 협력하고 있으면서도 그 게임이 운영되는 메커니즘과 인프라에 대한 이해도는 반면 점점 낮아지고 있는 것이 현실이다.[391]

쇼샤나 주보프(Zuboff, Shoshana)는 그녀의 저서 『감시자본주의 시대』(The

디외는 지나치게 비관적이었다고 할 수 있다.

[390] [역주] 이때 말하는 '게임'은 바로 이전의 소비에트 시대에서의 게임의 룰을 이야기할 때의 게임과 같은 의미이다.

[391] 여기에는 상당한 세대 차이가 있을 수 있다. 소셜 미디어 플랫폼과 함께 자라난 세대들은 그 구조와 작동 방식에 대하여 더 잘 알고 있다. 본인은 미셸 세라(Michelle Cera)가 자신의 연구를 통하여, "그들은 기업이 자신의 데이터를 영리 목적으로 사용한다는 사실을 알고 있으며, 무엇보다도 타깃 광고에 대하여 끊임없이 불만을 제기한다"는 사실을 관찰하여 본인에게 주지시켜 준 바에 대하여 감사하게 생각한다. 그들은 자신의 데이터가 어떻게 사용되는지는 정확히 알지 못할 수도 있지만, 감시와 강압이라는 큰 그림은 인지하고 있다. 또한, 이들은 "기업이 무엇을 하고 있는지는 알고 있지만 희생에 비해 보상이 더 크기 때문에 그러한 기술 사용을 중단할 만큼 과민하지 않은 경우가 많다. 예를 들어, 페이스북과 인스타그램이 내 데이터를 사용하여 내 소비 행동을 수정한다는 것을 알고 있지만, 이러한 플랫폼을 사용함으로써 내가 얻는 것이 많기 때문에 마지못해 동의한다". (이는 그녀와의 개인적 커뮤니케이션 내용을 정리한 것이다).

Age of Surveillance Capitalism)에서「기기 통제주의적 권력」(機器統制主義的 權力 instrumentarian power)이라고[392] 불리는 권력에 대한 관점, 혹은 구상을 제시하고 있다. 그녀는 이러한 종류의 권력이 실제로 역사적으로 아주 독특한 새로운 종류의 권력이라고 주장한다. 따라서 그 같은 권력을 살펴보는 것이 중요하다고 생각된다.

그녀는 그같은 권력을 다음과 같이 정의한다:

> 수정, 예측, 화폐화(monetization) 및「통제」를 목적으로 한 행위의「계측화」(instrumentation) 및「도구화」(instrumentalization)(Zuboff 2019: 352쪽).

여기에서의 핵심 생각은 [한편으로는] 우리의 미래 행동에 대한 더욱 정확한 예측 자료를 만들어 내고, [다른 한편으로는] 이윤을 얻기 위하여 그 자료를 수정하는 [즉, 가공하여 사용하는] 사람들에게 그 자료를 판매하는 것이다. 이는 "전례 없는" "새로운 종류의「강압」인데, 비밀리에 조형되고, 기술과 기술적 복잡성으로「위장」되어 있고, 친밀감 있는 말들을 이용하여 일부러 모호하게 만들어져 있으며", "디지털과 융합하여, 사회적 지배를 위한 자신만의 고유한 상표를 획득하는「시장 프로젝트」(market project)"에[393] 내재되어 있다고 그녀는 주장한다(360쪽). 그녀는 이러한 생각의 지적 기원을 『자유와 존엄을 넘어서』(Beyond Freedom and Dignity)의 저

---

[392] [역주] 본서는 국내에 번역서가 존재한다. 하지만 역자는 그 번역서에서 이 instrumentarian power라는 단어를 어떻게 번역하였는지는 확인하지 못하였다. 역자는 동서의 중국어판에서 사용된 번역어를 채택하였다.

[393] [역주] 뒤에 설명이 나오겠지만, 이 대표적 사례는 페이스북이나 인스타그램 등의 매체에 대한 이야기이다. 데이터의 수집, 가공, 그리고 이용을 통하여 거의 준 독점적으로 지배하는 그들의 행위는 사실 '시장'을 통하여 이루어진다는 의미에서「시장 프로젝트」이다.

자인 하버드 대학교의 심리학자 B.F. 스키너(Skinner, B. F.)와 그의 "「조작적 조건화」"(操作的條件化 operant conditioning)[394] 프로젝트로 거슬러 올라가면서, 이러한 종류의 권력에 대하여 다음과 같이 설명한다:

> [이 권력은] 지속적이고, 자율적이며, 어디에나 편재하고, 감각을 가지고 있으며(sensate), 계산적이고, 실행하고(actuating), 네트워크화되고, 인터넷으로 연결된, 그러한 새로운 디지털 장치를 감시 자본주의 프로젝트(surveillance capitalist project)가 가지고 있는 「이해관심」에 맞춤으로써, 마침내 "물리적, 생물학적 기술에 견줄 만한 힘과 정밀성을 갖춘 행동 기술"에 필요한 "도구와 방법"을 요청하는 스키너의 요구를 충족시켰다.【175】그 결과로써 「행태 수정 수단」(means of behavioral modification)이[395] 널리 보급되었으며, 이 「행태 수정 수단」의 「행위의 경제」(economies of action)는[396] 감시 수익을 극대화하도록 설계되

---

[394] [역주] 어떤 반응에 대하여 상이나 벌 등으로 보상하여 줌으로써 그 반응이 일어날 확률을 변화시킴을 의미한다.

[395] [역주] 「행태 수정」(behavioral modification)은 일반적으로 심리학에서 말하는, 바람직한 행위를 강화시키고, 그렇지 못한 행위는 감소시키기 위하여, 인간의 행위를 변화시키는 다양한 기법이나 전략을 의미한다. '『감시자본주의』에 등장하는 맥락에서 볼 때, 데이터나 기타 심리적 기법을 이용하여 개인들의 행동을 조정하는 행위를 말하는데, 이는 종종 명시적 「동의」나, 혹은 대상주체가 인식하지 못하는 상태에서 발생하기도 한다. 예를 들어, 사용자에 대한 광범위한 데이터를 수집하고 분석하여 그 결과를 그 대상주체의 미래 행위에 영향을 주는 방식으로 활용할 수 있다. 「행태 수정 수단」이란, 이때 사용되는 여러 방법 등을 의미한다 (타깃 마케팅, 넛지(nudge, 행동 유도), 개인화된 알고리듬의 제시 등).

[396] [역주] 「행위의 경제」(economies of action)란 『감시자본주의』에 등장하는 용어로서, 데이터의 수집, 조작 등의 감시 관행을 통하여 그에 「영향」을

었다(374쪽).

그것은 "인간의 경험을 측정 가능하고 관찰 가능한 경험으로 축소하는 반면, 그 경험의 의미에 대하여서는 확고 부당하게 무관심한 모습을 보인다"(377쪽). 그녀는, 국가 중심의 전체주의 프로젝트와는 달리, [이러한] 「기기 통제주의」(instrumentarianism)를[397] "시장을 완전한 확실성의 프로젝트로 전환"하는 신호로 보고 있다. 이 "새로운 권력"을 통하여 우리는 "인간의 경험을 「도구화」하고 「통제」하여, [인간의] 행동을 타인의 이윤을 목적으로 지향하도록 체계적이고도 예측 가능하게 조형하는, 그러한 경제 원리를 상상할 수 있게 된다"고 말하고 있다(382쪽).

그녀의 저술은 이러한 새로운 형태의 권력에 대한 사례로 가득 차 있다. 일단, "게임 플레이어가 그들이 진행하고 있다고 생각하는 [가상의] 게임 자체를 위하여서가 아닌,[398] 실제 현실 세계를 뛰어 돌아다니는 게임

받은 대상인간의 행위로부터 최대의 이윤을 창출할 수 있도록 최적화하는 것을 말하는데, 이는 궁극적으로 인간의 행위를 일종의 이윤을 창출하는 자원으로 간주하는 것이다. 예를 들어 회사는 고객의 데이터를 기반으로 사용자의 행동을 조작할 수 있으며, 또한 그 데이터는 제3자에게 판매될 수도 있고, 알고리듬을 개선하거나 기타 효율적인 타깃마케팅을 위하여 사용될 수도 있다. 물론 그때의 목적은 이윤 극대화이다.

[397] [역주] 「기기 통제주의」(instrumentarianism)는 영어 철자가 유사한 철학적 사조인 존 듀이 등의 「도구주의」(instrumentalism)와는 엄밀히 구분할 필요가 있다.

[398] [역주] 이 구절은 다소 혼란스러운데, 아마도 포켓몬 고 게임을 하는 사람들은 자신들이 게임을 즐기고 있다고 생각하지만, 운영자의 관점에서는 사용자가 모르게 여러 가지 정보를 수집하고 (사용자의 위치, 다니는 곳, 행동 패턴 등) 그를 다른 목적으로 사용하고 있음을 의미하는 듯하다.

플레이어로서 등장하는 비디오 게임 '포켓몬 고'(Pokémon Go)가[399] 필두로 등장한다(314쪽). 또한 "글로벌 규모의 '행동경제'를 달성하는 동시에 특정 개인의 행동을 어떤 정확히 지정된 지역시장에서의 기회로 유도하며,[400] 그 지역시장에서 결국 높은 입찰가격 [즉, 비용]을 제시한 자들이 훨씬 더 근접하게 보장된 수익을 누릴 수 있음"을[401] 보여주는 사례들로 가득 차 있다(317쪽). 그녀는 구글의 초기 타깃 광고가[402] 데이터 추출로 전환되어 「행동잉여」(behavioral surplus)를[403] 창출함으로써 그것을 [즉, 타깃 광고를] 더욱 정확하고 수익성이 높게 만든 바 있던 이야기를 들려준다. 이 아이디어와 기술은 처음에는 페이스북으로 전파되었는데, 페이스북은 "사회적인 [상호 간의] 비교 경쟁이라는, 수그러들지 못하는 자극을 완성하였고,

---

[399] [역주] 증강현실 기술을 이용하여, 스마트폰상으로 볼 때, 실제 거리 등의 환경의 위에 가상의 물체들이 덧입혀 보여지도록 함으로써 실현되는 게임으로서, 실제 길거리 위에 입혀진 가상의 포켓몬(Pokémon)을 실제로 돌아다니면서 잡는 게임이다.

[400] [역주] 다소 혼동스러운 표현인데, 이는 수집된 정보를 분석하여 이를 이용하여 소비자로 하여금 어떠한 특정한 시장이나 상품에 관심을 가지도록 유도한다는 이야기이다(타깃 마케팅).

[401] [역주] 기업이 비용을 더 지불하는 경우 더 정확한 정보를 얻을 수 있고 따라서 수익을 제고할 수 있다.

[402] [역주] 이는 초기에 키워드를 입력하면 연관 광고가 나오는 등의 초기적인 광고 기법을 의미하는 듯하다.

[403] [역주] 「행동잉여」(behavioral surplus)란 『감시자본주의』에 등장하는 용어로서, 어떤 제품이나 서비스에 필요한 만큼의 적정한 데이터 이상으로 개인의 데이터를 수집하는 것을 지칭하는데, 그렇기에 이러한 경우는 원래 수집의 목적이 아닌 다른 용도로 전용될 가능성이 크다(데이터의 판매, 향후 소비자의 행위를 변화시킬 용도로의 사용 등).

그 과정에서 타인의 목적에 맞게 [사용자의] 행동이 수정되도록 자연스러운 공감이 「조작」되어지고 「도구화」되는 것"을 목표로 하였다(468쪽). 그리고 그 이후 아이디어와 기술은 모든 종류의 회사들로 확산되어 우리의 행동과 경험에 대한 더욱 상세한 정보들을 제공하고, 스마트 홈, 신체 착용 기기들, 자율 주행 자동차, 드론, 심지어 우리 내면의 삶의 [즉 내부 신체의] 지도를 만들 수 있는 삼킬 수 있는 센서를 생산하는 정도까지 이르게 되었다.

그런데, 이러한 「기기 통제주의적 권력」과 관련하여서는 몇 가지 의문이 제기된다. 첫 번째는 그것이 실제로 "전례 없는" "새로운" 권력인지, 그렇다면 어떤 방식인지에 관한 의문이다. 주보프는 그것은 "우리의 눈치채지 못하게끔 우리의 행동을 형성"한다고 말한다. 그리고, 그 분야에 있어서 현대의 대표적인 이론가 알렉스 펜틀랜드(Pentland, Alex)의 말을 인용하는데, 후자는 【176】「순응」의 확보는 "설득이나 교육이 아니라 「행태 수정」에 있으며" "「의사결정」에 대한 새로운 예측 이론"과 "설계의 인센티브 메커니즘"이 필요로 한다고 주장하고 있는데, 이는 "B. F. 스키너의 "「강화스케줄」"(schedules of reinforcement)에[404] 필적하는 아이디어"라고 말한다(428쪽). 하지만 「순응」을 확보하는 이러한 방식이 진정 새롭고도 전례가 없는 것인가. 주보프가 정말 새롭고 전례 없는 것으로 간주하는 것은 권력 메커니즘이 아니라 다음과 같은 두 가지 종류의 발전이다: 디지털 기술과 빅데이터의 추출에 힘입어 예측의 정확도가 점점 더 높아지고 있다는 점, 그리고 "수백만 명의 인간을 어떤 확실한 결과를 향하여 몰고 갈 수 있는 설계 메커니즘의 범위"가 그것들이다(428쪽). 주보프에 따르자면 새로운 바는, 이러한 권력의 효과와 범위가 점점 더 증가하고 있다는 점이다. 주보프는 다음과 같은 사실에 대하여 경고하고 있는 2015년

---

[404] [역주] 스키너의 이론에 등장하는 용어로서, 어떠한 특정 바람직한 행동을 강화하는 특정 패턴이나 규칙을 말한다.

에 발표된 학술 논문을 인용하고 있다: "사람들은 그들이 제공하여 공개하는 내용과 양에 의하여 [오히려] 그들이 아주 쉽게 영향을 받는다. 더욱이, 사람들이 공유하는 내용은 그들 자신들의 감정, 생각, 행동에 영향을 미치기 위하여 사용될 수 있다". 이러한 결과, "데이터를 보유한 사람과 데이터의 [제공자인] 대상주체인 사람들 간의 권력의 균형"은 바뀌게 된다 (460쪽).

중요한 바는 바로 기계 기반의 예측이 이제 인간의 능력을 훨씬 능가하게 되었다는 점이다. 주보프에 따르면, 페이스북의 예측 엔진인 FBLearner Flow에는 인간의 행동을 기록하여 얻어진 수많은 데이터 포인트(data point)가[405] 제공되어져 있다고 한다. 그리고 인스타그램의 엔진은:

> 대상 사용자로부터 얻어진「행동잉여」(behavioral surplus)의 다양한 스트림, 해당 사용자 네트워크상의 친구들로부터의 스트림, 대상 사용자와 동일한 계정을 팔로우하는 사람들의 활동으로부터 얻어지는 것들, 그리고 사용자의 페이스북 활동에서 얻어지는 데이터와 소셜 링크를 기반으로 계산한다. 그리고 마지막으로 순위 판정 로직(ranking logic)을[406] 적용하여 대상 사용자가 다음에 보고 싶어 할 이미지를 예측할 때, 해당 분석에는 대상 사용자의 과거 행동에 대한 데이터도 포함된다. 인간은 이러한 "학습"을 할 수 없기 때문에 인스타그램은 이를 [대신] 수행하는 엔진을 가지고 있다(484쪽).

이러한 점들 위에, 인공 지능과 알고리듬은 점점 더 통제에서 벗어나고 있으며, 심지어 이를 만든 사람들조차도 이해하지 못하는 경우가 있

---

[405] [역주] 각 사용자들의 개인별 특정 행위에 관한 정보들을 지칭.

[406] [역주] 사용자의 과거 데이터에 근거하여 사용자가 관심을 보일 것들을 판정하는 알고리듬.

다는 중요한 관찰도 존재함을 추가로 언급할 필요가 있는데, 후자들은 종종 노력함에도 불구하고 그것들이 어떻게 작동하는지 알 수 없는 경우가 많다.【177】게다가 이러한 발전은 소비자의 온라인 생활이라는 영역을 훨씬 뛰어넘는 결과를 가져온다. 이러한 행태적 모델링은 테러와의 전쟁에 의하여 촉발되었으며, 그러한 맥락에서 정보 전쟁과 선전이라는 형태로 전개되고 있다.

주보프는 이러한 발전이 그녀가 "「감시자본주의」"라고 부르는 불길한 새로움을 설명하는 것이며, 그녀의 표현에 따르자면 그 "「감시자본주의」" 내에서 "위로부터의 쿠데타"가 일어났다고 주장한다: 아담 스미스와 그리고 우리 시대에 있어서는 프리드리히 하이에크가 이론화한, 자유 시장의 "보이지 않는 손"은 이제는 "새로운 형태의 감시 자본주의"로 대체되었는데, 과거에는 그러한 자유 시장 내에서의 지식은 시장 가격을 통하여 분산되어 있었고 중앙화된 통제방식으로는 접근할 수 없었음에 반하여, 현재의 「감시자본주의」는 "국가가 아닌 시장이 지식과 「자유」를 모두 자신의 영역 안에 집중시키는 새로운 형태의 집단주의"라고 말할 수 있다(504쪽). 이제 "「감시자본주의자」들(surveillance capitalist)은 지식을 주문할 자유를 주장하고, 그들의 그 같은 자유를 보존하고 확장하기 위하여 자신들이 가진 지식상의 우위를 십분 활용한다"(498쪽).

이러한 주장은 의심할 여지 없이 자본주의의 위협적인 미래에 대한, 철저히 어두운 전망이라고 할 수 있다(자세한 비평은 Morozov 2019 참조). 그러나 이러한 전망은 그 위협의 근원과 그것의 범위, 즉 그 위협이 이미 우리의 일상과 전 세계적으로 볼 때의 정치 활동들에서 어느 정도 존재하고 있는지에 대한 설명으로는 한계가 있다. 그런데 「감시자본주의」가 가지고 있는 **자본주의적** 성격은 주목할 필요가 있다: 「감시자본주의」가 가지고 있는 결정적인 새로운 특징은, 그것의 독점적 성격이다(Doctorow 2020 참조). 즉, 몇 개의 소수의 기업들이 인터넷을 지배하는 시장지배력을 가지고 있으며, 다섯 개의 거대한 웹사이트가 각각 다른 네

개의 스크린샷으로 가득 찬[407] 정보화 시대를 열었다고 주장되어 왔다.

그것의 [「감시자본주의」가 가지고 있는 자본주의적 성격의] 범위에 대해서는 주보프는 개인들에 대한 위협에만 거의 전적으로 초점을 맞추고 있다는 점에 주목하여야 하는데, 그녀는 그러한 개인들을 더 이상 주권적이지 못한 소비자로서 간주하고 있다. 이러한 권력의 「영향」이 어디까지 미치는지를 알게 된다면, 이 문제는 더욱 어두워지고 깊어질 수 있다. 즉, 사람들을 더욱더 세밀하게 타깃팅되고, 그들의 행동은 수정되며, 일반적으로는 그들이 자발적으로 혹은 자신도 모르는 사이에 풍부하게 제공하는 데이터를 바탕으로 한 알고리즘을 통하여 만들어지는 점점 더 정확한 예측에 기반하여 그들의 삶과 생계가 좌우되게 된다.【178】게다가, 알고리듬 자체는 부정확할 수 있고, 또한 「편향성」이 내재되어(built-in) 있으며, 따라서 이미 불리한 위치에 놓여있는 인구 집단의 삶을 악화시키는 등의 중대한 결과를 야기할 수 있다.

이렇게 이해된 권력은, 신용이나 건강보험과도 같은 기본 필수품에 사람들이 접근 가능한지 여부를 결정하는 바에 있어서 「감춰진」 방식으로 사람들을 분류하고 있는 것처럼, 사람들의 직장 생활에서도 작동하고 있다. 또한 이러한 권력은 추방 대상이 되는 이민자를 식별하는 용도에도 작동되어 온 것으로 보인다.[408] 더 심각하게는, 그 권력이 전 세계적으로 정치 캠페인과 선거 조작에 얼마나 광범위하고 깊숙이 개입하였는지가 점점 더 명확해지고 있다는 점이다. 2018년에 내부고발자들에 의해

---

[407] [역주] 은유적 표현으로서, 각 웹사이트에서는 상호 간에 링크 등을 통하여 긴밀히 연결되어 있음을 의미.

[408] 참고로 Glaser, A.(2019)를 참고할 것. "Palantir는 그것이 ICE의 추방 작업과는 관련이 없다고 주장하였지만, 새로운 추가 문서들은 다른 이야기를 전하는 것 같다". Slate에서 이용 가능: software-is-used-for-ice-deportations.html.

폭로된, 케임브리지 애널리티카(Cambridge Analytica)가 글로벌 캠페인을 위하여 8천만 명의 페이스북 사용자 프로필을 수집한 스캔들은, 전 세계에서 음지에서 운영되는 수십억 달러 규모의 성숙한 산업을 처음으로 대부분의 사람들이 엿볼 수 있는 기회를 제공한 바 있다. 학자와[409] 언론인을 통하여 이러한 운영 방식들에 대하여 더 많은 것이 알려지게 되면서, 사람들의 「자유」를 보호하기 위하여 그러한 운영 방식들이 규제될 수 있도록, 그것들을 가시화하고 또한 이해할 수 있도록 하는 것이 더욱 시급해진 것이다

주보프에게 돌아가서 우리는 다시 묻지 않을 수 없다: 그녀의 「기기 통제주의적 권력」은 어느 정도까지 삼차원적인가. 주보프는 권력이 우리가 모르는 사이에 우리의 행동을 조형한다고 말한다. 이 저술에서 지금까지 살펴본 많은 사례는 권력자의 행동과 목적이 감춰져 있거나 그것들에 접근할 수 없기 때문에 보이지 않지만, 여기서는 [즉, 「기기 통제주의적 권력」은] 사용자가 자신도 모르는 사이에 제공하는 방대한 양의 데이터를 수집하는 것만으로도 사용자 모르게 통제력을 행사할 수 있는, 기술적 영역에서 작동하는 불투명성에 초점이 맞추어져 있다. 포켓몬 고로 다시 돌아가서 생각하여 본다면, 그때 보이는 그림이란, 물론 사람들은 게임에 참여하고 있지만 그들 자신이 진행하고 있다고 생각하는 게임은 아닌 그러한 그림이다.[410] 그들은 자신의 주관적인 「이해관심」을 추구함에 있어서 공짜로[411] 알고리듬에 입력되는 데이터를 제공함으로써 타인의 「이

---

[409] Emma Briant는 케임브리지 애널리티카의 활동을 보여주는 전 세계적 지도를 통하여 이 불투명한 「영향력산업」의 급속한 확장을 보여주고 있다(곧 출간될 저술에 수록 예정. www.propagandamachine.tech에서 확인 가능).

[410] [역주] 이 의미에 대하여서는 각주 398 참고.

[411] [역주] 본문의 freely는 '공짜로', 혹은 '자발적으로'의 뜻 모두로 해석

해관심」를 증진시키는 동시에 자신의 「이해관심」은 증진시키지 않거나 오히려 그에 해를 끼친다.

이러한 모습이 오늘날의 현실을 얼마나 정확하게 묘사하고 있는지는 사실 논의의 여지가 있다. 이러한 「행태 수정 프로젝트」(the project of behaviour modification)가 실제로 더 많은 사람들에게도 얼마나 효과적인가. 그리고 그 효과는 얼마나 오래 지속되는가. 성공과 실패의 비율은 어느 정도인가. 【179】대부분의 경우에 있어서, 주보프는 이 프로젝트의 정확성을 입증하는 바에는 그 지지자들의 주장만으로서도 충분한 것으로 간주한다.[412] 그러나 그녀의 설명은 시간이 지남에 따라 점점 더 현실적인 것으로 발전할 가능성이 있는, 우리 세계에서 실제로 작동하는 경향을 포착하고 있는 것처럼 보인다: 즉, 그것은 "자신만의 고유한 형태의 사회적 지배를 달성하려는 디지털과 융합된 「시장 프로젝트」"이다. 그러나 주보프가 이를 "새로운 유형의 「강압」"이라고 부르는 것은 잘못된 표현인데, 그녀의 설명에 따르면 이러한 「지배」는 「강압」이 아니라 「동의」를 통하여 이루어지기 때문이다. 물론 이때의 「동의」라는 것은 일반적으로 [너무 작은 글씨로 빽빽이 적혀있어] 읽기 어려운 이용약관에 인쇄되어 있는 '동의'의 해당 난에 클릭하는 것과 같이 단지 형식적인 것이다. 그럼에도 불구하고 이러한 종류의 「동의」도 「동의」이며 일종의 상호작용을 수립하는 것으로 보아야 한다.

데이비드 하비(Harvey, David)는, '자본의 약탈적 관행에 의하여 지지되는 사용자의 권리의 상실'이라는 의미를 포함하는 전통적인 의미의 「탈취」(dispossession)라는 용어로써 데이터의 전유와 그것의 자본으로의 전환을 언급한 바 있다(Harvey 2004). 주보프도 마찬가지로 이 「탈취」라는 용어를 통하여 기술하고 있다. 그러나 마리옹 푸르퀴에(Fourcade, Marion)와

가능하다.

412 [역주] 즉, 경험적 자료는 부족하다는 이야기.

다니엘 클러츠(Kluttz, Daniel)가 주장하였듯이, 이 모든 과정은 훨씬 더 공손한 방식으로 경험되고 또한 그렇게 기업에 의하여 제시된다: 사람들은 '무료' 서비스에 가입하거나, '친구'의 초대에 응하거나, 자신의 의견을 '공유'하도록 권유받게 된다(Fourcade와 Kluttz 2020: 1쪽).

> (만일) [이 과정에서] '강탈'(robbery)이라는 문제가 발생한다면, 그것은 주로 사회성, 호혜성 그리고 이기심이라는 감정을 통하여—또는 그렇게 보이는—벨벳 장갑을 끼고 일어나고 있다. 따라서 디지털 자본주의에서의 사회적 논리는 종종 「강압」이라는 외형을 피하게 된다 (12쪽).

푸르퀴에와 다니엘 클러츠는 이러한 일련의 관계를 마르셀 모스(Mauss, Marcel)의 고전적 저작인 『증여론』(*Essai sur le don*)을 인용하면서 소위 「모스적 거래」(Maussian bargain)로 정의하고 있는데, 모스에 따르자면 선물 제공이라는 것은 일종의 상환의 의무를 수반하고 사회적 유대를 강화하며 또한 사람들을 사회적인 연계에 참여시키는, 그러한 구조화되어 있고 의식(儀式)적인 행위라는 점을 지적하고 있다. 그리고 그들은 피에르 부르드외의 「오인」(misrecognition; *méconnaissance*)이라는 관념을 소환하여, 디지털 자본주의에서의 '모스적 거래'는 주는 자와 받는 자 사이의 구조적 비대칭을 가리울 뿐만 아니라 개인적 데이터라는 새로운 종류의 '상품'의 창출을 허용하고 그 진정한 가치를 모호하게 하며, 그 데이터의 사적인 전유를 자연스럽게 받아들이게 만든다"고 주장한다(3쪽).【180】 따라서 '사용자는 (또는 개발자는), 그들 자신을 초월하고 또한 자신들이 거의 통제할 수 없는 무언가에 편입되고"(5쪽), 플랫폼 기반의 기업들은 상호적인[413] 의무(reciprocal obligations)를 「조작」하여 만들어 낸다; 그들은 "포용(inclusion)과 집단 소속감"을 만들어 내지만 동시에 사용자들을 "새로

---

[413] [역주] 서비스를 받고 자신의 정보를 제공하는 식의 상호 호혜적 관계.

운 지역공동체의 규범"에 종속시키고 또한 "호의에 대한 반대급부의 형태로 그들에게 상호적 의무를 부과"한다(5쪽). 푸르퀴에와 다니엘 클러츠는, 선물과 유사한 형태를 가지는 교환 구조는 금전적인 것은 아니며, 영원한 「동의」를 전제로 하는, 그리고 영구적으로 갱신되는 거래 사이클 안으로 사용자를 가두어 놓는다고 말하는데, 이같은 거래형태는, 유한한 지평을 가지고 있으며 거래가 완료되는 즉시 해체되는 그러한 시장에 기반한 사회적 관계와 뚜렷이 대비되는 것이라고 할 수 있다. 이같은 사실은 디지털 경제가 가지고 있는 「지배」를 하려는' 특징을 효과적으로 은폐하면서 그리하여 그것이 단지 해방적인 것으로 「오인」하게 하면서, 디지털 경제에서 특징적인 이같은 "독특한 체제"가(1쪽) 어떻게 작동하는지를 우리로 하여금 알 수 있게 하여준다.

우리는 디지털 경제가 겉으로는 자유롭게 주어지는 「동의」에 기반을 두고 있음에도 불구하고, 스피노자의 말을 빌리자면 "자신의 본성과 판단에 따라서 사는 바에 있어서" 사람들을 덜 자유롭게 만드는 이러한 새롭고 독특한 방식에 대하여 더 깊이 생각해 볼 수 있을 것이다. 어쩌면 제임스 윌리엄스(Williams, James)의 말처럼, 이러한 경제를 이끄는 치열한 경쟁이 이러한 새로운 양상의 경쟁을 만들어 내고 있는지도 모른다: 즉, 이는 「주의 분산을 통한 주의 집중」을 좇는 경쟁'(competition for attention via distraction)이라고도 할 수 있다: [414]

> 사용자와 언제 어디서나 연결된 인터페이스, 그리고 측정, 실험, 타깃팅 및 분석의 정교한 인프라를 통한 이러한 산업화된 '설득'(persuasion)

---

[414] [역주] 이때의 「주의 분산」이라 함은, 예를 들어 인터넷의 경우 원래의 사용자의 목적으로부터 주의를 이탈시켜 운영자가 원하는 곳을 스크롤링하거나 클릭하도록 유도하는 등의 행위를 말한다. 따라서 그러한 「주의 분산」을 통하여 운영자가 바라는 곳으로 '주의를 집중'시키는 행위가 동시에 수반된다.

이라는 글로벌 프로젝트는 이제 인터넷의 지배적인 비즈니스 모델이자 설계의 논리로 자리 잡게 되었다. 지금까지에 있어서는 「주의 분산」(distraction)이라는 문제는 단지 사소한 성가심으로만 간주되어 왔고 따라서 그 문제 자체는 그다지 심각하지 않았다. 그러나 사용자들의 [「주의 분산」을 통하여] 「주의 집중」을 얻고 또한 [그들을] '설득'하기 위한 경쟁은 궁극적으로 의지의 「조작」이라는 프로젝트에 해당된다고 말할 수 있다(880쪽)

[이러한 사태들의] 장기적인 결과로서, "과제를 달성하기 위하여 인식과 행동을 모색하는 즉각적인 우리의 「역량」들", "우리가 가지고 있는 더 높은 목표와 가치를 통해 삶을 모색하는 우리의 더 넓은 「역량」들", 그리고 "성찰, 메타인지(metacognition), 「이성」 및 지능과도 같은, 일단 우리의 목표와 가치를 정의할 수 있도록 하는 우리의 근본적인 「역량」들" 모두가 손상될 것이다.【181】윌리엄스는 이러한 「역량」들의 붕괴를 "「인식적 방해」"(epistemic distraction)라고 부르고 있다. 「지배」의 한 형태로서 이것은 가장 완전한 형태의 「삼차원적 권력」(혹은 「사차원적 권력」이라고 불릴 수도 있는)이라고 할 수 있는데, 이는 주보프가 주목하여던 「행태 수정」에 비하여 더 깊고 더 넓게 확장되는 방식을 보여주고 있다. 왜냐하면 이 경우에서의 그 효과는 행위주체들이 자신들의 진정한 선호들, 욕구들, 가치들, 그리고 목표들을 형성시킬 수 있는 「역량」을 약화시키고, 극단적으로는 「무력화」시키는 것이기 때문이다. 다음에 살펴볼 바와도 같은 사례에서도 이러한 「무력화」(incapacitation)는 작동하고 있는데, 단 후속 사례의 핵심은 [이제까지 살펴본] 「주의 분산」이 아닌 '혼란'과 '모호함'에 있다.

5.4 위해적 불확실성

'빌라 플라머블'(Villa Flammable)은 부에노스아이레스 남동쪽 경계에 위치한, 약 3000명의 주민이 거주하는 아르헨티나 빈민촌의 이름으로, 그 장소의 "환경적 고통"에 대한 경험은 사회학자 하비에르 아우예로(Auyero, Javier)와 그의 공동 저자인 인류학자 데보라 알레한드라 스위스툰(Swistun, Débora Alejandra)이 생생하고도 면밀한 민족지학적 연구의 주제로 삼고 있다. 그런데 스위스툰은 그곳에서 평생을 살아왔기 때문에 그들의 연구에서는 대부분의 연구에는 찾아볼 수 없는 진정성을 느끼게 된다.

지난 70년 동안 빌라 플라머블은 절망적인 무허가 거주지에서 "구조조정과 탈산업화라는 문제로 겹겹이 쌓여있는", 메트로폴리탄 도시 한 쪽에 방치되어 있는 한 구석으로 변하여 왔다. 그 주변은:

> 국내 최대 규모의 석유 화합물 공장, 제혁소 및 기타 산업 독성 폐기물이 흐르는 오염에 찌든 강, 유해 폐기물 소각장, 감시되지 않는 쓰레기 매립지로 둘러싸여 있다. 그 결과, 플라머블의 토양, 공기, 물줄기는 납, 크롬, 벤젠 및 기타 화학물질로 심각하게 오염되어 있으며, 또한 그 토양 위에 거주하고, 그 공기를 마시며, 그 물을 마시는 사람들도 오염되어 있다(4쪽).

【182】 그 저술은 "주민들을 둘러싼 환경 독소에 대한 주민들의 혼란, 실수 및/또는 눈이 멀게 된바에[415] 대한 이야기"이자 "오염에 대한 소리 없이 진행된 습관화와 환경 독소의 맹공에 대한 대중의 항의가 거의 완전히 부재한 상황"에 대한 이야기이다(4쪽). 저자들은 이 저술을 "환경적 고통과 사회적 지배와의, 복잡하고 복합적인 관계에 관한 저술"이라고 소개하고 있다. 이 저술은 부르디외의 「상징폭력」이라는 개념을 바탕으로 "피지배자의 권력 구조에 대한 「오인」이라는 메커니즘"을 통하여 "「지배」가 작동하는 방식"을 밝히고자 한다. 이를 위하여 "「상징폭력」의 작동

---

415 [역주] 실제로 눈이 멀게 된 것이 아니라, 사태를 전혀 파악하지 못함을 비유함.

에 관련된 행위자와 과정들을 해부"하여 "빈자들이 때때로 [자신들의] 생명에 위협을 가할 수도 있는 「종속」을 받아들이는 이유에 대한 미스터리를 풀고자" 하고 있다. 다시 말하자면, 「종속」은 어떻게 "「피종속자의 공모」"로 인하여 발생하는 것인가?(5쪽).

이 질문에 대한 해답의 핵심은 바로 "「위해적 불확실성」"(toxic uncertainty) 이라는 개념이다. 저자들은 "더 많은 검사를 위하여, 더 나은 [공해에 관한] 지식을 얻기 위하여, 이주를 위하여, 그리고 그들 이웃의 말을 빌리자면 "우리가 앞으로 나아갈 수 있게 해줄" "강력한 회사들" 중 하나와의 "거대한" 합의를 위하여 주민들이 기다리게 만드는 "혼란, 당황, 소문, 좌절, 희망"을 설득력 있게 상세히 설명하고 있다. 이런 식으로 저자들은 "플라머블 주민들이 복종을 경험하는 방식 중의 하나"를 보여준다. 이들의 설명 방식이 아주 독특하고 또한 본 연구의 주장과도 매우 관련 있는 이유는 "여러 가지 서로 어울리지 않는 행동들"을 통하여 "그들 간에 공유된 (잘못된) 이해에 결정적인 영향을 미치는 혼란스러운 일들"을 자초하는, 그들 이야기 속의 수많은 행위주체들에 초점을 맞추고 있다는 점이다(10쪽). 그런데 그들이 살고 있는 오염에 대한 그들의 경험—즉, 그들이 알고, 무시하고, 알고 싶어하고, 그리고 「오인」하는 것들—은 [실상] "사회적, 정치적으로 생산된 것"이다; 즉, 그 오염이 가지는 의미는 주민과 외부 행위자 간의 「권력관계」에서 빚어진 결과"인 것이다. 후자들은 [즉, 외부 행위자들은] "정부 공무원, 회사 직원, 의사, 교사, 언론인 그리고, 변호사들"이다(12쪽). 이자들은 "그들의 의견들은 동등하게 고려되지 않기 때문에, 거의 상호 협력하지 않은 상태에서" "오염과 위험에 대한 현지 주민들의 경험을 조형"한다.【183】따라서 본질적인 역학적(疫學的 epidemiological) 불확실성은 "단지의 직원, 의사, 공무원, 변호사의 실제상, 그리고 담론상의 개입으로 인하여 증폭"되어 그 결과로 주민들은 "자신과 사랑하는 사람들이 가지고 있는 질환의 기원과 예후(豫後)에 대한 두려움, 지방 정부의 (미) 조정된 이주 노력, 의사의 혼란스러운 개입으로 인한 혼란, 단지 내에서 가장 강력한 기업인 셸(Shell)의 행동에 관한 의혹과 소문"으로 매일을 살아가고 있다(4쪽).

의도적이든 반복 규칙적이든, 때로는 행사되어 지는, 그리고 때로는 어떤 행동도 취하지 않는 것이 마구 혼재되어 있는, 이러한 다양한 행위자들의 힘은, 전반적이고도 끈질기게 지속적인 혼란과 불확실성을 만들어 내는 바에 기여하고 있다. 주요 기업 행위자인 셸은 단지 내의 다른 기업들과 함께 "다른 빈민 지역에는 볼 수 없는 지역 공동체 관련 프로그램을 플라미블에서 설치하였지만", "그들의 산업 공정은 다른 아르헨티나 빈민촌에 존재하는 것들보다 더 많은 환경 위험을 초래하여 왔다"(50쪽). 셸의 홍보 담당자는 오염에 대한 언론 보도를 "모두 거짓말"이라고 비난하고, 같은 회사의 보건, 안전, 환경 및 품질 관리자는 플라머블이 "사람이 거주하기에 적합하지 않다"고 인정하면서도 이 지역의 문제를 "빈곤"의 탓으로 돌린다: 즉, 마약, 알코올 등의 "주민들이 삶을 살아가는 방식의 문제" 때문이라고 말한다(68쪽). "그 이웃들"은 "셸이 문제가 아니라는 것을 알고 있다"고 그 담당자는 말한다; 그리고 "납"은 "빈곤에서 비롯된 질병"이라고 말한다(69쪽). 반면, 셸의 연차 보고서는 "지속 가능한 개발, 기업의 사회적 책임, 환경과 미래 세대의 보호"를 강조하며 "긍정적인 대중 이미지"를 구축하고자 한다(69쪽).

회사들이 운영되는 프레임워크에도 상당한 혼란이 존재한다. 주민들은 "플라머블이 부에노스 아이레스 주 관할에 속하는지, 아니면 일반 항구 관리(연방주의 한 지부 관할)에 속하는지"(94쪽) 잘 모르기 때문에, 쓰레기가 수거되지 않으면 이웃 주민들은 어디에 불만을 제기하여야 할지도 모르고, 주(州) 공무원들을 포함한 그 누구도 단지 내에 얼마나 많은 회사들이 존재하는지 알지 못하며, 주 각급 기관은 단지 내의 산업 오염의 정도와 그것이 주민들에게 미치는 영향에 대하여서는 무관심하다. 대통령을 포함한 주 공무원들은 오염에 대하여 기업을 비난하고 심지어 [공장] 이전을 약속할 수는 있으며, 그리고 지자체 공무원은 제멋대로 나타나 공장 이전을 약속할 수는 있지만, 이내 금방 사라져 버리고는 그 뒤로는 아무 일도 발생하지 않는다.

【184】이때 흥미로운 측면은 의사들의 사례이다. 그들은 셸의 자금으로 지어진 지역 보건 센터에서 근무하지만, 급여는 지역 주정부에서 지급받는다 (일부에서는 셸이 지급하는 것으로 의심하고 있다). 이 센터는 이례적으로 풍부한 자원을 가지고 있다; 24시간 응급 서비스, 구급차, 7명의 의사가 상주하고 있다. 그런데 [공해에] 대한 의사들의 입장은 갈린다. 일부 의사들은 [공해로 인한] "중독과 개인의 건강 간의 연관성에 대하여 **기록화된** 자료들을 부정하거나 혹은 완전히 모르고 있으며", 반면 다른 일부는 "무엇인가 이상한 일이 벌어지고 있다"는 의심은 가지고 있다 (101-105쪽). 저자들은 그 의사들의 수련과 의학적 관심은 "질병"에만 온통 초점이 맞춰져 있고 증상과 고통에 대한 인간의 경험으로서의 질환은 도외시하고 있다고 말한다. 게다가 "독소가 건강에 미치는 영향에 대한 불안은 사실에 근거하지 않은 것으로서 합당하지 않다"는 셸의 접근 방식을 의사들은 공유하면서도, 반면 환자들에게 자녀의 질병이 거주 지역과 관련이 있을 수 있으니 플라머블에서 벗어나라고 조언한다. 저자들은 "지역 의사들조차도 플래머블의 고통의 원인에 대하여 혼란스러워하거나 잘못 알고 있다면 어떻게 지역 주민들에게 이 문제가 '신비에 감춰지게'(mystified)되지 않을 수 있는가"라고 개탄하고 있다(105쪽).

언론인들의 경우, "TV와 언론사 기자들은 한 가지 주제에 대하여, 즉 공해에 대하여 이야기하기 위하여 자주 플라머블에 나타난다. 그런데, 언론 기자에 대한 이웃들의 시각은 애매하다". 한편으로는 "기자들이 동네에 더 많이 들어올수록 자신들의 목소리를 들을 확률이 높아지고 따라서 국가가 자신들의 곤경에 대응한다는 사실을 잘 알고 있었다"고 답하였다. 다른 한편으로 그들은, "기자들이 "제멋대로 동네에 들어와 이곳 생활의 가장 극단적인 측면에 초점을 맞추고", 단지 "가끔씩 전문가들이 플라머블에서의 삶이 얼마나 불가능한지 강조"하면서 언론이 자신들이 처한 곤경을 단지 "이용"만 하는 것에 대하여서도 불쾌감을 표하였다. 그런데 "미디어가 [현장에서] 그 주민들과 있을 때는 만장일치의 목소리로 그곳에서는 삶이 불가능하다고 그들에게 말한다면, 그 기자들의 사후적 행동을 보았을 때 [그 주민들은] 어떻게 혼란스럽지 않을 수 있는가". 또한 "기자들이 동네에 와서 '기삿거리'에 대한 대가로 [주민들에게] 도움을 약속하고는 그 이후 흔적도 없이 사라졌다가 TV 화면에 다시 나타나면 주민들이 어떻게 혼란스럽지 않을 수 있을 것인가"(107쪽).

마지막으로, "플라머블 환경 독소에 대한 경험의 또 다른 중요한 행위자인 변호사"들은 또 어떠한가?(117쪽).【185】주민들이 고압선 설치에 대하여 그것을 막거나 최소한 보상을 받거나 혹은 [고압선] 이전을 하기 위하여 회사를 상대로 소송을 제기하는 경우에 있어서, 사실 그 결과는 "환경 독소 문제를 해결하려는 집단적 시도는 실패한 것"이라고 볼 수 있다. 저자는 "변호사, 판사, 주 공무원의 권력에 굴복하는 것"을 통하여 "어떻게 복종이 작동하는지"에 대하여 설명하고 있다(128쪽). 그것은 "기다림의 시간으로 경험된다: 즉, '타인들'이 자신들의 삶에 대한 결정을 내릴 때까지 (희망을 품고 있다가 좌절하기도 하면서) 기다리는 것이라고 할 수 있다; 이는 실제로 타인들의 「권위」에 자신들이 굴복하는 것"으로 경험된다. [이 사례에서의] "「지배」의 동학"이란, "플라머블 주민들은 타인을 지향하고 **동시에** 타인에 의하여 지배되는 시간 속에서 살도록 운명지어졌으며, 그 결과 (개인 및 집단으로서) 자신들이 가지고 있는 힘에 대한 의구심을 불러일으키게 된다"는 것을 의미하였다(110-11, 129쪽).

본인은「삼차원적 권력」이 어떤 방식으로 효과를 낼 수 있는지를 설명하기 위하여 플라머블 이야기를 다시 꺼낸 것이다: 이 방식은 바로 혼란과 불확실성을 야기하는 것이다. 물론 저자들이 언급하였듯이 이는 전체 이야기의 단지 일부일 뿐이다. 왜냐하면:

특정 시간과 장소 대에서 사람들이 주변 환경에 대하여 가지고 있는 지식의 양은 (...) 그 장소의 역사, 거주 주민들의 일상과 상호작용, 그리고 그들이 얽혀 있는 「권력관계」의 공동 산물이기 때문이다(144쪽).

그러나 이러한 「권력관계」의 결과인 혼란과 불확실성에 대한 연구는 충분히 이루어지지 않았다. 저자들은 "불확실성과 무지는 민족지학자들 사이에서의 주된 관심사가 아니었다"고 지적한다; 머레이 라스트(Last, Murray)가 언급한 바처럼, "그 [학자]들이 알고 있는 것을 기록하는 것은 충분히 어렵기 때문"에 당연히 그렇다(12쪽). 하지만 권력 연구에서도 마찬가지이다.[416] 실제로 우리는 여기서 플라머블에 대한 설명과 이 장의 이전 절들 사이의 연관성을 볼 수 있다. 왜냐하면 본서는 브렉시트와 트럼프의 시대, 격렬한 논쟁이 벌어진 2020년 미국 대선의 정점, 그리고 미국과 전 세계에서 COVID-19가 창궐하여 악화되고 있는 도중의 시점에서 집필되고 있기 때문이다. 이러한 환경들과 더불어, 낮은 믿음의 수준과 혼재된 각종 메시지가 범람하는 조건에서는, 사람들이 가진 **「인식의 역량」**(epistemic capacity)**을 약화시키는**, 통제되지 않은 「삼차원적 권력」이 최고조에 달한 것처럼 우리에게 보이고 있다(이에 관련된, 저널리즘적 시각에 있어서의 초기 설명은 Carpenter(2018)을 참조할 것): 즉, "가짜 뉴스", 음모론, 「위해적 불확실성」에 대한 사례와 주장이 한데 어우러져 디지털 미디어를 통하여 대규모로 증폭되고 있는 것이다.

【186】따라서 삼차원에서 바라본 권력은 다양한 형태를 취할 수 있

---

416 실제로 '무지(ignorance)의 생산, 표현 및 사용'에 대하여 연구하는, 철학자, 심리학자 및 일부 사회학자들을 포함하는 일단의 집단들이 존재한다. 그 분야는 일반적으로 특히 제품을 판매하거나 호감을 얻기 위하여 고의적으로 혼란과 기만을 퍼뜨리는 행위에 대한 연구인 '아그노톨로지'(agnotology)라고 알려져 있다(Proctor 2008 및 Oreskes와 Conway 2011 참조). 이 문헌에 관심을 갖게 하여준 Gabi Abend에게 감사를 표한다.

다. 본서의 앞 장들에서는 권력을 믿음과 선호의 **조형**에 의하여 구성되는 것으로서 설명하였다. 하지만 주보프의 설명에 따르자면 권력은 이 두 가지 형태를 **우회하여** [행위주체의] 행동을 수정할 수도 있다. 이제 본 절에서 우리는 [스피노자의 말처럼] "본성과 판단에 따라 살아가려는" 사람들의 「포텐시아」을 약화시키는 「**무능화** 효과」(disabling effects)를 더욱 명확하게 보기 시작하게 된다. 본서를 쓰는 시점에 있어서 우리가 당면한 사회적, 정치적 삶에서의 「삼차원적 권력」이 가지는 그 중요성과 범위는 이루 말할 수 없을 만큼 중요하다고 하겠다.

5.5 권력큐브

플라머블은 매우 지역적인 이야기를 다루고 있지만, 이는 분명 훨씬 더 큰 이야기의 일부이다. 존 가벤타는 자신의 저서 『세계 시민 행동』(Global Citizen Action)에 수록된 에세이에서 다음과 같이 기술하고 있다:

> 1970년대부터 많은 활동가들이 '글로벌적으로 생각하고, 지역적으로 행동하라'는 격언을 듣고 그 지침을 따랐다. 하지만 본 에세이는 그 반대의 주장을 제안하고자 한다: 글로벌한 기관들과 글로벌 세력들의 영향에 대하여 지역적으로 생각하라. 그리고 그들에 대하여 글로벌적으로 행동하라(Edwards and Gaventa 2001: 276쪽).

가벤타는 다른 학자들과 공동으로 "권력큐브"라는 개념을 발명하였다. 이는 「삼차원적 권력」을 이해하는 방법으로서, 많은 연구자, 조직체들, 활동가들이 그러한 [삼차원적] 방식의 사고를 형성함에 있어 도움을 준 바 있다.

1980년 가벤타는 『권력과 무력함: 애팔래치아 계곡의 침묵과 반항』이라는 저술을 출간하였다: 그 저서에서는, 중부 애팔래치아에 위치한 '클리어 포크 밸리'(Clear Fork Valley)에 거주하는 주민들을 희생시키면서까지도 자신들의 「이해관심」을 추구한, 런던 소재 본사를 가진 다국적회사인 '아메리칸 어소시에이션'(American Association)이 어떻게 하여 장기적으로 성공할 수 있었는지를 설명하기 위하여 세 가지 차원들에서의 권력들과 그들 간의 상호작용에 대한 설명을 개진한 바 있었다. (그로부터 40년 후에 발표된 회고 논문에 대하여서는 Gaventa(2019)를 참조할 것). 그 저술은 여러 권위 있는 상들을 수상하며 널리 호평을 받은 바 있다. 하지만 동시에 그 저술은 여러 측면에서부터 비평을 받았다. 넬슨 폴스비와 여러 사람들로부터는, 직접 관찰할 수 있는 것에 충실하여야 한다는 '행태 정치학'(behavioural political science)에서의 [철칙과도 같은] 요구 사항을 무시하면서 「비 사태」들(non-events)을 설명하려 하려는 새로운 시도를 하였다는 비판을 받기도 하였으며, 제임스 스콧은 그 저술이 헤게모니에 대한 개념을 너무 진지하게 받아들인 채, 일상적인 「저항」에서의 소위 "감춰진 대본"을 경시하고 있다는 평을 하기도 하였다.【187】또한 J. C. 아브라함은 그 저술이 권력에 대한 푸코주의적 관점을 취하지 않기에, 대상주체들을 구성하는 "네 번째 얼굴"과 그들이 가진 「이해관심」을 간과하였다고 비판하기도 하였다. 그런데, 이후 그의 작업에 비추어 볼 때, 그 저술이 주로 지속적인 침묵의 확보에 대한 연구임에도 불구하고 저서의 부제에 「반항」이라는 단어가 포함되어 있다는 점에 주목하는 것이 중요하다: 그 저술에는 참여, 「권한부여」, 「저항」에 대한 증거와 성찰이 담겨 있었다. 가벤타는 다음과 같이 기술하고 있다.

> 그러한 [대상주체들의] 침묵을 유지시키기 위하여 권력의 차원들이 축적되어지고 또한 강화되는 것처럼, 「권력관계」의 어떠한 한 영역에서의 도전의 출현은 단지 어떠한 [권력의] 일개 구성 요소에만 손실을 야기시키는 측면보다는, 그러한 도전을 견뎌낼 수 있는 그 총제적 권력을 약화시키게 된다. (...) 한 가지 종류의 불만들의 집합에 대하여 침묵이라는 양상이 깨지게 되면, 도전을 위하여 축적되고 있는 여타 자원들(조직체, 추진력, 의식)은 다른 사안들과 대상들로 이동될 수

있다(24, 25쪽)

『권력과 무력함』은 당시 옥스퍼드에서 로즈(Rhodes) 장학생이었던 가벤타의 박사 학위 논문으로 시작된 것이다. 그는 그곳에서 막 시발된, 피터 바크라크와 마침 옥스퍼드를 방문 중이던 본인의 토론에 참여한 바 있다. (주지하다시피, 바크라크와 바라츠는 로버트 달과 소위「다원주의자」들을 비판하면서 권력의 두 번째 얼굴을 제안하였던 유명한 논문의 저자이다.) 그러한 계기로 권력에 대하여 어떻게 생각하여야 하고 실증 연구에서 권력을 어떻게 연구하여야 하는가에 대한 방법과 관련된, 일련의 활기차고도 치열할 사적 토론들과 공개 세미나의 형태가 이루어질 수 있었다. 가벤타는 이러한 논의를 애팔래치아에서의 현장 조사로 발전시킨 바 있었다(그 조사는 애팔래치아 광부들과 웨일스 광부들 간의 토론을 촬영하고 그 결과를 양쪽 모두와 공유하는 등의, 아주 초기에 비디오 기술을 도입한 현장 조사라고 할 수 있다). 그는 활동가적 연구에 있어서 선구자로서, 테네시주 뉴마켓(New Market)에 위치한 '하이랜더 연구 및 교육 센터'(The Highlander Research and Education Center)(그 이후 본인이 방문하였던 곳)가 개설한 아주 초기의 성인 교육 프로그램에 참여한 후 그 센터의 이사가 되었다. 그 이후로 그는 영국 서섹스 대학교(University of Sussex)의 개발 연구소(The Institute for Development Studies)에서 근무하며, 여러 국가에 걸친 광범위한 연구 프로젝트를 이끌고 있으며, 그곳에서 '권력큐브'의 개념을 중심으로 하여 그 조직의 운영 방향을 인도하여 왔다.

【188】 일단 '권력큐브'라는 것은, 다양한 메커니즘, 다양한 상황(venues), 그리고 권력의 가변적인 범위를 하나의 이미지로 담아낸 일종의 [삼차원적] 시각적 표현이라고 말할 수 있다 [아래 그림 참고]. 이는 세 가지 「**권력차원**」의 권력들이[417] 서로 상이한 사회적 또는 정치적 「**권력공간**」과 다

---

[417] [역주] 이하에서는 「권력형태」(또는 「권력차원」), 「권력수준」, 그리고

양한 규모 또는 행동의 「**권력수준**」에서 작동할 수 있다는 착상을 기억에 남을 수 있도록 묘사한다. 이때, (「가시적」(visible), 「감춰진」(hidden), 그리고 「비가시적」(invisible)[418] 「**권력형태**」(forms)라고 다시 명명하고자 하는) 세 가지 종류의 「**권력차원**」들은, (폐쇄적(closed)이거나 초대되거나(invited) 자주적일(claimed) 수 있는) 사회적 또는 정치적 「**권력공간**」(spaces) 내에서, 그리고 (가정과 지역, 국가, 글로벌이라는) 「**권력규모**」 혹은 「**권력수준**」에서 작동한다. 이때 말하고 있는 '메커니즘' 혹은 「**권력형태**」(form)는 우리가 본서에서 권력의 '차원'이라고 부르는 것을 의미한다. 그리고 「**권력공간**」(space)이라 함은 "사회적 행위자로서의 시민들이, 자신의 삶과 「이해관심」에 작용을 미치는 정책들, 담론들, 결정들, 그리고 관계들에 대하여 잠재적으로 도전하고 변화시킬 수 있는 기회들, 순간들 그리고 그를 위한 채널들"이다(Gaventa 2007: 213쪽). 이러한 「**권력공간**」들은 연속선상에 따라 표현할 수 있는데, 이들에는 다음과 같은 것들이 포함되어 있다:

> 「**폐쇄적 권력공간**」(closed spaces): 자신의 내연의 경계를 확장시키려는 경향이 없이, [종속되어 있는 사람들의 참여를 제한하면서] 단지 닫힌 문 뒤에서만 결정이 내려지는 장소.

「권력공간」이라는, 삼차원 입방체로 묘사되는 권력큐브를 규정하는 중요한 개념들이 등장하는데, 원문에는 '형태'(form), 수준(level), 그리고 '공간'(space)라고만 표시되어 있기에, 자칫 이 단어들을 일반명사와 혼동할 위험이 있는바, 본서에서는 이것이 권력큐브와 관련된 개념임을 명확히 하는 뜻에서 '권력'이라는 용어를 앞에 추가하여 표기하도록 한다.

[418] [역주] 이때, 감춰진'(hidden)이라 함은, 앞에 장막이 가려져 있어서 (혹은 숨겨져 있어서) 단순히 보이지 않는 것뿐이며, 따라서 그 장막이 걷히면 보일 수 있는 것임에 반하여 「비가시적」(invisible)이라 함은 보일 가능성이 전혀 없는 것을 의미하는데, 각각은 이전에 본서에서 논의한 「이차원적 권력」과 「삼차원적 권력」과 같은 뜻이다.

「**초대적 권력공간**」(invited spaces): [종속되어 있는] 사람들이 공적 영역에 참여할 수 있도록 초대는 되지만 그 참여는 정해진 경계 내에서만 제한되는 장소. 이러한 초대된 공간은 통제될 수 있다; 즉, 제도화되어 있을 수 있고, 그 지속 기간에 있어서는 지속적이거나 혹은 일회성 형태의 협의를 통하여 일시적으로만 운영될 수도 있다.

「**자주적 권력공간**」(claimed spaces): 약한 권력을 가진 행위자들이 자신들만의 공간을 주장하거나 창조하여서 자신들만의 의제를 조형하거나 혹은 자신들만의 목소리를 더 자율적으로 표현할 수 있는 공간이다. 이러한 자주적 권력공간은 다양하다. 즉, 사회 운동과 지역 공동체 단체들에 의하여 창조된 공간으로부터, 제도화된 정책 영역의 외부에 존재하는, 사람들이 그저 모여 논쟁하고 토론하고 또한「저항」하기 위하여 자연스럽게 형성된 장소에 이르기까지 다양한 형태를 취한다.

마찬가지로, 이때 말하는「권력수준」은 연속체로 표현질 수 있으며, 국가 내에 속하는 하위 수준으로부터 초국가적 수준에 이르는 것까지에 걸쳐있는 것들로 생각할 수 있다. 따라서 다음과 같이 분류할 수 있다:

【189】**글로벌** - 국민국가(nation state)를 넘어서는 공식적, 비공식적인 의사 결정의 장

국가 - 정부, 의회, 정당 또는 국민국가와 연결된 기타 형태의 정부 관계 당국.

지역 - 지방정부, 지방의회 및 지방단체들

가정 - 공공 영역의 외부에 존재하지만, 그 공공영역 내에서 일어나는 일을 조형하는 바에 기여하는 미시적 수준.

이러한 설명을 바탕으로 시각화된 권력큐브는 다음과 같다.

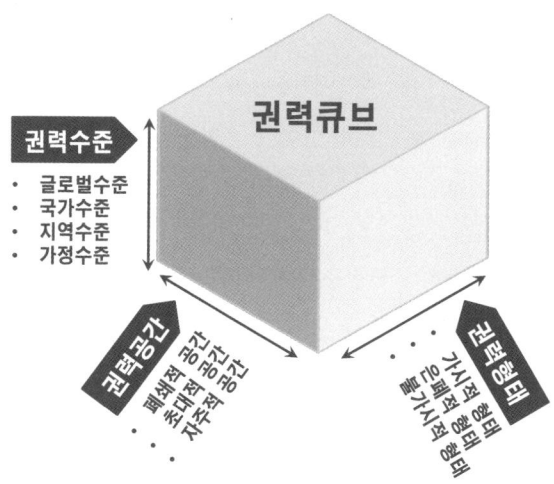

권력큐브의 출처: 이 그림은 Gaventa, J. and Pettit, J,: https://www.powercube.net/, Brighton: IDS에서 발췌하였음.

그러나 큐브의 형식을 빌려온 이러한 표현은 물론 정적인 것에 불과하다. 시간을 따라 이러한 생각은 진화하여 왔지만, 기본적 생각은, 「권력형태」, 「권력공간」 및 「권력수준」은 끊임없이 상호작용하며, 그러한 가운데에서 「작위」 또는 「부작위」가 일어날 가능성들을 열거나 닫는다는 것이었다. 그런데 이에 추가할 수 있는 한 가지 영리한 통찰은 '루빅큐브(Rubik's Cube)에서 볼 수 있는 모습처럼 큐브의 또 다른 형태의 **배치**(alignment)에 대한 아이디어이다[419]: 즉, (아마도 위로부터의 '부과' 또는 아래로부터의 「저항」과도 같은 모습을 가지는) 성공적인 권력은 「권력형

---

[419] [역주] 루빅큐브의 완전한 형태는 6면 모두에 있어서 각 면은 같은 색으로 일치하여야만 한다. 따라서 이러한 형태의 큐브는 단순한 정 6면체에 다른 한 가지 측면을 추가한다. 즉, 각 면에 있어서 색상이 일치하도록 각 차원을 조정하여야만 한다.

태」, 「권력공간」 및 「권력수준」 전반에 걸쳐 권력을 '조율'함이 필요하다는 생각이다.[420] 다시 말하자면 세 가지 종류의 사회적 「권력공간」과 세 가지 종류의[421] 정치적 「권력수준」에서 모두 「순응」을 확보할 수 있다면 더욱 강력한 권력이 될 수 있다는 것이다. (하지만 루빅큐브와 마찬가지로 이러한 총체적 성공이라는 목표는 대부분의 경우에 있어서는 영원히 달성하기 어려울 듯하다).

【190】 가벤타가 관찰하여 왔듯이, 이러한 권력큐브는 "국제 비정부기구들(NGO), 각 사회 운동, 싱크탱크, 대학, 기부단체 등을 포함한 다양한 학계와 활동가들에 의하여 널리 채택되어 사용되어 왔다. 초기에 있어서는 권력큐브는 주로 참여(participation),[422] 정책 및 거버넌스 문제와 관련하여 권력을 분석하였지만, "「디지털 포용」(digital inclusion),[423] 경제 정의, 환경 문제, 무역(공정 거래 포함), 건강, 주택, 인도적 구호, 인권, 기

---

[420] [역주] 즉, 그러한 한에 있어서 각 면별로 색상이 동일하여진다.

[421] [역주] 위의 설명상에서는 세 가지가 아니라 '네 가지' 종류들의 「권력수준」을 이야기하고 있기에, '세 가지'라고 말함은 실수인 듯 보인다.

[422] [역주] 일반적으로 특히 거버넌스, 정책 등의 사회적이며 정치적 삶과 연관된 측면에서의 결정 과정에의 '참여'를 말하는데, 이는 권력의 동학이 균형을 이루게 하고, 전통적으로 주변화되어 소외되어 온 주체들의 참여를 가능하게 하며, 엘리트들에 의한 일방적 결정을 억제하기 위하여 필요하다.

[423] [역주] 「디지털 포용」(digital inclusion)이란 가장 불우한 처지에 있는 사람들을 포함한 모든 개인들과 공동체들이 디지털 기술과 인터넷에 접근 가능할 수 있도록, 그리하여 디지털에의 「접근 가능성」 여부에 의하여 일어나는 불평등을 해소하기 위하여 돕는 노력을 의미한다. 이에는 단순히 인터넷 등을 사용할 수 있도록 하는 것뿐만 아니라, 개인들이 디지털 세상에 충분히 참여할 수 있도록 교육을 제공하는 것도 포함된다.

아 및 영양,「법적 권한부여」(legal empowerment),[424] 정신 건강, 평화 구축, 수자원 및 기타 천연자원 등 다른 분야 및 사안에 있어서도 매우 다용도로 적절하게 사용될 수 있음이 입증된 바 있다"(Gaventa 2021: 14-5쪽). 몇 가지 예를 들자면, 과테말라 원주민 여성의 정치 참여, 인도의 에이즈/HIV 예방 노력, 영국의「공정무역마을」(Fair Trade Towns) 운동,[425] 말라위의 보건 및 빈곤 퇴치 노력 등에의 활용이 그것들이다. 이러한 광범위한 경험적 적용 사례의 공통점은, 제시된 다양한 영역과 맥락에서 지배에 대항하기 위한 전략을 찾는다는 목표를 가지고 있다는 점이다. 가벤타의 말을 빌리자면, 큐브가 제공하는 가장 일반적인 통찰은, "([다양한 사회]운동, 시민사회 조직, 기부자 등의) 사회 행위자들이 그 큐브의 모든 측면에서 활동할 때, 행위자들 간의 연합과 네트워크의 출현을 필요로 하게 만들며—물론 그러한 연합과 네트워크 자체도 [기존] 권력 역학의 작

---

[424] [역주] 특히 주변화되거나 불리한 위치에 처하여 있는 개인과 공동체로 하여금 법을 이해하고 또한 그 법을 자신들의 권리를 보호하는 용도로 사용 가능하도록 도와주는 과정을 의미한다. 이에는 법적 교육, 다양한 법적 자원에의 접근, 법적 정책 수립 과정에의 참여, 그리고 지역 단체들이 법적 서비스를 제공할 수 있는 능력의 제고 등이 포함될 수 있다.

[425] [역주] 지역공동체, 마을, 도시, 지역 등이 참여하여 각 단위가 공정거래 관행을 준수하려는 의지를 표방하고, 또한 그러한 단위들 간의 네트워크를 형성하자는 전 세계적 운동으로서, 이는 상품의 거래에서 공정거래 관행뿐만 아니라, 개발도상국에서의 공정한 임금 및 생산에서의 공정성 등을 포함한다. 그리고 특정 기준을 충족하는 경우,「공정무역마을」(Fair Trade Town)이라는 표식을 부여한다. 이 운동은 2001년 영국의 가스탕(Garstang)에서 시작되었는데 그 이후 전 세계적으로 확산되어 나갔다.

용을 받는다—그러한 경우 진정한 전환적 변화가 일어난다"(14쪽).

플라머블의 경우는 오랜 기간 동안 도전받지 않았던 성공적인 지배 권력의 좋은 사례로 보인다. 그 사례는 국내 및 국제 정치경제와 연결되어 있었음에도 불구하고 지역적이며, 또한 방치된 「권력공간」이다. 또한 그러면서 또한 폐쇄적 [「권력공간」]이다: 즉, 주민들은 정책 결정에 참여할 수 있는 기회도 없고, 그런 권리를 주장하는 것과는 아주 거리가 멀다. 그리고 권력은 세 가지 차원 모두에서 모두 작동한다: 즉, 모든 중요한 결정에서 셸과 단지 내에 위치한 기타의 회사들이 지속적으로 우세하고,[426] 의제는 [그들에 의하여] 확고하게 정해져 있으며,[427] 앞서 살펴본 것처럼 주민들은 불확실성과 혼란에 사로잡혀 있으며 대부분 침묵하고 있다.[428]

【191】 권력큐브 기반한 연구가 가진 흥미롭고 특이한 면은, 지배 권력에 대한 도전에서 있어서의 (항상 제한적일 수밖에는 없는) 성공과 교훈적인 실패에 대한 다양한, 그리고 실로 놀라운 전 세계에 걸친 사례 연구를 축적해 왔다는 점이다. 본인은 이 권력큐브라는 개념을 일찍이 디트리히 루셰메이어(Rueschemeyer, Dietrich)가 [아래에서 설명하는] "「이론 프레임」"(theory frame)—즉, '유용한 이론'에 있어서 핵심적인 분석 도구—이라고 부른 바의 좋은 전형으로 제시하고자 한다. 루쉐메이어는 「이론 프레임」을 다음과 같이 정의한다:

> [그것은] 가설의 형성을 인도하지만, 그 자체로는 검증 가능한 가설들을 포함하거나 혹은 논리적으로 수반하지는 않는다. 이 「이론 프레임」은 주어진 사안들의 범위와 관련성이 있어 보이는 인과적 조건과

---

[426] [역주] 즉 일차원적.

[427] [역주] 즉, 이차원적.

[428] [역주] 즉, 삼차원적.

과정 패턴의 종류들을 식별하고, 이렇게 식별된 것들에 해당되는 개념들을 제공하며, 선택을 결정함에 대한 이유를 제공하고, (...) 검증 가능한 가설들을 개발하는 바에 주로 도움이 된다(Rueschemeyer 2009: 1쪽).

「이론 프레임」은 "종종 다른 영역의 연구에도 시사점을 제공한다". 그것은 "과거 연구를 기반으로 한다". 그리고 그것은 "종종 공통된 연구 프레임을 따르는 일종의 집단(cluster)을 형성하기도 한다". 또한 그것은 "가설 수립 시에 그 맥락을 고려하도록 하여 준다". 그것은 "오래된 문제에 대하여 새로운 시각도 제시한다". 그리고 그것은 "수정에 대하여 열려있으며" 또한 "「DIY 이론화」(do-it-yourself theorizing)를 시도할 여지를 제공한다"(14-6쪽).[429]

이러한 종류에 속하는 문헌들에는 현재까지 여러 가지 유익한 가설들이 포함되어 있는데, 그것들 모두는 세 가지 권력의 측면 모두에서 권력이 작동하고 있음을 보여주고 있다. 다음은 몇 가지 사례이다. 캄보디아, 중국, 가나, 케냐, 남아프리카공화국, 짐바브웨에서의 민간 행위자들의 인권 투쟁을 조사한 한 연구에서는 세 가지 「권력형태」의 (또는 「권력차원」의) 권력이 실제로 어떻게 상호작용 하는지 살펴보기 위한 방법으로서 「중첩」(nesting)이라는[430] 개념을 제안한다. 예를 들어 가나에서는:

> 비록 가정 폭력을 범죄화하는 법안을 지지자들이 투명한 정치 과정을 통하여 민주적 맥락에서 방어하려 하였지만, 그 법안은 국회의원들과 담당 여성 장관에 의한 공개적 저항에 직면하였었다. (...) 그 법

---

[429] 이러한 시도를 시작하는 출발점으로서는 powercube.net을 참고할 것.

[430] [역주] 'nesting'이란 층층이 위계를 이루어 포개져 있는 모습을 지칭한다. 본서에서는 「중첩」이라고 번역하였다.

안에 대한 저항은 입법 과정에 대한 고의적 지연, 그리고 가정 폭력을 법으로 금지하는 것에 반대하는 전통적인 가부장적 규범을 천명하도록 선동하는 방식을 통하여 그 배후에서 이루어졌다.【192】다시 말하자면, 개방적 정치 과정을 통한 사적 영역으로부터의 인권 증진에 대한 제안을 그렇듯 결합된 형태의 권력이 방해하는 것을 막지는 못하였다. 사실, 주요 정치인들의 저항, 즉, 눈에 보이는 권력은 전통과 문화, 그리고 은밀한 정치적 '의제 설정' 내에 「중첩」되어(nested) 있었다.

이런 식으로 저자들은 다음과 같이 말한다:

> 「중첩」되어 있는 정치권력은 권리를 제한하기 위하여 단순히 직접적인 압력을 사용하기보다 더욱 정교한 방식을 사용하여, 권리를 확보하려는 민주적 투쟁을 약화시켰다"(Andreassen and Crawford 2013: 220, 227쪽).

또 다른 가설은 「권력공간」이 가지고 있는 유연성(flexibility), 가소성(可塑性 malleability),[431] 그리고 「취약성」(fragility)에 관한 것이다. 다양한 연구들은 「권력공간」의 개방과 폐쇄에 대한 역학 관계를 추적하고 그룹들이 「권력공간」들을 가로지르는 연결 고리들을 구축하는 방식을 보여주고 있다. 이 연구들은 「초대된 권력공간」들에서 어떻게 자신들의 [즉, 초대된 자들에 의한] 소유권을 확대시키고 때로는 그 「권력공간」들이 최초 그것들을 만든 권력자들의 원래의 목적들을 전복시킬 수 있는지 보여주고 있다. 하지만, 이러한 「권력공간」들은 비록 "더 큰 목소리와 참여의 모습을 보여줄 수도 있지만", "권력은 '감춰지거나'(hidden), 「비가시적」(invisible)인

---

[431] [역주] 물체가 (열이나 힘을 가하면) 여러 형태로 변형되어 굳어지는 성질을 의미한다.

형태로[432] 행사되기에 이러한 공간에서도 목소리는 단지 권력자들이 듣고 싶어 하는 메아리만이 될수도 있음을 시사할 수 있다"고 말한다. 다른 연구에서는 이러한 「권력공간」의 존속 가능성이 내부로부터의 경계 설정 작업에 의존하고 있음을 보여준다. 즉, [그 가능성은]

> 지역 수준에서의 (...) 결정들과 경계들로부터 시작되는 그러한 캠페인의 공간에서의 경계를 조형하는 캠페인 운동가들이 가진 역량에 의존하는데, (...) 그렇게 결정된 「권력공간」에서 누가 발언하고 참여할 수 있는지가 그 「권력공간」에 민주적 방식이 '침투할 수 있는지'(permeability)의 여부에 결정적이다"(Discetti et al. 2019: 10쪽).

다른 연구들은 훌륭한 제도적 설계, 법적 조항, '「초대된 권력공간」의 외부'로부터의 지원의 중요성을 보여주고 있다. 브라질의 포르투 알레그레(Porto Alegre)의 유명한 '주민참여 예산제도'는 2004년 노동당의 패배로 무너지고 말았다:

> [그 이후] 정치적으로 보수 성향을 가진 연합이 정권을 잡았고 (...) (그리고) '참여예산제의'(participatory budgeting)라는 표면적인 특징은 유지되고 있었음에도 불구하고, 행정의 실제적 기능은 지역 엘리트들을 지원하거나 그들에게 유리한 훨씬 전통적인 방식으로 다시 돌아갔다(Baiocchi와 Ganuza 2016).

【193】「권력수준」에 관하여서는, 「권력의 다면체적 연구」는 "서로 다른 규모의 권력 간에 걸쳐있는 수직적 연결을 달성하는 데 도움이 되는, 효율적인 중간 연결 기능을 수행하는 행위자, 제도 및 프로세스"라는 형태의 연결에 대한 필요성에 주목하고 있다. 가벤타는 세 가지 사례 연

---

432 [역주] '권력큐브' 중 「권력형태」의 범주에 속하는 두 가지.

구를 인용하고 있는데, 그들 각각의 결과는 상이하다: 그것들은 인도의 공정 무역, 잠비아의 영양 실태, 그리고 캐나다에서의 식량에 대한 권리에 관한 사례이다. 처음의 두 가지 사례는 '단절'(disconnection)의 사례이다. 첫 번째 사례: '공정무역' 인증을 받은 히말라야산 차(茶)의 생산과 거래는「폐쇄적 권력공간」들에서의 협상 과정을 거치기 때문에 그 결과로 결국 노동자와 소농을 보호하지 못하고, 후자들로부터 '지역적「권력수준」'에서 그리고「창조된 권력공간」(created space)을[433] 통하여 동원할 수 있는 [그들의] 권력을 박탈한다는 것이다(Brugger 2017). 두 번째 사례: 잠비아의 영양 실태에 관한 정책은 "기술적 용어와 전문적 지식이 내포하고 있는 '감춰지거나「비가시적」'인 권력에[434] 의존하는, 글로벌 지식공동체에 의하여 조형"되었는데, "영양실조에 걸린 사람들 자신이나 그들의 지역 사회 또는 그 대표자들의 이야기일 수 있는 권력의「초대적 권력공간」이나 혹은「자주적 권력공간」들은 전혀 존재하지 않았다(Harris 2019). 그러나 세 번째 사례: 캐나다 지역 시민사회 단체들은, "자유 시장에 관한 담론을 특권적으로 주도하고 사회 정의에 대한 사안을 제기할 필요성의 중요도를 폄하하기 위하여 '가시적' 혹은「비가시적」권력을 사용하는" 정부에 대항하여 [권력큐브상의] 여러「권력수준」에 걸쳐 활동할 수 있었다; "여러 권력 규모들에 [즉,「권력수준」에] 걸쳐있는 권력"을 사용함으로써 그들은 "더 많은 어린이들이 더 건강한 먹거리에 접근할 수 있도록 개선하였고 지역 정부의 차원에서 그 지역의 건강한 먹거리에 접근할 수 있는 공간을 열 수 있게" 하였다(Blay-Palmer 2016).

이른바「권력논쟁」을 이제는 '개발연구'(development studies)의 영역으로 끌어들인 이러한「권력의 다면체적 연구」(power cube research)는 세 개의 차

---

[433] [역주] 아마도 권력큐브의「권력공간」의 범주에 속하는「자주적 권력공간」을 지칭하는 것으로 여겨진다.

[434] [역주] 마찬가지로 '권력큐브' 중「권력형태」의 범주에 속하는 두 가지.

원들을 적용하여 권력을 파악하는「이론 프레임」의 범위와 적용 가능성을 크게 확장시켰는데, 물론 이는 현재 주류 사회학과 정치학에서는 아직 충분히 인정받지 못하였던 방식을 이용하였다고 할 수 있다.「권력의 다면체적 연구」는, 그와 관련된 여러 구상들과 함께 (예를 들자면, Fung(2020)을 참조), 루쉐메이어의 말을 빌리자면 "유용한 이론을 형성함에 기여하여 왔고 앞으로도 계속 기여할" 진보적인 연구 프로그램임이 입증되었다고 할 수 있다.

6 추가 독서 지침

6.1 일반적 사항들

【208】 이 주제와 그에 대한 논쟁을 다루고 있는 일반적인 저술들은 Dennis Wrong의 권위 있는 조사(Wrong 1979), Clegg(1975), Haugaard(1997), Scott(2001) 및 Hearn(2012)이다. 또한 이 주제에 관한 논문들을 재출판하거나 저술들의 연관 장들을 발췌하여 모아놓은 다양한 '독서자료집'(readers)들이 존재한다(이하 모두 편저): Bell, Edwards and Harrison Wagner(1969), Lukes(1986), Haugaard(2002), 그리고 가장 광범위하게는 3권으로 구성된 Scott(1994)가 있다. 권력의 개념을 출판 당시의 이론적, 경험적으로 논의되고 있는 문제와 연관시켜 또한 다양한 학자들에 의하여 새롭게 출판된 논문 모음집도 있다(이하 모두 편저): 특히 Cartwright(1959), Champlin(1971), Barry(1976), Wartenberg(1992), Goverde, Cerny, Haugaard and Lentner(2000), Clegg and Haugaard(2009), Haugaard and Ryan(2012) 등. 2011년에 Journal of Political Power로 개명한, 2008년부터 지속되 온 Journal of Power는 권력, 지배, 「권한부여」 등을 포함하는 다양한 이론적, 실증적 논문을 수록하여 발간되어 왔다.

6.2 고전적 저술

아직 읽지 않았다면 몽테뉴의 친구인 에티엔느 드 라 보에티가 쓴, 권력자에 대한 자발적 복종에 관한 에세이인 Boétie(1998[1548])부터 시작하여 살펴볼 것. 본서에서 언급된 권력에 대한 다른 고전적 고찰로는 Boétie(1946[1651]), 라 보에티(2014), Spinoza(1958[1670, 1677]), Locke(1946[1690], 1975[1690]), Vico(1963[1744]), Kant(1996[1780]) 등이 있으며, Burke(1910[1790]), Wollstonecraft(1988[1792]), Marx(1976[1867]),

Marx and Engels(1962, 1965[1845]), Mill(1989[1869]), Nietzsche(1956[1887], 1967[1908], 1968[1906], 1974[1882, 1887]) 등도 있다.[435]

6.3 개념적 분석

【209】 권력의 개념에 대한 가장 예리하고 체계적인 분석적 논의는 Morriss(2002)를 참고할 것―단, 이 저서는 「개선적 권력」에 전적으로 초점을 맞추고 있으며, 2판의 서문에서 「탈취적 권력」에 대하여서는 단지 몇 문장만 할애하고 있다. 하지만 저자는 Pettit(1997)에 의하여 지배의 중요성에 대하여도 공감한 바 있지만 흥미롭게도 이 주제에 대한 '탐탁하게 생각하지 않음'을 인정한 바 있다(2002: xxxiv쪽). Morriss는 Barry(1988), Dowding(1990, 1991, 1996)에 의하여 비판을 받았지만, 새로운 서론에서 이러한 비판에 대하여 효과적으로 답하고 있다. 권력 개념에 대한 다른 중요한 개념적 논의로는 Riker(1964), March(1966), White(1971, 1972), Goldman(1972, 1974a, 1974b) (그러나 Braybrooke(1973)을 참조), Ball(1975, 1979, 1988a), Elster(1976: 249-54쪽), Oppenheim(1981), Airaksinen(1984, 1988, 1992), Stoppino(1995), Ledyaev(1997)가 있다. 「강압」에 대하여서는 Nozick(1972), Pennock and Chapman(편저)(1972), Wertheimer(1987), Rhodes(2000), 「권위」(authority)에 대하여서는 Raz(1979), Raz(편저)(1990), 「자율성」에 대하여서는 Haworth(1986), Hill(1987), Dworkin(1988), Friedman(2003), 「조작」에 대하여서는 Riker(1986), 「이해관심」의 개념에 대하여서는 Balbus(1971), Connolly(1972), 특히 Feinberg(1984)를 참조할 것. Nagel(1975)은 제목과는 달리 권력이 아닌 「영향」(influence)에 대한 연구로서, 선호가 결과에 미치는 인과적 「영향」을 정의, 측정, 추론하는 방법을 탐구한다. '메커니즘'에 관

---

[435] [역주] 그 이외의 고전적 저작 중에는 비저(2023[1926])가 있다.

한 최근 저서로는 Boudon(1998), Elster(1998, 1999), Hedström and Swedberg(편저 1998), van den Berg(1998) 등이 있다. 권력 용어에 대한 백과사전은 Dowding(2011)을 참조할 것. 권력이 '본질적으로「논쟁대립적」개념'인지에 대한 질문에 대하여서는 Lukes(1974)와 Connolly(1983)가 지지한 바 있으며, 이에는 다양한 기여가 있다.「본질적 논쟁대립성」의 최초 지지자는 W.B. Gallie였다(Gallie 1955-6). 회의론자 중에는 Barry(1975), MacDonald(1976) (그러나 Lukes(1977a)를 참조할 것), Morriss(1980), 지지자 중에는 Gray(1977, 1983)를 참조할 것. 정치 개념으로서의「본질적 논쟁대립성」에 대하여 신중한 논리를 통하여 방어한 저술에 대하여서는 Swanton(1985)과 Mason(1993), 그리고 Collier, Hidalgo and Maciuceanu(2006)를 참고할 것. 개념적 이견에 대하여서는 Chalmers(2011)를 참조할 것. '본질적으로「논쟁대립적」이라는 개념에 대한 논쟁에 관한 훌륭한 설명은 Wikipedia에도 있다: https://en.wikipedia.org/wiki/Essentially_contested_concept.

6.4 현대적 저술

20세기의 권력 개념은 Max Weber의 고전적 정의와, 권력(*Macht*)과「지배」(*Herrschaft*) 개념의 전개, 그리고「정당한 지배」방식에 대한 그의 설명(Weber 1978[1910-4])에 의하여 영향을 받았다; 이 마지막 주제에 대해서는 Beetham(1991)을 참조.【210】버트란드 러셀은 베버의 영향을 받지는 않았지만, 그의 권력에 대한 저서(Russell 1938)는 권력의 형태와 유형을 명쾌하게 논의하고 역사를 아우르는 통찰력으로 가득 차 있다. 하지만 사회과학에 대한 것과는 상당히 거리가 멀다. 한나 아렌트는「폭력」에 대한 그녀의 짧은 연구에서 권력에 초점을 맞춰 Arendt(1970)에서 권력을「지배」라는 베버적 언어와는 달리 정의했고, 이는 PRV와 Habermas(1977)에 의하여 비판받았다. 선구적인 사회과학적 접근은 정치학자를 위한 경우 Lasswell and Kaplan(1950), 사회학자를 위한 경우는 Parsons(1963a, 1963b, 1967). 후자는 Giddens(1968)에 의하여 「지배」와 「갈등」이라는 개념을 모두 회피한다는 비판을 받은 바 있다. 계층화(stratification)에 대한 연구자들을 위하여서는 Lenski(1966), 교환이론(exchange theory)의 연구자들을 위하여서는 Blau(1986) 등이 있다. '에든버러 과학사회학 학파'(the Edinburgh school of the sociology of science)의 창시자 중 한 명인 Barry Barnes는 1988년에 권력과 지식과의 관계를 탐구하는 연구를 발표하였다(Barnes(1993) 참조). 독일어권에서는 Popitz(2017[1986])와 Niklas Luhmann(1975)이 자신들의 독특한 시스템 이론(systems theory)을 이 주제에 적용하였고, 비판 이론(Critical Theory)의 관점에서는 Honneth(1991)와 Forst(2013, 2017)가 있다. 권력에 대한 정치사회학적 연구로는 Michael Mann의 권위 있는 비교역사사회학 연구(Mann 1986, 1993, 2012, 2013)와 Poggi의 국가와 관련된 정치적, 이념적, 경제적 권력에 대한 베버주의적 연구가 있다(Poggi 2001). 「권력 자원」(power resources) 접근법은 Korpi(1985), '경제적 접근법'은 Barry(1974, 1989), 합리적 선택 접근법의 한 버전은 Dowding(1991, 1996)이 있는데 후자는 새로운 챕터를 추가하여 재출판 되었다(Dowding 2019). 또 다른 사회학적 접근법은 Coleman(1974, 1982, 1990)(하지만 Lukes(2003) 참조), 게임 이론 접근법은 Balzer(1992), 정치언어학적 접근법은 Bell(1975)을 참고하면 된다. 권력에 대한 인류학적 접근으로는 Tambiah(1968), Cohen(1974), Farndon(1985 편저), Bell(1992), Wolf(1999, 2001), Ortner(2006) 등이 있다. Kertzer(1988)는 의식과 권력에 대한 흥미로운 연구이다. 비록 20세기의 유명한 두 경제학자, 즉 Galbraith(1983)와 Boulding(1989)이 이 주제에 대해 신중한 저서를 저술하였지만 전문 경제학자들은 권력에 대한 흥미로운 점에 대하여서는 거의 언급하지 않아 왔는데, 이러한 점에 대하여서는 Rothschild(편저)(1971)가 그러한 컬렉션의 부재를 반성하고 개탄한 바를 참고할 것. 자발적 복종과 「허위의식」에 대한 철학자의 확장된 논의는 Rosen(1996)을 참조. 국제 관계 전문가들이 권력을 다룬 저술로는 White(1978), Baldwin(1989, 2016), Strange(1990), Keohane(2002), 그리고 (본서의 주제와 관련이 있는) Guzzini(1993, 2005, 2012, 2013)를 참조할 것.

6.5 주요 논쟁들

탈코트 파슨스(Parsons 1957)는 라이트 밀스(Mills 1956)와 미국 민주주의를 지배하는 '권력 엘리트'가 존재하는지에 대하여 논쟁을 벌였다. 【211】 이후 구조 대 [권력의] 행사주체(agency)의 문제를 중심으로 한 논쟁은 1960년대 후반 영국의 랄프 밀리반드와 프랑스의 니코스 풀란차스라는 두 마르크스주의자 사이에서 시작되었다. 밀리반드의 주요 저서는 Miliband(1969), 풀란차스는 Poulantzas(1973)(1968년 프랑스어 출판)이었으며, 이들의 논쟁은 『뉴레프트 리뷰』(New Left Review)에서 이루어졌고, Poulantzas(1969, 1976), Miliband(1970, 1973)에서 찾아볼 수 있다. 이 논쟁에는 1975년 Laclau(1975)가 합류하여 Gold, Lo and Wright(1975)와 Clarke(1977)에서 논의되었다. 미셸 푸코의 작업은, 추적할 수 없을 정도로 다양한 추종자, 해석자, 비평가 등의 그의 후손들을 제외하고도 (아래 참조), 위르겐 하버마스와의 짧지만 흥미로운 논쟁을 촉발하였으며, 이에 대한 주요한 기여들은 Kelly(1994), Ashenden and Owen(1999 편저)에 재수록되어 논의되고 있다.

제2판 서문에서 설명하였듯이, 이른바 '권력의 얼굴' 논쟁은 라이트 밀스(Mills 1956)와 Hunter(1953)의 '엘리트' 이론에 대한 비판에서 비롯된 것이다. 이 프레임워크를 사용한 권위 있고 포괄적이며 광범위한 저작은 Haugaard(2020)이다. 로버트 달에 의하여(Dahl 1957, 1958) 최초로 촉발된 이 논쟁의 첫 번째 단계는 달(Dahl 1961)의 뉴헤이븐시 정치에 대한 그의 연구에서 시작되었다. 로버트 달의 권력과 「영향」에 대한 견해의 진화 과정은 후속된 그의 저서 『현대 정치 분석』(Modern Political Analysis)

(Dahl 1963)과, Steinbrickner(2015)와 Lukes(2015)에서 추적할 수 있는데, 두 저술 모두 Baldwin and Haugaard(2016)에 재수록되어 있다. 로버트 달의 입장은 Polsby(1963)에서 설명되어 있고, 그 입장은 Polsby(1968)에서 비평가들로부터 변호된다. Bachrach and Baratz(1962, 1963) (그들의 경험적 연구인 Bachrach and Baratz(1970)에서 재수록됨)에 의하여 비판을 받은 이 논쟁에는 Merelman(1968a와 1968b), Wolfinger(1971a, 1971b), Frey(1971), Debnam(1975,1984)이 참여하였고, Bachrach and Baratz(1968, 1975)에서 이에 대한 대응을 하였다. PRV는 1974년 미국 두 도시의 공해에 대한 크렌슨의 연구(Crenson 1971)를 지지하면서 논쟁에 합류하였고, 이후 Gaventa(1980), Danziger(1988), Komter(1989) 등의 다양한 연구에서 실증적 적용이 이루어졌다. 이후 다양한 관련 이슈에 대한 논쟁은 지금까지도 계속되고 있으며, PRV에 대한 많은 신랄한 비판은 많은 기고 논문에 포함되어 있으며, 그중에는 Barry(1975), Clegg(1975), Ball(1976), Bilgrami(1976), Bradshaw(1976), Hindess(1976), Abell(1977), Goldman(1977), Thomas(1978), Young(1978), Bloch et al.(1979), Benton(1981), Hoy(1981), Hindess(1982), Hartsock(1983), Layder(1985), Barbalet(1987), Isaac(1987a, 1987b), Morriss(2002)(1987년 초판), West(1987), Ball(1988b), Clegg(1989), Kernohan(1989), Digeser(1992), Hyland(1995), Haugaard(1997), Hay(1997), Doyle(1998), Hay(1999, 2002) 등이 있으며, 2장에서 논의된 이론과 훌륭한 실증 사례 연구를 결합한 Hayward(2000), 그리고 McGettigan(2002) 등이 또 다른 예이다. 이러한 기고논문들 중에서 매우 유용한 것은 Scott(편저)(1994)에서 찾아볼 수 있으며, Scott(2001)과 Haugaard(편저)(2002)를 비롯한 여러 곳에서 유용한 요약본을 찾을 수 있다. 이 논쟁은 계속되고 있는데, 이러한 논쟁이 지속되는 다른 장소는 2011년부터는 *Journal of Political Power*로 개명한 *Journal of Power*이다.

프랑크푸르트학파 비평 이론의 맥락에서, 「누메날 권력」(noumenal power)에 대한 설명을 설명한 Rainer Forst의 논문(Forst 2013)은 그의 저서 『Normativity and Power』(Forst 2017)에서 더욱 발전되어 일련의 반응을 이끌어냈는데, Haugaard and Kettner(2020)에서 수록된 논문들은 그중에서도 특히 주목할 만하다.

「지배」에 대한 「신공화주의자」의 견해에 대한 주요한 논리는 Skinner(1998); Pettit(1996, 1997, 1999, 2001, 2005, 2006, 2008, 2012, 2014), 그리고 Lovett(2001, 2010, 2012, 2018)을 참고할 필요가 있다. 【212】「지배논쟁」에 대한 주목할 만한 공헌으로는 Costa(2007), Katz(2017), Krause(2013), Laborde(2008), List and Valentini(2016), McCammon(2015, 2018) (이에는 전반적 설문 조사 및 참고 문헌이 수록), Pansardi(2012), Richardson(2002), Shapiro(2012, 2016), Thompson(2018)과 Ypi(2020) 등이 있다.

6.6 페미니즘과 권력

페미니즘 사상에 비추어 권력을 논의하는 저술과 기사는 매우 많으며, 특히 Allen(1999), Bordo(2003), Butler(1997), Connell(1987), Fras-

---

[436] 「누메날 권력」은 우리의 지각과는 독립적으로 모든 것의 저변에 깊숙이 존재하는 권력으로서, 우리의 경험 등에 의하여 직접적으로 경험할 수 없는 권력을 의미한다. 이와 반대는 '현상적 권력'이다. 이 누메날이라는 단어는 고대 그리스어인 '정신에 의하여 파악되는'을 의미하는 *nooumenon*(νοούμενον)에서 기원하였는데, 후자는 '지성, 정신'을 뜻하는 *noein*(νοεῖν), *nous*(νοῦς)에서 유래되었다. 이는 현상적으로 보이는 것과 대비되는, 우리의 지각과는 독립적으로 존재하는 일종의 '물자체'(物自體)이다. 이 '누메날'은 적절한 한국어 번역어가 없어서 발음대로 표기하였다.

er(1989), Hartsock(1983, 1984), Held(1993), Janeway(1981), Miller(1992), Nussbaum(2000), Okin(1989), I.M. Young(1988, 1990) 등이 있다. 또한 푸코의 사상이 페미니즘과 페미니스트 사안에 미치는 영향에 특히 초점을 맞춘 저서로는 Bartky(1990), Diamond and Quinby(편저)(1988), Fraser(1981), Hekman(편저)(1996), McNay(1992), Sawicki(1991), Spivak(1992) 등이 있다. PRV 2판 이후 연구를 위한 최고의 자료들을 포함하고 있는 저작물은 『스탠포드 철학 백과사전』(Stanford Encylopedia of Philosophy)에 실린 에이미 앨런의(Allen 2005) 논문에 대한 최신 개정판이다(Allen 2016).

6.7 안토니오 그람시와 헤게모니

서론에서 언급하였듯이, PRV는 이 같은 논쟁과 그람시의 헤게모니라는 관념을 연결시켰다 이 주제에 관한 방대한 문헌 중 여기서는 다음과 같은 문헌이 본서의 주제와 관련이 있다: Anderson(1976-7), Gramsci(1971[1926-37]), Przeworski(1980, 1998), Abercrombie, Hill and Turner(1980), Femia(1981), Bates,(1975), Williams(1960) 등. Scott(1985, 1990)에서 제임스 스콧은 이 개념이 「지배」에 대한 연구에 도움이 되지 않는다고 주장하였는데, 스콧에 대한 비판은 Mitchell(1990), Tilly(1991), Farber(2000)를 참조할 것. 그람시와 헤게모니에 관한 최근의 관련 글은 Lentner와 Haugaard(2006) 및 Rachar(2016)을 참조할 것. Burawoy(2012)는 그람시와 부르디외를 비교하는 훌륭한 비교 논의를 제공하며, "부르디외의 「상징적 지배」보다는 [상황에 따라 그 적용이] 유연하며(contingent) 그람시의 헤게모니보다는 더욱 깊은 의미를 가지는 「지배」의 개념"을 주장하고 있다.

6.8 피에르 부르디외

【213】 부르디외의 많은 저술 중 권력과「지배」에 가장 초점을 맞춘 것은 Bourdieu(1977[1972], 1984[1979], 1989[1987], 1990[1980], 1991, 2000[1997], 2001[1998])이다. 부르디외에 관한 광범위한 영문 문헌 중에서, 권력에 가장 초점을 맞춘 문헌은 Swartz(1997, 2013), Harris(2011), Grenfell(2008), 그리고 위에서 언급된 Burawoy(2012)이다.

6.9 미셸 푸코

푸코의 짧은 글과 이 주제에 대한 인터뷰는 Foucault(2000)에 수록되어 있으며, 다른 주요 텍스트는 Foucault(1978[1975], 1980a, 1980b, 1980c[1976], 1982, 1987, 2008, 2010)이다. 푸코의 권력 취급과 관련하여 다음과 같은 흥미로운 논의 및/또는 그 주제에 대한 전개가 있다: Connolly(1991), Donzelot(1979), Flyvbjerg(1998), Fraser and Gordon(1994), Garland(1990, 1997), Hacking(1986), Hindess(1996), Hoy(편저)(1986), McHoul and Grace(1993), Merquior(1991), Pasquino(1992), Rose(1999), Taylor(1984). Gutting의 백과사전은 그 안에 있는 그의 글과 마찬가지로 전반적으로 매우 유용하다: Gutting(2005) 및 Gutting and Oksala(2018) 도 참조할 것. 또한 Dean(2013), Lilja and Vinthagen(2014), Sayer(2012)도 추천할 만하다.

6.10 바츨라프 하벨

하벨의 유명한 에세이『힘없는 자의 힘』은 Paul Wilson의 번역으로 연속적으로 간행되었다: 이는 다른 반정부 체코 및 슬로바키아 지식인들의 에세이와 함께 Havel(1985)에, 그리고 하벨의 다른 글들과 함께

Havel(1991-2)에 수록되어 있다. 또한 James Krapf와 Barbara J. Falk가 편집한 『East European Politics, Societies and Cultures』의 특별 호(vol. 32(2) 2018)에 그와 관련한 다른 에세이들과 함께 수록되어 있다. 후자에는 5장에서 논의한 데이비드 오스트의 에세이인 Ost(2018)가 수록되어 있다.

6.11 권력큐브

권력큐브는 Gaventa(2005, 2006, 2007, 2020), Gaventa and Mayo(2009), Gaventa and Tandon(2010), Gaventa and Barrett(2012)에서 점진적으로 소개되었다 적용 사례는 Andreasson et al.(2013), Biekart and Fowler(2018), Blay-Palmer(2016), Brugger(2017), Discetti 외(2019), Harris(2019), Idler et al.(2015), Lay Lee(2012), McCollum(2018), Pearce et al.(2015)에서 찾아볼 수 있다. 웹사이트 powercube.net은 "사회적 변화를 가져오기 위한 노력하에서「권력관계」를 이해하기 위한 자료"로서, "「조직체」들 내에서 그리고 더 넓은 사회적, 정치적「권력공간」에서「권력관계」에 대응하는 방법에 대한 생각에 도움이 되는 실용적이고도 개념적인 자료"를 수록하고 있다.

참고문헌

참고: 년도 뒤에 "*"표를 한 것은 역자가 추가한 문헌이다.

Abell, P. (1977) 'The Many Faces of Power and Liberty: Revealed Preferences, Autonomy and Teleological Explanation', *Sociology*, 11: 3–24.

Abercrombie, N., Hill, S. and Turner, B. (1980) *The Dominant Ideology Thesis*. London: Allen & Unwin.

Abraham, J. C. (2016) 'Extending Gaventa: A Foucauldian Reading of Power and Powerlessness'. Paper delivered at the Appalachian Studies Association.

Agamben, G. (1998) *Homo Sacer: Sovereign Power and Bare Life*. Stanford, CA: Stanford University Press.

Airaksinen, T. (1984) 'Coercion, Deterrence and Authority', *Theory and Decision*, 17: 105–17.

Airaksinen, T. (1988) *The Ethics of Coercion and Authority*. Pittsburgh, PA: Pittsburgh University Press.

Airaksinen, T. (1992) 'The Rhetoric of Domination', in Wartenberg (ed.): 102–20.

Akram, S., Emerson, G. and Marsh, D. (2015) '(Re)Conceptualising the Third Face of Power: Insights from Bourdieu and Foucault', *Journal of Political Power*, 8(3): 345–62.

Alexander, J. C. (2009) 'The Democratic Struggle for Power: The 2008 Presidential Campaign in the USA', *Journal of Power*, 2(1): 65–88.

Alexander, J. C. (2011) *Performance and Power*. Cambridge: Polity.

Allen, A. (1999) *The Power of Feminist Theory: Domination, Resistance, Solidarity*. Boulder, CO: Westview Press.

Allen, A. (2002) 'Power, Subjectivity, and Agency: Between Arendt and Foucault', *International Journal of Philosophical Studies*, 10(2): 131–49.

Allen, A. (2005) 'Feminist Perspectives on Power', *Stanford Encyclopedia of Philosophy* (substantively revised 2016): 131–49. https://plato.stanford.edu/entries/feminist-power/

Allen, A. (2008) *The Politics of Ourselves: Power, Autonomy and Gender in Contemporary Critical Theory*. New York: Columbia University Press.

Allen, A., Forst, R. and Haugaard, M. (2014) 'Power and Reason, Justice and Domination: A Conversation', *Journal of Political Power*, 7(1): 7–33.

Althusser, L. (1971) 'Ideology and Ideological State Apparatuses', in *Lenin and Phi-*

losophy and Other Essays, trans. B. Brewster. London: New Left Books.

Althusser, L. and Balibar, E. (2016[1968]) *Reading Capital*, trans. B. Brewster and D. Fernbach. London and New York: Verso.

Althusser, Louis; Balibar, Étienne; Establet, Roger; Macherey, Pierre; Rancière, Jacques (1996)* *Lire Le Capital*, Nouvelle édition revue, Quadrige.

Anderson, P. (1976−7) 'The Antinomies of Antonio Gramsci', *New Left Review*, 100: 5−78.

Andreassen, B. A. and Crawford, G. (2013) *Human Rights, Power and Civic Action: Comparative Analyses of Struggles for Rights in Developing Societies*. London: Routledge.

Arendt, H. (1970) *On Violence*. London: Allen Lane.

Arnold, S. and Harris, J. R. (2017) 'What Is Arbitrary Power?', *Journal of Political Power*, 10(1): 33−70. https://doi.org/10.1080/2158379X.2017.1287473.

Aron, R. (1964) 'Macht, power, puissance: prose démocratique ou poésie démonaique?', *Archives européennes de sociologie* (*European Journal of Sociology*), 5: 25−51; reprinted in Lukes (ed.) 1986.

Ashenden, S. and Owen, D. (eds.) (1999) *Foucault Contra Habermas: Recasting the Dialogue Between Genealogy and Critical Theory*. London: Sage.

Auyero, J. and Swistun, D. A. (2009) *Flammable. Environmental Suffering in an Argentinian Shantytown*. New York: Oxford University Press.

Bachrach, P. (1967) *The Theory of Democratic Elitism: A Critique*. Boston, MA: Little, Brown.

Bachrach, P. and Baratz, M. S. (1962) 'The Two Faces of Power', *American Political Science Review*, 56: 941−52; reprinted in Bachrach and Baratz 1970, Bell et al. 1969, and Scott (ed.) 1994.

Bachrach, P. and Baratz, M. S. (1963) 'Decisions and Nondecisions: An Analytical Framework', *American Political Science Review*, 57: 641−51; reprinted in Bachrach and Baratz 1970, Bell et al. 1969, and Scott (ed.) 1994.

Bachrach, P. and Baratz, M. S. (1968) 'Communication to the Editor', *American Political Science Review*, 62: 1268−9.

Bachrach, P. and Baratz, M. S. (1970) *Power and Poverty: Theory and Practice*. New York: Oxford University Press.

Bachrach, P. and Baratz, M. S. (1975) 'Power and Its Two Faces Revisited: A Reply to Geoffrey Debnam', *American Political Science Review*, 69: 900−4; reprinted in Scott (ed.) 1994.

Bachrach, P. and Bergman, E. (1973) *Power and Choice: The Formulation of American Foreign Policy.* Lexington, MA: Lexington Books, D. C. Heath.

Bachrach, P. and Botwinick, A. (1992) *Power and Empowerment: A Radical Theory of Participatory Democracy.* Philadelphia, PA: Temple University Press.

Baiocchi, G. and Ganuza, E. (2016) *Popular Democracy: The Paradox of Participation.* Stanford University Press.

Balbus, I. D. (1971) 'The Concept of Interest in Pluralist and Marxist Analysis', *Politics and Society*, 1: 151–77.

Baldus, B. (1975) 'The Study of Power: Suggestions for an Alternative', *Canadian Journal of Sociology*, 1(2): 179–201.

Baldwin, D. A. (1989) *Paradoxes of Power.* Oxford: Basil Blackwell.

Baldwin, D. A. (2015) 'Misinterpreting Dahl on Power', *Journal of Political Power*, 8(2): 209–27.

Baldwin, D. A. (2016) *Power and International Relations: A Conceptual Approach.* Princeton, NJ: Princeton University Press.

Baldwin, D. A. (2021) 'The Faces of Power Revisited'. https://www.tandfonline.com/action/showAxaArticles?journalCode=rpow21.

Baldwin, D. A. and Haugaard, M. (2015) 'Editorial: Robert Dahl: An Unended Quest', *Journal of Political Power*, 8(2): 159–66.

Baldwin, D. A. and Haugaard, M. (2016) *Robert Dahl: An Unended Quest.* London: Routledge.

Ball, T. (1975) 'Models of Power: Past and Present', *Journal of the History of the Behavioral Sciences*, 11: 211–22.

Ball, T. (1976) 'Review of S. Lukes, Power: A Radical View and Nagel 1975', *Political Theory*, 4: 246–9.

Ball, T. (1979) 'Power, Causation and Explanation', *Polity*, 8: 189–214.

Ball, T. (1988a) *Transforming Political Discourse.* Oxford: Basil Blackwell.

Ball, T. (1988b) 'New Faces of Power' (Chapter 4 of Ball 1988); reprinted in slightly revised form in Wartenberg (ed.) 1992.

Balzer, W. (1992) 'Game Theory and Power Theory: A Critical Comparison', in Wartenberg (ed.) 1992: 56–78.

Barbalet, J. M. (1987) 'Power, Structural Resources and Agency', *Perspectives in Social Theory*, 8: 1–24.

Barbalet, J.M. (1985)*, Power and Resistance, *The British Journal of Sociology*, Vol. 36, No. 4 (Dec., 1985), pp. 531–54.

Barnes, B. (1988) *The Nature of Power.* Cambridge: Polity Press.

Barnes, B. (1993) 'Power', in R. Bellamy (ed.), *Theories and Concepts of Politics: An Introduction*. Manchester: Manchester University Press.

Barnett, M. and Duvall, R. (2005) 'Power in International Politics', *International Organization*, 59(1): 38–75.

Barry, B. (1965) *Political Argument*. London: Routledge & Kegan Paul.

Barry, B. (1974) 'The Economic Approach to the Analysis of Power and Conflict',*Government and Opposition*, 9: 189–223.

Barry, B. (1975) 'The Obscurities of Power', *Government and Opposition*, 10: 250–4; reprinted in Barry 1989.

Barry, B. (1988) 'The Uses of "Power"', *Government and Opposition*, 23: 340–53; reprinted in Barry 1989.

Barry, B. (1989) *Democracy, Power and Justice*. Oxford: Clarendon Press.

Barry, B. (ed.) (1976) *Power and Political Theory: Some European Perspectives*. London and New York: Wiley.

Bartky, S. (1990) 'Foucault, Femininity and the Modernization of Patriarchal Power', in S. Bartky (ed.), *Femininity and Domination*. New York: Routledge.

Bates, S. (2010) 'Re-structuring Power', *Polity*, 42(3): 352–76.

Bates, T. R. (1975) 'Gramsci and the Theory of Hegemony', *Journal of the History of Ideas*, 36(2): 351–66.

Bauman, Z. and Haugaard, M. (2008) 'Liquid Modernity and Power: A Dialogue with Zygmunt Bauman', *Journal of Political Power*, 1(2): 111–30.

Beetham, D. (1991) *The Legitimation of Power*. Basingstoke: Macmillan.

Bell, C. (1992) *Ritual Theory, Ritual Practice, Part III: 'Ritual and Power'*. New York and Oxford: Oxford University Press.

Bell, D. V. J. (1975) *Power, Influence and Authority: An Essay in Political Linguistics*. New York: Oxford University Press.

Bell, R., Edwards, D. V. and Harrison Wagner, R. (eds.) (1969) *Political Power: A Reader in Theory and Research*. New York: Free Press.

Benn, S. (1967) 'Freedom and Persuasion', *Australasian Journal of Philosophy*, 45: 259–75.

Benton, T. (1981) '"Objective" Interests and the Sociology of Power', *Sociology*, 15: 161–84; reprinted in Scott (ed.) 1994.

Biekart, K. and Fowler, A. (2018) 'Ownership Dynamics in Local Multi-Stakeholder Initiatives', *Third World Quarterly*, 39(9): 1692–710. Available from: https://doi.org/10.1080/01436597.2018.1450139 [Accessed 4 May 2020].

Bilgrami, A. (1976) 'Lukes on Power and Behaviouralism', *Inquiry*, 10(2): 267–74.

Blau, P. (1964) *Exchange and Power in Social Life*. New York: Wiley.

Blay-Palmer, A. (2016) 'Power Imbalances, Food Insecurity, and Children's Rights in Canada', *Frontiers in Public Health*, 4: 117. Available from: https://doi.org/10.3389/fpubh.2016.00117 [Accessed 4 May 2020].

Bloch, M., et al. (1979) 'Power in Social Theory: A Non-relative View', in S. C. Brown (ed.), *Philosophical Disputes in the Social Sciences*. Sussex: Harvester, pp. 243–59.

Blunt, G. D. (2015) 'On the Source, Site and Modes of Domination', *Journal of Political Power*, 8(1): 5–20. https://doi.org/10.1080/2158379X.2015.1010800.

Boétie, E. de La (1998[1548]) 'On Voluntary Servitude', trans. D. L. Schaefer, in D. L Schaefer (ed.), *Freedom over Servitude: Montaigne, La Boétie, and 'On Voluntary Servitude'*, first published (in Latin) 1574. Westport, CT: Greenwood Press.

Boonstra, W. J. (2016) 'Conceptualizing Power to Study Social-Ecological Interactions', *Ecology and Society*, 21(1): article 21.

Bordo, S. (2003) *Unbearable Weight: Feminism, Western Culture and the Body*, 10th Anniversary Edition with new preface by the author, new foreword by Leslie Heywood. Berkeley, CA: University of California Press; 1st edn 1993.

Boudon, R. (1998) 'Social Mechanisms Without Black Boxes', in Hedström and Swedberg (eds.) 1998.

Boulding, K. E. (1989) *Three Faces of Power*. Newbury Park, CA, and London: Sage.

Bourdieu, P. (1977[1972]) *Outlines of a Theory of Practice*, trans. Richard Nice. Cambridge: Cambridge University Press.

Bourdieu, P. (1977b)*, *Méditations Pascaliennes*, Seuil.

Bourdieu, P. (1977c)*, *Outline of a Theory of Practice*, Cambridge University Press.

Bourdieu, P. (1979) *Algeria 1960: The Disenchantment of the World*. Cambridge: Cambridge University Press.

Bourdieu, P. (1979) *Algeria 1960: The Disenchantment of the World*. Cambridge: Cambridge University Press.

Bourdieu, P. (1979/77b)* 'Symbolic Power', *Critique of Anthropology* 1979 4:77.

Bourdieu, P. (1979b)*, *la distinction critique sociale du jugement*, Editions de Minuit.

Bourdieu, P. (1980)*, *Le sens pratique*, Le Editions de Minui.

Bourdieu, P. (1984[1979]) *Distinction: A Social Critique of the Judgment of Taste*, trans. Richard Nice. Cambridge, MA: Harvard University Press.

Bourdieu, P. (1986)* 'The Forms of Capital', In J. Richardson, (ed.) (1986) *Handbook of Theory and Research for the Sociology of Education*, Greenwood.

Bourdieu, P. (1987)*, *Choses dites*, Editions de Minuit.

Bourdieu, P. (1989[1987]) 'Social Space and Symbolic Power', *Sociological Theory*, 7: 14–25; originally published in Choses dites. Paris: Editions de Minuit, 1987.

Bourdieu, P. (1990[1980]) *The Logic of Practice*, trans. Richard Nice. Stanford, CA: Stanford University Press.

Bourdieu, P. (1991) *Language and Symbolic Power: The Economy of Linguistic Exchanges*, ed. and introduced by J. B. Thompson. Cambridge: Polity Press.

Bourdieu, P. (1998)* *La domination masculine*, Seuil.

Bourdieu, P. (2000[1997]) *Pascalian Meditations*, trans. Richard. Nice. Stanford, CA: Stanford University Press.

Bourdieu, P. (2001[1998]) *Masculine Domination*, trans. Richard Nice. Stanford, CA: Stanford University Press.

Bourdieu, P. (2001b)* *Science de la science et réflexivité*. Paris: Raisons d'agir.

Bowles, S. and Gintis, H. (1992) 'The Political Economy of Contested Exchange', in Wartenberg (ed.) 1992: 196–224.

Bradley, A. (2020) 'Did We Forget About Power? Reintroducing Concepts of Power for Justice, Equality and Peace', in R. McGee and J. Pettitt (eds.), *Power, Empowerment and Social Change*. Abingdon: Routledge, pp. 101–16.

Bradshaw, A. (1976) 'A Critique of Steven Lukes' Power: A Radical View', *Sociology*, 10: 121–7; reprinted in Scott (ed.) 1994.

Braybrooke, D. (1973) 'Two Blown Fuses in Goldman's Analysis of Power', *Philosophical Studies*, 24(6): 369–77.

Brown, W. (2019) *In the Ruins of Neoliberalism: The Rise of Antidemocratic Politics in the West*. New York: Columbia University Press.

Brubaker, R. and Cooper, F. (2000) 'Beyond Identity', *Theory and Society*, 29: 1–47.

Brugger, A. (2017) 'Power Relations in the Global Production Network for Orthodox Himalayan Tea Analyzing Fairtrade Tea Production in East Nepal and Darjeeling Through the Power-as-Translation Framework and the Power Cube', Thesis (master's). University of Zurich. Available from: https://www.cairn-int.info/article-E_RTM_200_0735--empowerment-the-history-of-a-key-concept.htm.

Burawoy, M. (2012) 'The Roots of Domination: Beyond Bourdieu and Gramsci',

Sociology, 46(2): 187–206.

Burke, E. (1910[1790]) *Reflections on the Revolution in France*. London: Dent, Everyman Library.

Butler, J. (1997) *The Psychic Life of Power: Theories in Subjection*. Stanford, CA: Stanford University Press.

Carpenter, A. (2018) *Gaslighting America: Why We Love It When Trump Lies to Us*. New York: Broadside Books (HarperCollins)

Cartwright, D. (ed.) (1959) *Studies in Social Power*. Ann Arbor, MI: University of Michigan Press.

Chalmers, D. J. (2011) 'Verbal Disputes', *Philosophical Review*, 120: 515–66.

Champlin, J. R. (ed.) (1971) *Power*. New York: W. W. Norton.

Christman, J. (2008) 'Review: Republicanism: A Theory of Freedom and Government by Philip Pettit', *Ethics*, 109(1): 202–6. https://doi.org/10.1086/233891.

Clarke, S. (1977) 'Marxism, Sociology and Poulantzas's Theory of the State', *Capital and Class*, 2: 1–31.

Clegg, S. R. (1975) *Power, Rule and Domination*. London: Routledge.

Clegg, S. R. (1989) *Frameworks of Power*. London: Sage.

Clegg, S. R. (2009) 'Foundations of Organization Power', *Journal of Political Power*, 2(1): 35–64.

Clegg, S. R. and Haugaard, M. (eds.) (2009) *The Sage Handbook of Power*. London: Sage.

Clegg, S., Courpasson, D. and Philips, N. (2006) *Power and Organization*. London: Sage.

Cohen, A. (1974) *Two-Dimensional Man: An Essay on the Anthropology of Power and Symbolism in Complex Society*. London: Routledge & Kegan Paul.

Coleman, J. S. (1974) *Power and the Structure of Society*. New York and London: W. W. Norton.

Coleman, J. S. (1982) *The Asymmetric Society*. Syracuse, NY: Syracuse University Press.

Coleman, J. S. (1990) *The Foundations of Social Theory*. Cambridge, MA: Harvard University Press.

Collier, D., Hidalgo, F. D. and Maciuceanu, A. O. (2006) 'Essentially Contested Concepts: Debates and Applications', *Journal of Political Ideologies*, 11(3): 211–46.

Connell, R. W. (1987) *Gender and Power: Society, the Person and Sexual Politics*.

Stanford, CA: Standford University Press.
Connolly, W. E. (1972) 'On "Interests" in Politics', *Politics and Society*, 2: 459–77; reprinted in Connolly 1983.
Connolly, W. E. (1983) *The Terms of Political Discourse*, 2nd edn. Oxford: Martin Robertson; 1st edn 1974.
Connolly, W. E. (1991) *Identity/Difference*. Ithaca, NY: Cornell University Press.
Cornwall, A. and Coelho, V. S. (2007) Introduction: Spaces for Change? The Politics of Participation in New Democratic Arenas', in A. Cornwall and V. S. P. Coelho (eds.), *Spaces for Change? The Politics of Participation in New Democratic Arenas*. London: Zed Books, pp. 1–29.
Costa, M. V. (2007) 'Freedom and Non-domination: Normativity and Indeterminacy', *Journal of Value Inquiry*, 41(2/4): 291–307.
Crenson, M. A. (1971) *The Un-Politics of Air Pollution: A Study of Non-decision making in the Cities*. Baltimore, MD: Johns Hopkins Press.
Dahl, R. A. (1957) 'The Concept of Power', *Behavioral Science*, 2: 201–15; reprinted in Scott (ed.) 1994.
Dahl, R. A. (1958) 'A Critique of the Ruling Elite Model', *American Political Science Review*, 52: 463–9.
Dahl, R. A. (1961) *Who Governs? Democracy and Power in an American City*. New Haven, CT: Yale University Press.
Dahl, R. A. (1963) *Modern Political Analysis*. Englewood Cliffs, NJ: Prentice-Hall.
Dahl, R. A. (1968) 'Power', *International Encyclopedia of the Social Sciences*, ed. D. L. Sills. New York: Crowell, Collier and Macmillan; reprinted in Lukes (ed.) 1986.
Dahrendorf, R. (1959) *Class and Class Conflict in Industrial Society*. London: Routledge & Kegan Paul.
Danziger, R. (1988) *Political Powerlessness: Agricultural Workers in Postwar England*. Manchester: Manchester University Press.
Dean, M. (2002) 'Liberal Government and Authoritarianism', *Economy and Society*, 31(1): 37–61.
Dean, M. (2010) *Governmentality: Power and Rule in Modern Society*, 2nd edn. London: Sage.
Dean, M. (2012) 'The Signature of Power', *Journal of Political Power*, 5(1): 101–17.
Dean, M. (2013) *The Signature of Power: Sovereignty, Governmentality and Biopolitics*. London: Sage.
Debnam, G. (1975) 'Nondecisions and Power: The Two Faces of Bachrach and

Baratz', *American Political Science Review*, 69: 889–900.

Debnam, G. (1984) *The Analysis of Power: A Realist Approach*. Basingstoke: Macmillan.

Diamond, I. and Quinby, L. (eds.) (1988) *Feminism and Foucault: Reflections on Resistance*. Boston, MA: Northeastern University Press.

Digeser, P. (1992) 'The Fourth Face of Power', *Journal of Politics*, 54(4): 977–1007.

Discetti, R., Anderson, M. and Gardner, A. (2019) 'Campaign Spaces for Sustainable Development: A Power Analysis of the Fairtrade Town Campaign in the UK', *Food Chain*. Reference to be supplied.

Doctorow, C. (2020) 'How to Destroy Surveillance Capitalism', *One Zero*. https://onezero.medium.com/how-to-destroy-surveillance-capitalism-8135e6744d59.

Domhoff, G. W. (1978) *Who Really Rules? New Haven and Community Power Re-examined*. New Brunswick, NJ: Transaction Books.

Donzelot, J. (1979) *The Policing of Families*. New York: Pantheon.

Dowding, K. (1990) 'Ability and Aldeness: Morriss on Power and Counteractuals', Government Department Working Papers, 10. Uxbridge: Brunel University.

Dowding, K. (1991) *Rational Choice and Political Power*. London: Edward Elgar.

Dowding, K. (1996) *Power*. Minneapolis, MN: University of Minnesota Press.

Dowding, K. (2006) 'Three-Dimensional Power: A Discussion of Steven Lukes', *Power: A Radical View. Political Studies Review*, 4: 136–45.

Dowding, K. (2008) 'Agency and Structure: Interpreting Power Relationships', *Journal of Power*, 1(1): 21–36.

Dowding, K. (2011) *Encyclopaedia of Power*. London: Sage.

Dowding, K. (2012) 'Why Should We Care About the Definition of Power?', *Journal or Political Power*, 5(1): 119–35.

Dowding, K. (2019) *Rational Choice and Political Power. The Original Text with Two New Chapters*. Bristol: Bristol University Press (first published 1991).

Doyle, J. (1998) 'Power and Contentment' *Politics* 18(1): 49–56.

Du Bois, W. E. B. (1969[1903]) *The Souls of Black Folk*. New York: New American Library.

Duncan, G. and Lukes, S. (1964) 'The New Democracy', *Political Studies*, 11(2): 156–77.

Dworkin, G. (1988) *The Theory and Practice of Autonomy*. Cambridge: Cambridge University Press.

Dyrberg, T. B. (1997) *The Circular Structure of Power: Politics, Identity, Community*. London: Verso.

Edwards, M. and Gaventa, J. (eds.) (2001) *Global Citizen Action*. Boulder, CO: Lynne Rienner Publishers.

Elster, J. (1976) 'Some Conceptual Problems in Political Theory', in Barry (ed.) 1976, pp. 243–70.

Elster, J. (1981) '"Snobs" (Review of Bourdieu 1984[1979])', *London Review of Books*, 3(20): 10–2.

Elster, J. (1983) *Sour Grapes: Studies in the Subversion of Rationality*. Cambridge: Cambridge University Press.

Elster, J. (1989) *Nuts and Bolts for the Social Sciences*. Cambridge: Cambridge University Press.

Elster, J. (1998) 'A Plea for Mechanisms', in P. Hedström and R. Swedberg (eds.), *Social Mechanisms: An Analytical Approach to Social Theory*. Cambridge: Cambridge University Press, pp. 45–73.

Elster, J. (1999) *Alchemies of the Mind: Rationality and the Emotions*. Cambridge and New York: Cambridge University Press.

Fanon, F. (1970[1952]) *Black Skin, White Masks*, trans. C. L. Markmann. London: Paladin.

Farber, S. (2000) *Social Decay and Transformation: A View from the Left*. Lanham, MD: Lexington Books.

Farndon, R. (ed.) (1985) *Power and Knowledge: Anthropological and Sociological Approaches*. Edinburgh: Scottish Academic Press.

Feinberg, J. (1984) *Harm to Others: The Moral Limits of the Criminal Law*. New York and Oxford: Oxford University Press.

Femia, J. (1981) *Gramsci's Political Thought: Hegemony, Consciousness and the Revolutionary Process*. Oxford: Clarendon Press.

Flyvbjerg, B. (1998) *Rationality and Power: Democracy in Practice*. Chicago, IL: Chicago University Press.

Fontana, B. (2006) 'State and Society: The Concept of Hegemony in Gramsci', in H. Lentner and M. Haugaard (eds.), *Hegemony and Power: Consensus and Coercion in Contemporary Politics*. New York: Lexington Books.

Fontana, B. (2010) 'Political Space and Hegemonic Power in Gramsci', *Journal of Political Power*, 3(1): 342–63.

Forst, R. (2013) 'A Kantian Conception of Justice as Nondomination', in A. Niederberger and P. Schink (eds.), *Republican Democracy: Liberty Law and*

       Politics. Edinburgh: Edinburgh University Press, pp. 154-68.
Forst, R. (2014) 'Noumenal Power', *The Journal of Political Philosophy*, 23(2): 111-27.
Forst, R. (2017) *Normativity and Power: Analysing Social Orders of Justification*. Oxford: Oxford University Press.
Foucault, M. (1975a)*, Les jeux du pouvoir, *Magazine Litteraire* 1 01 (June 1975), in D. Grisoni (ed.) (1976) *Politiques de l a Philosophie*.
Foucault, M. (1975b)*, *Surveiller et Punir - Naissance de la Prison*.
Foucault, M. (1975c)*, Pouvoir et Corps in *Quel Corps?*, September/October 1975, reprinted in *Quel Corps?* (Petite collection maspero, Paris, 1978).
Foucault, M. (1977)*, ≪Entretien avec Michel Foucault≫, dans Foucault, Michel, 2001 [1994], *Dits et Écrits II*, Paris, Gallimard, coll. Quarto.
Foucault, M. (1977b)* Pouvoirs et Strategies in *Les Revoltes Logiques* 4 (1977).
Foucault, M. (1978[1975]) *Discipline and Punish: The Birth of the Prison*, trans. Alan Sheridan. New York: Random House.
Foucault, M. (1978b)*, *Histoire de la sexualité*, 1. La volonté de savoir.
Foucault, M. (1980a) *Power/Knowledge: Selected Interviews and Other Writings, 1972-77*. Brighton: Harvester.
Foucault, M. (1980b) 'Power and Strategies', in Foucault 1980a. New York: Pantheon.
Foucault, M. (1980c[1976]) *The History of Sexuality*, vol. 1, trans. Robert Hurley. New York: Random House.
Foucault, M. (1982) 'The Subject and Power', published as the Afterword to H. L. Dreyfus and P. Rabinow, *Michel Foucault: Beyond Structuralism and Hermeneutics*. Brighton: Harvester; Chicago, IL: Chicago University Press, pp. 208-26; reprinted in Foucault 2000.
Foucault, M. (1982b)*, *Le sujet et le pouvoir, Dits et Écrits* 1954-1988, tome IV, Gallimard, 1994.
Foucault, M. (1983)*, The Subject is Power, interview in Hubert Dreyfus and Paul Rabinow, *Michel Foucault: Beyond Structuralism and Hermaneutics* Chicago: University of Chicago Press, 1983.
Foucault, M. (1983b)*, L'oeil du pouvoir (entretien avec J.-P. Barou et M. Perrot), in Bentham (J.), *Le Panoptique*, Paris, Belfond. Also, in Foucault (1994).
Foucault, M. (1984)*, *Le Courage de la vérité*.
Foucault, M. (1984b)*, L'éthique Du Souci de Soi Comme Pratique de La Liberté, *Le Nouvel Observateur*, in Foucault (1994b).

Foucault, M. (1987) 'The Ethic of Care for the Self as a Practice of Freedom: An Interview with Michel Foucault on 20 January 1984', in J. Bernauer and D. Rasmussen (eds.), *The Final Foucault*. Cambridge, MA and London: MIT Press.

Foucault, M. (1994)*, *Dits Ecrits 1954-1988*, Tome III 1976-1979, Gallimard.

Foucault, M. (2000) *Power*, ed. J. D. Faubion as vol. 3 of Essential Works of Foucault, 1954-1884. New York: New Press.

Foucault, M. (2010a) *The Government of Self and Others: Lectures at the Collége de France, 1982*. London: Palgrave Macmillan.

Foucault, M. (2010b) *The Birth of Biopolitics: Lectures at the Collège de France, 1978- 1979*, ed. Michel Senellart, trans. Graham Burchell. New York: Picador

Fourcade, M. and Kluttz, D. N. (2020) 'A Maussian Bargain: Accumulation by Gift in the Digital Economy', *Big Data and Society*, January-June: 1-16.

Fraser, N. (1981) 'Foucault on Modern Power: Empirical Insights and Normative Confusions', *Praxis International*, 1: 272-87; reprinted in Fraser 1989.

Fraser, N. (1989) *Unruly Practices: Power, Gender and Discourse in Contemporary Critical Theory*. Cambridge: Polity Press.

Fraser, N. (1997) *Justice Interruptus: Critical Reflections on the 'Post-socialist' Condition*. New York and London: Routledge.

Fraser, N. and Gordon, L. (1994) '"A Genealogy of "Dependency": Tracing a Keyword of the US Welfare State', *Signs*, 19: 311-36; reprinted in Fraser 1997.

Freund, P. E. S. (1988) 'Bringing Society into the Body: Understanding Socialized Human Nature', *Theory and Society*, 17(6): 838-64.

Frey, F. W. (1971) 'Comment: On Issues and Non Issues in the Study of Power', *American Political Science Review*, 65: 1081-101.

Friedman, M. (2003) *Autonomy, Gender, Politics*. Oxford: Oxford University Press.

Friedrich, C. J. (1941) *Constitutional Government and Democracy: Theory and Practice in Europe and America*. Boston, MA: Ginn.

Fung, A. (2020) 'Four Levels of Power: A Conception to Enable Liberation', *Journal of Political Philosophy*, 28(2): 131-57.

Galbraith, J. K. (1983) *The Anatomy of Power*. Boston, MA: Houghton Mifflin.

Gallarotti, G. (2011) 'Soft Power: What It Is, Why It's Important, and Its Conditions for Its Effective Use', *Journal of Political Power*, 4(1): 24-47.

Gallie, W. B. (1955-6) 'Essentially Contested Concepts', *Proceedings of the Aristote-

lian Society, 56: 167-98.
Garland, D. (1990) *Punishment and Modern Society: A Study in Social Theory*. Oxford: Clarendon Press.
Garland, D. (1997) '"Governmentality" and the Problem of Crime', *Theoretical Criminology*, 1: 173-214.
Gaventa, J. (1980) *Power and Powerlessness: Quiescence and Rebellion in an Appalachian Valley*. Oxford: Clarendon Press.
Gaventa, J. (2005) Reflections on the uses of the 'Power Cube' approach for analyzing the spaces, places and dynamics of civil society participation and engagement. CFP Evaluation Series 2003-2006, no. 4. Netherlands: Mfp Breed Netwerk.
Gaventa, J. (2006) 'Finding the Spaces for Change: A Power Analysis', *IDS Bulletin*, 37(6): 23-33. Available from: https://doi.org/10.1111/j.1759-5436.2006.tb00320.x [Accessed 5 May 2020].
Gaventa, J. (2007) 'Levels, Spaces and Forms of Power: Analysing Opportunities for Change', in F. Berenskoetter and M. J. Williams (eds.), *Power in World Politics*. Abingdon: Routledge, pp. 204-24.
Gaventa, J. (2019) 'Power and Powerlessness in an Appalachian Valley - Revisited', *The Journal of Peasant Studies*, 46(3): 440-56. Available from: https://doi.org/10.1080/03066150.2019.1584192 [Accessed 5 May 2020].
Gaventa, J. (2020) 'Applying Power Analysis: Using the 'Powercube' to Explore Forms, Levels and Spaces', in R. McGee and Pettitt 2020, pp. 117-38.
Gaventa, J. (2021) 'Linking the prepositions: using power analysis to influence strategies for social action', https://www.tandfonline.com/action/showAxaArticles?journalCode=rpow21.
Gaventa, J. and Barrett, G. (2012) 'Mapping the Outcomes of Citizen Engagement', *World Development*, 40(12): 2399-410. Available from: https://doi.org/10.1016/j.worlddev.2012.05.014 [Accessed 5 May 2020].
Gaventa, J. and Mayo, M. (2009) 'Spanning Citizenship Spaces Through Transnational Coalitions: The Case of the Global Campaign for Education', in Gaventa and Tandon 2010, pp. 140-62.
Gaventa, J. and Tandon, R. (2010) *Globalizing Citizens*. London: Zed Books.
Geras, N. (1983) *Marx and Human Nature*. London: New Left Books.
Giddens, A. (1968) '"Power" in the Recent Writings of Talcott Parsons', *Sociology*, 2: 257-72.
Gledhill, J. (2009) 'Power in Political Anthropology', *Journal of Political Power*, 2(1):

9–34.

Gold, D., Lo, C. and Wright, E. O. (1975) 'Recent Developments in Marxist Theories of the Capitalist State', *Monthly Review*, 27: 29–43, 46–51.

Goldman, A. (1972) 'Towards a Theory of Social Power', *Philosophical Studies*, 23: 221–68; reprintedin Lukes (ed.) 1986.

Goldman, A. (1974a) 'On the Measurement of Power', *Journal of Philosophy*, 71: 231–52.

Goldman, A. (1974b) 'Power, Time and Cost', *Philosophical Studies*, 26: 263–70.

Goldman, A. (1977) 'Steven Lukes, Power: A Radical View', *Theory and Decision*, 8: 305–10.

Goverde, H., Cerny, P. G., Haugaard, M. and Lentner, H. M. (eds.) (2000) *Power in Contemporary Politics: Theories, Practices, Globalizations*. London: Sage.

Graeber, David (2011)*, *Debt: The First 5000 Years*, Melville House.

Gramsci, A. (1971[1926–37]) *Selections from the Prison Notebooks of Antonio Gramsci*, eds. Q. Hoare and G. Nowell-Smith. London: Lawrence & Wishart.

Gray, J. (1977) 'On the Contestability of Social and Political Concepts', *Political Theory*, 5: 331–48.

Gray, J. (1983) 'Political Power, Social Theory and Essential Contestability', in D. Miller and L. Siedentop (eds.), *The Nature of Political Theory*. Oxford: Clarendon Press, pp. 75–101.

Grenfell, M. (ed.) (2008) *Pierre Bourdieu: Key Concepts*. London: Routledge.

Gruber, Lloyd (2000)*, *Ruling the World: Power Politics and the Rise of Supranational Institutions*, Princeton University Press.

Gutting, G. (ed.) (2005) *The Cambridge Companion to Foucault*. Cambridge: Cambridge University Press.

Gutting, G. and Oksala, J. (2018) 'Michel Foucault', *Stanford Encyclopedia of Philosophy*. Online: https://plato.stanford.edu/entries/foucault/.

Guzzini, S. (1993) 'Structural Power: The Limits of Neorealist Power Analysis', *International Organization*, 47: 443–78.

Guzzini, S. (2005) 'The Concept of Power: A Constructivist Analysis', *Millennium: Journal of International Studies*, 33(3): 495–522.

Guzzini, S. (2012) *The Diffusion of Power in Global Governance: International Political Economy Meets Foucault*. New York: Palgrave Macmillan.

Guzzini, S. (2013) *Power, Realism and Constructivism*. Hoboken, NJ.

Habermas, J. (1977) 'Hannah Arendt's Communications Concept of Power', *Social Research*, 44: 3–24; reprinted in Lukes (ed.) 1986.

Hacking, I. (1986) 'Making up People', in T. Heller, M. Sosna and D. Wellbery (eds.), *Reconstructing Individualism*. Stanford, CA: Stanford University Press.

Hacking, I. (1999) *The Social Construction of What?* Cambridge, MA: Harvard University Press.

Hamilton, L. (2013) 'Power, Domination and Human Needs', *Thesis Eleven*, 119(1): 47–62.

Harré, R. and Madden, E. H. (1975) *Causal Powers*. Oxford: Basil Blackwell.

Harris, G. S. (2011) 'Political Power as Symbolic Capital and Symbolic Violence', *Journal of Political Power*, 4(2): 237–58.

Harris, J. (2019) 'Power in the Zambian Nutrition Policy Process', *IDS Bulletin*, 50(2): 121–30.

Hartsock, N. C. M. (1983) *Money, Sex and Power: Toward a Feminist Historical Materialism*. New York and London: Longman.

Hartsock, N. C. M. (1984) 'Gender and Sexuality: Masculinity, Violence and Domination', *Humanities in Society*, 7: 19–45; reprinted in Wartenberg (ed.) 1992.

Harvey, D. (2004) 'The New Imperialism: Accumulation by Dispossession', *Socialist Register*, 40: 63–87.

Hathaway, T. (2016) 'Lukes Reloaded: An Actor-Centred Three-Dimensional Power Framework', *Politics*, 36(2): 118–30.

Haugaard, M. (1997) *The Constitution of Power: A Theoretical Analysis of Power, Knowledge and Structure*. Manchester: Manchester University Press.

Haugaard, M. (2008a) 'Power and Habitus', *Journal of Power*, 1(2): 189–206.

Haugaard, M. (2008b) 'Sociological Versus Moral Lukes: Reflections upon the Second Edition of Power: A Radical View', *Journal of Power*, 1(1): 99–106.

Haugaard, M. (2010) 'Power: A 'Family Resemblance' Concept', *European Journal of Cultural Studies*, 13(4): 419–38.

Haugaard, M. (2012a) 'Rethinking the Four Dimensions of Power', *Journal of Political Power*, 5(1): 35–54.

Haugaard, M. (2012b) 'Editorial: Reflections upon Power over, Power to, Power with, and the Four Dimensions of Power', *Journal of Political Power*, 5(3): 353–58.

Haugaard, M. (2020) *The Four Dimensions of Power: Understanding Domination, Empowerment and Democracy*. Manchester: Manchester University Press.

Haugaard, M. (ed.) (2002) *Power: A Reader*. Manchester: Manchester University Press.

Haugaard, M. and Kettner, M. (eds.) (2020) *Theorising Noumenal Power: Rainer Forst and His Critics.* London and New York: Routledge, Taylor and Francis Group.

Haugaard, M. and Pettit, P. (2017) 'A Conversation on Power and Republicanism: An Exchange Between Mark Haugaard and Philip Pettit', *Journal of Political Power*, 10(1): 25–39.

Haugaard, M. and Ryan, K. (eds.) (2012) *Political Power: The Development of the Field.* Berlin: Barbara Budrich.

Havel, V. (1985) *The Power of the Powerless*, trans. P. Wilson Intro S. Lukes London: Hutchison, 1985; Armonk, NY: M. E. Sharpe.

Havel, V. (1991–2) *Open Letters*, trans. P. Wilson. Intro. P. Wilson. London: Faber & Faber, 1991; New York: Vintage, 1992.

Havel, V. (2018) 'The Power of the Powerless' translated by Paul Wilson', *East European Politics and Societies and Cultures*, 32(2): 353–408. 이 저널에서는 Havel (1985, 1991-2)을 번역하여 재 수록하고 있다. 그것은 하벨의 유명한 에세이에 관한 다양한 논의에 관한 특별호의 일부이다.

Haworth, L. (1986) *Autonomy: An Essay in Philosophical Psychology and Ethics.* New Haven, CT: Yale University Press.

Hay, C. (1997) 'Divided by a Common Language: Political Theory and the Concept of Power', *Politics*, 17(1): 45–52.

Hay, C. (1999) 'Still Divided by a Common Language: Discontentment and the Semantics of Power', *Politics*, 19(1): 47–50.

Hay, C. (2002) *Political Analysis: A Critical Introduction.* London: Red Globe Press.

Hayek, F. A. (1960) *The Constitution of Liberty.* London: Routledge & Kegan Paul.

Hayward, C. R. (2000) *De-facing Power.* Cambridge: Cambridge University Press.

Hayward, C. R. (2013) *How Americans Make Race.* Cambridge: Cambridge University Press.

Hayward, C. R. (2018) 'On Structural Power', *Journal of Political Power*, 11(1): 56–67.

Hayward, C. R. and Lukes, S. (2008) 'Nobody to Shoot? Power, Structure, and Agency', *Journal of Power*, 1(1): 5–20.

Heaney, J. (2011) 'Emotions and Power: Reconciling Conceptual Twins', *Journal of Political Power*, 4(2): 259–77.

Hearn, J. (2008) 'What's Wrong with Domination?', *Journal of Power*, 1(1): 37–49.

Hearn, J. (2012) *Theorizing Power.* London: Red Globe Press.

Hedström, P. and Swedberg, R. (eds.) (1998) *Social Mechanisms: An Analytical Ap-*

proach to Social Theory. Cambridge: Cambridge University Press.

Hekman, S. (ed.) (1996) *Re-reading the Canon: Feminist Interpretations of Foucault*. University Park, PA: Pennsylvania State Press.

Held, V. (1993) *Feminist Morality: Transforming Culture, Society and Politics*. Chicago, IL: Chicago University Press.

Hendriks, C. M. (2009) 'Deliberative Governance in the Context of Power', *Policy and Society*, 28(1): 173–84.

Heyward, C. (2007) 'Revisiting the Radical View: Power, Real Interests and the Difficulty of Separating Analysis from Critique', *Politics*, 27(1): 48–54.

Hill, T. E. (1987) *Autonomy and Self-Respect*. Cambridge: Cambridge University Press.

Hindess, B. (1976) 'On Three-Dimensional Power', *Political Studies*, 24: 329–33.

Hindess, B. (1982) 'Power, Interests and the Outcomes of Struggles', *Sociology*, 16: 498–511; reprinted in Scott (ed.) 1994.

Hindess, B. (1996) *Discourses of Power: From Hobbes to Foucault*. Oxford: Blackwell Publishing.

Hirschmann, N. J. (2009) *The Subject of Liberty: Toward a Feminist Theory of Freedom*. Princeton, NJ: Princeton University Press.

Hobbes, T. (1946[1651]) *Leviathan*, ed. with an introduction by M. Oakeshott. Oxford: Basil Blackwell.

Hochschild, J. (2015) 'Robert Dahl: Scholar, Teacher, and Democrat', *Journal of Political Power*, 8(2): 167–74.

Hodgson, Geoffrey M. (2007)*, 'Meanings of methodological individualism', *Journal of Economic Methodology* 14: 2, 211-226 June 2007.

Honneth, A. (1991) *The Critique of Power: Reflective Stages in a Critical Social Theory*, trans. K. Baynes. Cambridge, MA: MIT Press.

Honneth, A., Allen, A. and Cook, M. (2010) 'A Conversation Between Axel Honneth, Amy Allen and Maeve Cooke, Frankfurt am Main, 12 April 2010', *Journal of Political Power*, 3(2): 153–70.

Hoy, D. C. (1981) 'Power, Repression, Progress: Foucault, Lukes and the Frankfurt School', *TriQuarterly*, 52(Fall): 43–63; reprinted in Hoy (ed.) 1986.

Hoy, D. C. (ed.) (1986) *Foucault: A Critical Reader*. Oxford: Basil Blackwell.

Hunter, F. (1953) *Community Power Structure: A Study of Decision Makers*. Chapel Hill, NC: University of North Caroline Press.

Hyland, J. L. (1995) *Democratic Theory: The Philosophical Foundations*. Manchester: Manchester University Press.

Idler, A., Mouly, C. and Miranda, L. (2015) 'Power Unpacked: Domination, Empowerment and Participation in Local Guatemalan Peace Forums', *Journal of Peace, Conflict & Develop*ment, 21: 1–40. Available from: www.researchgate.net/publication/282117737_Power_Unpacked_Domination_Empowerment_and_Participation_in_Local_Guatemalan_Peace_Forums [Accessed 5 May 2020].

Imbusch, Peter (2006)*, 'Macht und Herrschaft', in Korte, Hermann & Schäfers, Bernhard(eds.) (2006), *Einführung in Hauptbegriffe der Soziologie*, 6 Auflage, VS Verlag für Sozialwissenschaften.

Imbusch, Peter (2012)*, 'Macht und Herrschaft in der wissenschaftlichen Kontroverse', in Imbusch, Peter(ed.) (2012) *Macht und Herrschaft-Sozialwissenschaftliche Theorien und Konzeptionen*(ed.), 2 Auflage, Springer VS.

Isaac, J. C. (1987a) 'Beyond the Three Faces of Power', *Polity*, 20: 4–30; reprinted in Wartenberg (ed.) 1992.

Isaac, J. C. (1987b) *Power and Marxist Theory: A Realist View*. Ithaca, NY: Cornell University Press.

Isaacs, H. R. (1964) *India's Ex-Untouchables*. New York: John Day.

Janeway, E. (1981) *The Powers of the Weak*. New York: Morrow Quill Paperbacks.

Jenkins, D. and Lukes, S. (2017) 'The Power of Occlusion', *Journal of Political Power*, 10(1): 6–24.

Jenkins, R. (1992)* *Pierre Bourdieu (Key Sociologists)*, Routledge.

Jenkins, R. (2008) 'Erving Goffman: A Major Theorist of Power', *Journal of Political Power*, 1(2): 157–68.

Johansson, A. and Vinthagen, S. (2015) 'Dimensions of Everyday Resistance: The Palestinian Sumud', *Journal of Political Power*, 8(1): 109–40.

Kant, I. (1996[1780]) 'Answer to the Question "What Is Enlightenment?"', in I. Kant, *Practical Philosophy*, trans. and ed. M. J. Gregor. Cambridge: Cambridge University Press.

Kashwan, P., MacLean, L. M. and García-López, G. A. (2019) 'Rethinking Power and Institutions in the Shadows of Neoliberalism: (An Introduction to a Special Issue of World Development)', *World Development*, 120: 133–46. Available from: https://doi.org/10.1016/j.worlddev.2018.05.026 [Accessed 5 May 2020].

Katz, C. (2017) 'Neorepublicanism and the Domination of Posterity', *Ethics, Politics and Environment*, 20(3): 294–313.

Kelly, M. (ed.) (1994) *Critique and Power: Recasting the Foucault/Habermas Debate*.

Cambridge, MA: MIT Press.
Kenny, A. (1975) *Will, Freedom and Power*. Oxford: Basil Blackwell.
Keohane, R. O. (2002) *Power and Governance in a Partially Globalized World*. London: Routledge.
Kernohan, A. (1989) 'Social Power and Human Agency', *Journal of Philosophy*, 86(12): 712–26.
Kertzer, D. I. (1988) *Ritual, Politics and Power*. New Haven, CT: Yale University Press.
Kirchin, S. (2013) *Thick Concepts*. Oxford: Oxford University Press.
Knights, D. and Wilmott, H. (1982) 'Power, Values and Relations: A Comment on Benton', *Sociology*, 16: 578–85.
Kolodny, N. (2019) 'Being Under the Power of Others', in Y. Elazar and G. Rousselière (eds.), *Republicanism and the Future of Democracy*. Cambridge: Cambridge University Press.
Komter, A. (1989) 'Hidden Power in Marriage', *Gender and Society*, 3(2): 187–219.
Korpi, W. (1985) 'Power Resources Approach vs. Action and Conflict: On Causal and Intentional Explanations in the Study of Power', *Sociological Theory*, 3: 31–45.
Krause, S. (2013) 'Beyond Non-domination: Agency, Inequality and the Meaning of Freedom', *Philosophy and Social Criticism*, 39(2): 187–208.
Laborde, C. (2008) *Critical Republicanism: The Hijab Controversy and Political Philosophy*. Oxford: Oxford University Press.
Laborde, C. (2013) 'Republicanism and Global Justice: A Sketch', in A. Niederberger and P. Schink (eds.), *Republican Democracy: Liberty Law and Politics*. Edinburgh: Edinburgh University Press, pp. 276–301.
Laborde, C. and Maynor, J. (eds.) (2008) *Republicanism and Political Theory*. Malden, MA: Blackwell Publishing.
Laclau, E. (1975) 'The Specificity of the Political: Around the Poulantzas–Miliband Debate', *Economy and Society*, 5(1): 87–110.
Lahire, B. (1998) *L'Homme pluriel: les ressorts de l'action*. Paris: Nathan.
Lasswell, H. and Kaplan, A. (1950) *Power and Society*. New Haven, CT: Yale University Press.
Latour, B. (1986) 'The Powers of Association', in Law (ed.) 1986.
Law, J. A. (ed.) (1986) *Power, Action and Belief: A New Sociology of Knowledge?*, Sociological Review Monographs, 32. London: Routledge & Kegan Paul.
Lay Lee, T. (2012) 'Rethinking Power and Rights-Promoting NGOs in China',

Layder, D. (1985) 'Power, Structure and Agency', *Journal of Asian Public Policy*, 5(3): 343 – 51. Available from: https://doi.org/10. 1080/17516234.2012.731177 [Accessed 5 May 2020].

Layder, D. (1985) 'Power, Structure and Agency', *Journal for the Theory of Social Behaviour*, 15: 131 – 49; reprinted in Scott (ed.) 1994.

Ledyaev, V. G. (1997) *Power: A Conceptual Analysis*. Commack, NY: Nova Science.

Leiter, B. (2002) *Nietzsche on Morality*. London: Routledge.

Lenski, G. E. (1966) *Power and Privilege: A Theory of Social Stratification*. New York: McGraw Hill.

Lentner, H. and Haugaard, M. (eds.) (2006) *Hegemony and Power: Consent and Coercion in Contemporary Politics*. New York: Lexington Books

Lewis, B. (ed.) (1967) *The Encyclopedia of Islam*, new edn. Leiden: Brill; London: Luzac.

Lilja, M. and Vinthagen, S. (2014) 'Sovereign Power, Disciplinary Power and Biopower: Resisting What Power with What Resistance?', *Journal of Political Power*, 7(1): 107 – 26.

Lipsitz, L. (1970) 'On Political Belief: The Grievances of the Poor', in P. Green and S. Levinson (eds.), *Power and Community: Dissenting Essays in Political Science*. New York: Random House, Vintage Books.

List, C. and Valenteini, L. (2016) 'Freedom as Independence', *Ethics*, 126(4): 1043 – 74.

Locke, J. (1946[1690]) *The Second Treatise on Civil Government and a Letter Concerning Toleration*, ed. J. W. Gough. Oxford: Basil Blackwell.

Locke, J. (1975[1690]) *An Essay Concerning Human Understanding*, ed. P. H. Nidditch. Oxford: Clarendon Press.

Lord, Beth (2010)* *Spinoza's Ethics*, Edinburgh University Press.

Lovett, F. (2001) 'Domination: A Preliminary Analysis', *The Monist*, 84(1): 98 – 112. https://doi.org/10.5840/monist20018414.

Lovett, F. (2010) *A General Theory of Domination and Justice*. Oxford: Oxford University Press.

Lovett, F. (2012) 'What Counts as Arbitrary Power?', *Journal of Political Power*, 5(1): 135 – 52.

Lovett, F. (2018) 'Republicanism', *Stanford Encyclopedia of Philosophy* (online).

Luhmann, N. (1975) *Macht*. Stuttgart: Ferdinand Enke Verlag.

Lukács, G. (1971[1923]) *History and Class Consciousness*. Cambridge, MA: MIT Press.

Lukes, S. (1967) 'Varieties of Political Philosophy', *Political Studies*, 15: 55 – 9.

Lukes, S. (1973) *Individualism*. Oxford: Basil Blackwell.

Lukes, S. (1974) 'Relativism Cognitive and Moral', *Supplementary Proceedings of the Aristotelian Society*, June; reprinted in Lukes 1977c.

Lukes, S. (1976) 'Reply to Bradshaw', *Sociology*, 10: 128–32; reprinted in Scott (ed.) 1994.

Lukes, S. (1977a) 'Power and Structure', in Lukes 1977c.

Lukes, S. (1977b) 'Reply to MacDonald', *British Journal of Political Science*, 7: 418–9.

Lukes, S. (1977c) *Essays in Social Theory*. London: Macmillan.

Lukes, S. (1978) 'Power and Authority', in T. Bottomore and R. Nisbet (eds.), *A History of Sociological Analysis*. London: Heinemann, pp. 633–76.

Lukes, S. (1979) 'On the Relativity of Power', in S. C. Brown (ed.) *Philosophical Disputes in the Social Sciences*. Brighton: Harvester, pp. 261–74.

Lukes, S. (1985) *Marxism and Morality*. Oxford: Oxford University Press.

Lukes, S. (1987) 'Perspectives on Authority', in J. R. Pennock and J. W. Chapman (eds.), *Authority Revisited*, Nomos, XXIX; reprinted in Raz (ed.) 1990.

Lukes, S. (1996) 'Potere', in *Enciclopedia delle scienze sociali*, vol. 6. Rome: Treccani, pp. 722–45.

Lukes, S. (2003) 'Le pouvoir dans l'oeuvre de Coleman', *Revue française de sociologie*, 44: 375–88.

Lukes, S. (2015) 'Robert Dahl on Power', *Journal of Political Power*, 8(2): 262–71.

Lukes, S. (2021) 'Power and domination', *Journal of Political Power*, 14(1). https://www.tandfonline.com/action/showAxaArticles?journalCode=rpow21.

Lukes, S. (ed.) (1986) *Power*. Oxford: Blackwell; New York: New York University Press.

Lukes, Steve (2004)* *Power: A Radical View*, 2nd ed., Palgrave Macmillan.

MacDonald, K. I. (1976) 'Is "Power" Essentially Contested?', *British Journal of Political Science*, 6: 380–2.

MacKinnon, C. (2015) 'Dahl's Feminism', *Journal of Political Power*, 8(2): 249–60.

Mann, M. (1986) *The Sources of Social Power, vol. 1: A History of Power from the Beginning to AD 1760*. New York: Cambridge University Press.

Mann, M. (1993) *The Sources of Social Power, vol. 2: The Rise of Classes and Nation-states, 1760–1914*. New York: Cambridge University Press.

Mann, M. (2012) *The Sources of Social Power, vol. 3: Global Empires and Revolution, 1890–1945*. New York: Cambridge University Press.

Mann, M. (2013) *The Sources of Social Power, vol. 4: Globalizations, 1945–2011*.

New York: Cambridge University Press.

Mann, M. and Haugaard, M. (2011) 'Reflections on the Sources of Power', *Journal of Political Power*, 4(2): 169–78.

March, J. (1966) 'The Power of Power', in D. Easton (ed.), *Varieties of Political Theory*. Englewood Cliffs, NJ: Prentice-Hall.

Marcuse, H. (1964) *One-Dimensional Man: Studies in the Ideology of Advanced Industrial Society*. London: Routledge and Kegan Paul.

Martin, R. (1977) *The Sociology of Power*. London: Routledge & Kegan Paul.

Marx, K. (1976[1867]) *Capital*, vol. 1, Introduced by E. Mandel, trans. B. Fowkes. Harmondsworth: Penguin; New York: Vintage.

Marx, K. and Engels, F. (1852)* *Der 18te Brumaire des Louis Bonaparte* (1852).

Marx, K. and Engels, F. (1962 [1867])* *Das Kapital: Kritik der politischen Ökonomie*, Erster Band, Buch I, Werke Band 23, Dietz Verlag Berlin.

Marx, K. and Engels, F. (1962) *Selected Works*, 2 vols. Moscow: Foreign Languages Publishing House.

Marx, K. and Engels, F. (1965[1845]) *The German Ideology*. London: Lawrence & Wishart.

Marx, K. and Engels, F. (1978)*, *Karl Marx und Friedrich Engels Band* 3, Dietz von Berlin.

Mason, A. (1993) *Explaining Political Disagreement*. Cambridge: Cambridge University Press.

Mayhew, R. (2015) 'Robert A Dahl: Questions, Concepts, Proving It', *Journal of Political Power*, 8(2): 175–87.

McCammon, C. (2015) 'Domination: A Rethinking', *Ethics*, 125(4): 1028–52.

McCammon, C. (2018) Domination. *Stanford Encylopedia of Philosophy*. https://plato.stanford.edu/archives/win2018/entries/domination.

McCarthy, T. (1990) 'The Critique of Impure Reason', *Political Theory*, 18: 437–69; reprinted in Wartenberg (ed.) 1992.

McCollum, R., et al. (2018) "Sometimes It Is Difficult for Us to Stand Up and Change This': An Analysis of Power Within Priority-Setting for Health Following Devolution in Kenya', *BMC Health Services Research*, 18(1): 1–14. Available from: https://doi.org/10.1186/s12913-018-3706-5 [Accessed 5 May 2020].

McGary, H. (1992) 'Power, Scientific Research and Self-Censorship', in Wartenberg (ed.) 1992.

McGee, R. and Pettit, J. (eds.) (2020) *Power, Empowerment and Social Change*. New

York and London: Routledge.

McGettigan, T. (2002) 'Redefining Reality: A Resolution to the Paradox of Emancipation and the Agency-Structure Dichotomy', *Theory and Science*, 3: 2.

McHoul, A. and Grace, W. (1993) *A Foucault Primer: Discourse, Power and the Subject*. New York: New York University Press.

McLachlan, H. V. (1981) 'Is "Power" an Evaluative Concept?', *British Journal of Sociology*, 32: 392–410; reprintedin Scott (ed.) 1994.

McNay, L. (1992) *Foucault and Feminism: Power, Gender and the Self*. Cambridge, MA: Polity Press; Boston, MA: Northeastern University Press.

Merelman, R. (1968a) 'On the Neo-elitist Critique of Community Power', *American Political Science Review*, 62: 451–60.

Merelman, R. (1968b) 'Communication to the Editor', *American Political Science Review*, 62: 1269.

Merquior, J. G. (1979) *The Veil and the Mask: Essays on Culture and Ideology*. London: Routledge & Kegan Paul.

Merquior, J. G. (1991) *Foucault*, 2nd edn. London: Fontana.

Miliband, R. (1969) *The State in Capitalist Society*. London: Weidenfeld & Nicolson.

Miliband, R. (1970) 'The Capitalist State: Reply to Nicolas Poulantzas', *New Left Review*, 59: 53–60.

Miliband, R. (1973) 'Poulantzas and the Capitalist State', *New Left Review*, 82: 83–92.

Mill, J. S. (1989[1869]) *On the Subjection of Women*, in J. S. Mill, *On Liberty and Other Writings*, ed. Stefan Collini. Cambridge: Cambridge University Press.

Miller, J. B. (1992) 'Women and Power', in Wartenberg (ed.) 1992.

Miller, V., VeneKlasen, L., Reilly, M. and Clark, C. (2020) *Making Change Happen 3: Power. Concepts for Revisioning Power for Justice, Equality and Peace*. Washington, DC: Just Associates. Available from: https://www.justassociates.org/en/resources/mch3-power-concepts-revisioning-power-justice-equality-and-peace [Accessed 11 May 2020].

Mills, C. W. (1956) *The Power Elite*. New York: Oxford University Press; republished in 2000 with a new Afterword by Alan Wolfe.

Mills, C. W. (1959a) *The Sociological Imagination*. New York: Oxford University Press, republished in 2000 with a new Afterword by Todd Gitlin.

Mills, C. W. (1959b) *The Causes of World War Three*. London: Secker & Warburg.

Mirowski, P. (2013) *Never Let a Serious Crisis Go to Waste: How Neoliberalism Sur-*

vived the Financial Meltdown. New York: Verso

Mitchell, T. (1990) 'Everyday Metaphors of Power', *Theory and Society*, 19: 545–77.

Moore, B. (1967) *Social Origins of Dictatorship and Democracy: Lord and Peasant in the Making of the Modern World*. London: Allen Lane.

Morozov, E. (2019) 'Capitalism's New Clothes', *The Baffler*, February 4.

Morriss, P. (1972) 'Power in New Haven: A Reassessment of "Who Governs?"', *British Journal of Political Science*, 2: 457–65.

Morriss, P. (1980) 'The Essentially Uncontestable Concepts of Power', in M. Freeman and D. Robertson (eds.), *The Frontiers of Political Theory*. New York: St Martin's Press, pp. 198–232.

Morriss, P. (2002) *Power: A Philosophical Analysis*, 2nd edn. Manchester: Manchester University Press; 1st edn 1987.

Morriss, P. (2009) 'Power and Liberalism', in S. Clegg and M. Haugaard (eds.), *The Sage Handbook of Power*. London: Sage, pp. 54–69.

Nagel, J. H. (1975) *The Descriptive Analysis of Power*. New Haven, CT: Yale University Press.

Newton, K. (1972) 'Democracy, Community Power and Non-decision Making', *Political Studies*, 20: 484–7.

Niederberger, A. and Schink, P. (eds.), *Republican Democracy: Liberty Law and Politics*. Edinburgh: Edinburgh University Press, pp. 154–68.

Nietzsche, F. (1956[1887]) *The Genealogy of Morals in the Birth of Tragedy and the Genealogy of Morals*, trans. F. Golffing. Garden City, NY: Doubleday.

Nietzsche, F. (1967[1908]) *Ecce Homo*, trans. W. Kaufmann. New York: Vintage.

Nietzsche, F. (1968[1906]) *The Will to Power*, trans. W. Kaufmann and R. J. Hollingdale. New York: Vintage.

Nietzsche, F. (1974[1882, 1887]) *The Gay Science*, trans. W. Kaufmann. New York: Vintage.

Nozick, R. (1972) 'Coercion', in P. Laslett and W. G. Runciman (eds.), *Philosophy, Politics and Society*, 4th Series. Oxford: Basil Blackwell, pp. 101–35.

Nozick, R. (1974) *Anarchy, State and Utopia*. New York: Basic Books.

Nussbaum, M. (2000) *Women and Human Development: The Capabilities Approach*. Cambridge and New York: Cambridge University Press.

Nussbaum, M. and Glover, J. (1995) *Women, Culture and Development*. Oxford: Clarendon Press.

Nussbaum, M. and Sen, A. (eds.) (1993) *The Quality of Life*. Oxford: Clarendon Press.

Nye, J. (2004) *Soft Power: The Means to Success in World Politics*. New York: Public Affairs.

Nye, J. (2011) 'Power and Foreign Policy', *Journal of Political Power*, 4(1): 9–24.

O'Keohane, N. (2015) 'Dahl's Concept of Leadership: Notes Towards a Theory of Leadership in a Democracy', *Journal of Political Power*, 8(2): 229–47.

Okin, S. M. (1989) *Justice, Gender and the Family*. New York: Basic Books.

Oppenheim, F. E. (1981) *Political Concepts: A Reconstruction*. Chicago, IL: Chicago University Press.

Oreskes, N. and Conway, E. M. (2011) *Merchants of Doubt: How a Handful of Scientists Obscured the Truth on Issues from Tobacco Smoke to Climate Change*. New York: Bloomsbury.

Ortner, S. B. (2006) *Anthropology and Social Theory: Culture, Power and the Acting Subject*. Durham: Duke University Press.

Ost, D. (2018) 'The Sham, and the Damage, of "Living in Truth"', *East European Politics and Societies and Cultures*, 32(2): 301–9.

Pansardi, P. (2012a) 'A Non-normative Theory of Power and Domination', *Critical Review of Social and Political Philosophy*, 16(5): 614–33.

Pansardi, P. (2012b) 'Power to and Power over: Two Distinct Concepts?', *Journal of Political Power*, 5(1): 73–89.

Parsons, T. (1957) 'The Distribution of Power in American Society', *World Politics*, 10: 123–43; (a review article of Mills 1956).

Parsons, T. (1963a) 'On the Concept of Political Power', *Proceedings of the American Philosophical Society*, 107: 232–62; reprinted in Bell et al. (ed.) 1969 and Lukes (ed.) 1986.

Parsons, T. (1963b) 'On the Concept of Political Influence', *Public Opinion Quarterly*, 27: 37–62.

Parsons, T. (1967) *Sociological Theory and Modern Society*. New York: Free Press.

Pasquino, P. (1992) 'Political Theory of War and Peace: Foucault and the History of Modern Political Theory', *Economy and Society*, 21: 77–89.

Pearce, J. and Vela, G. (2015) 'Colombia Country Report for the Dutch CFA Programme Evaluation', in I. Guijt (ed.), *Assessing Civil Society Participation as Supported in-Country by Cordaid, Hivos, Novib and Plan Netherlands 1999–2004*. The Hague: MPF Breed Network.

Peck, J. and Tickell, A. (2002) 'Neoliberalizing Space', *Antipode*, 34: 380–403.

Pennock, J. R. and Chapman, J. W. (eds.) (1972) *Coercion*, Nomos, 14. New York: Aldine-Atherton.

Pettit, P. (1996) 'Freedom as Antipower', *Ethics*, 106: 576–604.

Pettit, P. (1997) *Republicanism: A Theory of Freedom and Government*. Oxford: Clarendon Press.

Pettit, P. (1999) 'Republican Freedom and Contestatory Democratization', in I. Shapiro and C. Hacker-Cordon (eds.), *Democracy's Value*. Cambridge: Cambridge University Press.

Pettit, P. (2001) *A Theory of Freedom: From the Psychology to the Politics of Agency*. Oxford and New York: Oxford University Press.

Pettit, P. (2005) 'The Domination Complaint', in M. S. Williams and S. Macedo (eds.), *Political Exclusion and Domination* (Nomos, 46). New York: New York University Press, pp. 87–117.

Pettit, P. (2006) 'The Determinacy of Republican Policy: A Reply to McMahon', *Philosophy and Public Affairs*, 34(3): 275–83. https://doi.org/10.1111/j.1088-4963.2006.00068.x.

Pettit, P. (2008) 'Dahl's Power and Republican Freedom', *Journal of Power*, 1(1): 67–77.

Pettit, P. (2012) *On the People's Terms. A Republican Theory and Model of Democracy*. Cambridge: Cambridge University Press..

Pettit, P. (2014) *Just Freedom: A Moral Compass for a Complex World*. New York and London: W. W. Norton.

Poggi, G. (2001) *Forms of Power*. Cambridge: Polity Press.

Polsby, N. W. (1963) *Community Power and Political Theory*, 2nd edn 1980. New Haven, CT: Yale University Press.

Polsby, N. W. (1968) 'Community: The Study of Community Power', in D. Sills (ed.), *International Encyclopedia of the Social Sciences*, vol. 3. New York: Macmillan and Free Press, pp. 157–63.

Popitz, H. (2017[1986]) trans. Poggi, G. ed. Gottlieb and Dreher, J., *Phenomena of Power: Authority, Domination, and Violence* with an introduction by Poggi, G. New York: Columbia University Press.

Popitz, Heinrich (1986)* *Phänomene der Macht*. Autorität-Herrschaft-Gewalt-Technik, Tübingen.

Popitz, Heinrich (2017)* *Phenomena of Power-Authority, Domination and Violence*, tr. by Gianfranco Poggi and ed. by Andreas Göttlich & Jochen Dreher, Columbia University Press.(위의 1986의 영역판).

Poulantzas, N. (1969) 'The Problem of the Capitalist State', *New Left Review*, 58: 67–78.

Poulantzas, N. (1973) *Political Power and Social Clas*ses. London: New Left Books, Sheed and Ward.

Poulantzas, N. (1976) 'The Capitalist State: A Reply to Miliband and Laclau', *New Left Review*, 95: 63–83.

Poulantzas, Nicos (1975)* *Pouvoir politique et classes sociales*, Paris: F. Maspero.

Przeworski, A. (1980) 'Material Bases of Consent: Economics and Politics in a Hegemonic System', in M. Zeitlin (ed.), *Political Power and Social Theory*, vol. 1. Greenwich, CT: JAI Press, pp. 21–66.

Przeworski, A. (1985) *Capitalism and Social Democracy*. Cambridge: Cambridge University Press; Paris: Editions de la Maison des Sciences de l'Homme.

Przeworski, A. (1998) 'Deliberation and Ideological Domination', in J. Elster (ed.), *Deliberative Democracy*. Cambridge: Cambridge University Press, pp. 140–60.

Rachar, M. (2016) 'Power, Hegemony, and Social Reality in Gramsci and Searle', *Journal of Political Power*, 9(2): 227–47.

Rafanell, I. and Gorringe, H. (2010) 'Consenting to Domination: Theorizing Power, Agency and Embodiment with Reference to Caste', *Sociological Review*, 58(4): 604–22.

Rawls, J. (1972) *A Theory of Justice*. Oxford: Clarendon Press.

Raz, J. (1979) *The Authority of Law: Essays on Law and Morality*. Oxford: Clarendon Press.

Raz, J. (ed.) (1990) *Authority*. New York: New York University Press.

Read, J. (2010) 'Leadership and Power in Nelson Mandela's Long Walk to Freedom', *Journal of Political Power*, 3(3): 317–40.

Read, J. (2012) 'Is Power Zero-Sum or Variable-Sum? Old Arguments and New Beginnings', *Journal of Political Power*, 5(1): 5–31.

Rhodes, M. R. (2000) *Coercion: A Nonevaluative Approach*. Amsterdam:

Riker, W. H. (1964) 'Some Ambiguities in the Notion of Power', *American Political Science Review*, 58: 341–9; reprinted in Bell et al. (eds.) 1969.

Riker, W. H. (1986) *The Art of Political Manipulation*. New Haven, CT: Yale University Press.

Rodopi. Richardson, H. S. (2002) *Democratic Autonomy: Public Reasoning About the Ends of Policy*. Oxford: Oxford University Press.

Rorty, A. O. (1992) 'Power and Powers: A Dialogue Between Buff and Rebuff', in Wartenberg (ed.) 1992.

Roscigno, V. J. (2011) 'Power, Revisited', *Social Forces*, 9021: 349–74.

Rose, N. (1999) *Powers of Freedom: Reframing Political Thought.* Cambridge: Cambridge University Press.

Rosen, M. (1996) *On Voluntary Servitude: False Consciousness and the Theory of Ideology.* Cambridge: Polity Press.

Rothschild, K. W. (ed.) (1971) *Power in Economics: Selected Readings.* Harmondsworth: Penguin Books.

Rueschemeyer, D. (2009) *Usable Theory: Analytic Tools for Social and Political Research.* Princeton, NJ: Princeton University Press.

Russell, B. (1938) *Power: A New Social Analysis.* London: Allen & Unwin.

Saar, M. (2010) 'Power and Critique', *Journal of Power*, 3(1): 7–20.

Said, E. (1986) 'Foucault and the Imagination of Power', in Hoy (ed.) 1986.

Sawicki, J. (1991) *Disciplining Foucault: Feminism, Power and the Body.* New York: Routledge.

Sayer, A. (2012) 'Power, Causality and Normativity: A Critical Realist Critique of Foucault', *Journal of Political Power*, 5(2): 179–94.

Schattschneider, E. E. (1960) *The Semi-Sovereign People: A Realist's View of Democracy in America.* New York: Holt, Rhinehart & Winston.

Scheler, M. (1972) *Ressentiment.* New York: Schocken Books.

Schumpeter, J. A. (1962[1950]) *Capitalism, Socialism and Democracy*, 3rd edn. Harper Torchbooks edition. New York: Harper and Row.

Scott, J. (2001) *Power.* Cambridge: Polity Press.

Scott, J. (ed.) (1994) *Power: Critical Concepts.* 3 vols. London: Routledge.

Scott, J. C. (1985) *Weapons of the Weak: Everyday Forms of Peasant Resistance.* New Haven, CT: Yale University Press.

Scott, J. C. (1990) *Domination and the Arts of Resistance: Hidden Transcripts.* New Haven, CT: Yale University Press.

Searle, J. (2007) 'Social Ontology and Political Power', in *Freedom and Neurobiology: Reflections on Free will, Language and Political Power.* New York: Columbia University Press.

Sen, A. (1984) *Resources, Values and Development.* Oxford: Basil Blackwell; Cambridge, MA: Harvard University Press.

Sen, A. (1985) *Commodities and Capabilities.* Amsterdam: North-Holland.

Sen, A. (1992) *Inequality Re-examined.* Oxford: Oxford University Press; Cambridge, MA: Harvard University Press.

Sen, A. (2002) *Rationality and Freedom.* Cambridge, MA: Harvard University Press.

Sennett, R. (2003) *Respect in a World of Inequality.* New York: W. W. Norton.

Shapiro, I. (2003) *The State of Democratic Theory*. Princeton, NJ: Princeton University Press.

Shapiro, I. (2008) 'Freedom as the Absence of Arbitrary Power', in Laborde and Maynor 2008: ch. 3.

Shapiro, I. (2012) 'On Non-domination', *University of Toronto Law Journal*, 62(3): 293–335.

Shapiro, I. (2016) *Politics Against Domination*. Cambridge, MA: Belknap Press.

Simpson, T. W. (2017) 'The Impossibility of Republican Freedom', *Philosophy and Public Affairs*, 45(1): 27–53.

Skinner, Q. (1998) *Liberty Before Liberalism*. Cambridge: Cambridge University Press. https://doi.org/10.1017/CBO9781139171274.

Smith, P. (2008) 'Meaning and Military Power: Moving on from Foucault', *Journal of Power*, 1(3): 275–94.

Somjee, A. H. (1972) 'Political Dynamics of a Gujarat Village', *Asian Survey*, 12(7): 602–8.

Spinoza, B. de (1958[1677]) *Tractatus Politicus*, in B. de Spinoza, *The Political Works*, ed. and trans. A. G. Wernham. Oxford: Clarendon Press.

Spinoza, Benedict de (1994)*, *Ethics*, in Curley, Edwin (ed. & tr.), A Spinoza Reader – The Ethics and Other Works, Princeton University Press.

Spivak, G. C. (1992) 'More on Power/Knowledge', in Wartenberg (ed.) 1992.

Srinivas, M. N. (1952) *Religion and Society Among the Coorgs of South India*. Oxford: Clarendon Press.

Srinivas, M. N. (1962) *Caste in Modern India and Other Essays*. London: Asia Publishing House.

Stinebrickner, B. (2015) 'Robert A. Dahl and the Essentials of Modern Political Analysis: Politics, Influence, Power, and Polyarchy', *Journal of Political Power*, 8(2): 189–207.

Stone, C. (1980) 'Systemic Power in Community Decision-Making: A Restatement of Stratification Theory', *American Political Science Review*, 74(4): 978–90.

Stoppino, M. (1995) *Potere e teoria politica*. Milan: Giuffré.

Strange, S. (1990) 'Finance, Information and Power', *Review of International Studies*, 16: 259–74.

Strawson, P. F. (1959) *Individuals*. London: Methuen.

Strawson, P. F. (1962) 'Freedom and Resentment', *Proceedings of the British Academy*, 48: 1–25.

Sunstein, C. R. (1997) *Free Markets and Social Justice*. Oxford: Oxford University Press.

Susen, S. (2018) 'The Seductive Force of 'Noumenal Power': A New Path (or Impasse) for Critical Theory?', *Journal of Political Power*, 11(1): 4–45.

Swanton, C. (1985) 'On the "Essential Contestedness" of Political Concepts', *Ethics*, 95: 811–27.

Swartz, D. (1997) *Power & Culture: The Sociology of Pierre Bourdieu*. Chicago, IL: Chicago University Press.

Swartz, D. (2013) *Symbolic Power, Politics and Intellectuals: The Political Sociology of Pierre Bourdieu*. Chicago, IL: Chicago University Press.

Swidler, A. (1986) 'Culture in Action: Symbols and Strategies', *American Sociological Review*, 51: 273–86.

Tambiah, S. J. (1968) 'The Magical Power of Words', *Journal of the Royal Anthropological Institute*, 3: 175–208.

Tarrow, S. (2011) *Power in Movement: Social Movements and Contentious Politics*, 3rd edn. Cambridge University Press.

Taylor, C. (1984) 'Foucault on Freedom and Truth', *Political Theory*, 12(2): 152–83; reprinted in Taylor 1985.

Taylor, C. (1985) *Philosophical Papers*, vol. 1: Human Agency and Language; vol. 2: Philosophy and the Human Sciences. Cambridge: Cambridge University Press.

Taylor, C. (1992) *Multiculturalism and 'The Politics of Recognition'*. An Essay by Charles Taylor, ed. with commentary by A. Gutmann et al. Princeton, NJ: Princeton University Press.

Therborn, G. (1980) *The Ideology of Power and the Power of Ideology*. London: Verso.

Thomas, K. (1978) 'Power and Autonomy: Further Comments on the Many Faces of Power', *Sociology*, 12: 332–5.

Thompason, M. J. (2013) 'A Functionalist Theory of Social Domination', *Journal of Political Power*, 6(2): 170–99.

Thompson, M. J. (2018) 'The Two Faces of Domination in Republican Political Theory', *European Journal of Political Theory*, 17(1): 44–64.

Tilly, C. (1991) 'Domination, Resistance, Compliance ⋯ Discourse', *Sociological Forum*, 6(3): 593–602.

Tilly, C. (1998) *Durable Inequality*. Berkeley, CA: University of California Press.

Udéhn, L. (2001)*, (2002), 'The changing face of methodological individualism', *Annual Review of Sociology* 28: 479–507.

Udéhn, L. (2001)*, *Methodological Individualism: Background, History and Meaning*, London and New York: Routledge.

Urbinati, N. (2002) *Mill on Democracy: From the Athenian Polis to Representative Government*. Chicago, IL: University of Chicago Press.

Urry, J. and Wakeford, J. (eds.) (1973) *Power in Britain: Sociological Readings*. London: Heinemann Educational.

van den Berg, A. (1998) 'Is Sociological Theory Too Grand for Social Mechanisms?', in Hedström and Swedberg (eds.) 1998.

Vico, G. (1963[1744]) *La Scienza nuova secondo l'edizione del 1744*. Milan: Rizzoli.

Wacquant, L. (2003) *Body and Soul: Notebooks of an Apprentice Boxer*. New York: Oxford University Press.

Wacquant, Loic J. D. (1989)* 'Towards a Reflexive Sociology: A Workshop with Pierre Bourdieu', *Sociological Theory*, Vol. 7, No. 1 (Spring, 1989).

Walker, J. L. (1966) 'A Critique of the Elitist Theory of Democracy', *American Political Science Review*, 60: 285–95; reprinted in Scott (ed.) 1994.

Wartenberg, T. E. (1990) *The Forms of Power: From Domination to Transformation*. Philadelphia, PA: Temple University Press.

Wartenberg, T. E. (ed.) (1992) *Rethinking Power*. Albany, NY: State University of New York Press.

Weber, M. (1978[1910–4]) *Economy and Society*, ed. G. Roth and C. Wittich. Berkeley, CA: California University Press.

Weber, Max (1922)* *Wirtschaft und Gesellschaft*, J.C.B Mohr (Paul Siebeck).

Weber, Max (2019/1922)*, Tribe, Keith (ed.) *Economy and Society, A New Translation*, Harvard University Press.

Wertheimer, A. (1987) *Coercion*. Princeton, NJ: Princeton University Press.

West, D. (1987) 'Power and Formation: New Foundations for a Radical Concept of Power', *Inquiry*, 30: 137–54.

White, D. M. (1971) 'Power and Intention', *American Political Science Review*, 65 (3): 749–59.

White, D. M. (1972) 'The Problem of Power', *British Journal of Political Science*, 2(4): 479–90.

White, M. (1978) *Power Politics*, ed. H. Bull and C. Holbraad. Leicester: Leicester University Press and Royal Institute of International Affairs.

Wilimann, Isidor & Tatsis Nicholas Ch. & Zito, George V. (1977)*, On Max Weber's Definition of Power, *Australian and New Zealand Journal of Sociology*, 13(Oct 1977), pp. 231–235.

Williams, G. A. (1960) 'The Concept of "Egemonia" in the Thought of Antonio Gramsci: Some Notes on Interpretation', *Journal of the History of Ideas*, 21(4): 586–99.

Williams, J. (2018) *Stand Out of Our Light: Freedom and Resistance in the Attention Economy.* Cambridge: Cambridge University Press.

Willis, P. (1977) *Learning to Labour.* Westmead: Saxon House.

Wilson, F. and Thompson, P. (2001) 'Sexual Harassment as an Exercise of Power' *Gender, Work and Organization*, 8(1): 61–83.

Wolf, E. R. (1999) *Envisioning Power: Ideologies of Dominance and Crisis.* Berkeley, CA: University of California Press.

Wolf, E. R. (2001) *Pathways of Power: Building an Anthropology of the New World: Essays by Eric R. Wolf with Sydal Silverman.* Berkeley, CA: University of California Press.

Wolfe, A. (2000) *New Afterword to Mills 1956.* New York: Oxford University Press.

Wolfinger, R. E. (1971a) 'Nondecisions and the Study of Local Politics', *American Political Science Review*, 65: 1063–80.

Wolfinger, R. E. (1971b) 'Rejoinder to Frey's "Comment"', *American Political Science Review*, 65: 1102–4.

Wollstonecraft, M. (1988[1792]) *A Vindication of the Rights of Women, with Strictures on Political and Moral Subjects*, ed. Carol H. Poston, Second Norton Critical Edition. New York: W. W. Norton.

Wrong, D. (1979) *Power: Its Forms, Bases and Uses.* Oxford: Basil Blackwell.

Young, I. M. (1988) 'Five Faces of Oppression', *The Philosophical Forum*, 19: 270–90; reprinted in Wartenberg (ed.) 1992.

Young, I. M. (1990) *Justice and the Politics of Difference.* Princeton, NJ: Princeton University Press.

Young, R. A. (1978) 'Steven Lukes's Radical View of Power', *Canadian Journal of Political Science*, 1: 639–49.

Ypi, L. (2020) 'On Dominated Dominators'. Colloquium lecture by Lea Ypi (LSE London), organized by the Department of Ethics, Social and Political Philosophy, University of Gronigen. https://www.rug. nl/filosofie/organization/news-and-events/news/events/2020-all/ lea-ypi-on-dominated-dominators?lang=en.

Zuboff, S. (2019) *The Age of Surveillance Capitalism.* New York: Public Affairs.

라 보에티, 에티엔 드 (2014)* 자발적 복종. 박설호 역, 울력.

비저, 프리드리히 폰 (2023)* 권력의 법칙, 현동균 역, 진인진.
아렌트, 한나 (1996)* 인간의 조건, 이진우 역, 한길사.
엘리아스, 노르베르트 (2002)*, 문명화 과정, 박미애 역, 한길사.

역자 용어해설

지배-피지배관계

　본서에서 나오는 다양한 지배-피지배 관계를 표현하는 단어들을 정리하면 다음과 같다.

공순 (恭順), 공순한	docility / *docile*	
묵종	acquiescence	저항은 없지만 억지로 따르는 행위
복속	subjugation	대상을 주로 강제적으로 자신의 통제하에 두는 행위.사용. cf. 예속보다는 강한 형태.
복종	submission	강한 권력의 명령을 받아들이는 행위
불복	insubordination	
「순응」	compliance	
순종	conformity	행위, 믿음, 태도 등을 사회적 관습이나 기대에 맞추는 행위
「예속」	subjection; *sujétion*	대상을 자신의 통제하에 두는 행위. cf. 복속보다는 약한 형태
예속된, 지배하의	subject to	
「예속화」	*assujettissement*	지배나 통제하에 있는 상태
예종	servitude	노예처럼 복종하는 행위
「종속」	subordination	위계 체계에 있어서 낮은 위치에 놓이게 되는 행위
준수	obedience; *obéissance*	권위적 기관의 규칙이나 법을 따르는 행위

본서와 1판, 2판의 목차 비교

제1판(1974)	제2판(2005)	제3판(2021): 본서
국문번역 (1992)		
총 49쪽 (참고문헌, 목차 제외)	총 168쪽 (참고문헌, 목차 제외)	총 213쪽 (참고문헌, 목차 제외)
1 Introduction	Introduction	Introduction to the third edition
		Introduction to the second edition
2 The One-Dimensional View	**1 Power: A Radical View**	**1 Power: A Radical View**
3 The Two-Dimensional View	1 Introduction	1.1 Introduction
4 The Three-Dimensional View	2 The One-Dimensional View	1.2 The One-Dimensional View
5 The Underlying Concept of Power	3 The Two-Dimensional View	1.3 The Two-Dimensional View
6 Power and Interests	4 The Three-Dimensional View	1.4 The Three-Dimensional View
7 The Three Views Compared	5 The Underlying Concept of Power	1.5 The Underlying Concept of Power
8 Difficulties	6 Power and Interests	1.6 Power and Interests
9 Conclusion	7 The Three Views Compared	1.7 The Three Views Compared
	8 Difficulties	1.8 Difficulties
	9 Conclusion	1.9 Conclusion
	2 Power, Freedom and Reason	**2 Power, Freedom and Reason**
	1 Disagreements over 'Power'	2.1 Disagreements over 'Power'
	2 The Concept of Power	2.2 The Concept of Power
	3 A Conceptual Map	2.3 A Conceptual Map
	4 Power as Domination	2.4 Power as Domination
	5 Foucault on Power: an Ultra-radical View	2.5 Foucault on Power: An Ultra-radical View
	6 Foucault Applied: The Securing of Voluntary Compliance	2.6 Foucault Applied: The Securing of Voluntary Compliance

제1판(1974)	제2판(2005)	제3판(2021): 본서
	3 Three-Dimensional Power	**3 Three-Dimensional Power**
	1 The Definition of Power	3.1 The Definition of Power
	2 Essential Contestedness	3.2 Essential Contestedness
	3 Defending the Third Dimension	3.3 Defending the Third Dimension
	4 Adaptive Preferences	3.4 Adaptive Preferences
	5 'Real Interests' and 'False Consciousness'	3.5 'Real Interests' and 'False Consciousness'
		4 Domination and Consent
		5 Exploring the third dimension
		5.1 Three Dimensions or Four?
		5.2 Compliance without Consent
		5.3 Behaviour Modification
		5.4 Toxic Uncertainty
		5.5 The Power Cube
	Guide to Further Reading	**Guide to Further Reading**

인용원문

인용번호	각주번호	원문내용
1	11	Die Gedanken der herrschenden Klasse sind in jeder Epoche die herrschenden Gedanken, d.h. die Klasse, welche die herrschende materielle Macht der Gesellschaft ist, ist zugleich ihre herrschende geistige Macht. Die Klasse, die die Mittel zur materiellen Produktion zu ihrer Verfügung hat, disponiert damit zugleich über die Mittel zur geistigen Produktion, so daß ihr damit zugleich im Durchschnitt die Gedanken derer, denen die Mittel zur geistigen Produktion abgehen, unterworfen sind.(Marx und Friedrich Engels 1978: 46)
2	19	Macht bedeutet jede Chance, innerhalb einer sozialen Beziehung den eignen Willen auch gegen Widerstreben durchzusetzen, gleichviel worauf diese Chance beruht(Weber 1922: 28, 2019: 134).
3	21	Die Menschen machen ihre eigene Geschichte, aber sie machen sie nicht aus freien Stücken, nicht unter selbstgewählten, sondern unter unmittelbar vorgefundenen, gegebenen und überlieferten Umständen. (Marx und Engels, 1852)
4	71	nous sommes en face d'une autre image, d'un quasi-concept nouveau, définitivement libérés des antinomies empiristes de la subjectivité phénoménale et de l'intériorité essentielle, en face d'un système objectif réglé, en ses déterminations les plus concrètes, par les lois de son montage et de sa machinerie, par les spécifications de son concept(Althusser et. al 1996: 410-411).
5	74	**Les rapports des classes sont des rapports de povuoir.** Les concepts de classe et de pouvoir sont apparentés, dans la mestsure où ils ont comme lieu de constitution le champ circonscrit par les rapports sociaux. La parenté de ces deux concepts n'indique pas cependant un rapport de fondation d'un concept par l'autre, mais l'homogénéité du champ: les rapports de classe ne sont pas plus le fondement des rapports de pouvoir, que les rapports de pouvoir ne sont celui des rapports de classe. Tout comme le concept de classe indique les effets de l'ensemble des niveaux de la structure sur les supports, le concept de pouvoir spécifie les effets de l'ensemble de ces niveaux sur les rapports entre classes sociales en lutte: il indique les effets de la strticture sur les relations conflictuelles des pratiques des diverses classes en 『lutte』. Autrement dit, le pouvoir n'est pas situé dans les niveaux de structures, c'est un effet de l'ensemble de ces niveaux, il caractérise cependant chacun des niveaux de la lutte des classes. Le concept

인용 번호	각주 번호	원문내용
		de pouvoir ne peut être ainsi appliqué à un niveau de la structure: lorsqu'on parle ar exemple de pouvoir d'Etat, on ne peut indiquer par à le mode d'articulation et d'intervention de l'Etat aux autres niveaux de la structure, mais le pouvoir d'une classe déterminée aux intérêts de laquelle l'Etat correspond, sur d'autres classes sociales. (Poulantzas(1975: 102).
6	92	der stumme Zwang der ökonomischen Verhältnisse besiegelt die Herrschaft des Kapitalisten über den Arbeiter. Außerökonomische, unmittelbare Gewalt wird zwar immer noch angewandt, aber nur ausnahmsweise. Für den gewöhnlichen Gang der Dinge kann der Arbeiter den "Naturgesetzen der Produktion" überlassen bleiben, d.h. seiner aus den Produktionsbedingungen selbst entspringenden, durch sie garantierten und verewigten Abhängigkeit vom Kapital.
7	99	Praeterea sequitur unumquemque tamdiu alterius esse juris, quamdiu sub alterius potestate est, et eatenus sui juris, quatenus vim omnem repellere, damnumque sibi illatum ex sui animi sententia vindicare, et absolute, quatenus ex suo ingenio vivere potest.
8	123	Aufklärung ist der Ausgang des Menschen aus seiner selbstverschuldeten Unmündigkeit. Unmündigkeit ist das Unvermögen, sich seines Verstandes ohne Leitung eines anderen zu bedienen.
9	136	Fateor judicium multis et paene incredibilibus modis praeoccupari posse, atque ita ut, quamvis sub alterius imperio directe non sit, tamen ab ore alterius ita pendeat ut merito eatenus ejus juris dici possit. (Spinoza(1958[1677]: 226)
10	141	Raison générale et tactique qui semble aller de soi: c'est à la condition de masquer une part importante de lui-même que le pouvoir est tolérable. Sa réussite est en proportion de ce qu'il parvient à cacher de ses mécanismes(Foucault 1978b: 113).
11	144	Ne pas centrer l'étude des mécanismes punitifs sur leurs seuls effets 《répressifs》, sur leur seul côté de la sanction》, mais les replacer dans toute la série des effets positifs qu'ils peuvent induire, même s'ils sont marginaux au premier regard. Prendre par conséquent la punition comme une fonction sociale complexe(Foucault, 1975b: 28).
12	146	[I]l traverse, il produit les choses, il induit du plaisir, il forme du savoir, il produit du discours(Foucault 1977: 149).
13	148	que le pouvoir est coextensif au corps social; il n'y a pas, entre les mailles de son réseau, des plages de libertés élémentaires(Foucault

인용번호	각주번호	원문내용
		1977b: 95).
14	152	Chaque société a son régime de vérité, sa 《politique générale》 de la vérité: c'est-à-dire les types de discours qu'elle accueille et fait fonctionner comme vrais; les mécanismes et les instances qui permettent de distinguer les énoncés vrais ou faux, la manière dont on sanctionne les uns et les autres; les techniques et les procédures qui sont valorisées pour l'obtention de la vérité; le statut de ceux qui ont la charge de dire ce qui fonctionne comme vrai(Foucault 1994: 112).
15	155	De là, l'effet majeur du Panoptique: induire chez le détenu un état conscient et permanent de visibilité qui assure le fonctionnement automatique du pouvoir(Foucault 1975b: 202).
16	156	Se forme alors une politique des coercitions qui sont un travail sur le corps, une manipulation calculée de ses éléments, de ses gestes, de ses comportements. Le corps humain entre dans une machinerie de pouvoir qui le fouille, le désarticule et le recompose(Foucault 1975b: 139).
17	157	La discipline fabrique ainsi des corps soumis et exercés, des corps 《dociles》. La discipline majore les forces du corps (en termes économiques d'utilité) et diminue ces mêmes forces (en termes politiques d'obéissance). D'un mot: elle dissocie le pouvoir du corps; elle en fait d'une part une 《aptitude》, une 《capacité》 qu'elle cherche à augmenter; et elle inverse d'autre part l'énergie, la puissance qui pourrait en résulter, et elle en fait un rapport de sujétion stricte(Foucault 1975b: 140).
18	161	Mais le Panopticon ne doit pas être compris comme un édifice onirique: c'est le diagramme d'un mécanisme de pouvoir ramené à sa forme idéale; son fonctionnement, abstrait de tout obstacle, résistance ou frottement, peut bien être représenté comme un pur système architectural et optique: c'est en fait une figure de technologie politique qu'on peut et qu'on doit détacher de tout usage spécifique(Foucault 1975b: 233).
19	163	En fait, leur articulation ne se fera pas au niveau d'un discours spéculatif mais dans la forme d'agencements concrets qui constitueront la grande technologie du pouvoir au XIXe siècle: le dispositif de sexualité sera l'un d'entre eux, et l'un des plus importants(Foucault 1978b: 184, 1998: 140).
20	164	La vieille puissance de la mort où se symbolisait le pouvoir souverain est maintenant recouverte soigneusement par l'administration

인용 번호	각주 번호	원문내용
		des corps et la gestion calculatrice de la vie. Développement rapide au cours de l'âge classique des disciplines diverses – écoles, collèges, casernes, ateliers; apparition aussi, dans le champ des pratiques politiques et des observations économiques, des problèmes de natalité, de longévité, de santé publique, d'habitat, de migration; explosion, donc, de techniques diverses et · nombreuses pour obtenir l'assujettissement des corps et le contrôle des populations. S'ouvre ainsi l'ère d'un 《bio-pouvoir》(Foucault 1978b: 184, 1998: 140).
21	169	Par une exploitation économique (et peut-être idéologique) de l'érotisation, depuis les produits de bronzage jusqu'aux films pornos... En réponse même à la révolte du corps, vous trouvez un nouvel qui ne se présente plus sous la forme du contrôle-répression, mais sous celle du contrôle-stimulation: 《Mets-toi nu... mais sois mince, beau, bronzé !》(Foucault 1975c)
22	171	Immense ouvrage auquel l'Occident a plié des générations pour produire – pendant que d'autres formes de travail assuraient l'accumulation du capital – l'assujettissement des hommes; je veux dire leur constitution comme 《sujets》, aux deux sens du mot.(Foucault 1978b: 81)
23	171	Qu'on s'imagine combien dut paraître exorbitant, au début du XIIIe siècle, l'ordre donné à tous les chrétiens d'avoir à s'agenouiller une fois l'an au moins pour avouer, sans en omettre une seule, chacune de leurs fautes.(Foucault 1978b: 81)
24	174	que là où il y a pouvoir, il y a résistance et que pourtant, ou plutôt par là même, celle-ci n'est jamais en position d'extériorité par rapport au pouvoir(Foucault 1978b: 125-6).
25	174	Faut-il dire qu'on est nécessairement 《dans》 le pouvoir, qu'on ne lui 《échappe》 pas, qu'il n'y a pas, par rapport à lui, d'extérieur absolu, parce qu'on serait immanquablement soumis à la loi? Ou que, l'histoire étant la ruse de la raison, le pouvoir, lui, serait la ruse de l'histoire – celui qui toujours gagne? Ce serait méconnaître le caractère strictement relationnel des rapports de pouvoir. Ils ne peuvent exister qu'en fonction d'une multiplicité de points de résistance: ceux-ci jouent, dans les relations de pouvoir, le rôle d'adversaire, de cible, d'appui, de saillie pour une prise.(Foucault 1978b: 125-6)
26	176	Le pouvoir ne s'exerce que sur des 《sujets libres》, et en tant qu'ils sont 《libres》 – entendons par là des sujets individuels ou collectifs qui ont devant eux un champ de possibilité où plusieurs conduites,

인용 번호	각주 번호	원문내용
		plusieurs réactions et divers modes de comportement peuvent prendre place.(Foucault 1982b: 237)
27	177	Et c'est en ceci que vous voyez dans le monde moderne, celui que nous connaissons depuis le xrxe siècle, toute une série de rationalités gouvernementales qui se chevauchent, s'appuient, se contestent, se combattent les unes les autres. Art de gouverner à la vérité, art de gouverner à la rationalité de l'État souverain, art de gouverner à la rationalité des agents économiques, d'une façon plus générale art de gouverner à la rationalité des gouvernés eux-mêmes.(Foucault 2004: 316)
28	179	Je dis que la gouvernementalité implique le rapport de soi à soi, ce qui signifie justement que, dans cette notion de gouvernementalité, je vise l'ensemble des pratiques par lesquelles on peut constituer, définir, organiser, instrumentaliser les stratégies que les individus, dans leur liberté, peuvent avoir les uns à l'égard des autres(Foucault 1984b: 728).
29	180	D'autre part, et inversement, je dirais que si, maintenant, je m'intéresse en effet à la manière dont le sujet se constitue d'une façon active, par les pratiques de soi, ces pratiques ne sont pas néanmoins quelque chose que l'individu invente lui-même. Ce sont des schémas qu'il trouve dans sa culture et qui lui sont proposés, suggérés, imposés par sa culture, sa société et son groupe social(Foucault 1984b: 719).
30	182	Mais il y a bien toujours quelque chose, dans le corps social, dans les classes, dans les groupes, dans les individus eux-mêmes qui échappe d'une certaine façon aux relations de pouvoir; quelque chose qui est non point la matière première plus ou moins docile ou rétive, mais qui est le mouvement centrifuge, l'énergie inverse, l'échappée(Foucault 1977b: 92).
31	183	Maintenant, j'ai une vision beaucoup plus claire de tout cela; il me semble qu'il faut distinguer les relations de pouvoir comme jeux stratégiques entre des libertés — jeux stratégiques qui font que les uns essaient de déterminer la conduite des autres, à quoi les autres répondent en essayant de ne pas laisser déterminer leur conduite ou en essayant de déterminer en retour la conduite des autres — et les états de domination, qui sont ce qu'on appelle d'ordinaire le pouvoir. Et, entre les deux, entre les jeux de pouvoir et les états de domination, vous avez les technologies gouvernementales, en donnant à ce terme un sens très large — c'est aussi bien la manière dont on gouverne sa

인용 번호	각주 번호	원문내용
		femme, ses enfants que la manière dont on gouverne une institution. L'analyse de ces techniques est nécessaire, parce que c'est très souvent à travers ce genre de techniques que s'établissent et se maintiennent les états de domination. Dans mon analyse du pouvoir, il y a ces trois niveaux: les relations stratégiques, les techniques de gouvernement et les états de domination(Foucault 1984b: 728).
32	184	Dans de très nombreux cas, les relations de pouvoir sont fixées de telle sorte qu'elles sont perpétuellement dissymétriques et que la marge de liberté est extrêmement limitée(Foucault 1984b: 720).
33	185	Je réponds: s'il y a des relations de pouvoir à travers tout champ social, c'est parce qu'il y a de la liberté partout. Cependant, il existe effectivement des états de domination. Le problème n'est donc pas d'essayer de les dissoudre dans l'utopie d'une communication parfaitement transparente, mais de se donner les règles de droit, les techniques de gestion et aussi la morale, l'éthos, la pratique de soi, qui permettront, dans ces jeux de pouvoir, de jouer avec le minimum possible de domination(Foucault 1984b: 727).
34	189	Celui qui est soumis à un champ de visibilité, et qui le sait, reprend à son compte les contraintes du pouvoir; il les fait jouer spontanément sur lui-même; il inscrit en soi le rapport de pouvoir dans lequel il joue simultanément les deux rôles; il devient le principe de son propre assujettissement.(Foucault 1975b: 204)
35	191	Pas besoin d'armes, de violences physiques, de contraintes matérielles. Mais un regard. Un regard qui surveille et que chacun, en le sentant peser sur lui, finira par intérioriser au point de s'observer lui-même; chacun, ainsi, exercera cette surveillance sur et contre lui-même(Foucault 1994: 198).
36	197	L'idée qu'il pourra y avoir un état de communication qui soit tel que les jeux de vérité pourront y circuler sans obstacles, sans contraintes et sans effets coercitifs me paraît de l'ordre de l'utopie Foucault(1994b: 727).
37	209	Herrschaft soll heißen die Chance, für einen Befehl bestimmten Inhalts bei angebbaren Personen Gehorsam zu finden(Weber 1922: 28-9; Weber 2019: 136).
38	209	Herrschaft ist, wie gleich zu erörtern, ein Sonderfall von Macht(Weber 1922: 603; 1978: 942).
39	209	1. Der Begriff 《Macht》 ist soziologisch amorph. Alle denkbaren Qualitäten eines Menschen und alle denkbaren Konstellationen können

인용 번호	각주 번호	원문내용
		jemand in die Lage versetzen. 2. Der soziologische Begriff der 《Herrschaft》 muß daher ein präziserer sein und kann nur die Chance bedeuten: für einen Befehl Fügsamkeit zu finden.
40	210	Der Tatbestand einer Herrschaft ist nur an das aktuelle Vorhandensein eines erfolgreich andern Befehlenden, aber weder unbedingt an die Existenz eines Verwaltungsstabes noch eines Verbandes geknüpft; dagegen allerdings — wenigstens in allen normalen Fällen — an die eines von beiden(Weber1922: 29; 2019: 135).
41	210	Unter 《Herrschaft》 soll hier also der Tatbestand verstanden werden: daß ein bekundeter Wille (《Befehl》) des oder der 《Herrschenden》) das Handeln anderer (des oder der 《Beherrschten》) beeinflussen will und tatsächlich in der Art beeinflußt, daß dies Handeln, in einem sozial relevanten Grade, so abläuft, als ob die Beherrschten den Inhalt des Befehls, um seiner selbst willen, zur Maxime ihres Handelns gemacht hätten (《Gehorsam》).
42	224	Imo quia humana potentia non tam ex corporis robore quam ex mentis fortitudine aestimanda est, hinc sequitur illos maxime sui juris esse qui maxime ratione pollent, quique maxime eadem ducuntur(Spinoza 1958[1677]: 274).
43	228	Judicandi facultas eatenus etiam alterius juris esse potest, quatenus mens potest ab altero decipi: ex quo sequitur mentem eatenus sui juris omnino esse, quatenus recte uti potest ratione(Spinoza 1958[1677]: 274).
44	259	Wir Schwachen sind nun einmal schwach; es ist gut, wenn wir nichts tun, wozu wir nicht stark genug sind" — aber dieser herbe Tatbestand, diese Klugheit niedrigsten Ranges, welche selbst Insekten haben (die sich wohl tot stellen, um nicht „zu viel" zu tun, bei großer Gefahr), hat sich dank jener Falschmünzerei und Selbstverlogenheit der Ohnmacht in den Prunk der entsagenden, stillen, abwartenden Tugend gekleidet, gleich als ob die Schwäche des Schwachen selbst — das heißt doch sein Wesen, sein Wirken, seine ganze einzige unvermeidliche, unablösbare Wirklichkeit — eine freiwillige Leistung, etwas Gewolltes, Gewähltes, eine Tat, ein Verdienst sei. Diese Art Mensch hat den Glauben an das indifferente, wahlfreie „Subjekt" nötig aus einem Instinkt der Selbsterhaltung, Selbstbejahung heraus, in dem jede Lüge sich zu heiligen pflegt.
45	260	In der Geschichte der Moral drückt sich also ein Wille zur Macht aus, durch den bald die Sklaven und Unterdrückten, bald die Mißratenen

인용 번호	각주 번호	원문내용
		und An-sich-Leidenden, bald die Mittelmäßigen den Versuch machen, die ihnen günstigsten Werturteile durchzusetzen.
46	261	Der „Nächste" lobt die Selbstlosigkeit, weil er durch sie Vorteile hat! Dächte der Nächste selber „selbstlos", so würde er jenen Abbruch an Kraft, jene Schädigung zu seinen Gunsten abweisen, der Entstehung solcher Neigungen entgegenarbeiten und vor allem seine Selbstlosigkeit eben dadurch bekunden, dass er dieselbe nicht gut nennen würde!
47	262	Jedes Tier, somit auch la bête philosophe, strebt instinktiv nach einem Optimum von günstigen Bedingungen, unter denen es seine Kraft ganz herauslassen kann und sein Maximum im Machtgefühl erreicht.
48	265	Wenn die Unterdrückten, Niedergetretenen, Vergewaltigten aus der rachsüchtigen List der Ohnmacht heraus sich zureden: „Lasst uns anders sein als die Bösen, nämlich gut! Und gut ist jeder, der nicht vergewaltigt, der niemanden verletzt, der nicht angreift, der nicht vergilt, der die Rache Gott übergibt, der sich wie wir im Verborgenen hält, der allem Bösen aus dem Wege geht und wenig überhaupt vom Leben verlangt, gleich uns den Geduldigen, Demütigen, Gerechten.
49	266	Diese einzige Moral, die bisher gelehrt worden ist, die Entselbstungs-Moral, verrät einen Willen zum Ende, sie verneint im untersten Grunde das Leben. – Hier bliebe die Möglichkeit offen, dass nicht die Menschheit in Entartung sei, sondern nur jene parasitische Art Mensch, die des Priesters, die sich mit der Moral zu ihren Wert-Bestimmern emporgelogen hat, – die in der christlichen Moral ihr Mittel zur Macht erriet ... Und in der Tat, das ist meine Einsicht: die Lehrer, die Führer der Menschheit, Theologen insgesamt, waren insgesamt auch Décadents: daher die Umwertung aller Werte ins Lebensfeindliche, daher die Moral ... Definition der Moral: Moral – die Idiosynkrasie von Décadents, mit der Hinterabsicht, sich am Leben zu rächen – und mit Erfolg. Ich lege Wert auf diese Definition.
50	268	Die Frage nach der Herkunft unsrer Wertschätzungen und Gütertafeln fällt ganz und gar nicht mit deren Kritik zusammen, wie so oft geglaubt wird: so gewiß auch die Einsicht in irgendeine pudenda origo für das Gefühl eine Wertverminderung der so entstandenen Sache mit sich bringt und gegen dieselbe eine kritische Stimmung und Haltung vorbereitet. Was sind unsere Wertschätzungen und moralischen Gütertafeln selber wert? Was kommt bei ihrer Herrschaft heraus?

인용 번호	각주 번호	원문내용
		Für wen? in bezug worauf? — Antwort: für das Leben. Aber was ist Leben? Hier tut also eine neue, bestimmtere Fassung des Begriffs „Leben" not. Meine Formel dafür lautet: Leben ist Wille zur Macht.
51	286	Les dominés appliquent des catégories construites du point de vue des dominants aux relations de domination, les faisant ainsi apparaître comme naturelles. Ce qui peut conduire à une sorte d'auto-dépréciation, voire d'auto-dénigrement systématiques, visibles notamment, on l'a vu, dans la représentation que les femmes kabyles se font de leur sexe comme une chose déficiente, laide, voire repoussante (ou, dans nos univers, dans la vision que nombre de femmes ont de leur corps comme non conforme aux canons esthétiques imposés par la mode), et, plus généralement, dans leur adhésion à une image dévalorisante de la femme.(Bourdieu 1998: 41)
52	287	On ne peut donc penser cette forme particulière de domination qu'à condition de dépasser l'alternative de la contrainte (par des forces) et du consentement (à des raisons), de la coercition mécanique et de la soumission volontaire, libre, délibérée, voire calculée.(Bourdieu 1998: 43)
53	290	j'appelle la violence symbolique, violence douce, insensible, invisible pour ses victimes mêmes, qui s'exerce pour l'essentiel par les voies purement symboliques de la communication et de la connaissance ou, plus précisément, de la méconnaissance, de la reconnaissance ou, à la limite, du sentiment.(Bourdieu 1998: 7)
54	292	L'effet de la domination symbolique (qu'elle soit d'ethnie, de genre, de culture, de langue, etc.) s'exerce non dans la logique pure des consciences connaissantes, mais à travers les schèmes de perception, d'appréciation et d'action qui sont constitutifs des habitus et qui fondent, en deçà des décisions de la conscience et des contrôles de la volonté, une relation de connaissance profondément obscure à elle-même.(Bourdieu 1998: 43)
55	293	Ainsi, la logique paradoxale de la domination masculine et de la soumission féminine, dont on peut dire à la fois, et sans contradiction, qu'elle est spontanée et extorquée, ne se comprend que si l'on prend acte des effets durables que l'ordre social exerce sur les femmes (et les hommes), c'est-à-dire des dispositions spontanément accordées à cet ordre qu'elle leur impose.
56	295	La force symbolique est une forme de pouvoir qui s'exerce sur les corps, directement, et comme par magie, en dehors de toute

인용 번호	각주 번호	원문내용
		contrainte physique ; mais cette magie n'opère qu'en s'appuyant sur des dispositions déposées, tels des ressorts, au plus profond des corps. Si elle peut agir comme un déclic, c'est-à-dire avec une dépense extrêmement faible d'énergie, c'est qu'elle ne fait que déclencher les dispositions que le travail d'inculcation et d'incorporation a déposées en ceux ou celles qui, de ce fait, lui donnent prise. Autrement dit, elle trouve ses conditions de possibilité, et sa contrepartie.(Bourdieu 1998: 44)
57	296	Autrement dit, elle trouve ses conditions de possibilité, et sa contrepartie économique (en un sens élargi du mot), dans l'immense travail préalable qui est nécessaire pour opérer une transformation durable des corps et produire les dispositions permanentes qu'elle déclenche et réveille ; action transformatrice d'autant plus puissante qu'elle s'exerce, pour l'essentiel, de manière invisible et insidieuse, au travers de la familiarisation insensible avec un monde physique symboliquement structuré et de l'expérience précoce et prolongée d'interactions habitées par les structures de domination.(Bourdieu 1998: 44)
58	297	Les passions de l'habitus dominé (du point de vue du genre, de l'ethnie, de la culture ou de la langue), relation sociale somatisée, loi sociale convertie en loi incorporée, ne sont pas de celles que l'on peut suspendre par un simple effort de la volonté, fondé sur une prise de conscience libératrice. S'il est tout à fait illusoire de croire que la violence symbolique peut être vaincue par les seules armes de la conscience et de la volonté, c'est que les effets et les conditions de son efficacité sont durablement inscrits au plus intime des corps sous forme de dispositions.(Bourdieu 1998: 45)
59	299	(…) les agents sociaux sont dotés d'habitus, inscrits dans les corps par les expériences passées(Bourdieu 1977b: 166)
60	300	L'hexis corporelle est la mythologie politique réalisée, incorporée, devenue disposition permanente, manière durable de se tenir, de parler, de marcher, et, par là, de sentir et de penser.(Bouridue 1980: 117)
61	302	L'essentiel de l'apprentissage de la masculinité et de la féminité tend à inscrire la différence entre les sexes dans les corps (à travers le vêtement notamment), sous la forme de manières de marcher, de parler, de se tenir, de porter le regard.(Bourdieu 1977b: 169)
62	304	Plus concrètement, la légimation de l'ordre social n'est pas le produit, comme le croient certains, d'une action délibérément orientée de

인용 번호	각주 번호	원문내용
		propagande ou d'imposition symbolique.(Bourdieu 1987: 160)
63	306	(…) les professeurs construisent l'image de leurs élèves, de leurs performances, de leur valeur et produisent, par des pratiques de cooptation orientées par les mêmes catégories, le groupe même de leurs collègues et le corps des professeurs.(Bourdieu 1987: 148)
64	307	L'enjeu des luttes à propos du sens du monde social est le pouvoir sur les schèmes classicatoires et les systèmes de classement qui sont au principe des représentations et, par là, de la mobilisation et de la démobilisation des groupes.(Bourdieu 1979b: 746)
65	308	Cela indépendamment même de toute intention de distinction, de toute recherche explicite de la différence(Bourdieu 1979b: 376)
66	309	Pareilles stratégies – qui peuvent être parfaitement inconscientes, et par là d'autant plus efficaces(Bourdieu 1979b: 392)
67	311	aux effets automatiques et inconscients (…) différenciation objective des conditions et des dispositions(Bourdieu 1979b: 376)
68	316	(…) toute la tradition marxiste et aussi ces théoriciennes féministes qui, cédant aux habitudes de pensée, attendent l'affranchissement politique de l'effet automatique de la 《prise de conscience》 – en ignorant, faute d'une théorie dispositionnelle des pratiques, l'extraordinaire inertie qui résulte de l'inscription des structures sociales dans les corps.(Bourdieu 1977b: 205)
69	340	Außerökonomische, unmittelbare Gewalt wird zwar immer noch angewandt, aber nur ausnahmsweise. Für den gewöhnlichen Gang der Dinge kann der Arbeiter den „Naturgesetzen der Produktion" überlassen bleiben, d.h. seiner aus den Produktionsbedingungen selbst entspringenden, durch sie garantierten und verewigten Abhängigkeit vom Kapital.
70	347	C'est une forme de pouvoir qui transforme les individus en sujets. Il y a deux sens au mot sujet: sujet soumis à l'autre par le contrôle et la dépendance, et sujet attaché à sa propre identité par la conscience ou la connaissance de soi. Dans les deux cas, ce mot suggère une forme de pouvoir qui subjugue et assujettit.(Foucault 1982b: 227)

색인

DIY 이론화 [do-it-yourself theorizing] 326
가동적
    가동적 [operative] 53, 55, 62, 63, 109
    가동적 권력 [operative power] 55
    가동적 의미 [operative sense] 53
가면 연기 [acting a mask] 220
가설적 가능성 [hypothesized possibility] 69
가시적
    가시적 [visible] 83, 320
    비가시적 [invisible] 238, 242, 245, 320, 327, 329
가족 유사성 [family resemblance] 85
가치
    가치 탑재적 [value-laden] 79
    가치 평가적 [evaluative] 3, 30, 44, 91, 94, 254
    가치 합의 [value consensus] 36, 66
    가치판단 [value judgment] 44, 118, 122, 222
간섭 (신공화주의) [interference] 272
갈등
    갈등 [conflict]; 참고:상충, 충돌
    갈등의 억압 [suppression of conflict]14–19, 25–29, 42–43, 49
    관찰가능한 갈등 [observable conflict] 10–13, 43
    잠복된 갈등 [latent conflict] xxxi, 28, 30

잠재적 갈등 [potential conflict] 28
감시자본주의 [surveillance capitalism] 304, 305
감시자본주의자 [surveillance capitalist] 304
감춰진
    감춰진 [hidden]
    은폐된 [concealed]
감춰진 대본 [hidden transcript] 210, 217, 318; 참고:공개된 대본
강압
    강압 [coercion] xxxvii, 16, 31, 34, 36, 38, 114, 160, 163, 215, 217, 220, 237, 241, 278, 298, 307, 308, 332
    강압 이론가 [coercion theorist] 36
    강압적 [coercive] xli, 124, 134, 186, 278
    강압적 지배 [coercive domination] 278
강화스케줄 [schedules of reinforcement] 302
개념적 지도 [conceptual map] 6, 15, 40, 83, 101, 108, 154
개선적 권력 [power-to] xxxix, xl, xlvi, 39, 98, 184, 332
객관적 이해관심 [objective interest] 19, 28, 76, 205
객관화의 과정 [process of objectification] 284
결정

과잉결정 [overdetermination, overdetermined] 53, 54, 68
구조적 결정 [structural determination] 71, 76, 78
구조적 결정론 [structural determinism] 74, 75
비결정 [nondecision] 17, 24, 50, 68
계급 권력 [class power] 251
계급적 이해관심 [class interests] 251
계몽 [enlightenment] 126
계몽된 이기심 [enlightened self-interest, intérêt bien compris] 237
계보학 [genealogy] 137, 151, 157
계산된 조작 [manipulation calculée] 142
계측화 [instrumentation] 298
계층화 이론 [stratification theory] 13
고의적 배제 [deliberate isolation] 269
고해성사 [confessions] 148-49
공개된 대본 [public transcript] 210, 211, 213, 216, 294; 참고:감춰진 대본
공공의 사안 [res publica] 37
공공재 [public good] 59
공순 [恭順 docility] 107, 143, 155, 160
공정무역마을 [Fair Trade Towns] 324
공해 [air pollution] 5, 56, 57, 58, 59, 61, 62, 69, 259, 312, 314, 336
과잉결정 [overdetermination, overdetermined] 53, 54, 68
관념 [notion]
교육과 권력 [education] 166-70
구상
   구상 [構想 conception]
      필연에 대한 사회학적 구상 [sociological conception of fate] 78
구성주의 [constructivism] 199

구조적 결정 [structural determination] 71, 76, 78
구조적 결정론 [structural determinism] 74, 75
국가 정체성 [national identity] 249
권능 [*potestas*] xxi, 105, 107, 123, 124, 130, 131, 141, 271; 참고:포텐시아
권력
   PRV에서의 정의, 30-33, 43-45
   가동적 [operative] 53, 55, 62, 63, 109
   가동적 권력 [operative power] 55
   개선적 권력 [power-to] xxxix, xl, xlvi, 39, 98, 184, 332
   권력 (파슨스) [power as conceptualized by Parsons] 30-35, 36-42
   권력 (푸코) [power as conceptualized by Foucault] 131, 133-72, 207-8, 283
   권력 간의 상대적 비교 [comparisons of power] 116-19
   권력 개념의 중요성 [importance of concept of power] 30-33, 97-99
   권력 기술 [*technologie du pouvoir*] 137, 146
   권력 자원 [power resource] 100, 334
   권력 행사 [exercise of power] xxviii, xliv, 25, 27, 43, 50, 51, 52, 54, 55, 62, 63, 65, 68, 69, 71, 77, 90, 164, 169, 184, 187, 229, 236, 254, 256, 257, 274, 291
   권력과 제도적 설정 [power and institutional arrangements] 20-25
   권력과 책임 [power and responsibility] 92-97
   권력관 [view of power] 45-47

권력관계 [power relation] xliii, 6, 7, 20, 39, 43, 56, 76, 79, 135, 142, 146, 148, 151, 155, 156, 158, 160, 161, 164, 166, 168, 169, 177, 184, 185, 207, 209, 210, 211, 212, 219, 220, 287, 312, 316, 318, 340

권력규모 [power scales] 320

권력논쟁 (바크라크와 바라츠) [power debate] 5-6

권력논쟁 [power debate] xliii, xlvi, xlvii, 108, 166, 176, 272, 274, 329

권력수준 [power levels] 320, 321, 322, 323, 328, 329

권력을 정의하는 요소 [defining elements] 29-30

권력을 진력함 [exerting power] 52, 112, 115

권력을 행사함 [to exercise power, exercising power] 51, 52, 53, 54, 59

권력의 구조적 한계 [structural limits of power] 95-97

권력의 다면체적 연구 [power cube research] 328, 329

권력의 메커니즘 [mechanisms of power] 131, 135, 137, 158, 192, 254

권력의 면모 논쟁 [faces-of-power debate] 185

권력의 명성 [power reputation] 8, 57, 58

권력의 속성이 가진 맥락 [contexts of power attribution] 91-95

권력의 의도성 [intentionality of power] 115

권력의 이론적 고찰 [theoretical considerations of power] 3-6, 98-105

권력의 행위주체들 [agents of power] 44-45, 102-4

권력이 가져오는 결과에 대한 평가 [significance of outcomes of power] 103-4

권력이 신체에 미치는 영향 [effects on the body] 236-52

권력차원 [dimension (of power)] 319, 326

권력형태 [form (of power)] 320, 322, 326

규율적 권력 [disciplinary power] 157, 158, 288

기기 통제주의적 권력 [機器統制主義的 權力 instrumentarian power] 298, 302, 306

기저적 권력 개념 [underlying concept of power] 30, 31, 176

논쟁대립적 권력의 개념 [contested power concept] xxxvii, 30, 78, 85, 175, 269, 276, 333

누메날 권력 [noumenal power] 336

본질적 논쟁대립성 [essential contestedness of power] 98, 333

비논쟁대립적 권력의 개념 [uncontested] 175

사안적 범위 [issue scope of power] 108, 115

사차원적 권력 [forth dimension (of power)] 286, 287, 288, 310

삼차원적 권력 [third dimension (of power)] xlii, xlvi, xlvii, 219, 227, 251, 262, 268, 269, 280, 283,

288, 310, 315, 316, 317, 320
상황적 범위 [contextual range of power] 109, 115
생을 관리하는 권력 [life-administering power, *pouvoir qui gère la vie*] 147
세 가지 맥락에서의 권력 [three contexts of power] 91 – 95
수동적 권력 (비활성적 권력) [passive (inactive) power] 101 – 2, 112 – 13, 115 – 16; 참고:비활성적
시혜적 권력 [beneficent power] 128
이차원적 권력 [second dimension (of power)] xlvi, 20, 24, 90, 180, 320
일차원적 권력 [first dimension (of power)] xlvi, 180
자제적 권력 (스콧) [Scott and inactive power] 113 – 15; 참고:활성적
자제적 권력 [inactive power] 112, 114
적극적 권력 [active power] 112, 114
전환적 권력 [transformative power] 125
정당한 권력 [legitimate power] 269 – 71
제도적 권력 [institutional power] 60
지배로서의 권력 [power as domination] xxxix, xli, 107, 127, 129, 130, 175, 186, 209, 245, 254, 272
지배적 권력 [dominating power] xlvii, 154, 268, 272, 273, 288
탈취적 권력 [power-over] xxxix, xl, xlvi, 39, 98, 107, 125, 176, 332
포텐시아 [*potentia*] xxi, 105, 106, 107, 108, 132, 191, 192, 317; 참

고:권능
합의적 권력 [consensual power] 35 – 38
효과적 권력 [effective power] 54
효과적 권력 행사 [effective exercise of power] 54, 55
권력 개념 (다원주의적) [conception of power] 6
권력 기술 [*technologie du pouvoir*] 137, 146
권력 자원 [power resource] 100, 334
권력 조직체 [organization of power] 38
권력 행사 [exercise of power] xxviii, xliv, 25, 27, 43, 50, 51, 52, 54, 55, 62, 63, 65, 68, 69, 71, 77, 90, 164, 169, 184, 187, 229, 236, 254, 256, 257, 274, 291
권력공간
　권력공간 [power space] 319, 322, 325, 327, 328, 340
　자주적 권력공간 [claimed space] 321, 329
　창조된 권력공간 [created space] 329
　초대적 권력공간 [invited space] 321, 329
　폐쇄적 권력공간 [closed space] 320, 329
권력과 지식 (푸코의) [power and knowledge] 134, 161, 164, 289
권력관계 [power relation] xliii, 6, 7, 20, 39, 43, 56, 76, 79, 135, 142, 146, 148, 151, 155, 156, 158, 160, 161, 164, 166, 168, 169, 177, 184, 185, 207, 209, 210, 211, 212, 219, 220, 287, 312, 316, 318, 340
권력규모 [power scales] 320

권력논쟁 [power debate] xliii, xlvi, xlvii, 108, 166, 176, 272, 274, 329
권력수준 [power levels] 319, 320, 321, 322, 323, 328, 329
권력을 진력함 [exerting power] 52, 112, 115
권력을 행사함 [to exercise power/ exercising power] 51, 52, 53, 54, 59
권력의 개념 [The concept of power] xlvii, 7, 30, 31, 33, 34, 35, 37, 40, 44, 76, 83, 84, 85, 97, 105, 175, 178, 231, 276, 331, 332
권력의 다면체적 연구 [power cube research] 328, 329
권력의 메커니즘 [mechanisms of power] 131, 135, 137, 158, 192, 254
권력의 면모 논쟁 [faces-of-power debate] 185
권력의 명성 [power reputation] 8, 57, 58
권력의 미시물리학 [micro-physics of power] 135
권력의 의도성 [intentionality of power] 115
권력차원 [dimension (of power)] 319, 326
권력형태 [form (of power)] 320, 322, 326
권리와 자유권 [rights and liberties] 120
권위
　권위 [authority] 16, 18, 23, 25, 31, 34, 41, 67, 100, 166, 167, 169, 213, 315, 332
　권위적 [authoritative] 33, 176
　권위적 결정 [authoritative decision] 36, 37

권한
　권한부여 [empowerment] 318, 331
　법적 권한부여 [legal empowerment] 324
규범적 이해관심의 구상 [normative conception of interests] 46
규율
　규율 (푸코의) [discipline] 137, 139, 143, 144, 147, 154, 284, 285, 287
　규율사회 [disciplinary society, société disciplinaire] 144
　자기 규율 [self-discipline] 144, 285, 286
그룹 [group]
급진주의자 [radicalist] 45
긍정적 제재 [positive sanction] 278
기기 통제주의 [instrumentarianism] 300
기기 통제주의적 권력 [機器統制主義的 權力 instrumentarian power] 298, 302, 306
기능적 설명 [functional explanation] 229
기본적 욕구 [basic needs] 119
기업가적 자아 [entrepreneurial self, entrepreneur de soi] 288
기저적 권력 개념 [underlying concept of power] 30, 31, 176
기회균등의 원칙 [equal opportunity principle] 120
남성지배 [Masculine domination: La domination masculine] 236
내생적 인과관계 [endogenous causality] 228
네오마르크스주의 [Neo-marxist] xxxv
노블레스 오블리주 [*noblesse oblige*] 271

노예의 도덕 [slave morality] 223, 224, 226
노예제 [slavery] xlvii, 186, 214, 215, 276, 285
논쟁대립적 권력의 개념 [contested power concept] xxxvii, 30, 78, 85, 175, 269, 276, 333
농노제 [serfdom] 186, 214, 215
누메날 권력 [noumenal power] 336
능력
  능력 부여 [empowering] 167, 289
  상황 제약하의 능력 [context-bound ability] 109
  상황 초월적 능력 [context-transcending ability] 110
다원주의
  권력 개념 (다원주의적) [conception of power] 6
  다원주의 (일차원 권력의) [Dahl and pluralism (one-dimensional power)] 11, 5-13, 16-19, 25-26, 46-48
  다원주의 [pluralism] xxiii, xxviii, 4, 5
  다원주의에 대한 비판 [critique of pluralism] 16-17, 19-20, 47-48, 60-61
  다원주의의 방법론 [methodology of pluralism] 8-9
  다원주의자 [pluralist] xxviii, 5, 6, 8, 9, 10, 12, 16, 18, 19, 21, 24, 26, 46, 49, 59, 319
  다원주의적 결론 [pluralist conclusion] 7
  다원주의적 관점 [pluralist view] xxviii, 6, 7, 60
  다원주의적 모델 [pluralist model]

xxxv
다원주의적 민주주의 [pluralist democracy] xxii, xxviii
다원주의적 방법론 [pluralist methodology] 6, 9
다원주의적 의사결정 [pluralist decision-making] 7
다원주의적 접근법 [pluralist approach] 6, 8
다원주의적 정치 [pluralist politics] 47
선호와 다원주의 [powerlessness and pluralism] 12-13
단체 [association]
대상주체 [subject]
대상주체화 [subjectification] 283, 284
대처 주의 [Thatcherism] xxxvi
도구주의 [instrumentalism] 145
도구화 [instrumentalization] 298, 300, 302
도덕적 맥락 [moral context] 92
도미누스 [*dominus*] 276
동의
  동의 (지배에 대한, 스콧) [domination, consent to] 267-69
  동의 [consent, *consentment*] xxx, xxxii, xxxiii, xxxiv, xxxv, xli, xlvii, 35, 37, 171, 175, 176, 185, 211, 212, 215, 216, 218, 221, 237, 261, 262, 267, 268, 277, 295, 296, 299, 307, 309
  동의에 의한 통치 [rule by consent] 251
  동의와 체념 [consent and resignation] 218, 220, 221
  동의의 확보 [consent-securing of]

267-69, 277-78
두꺼운 동의 [thick consent] 267
얇은 동의 [thin consent] 267
자발적 동의 [willing consent] 261, 267
두 번째 얼굴 [second face] xxix, xxx, 14
두꺼운 동의 [thick consent] 267
두꺼운 이론 [thick theory] 212, 215, 220
두꺼운 허위의식 [thick false consciousness] 212
디지털 포용 [digital inclusion] 323
레이건 주의 [Reaganism] xxxvi
루빅큐브 [Rubik's Cube] 322
마르크스
   마르크스주의 [Marxism] xxvi, xxxi, xxxii, 71, 73, 207, 212, 249, 253
   마르크스주의에 대한 비판 [critique of Marxism] 249-51
   마르크스주의자 [Marxist] xxxii, 207, 251, 335
만신전 참배 [萬神殿 pantheon] 65
명령-준수의 관계 [command-obedience relationship] 36, 126
명시적
   명시적 [overt]
   명시적 불만 [overt grievance] 19
   명시적 선호 [overt preference] xxviii, 118
모스적 거래 [Maussian bargain] 308
목적의향적 설명 [purposive explanation] 229
몰 인정 [沒認定 non-recognition] 200
무능화 효과 [disabling effect] 317
무력함 [powerlessness] xxii, 95, 221, 226, 273
무력화 [incapacitation] 310
무정형적 (베버의 권력) [amorph] 23, 182, 183
묵종 [acquiescence] 19, 63, 107, 184, 186, 227; 참고:순종
문화적 관성 [cultural inertia] 206
문화적 전승 [cultural transmission] 206
문화화 [enculturation] 251
미시적 실천 [micropractice] 137
미의 신화 [beauty myth] 205
민주주의 [democracy] xxviii, xxxv, 5, 35, 86, 215, 278, 335
박탈의 위협 [threat of deprivation] 16
반사실적 가정 [counterfactual] 55, 62, 63, 68, 103, 179, 257, 258, 272
반성적 비판 [reflexive critique] 250
반성적 사회학 [La sociologie réflexive] 250
반항 [rebellion] xxxvi, 131, 143, 155, 210, 231, 233, 318 참고:저항
반행태주의적 [antibehavioural] 16 참고:행태주의적
방법론
   방법론적 개인주의 [methodological individualism] 4, 21, 60, 74; 참고: 원자론적 환원주의
   방법론적 문제 (권력의) [methodological issues of power] 3-4, 89-91
   원자론적 환원주의 [atomic reductionism] 4; 참고:방법론적 개인주의
복속 [subjugation] 107, 184
복종
   복속 [subjugation] 107, 184
   복종 [submission] 226, 237, 251,

278
복지 [wellbeing] 120, 121
복지적 이해관심 [wellbeing interest] 256
복지주의
　주관적 복지주의 [subjective welfarism] 190
본성
　본성에 따라서 (스피노자) [ingenio] 129, 171, 191, 196, 198, 204, 309
　원초적 본성 [primordial nature] 196
　자기성찰적 본성 [reflexive nature] 268
본질적 내재성 [essential interiority] 72
본질적 논쟁대립성 [essential contestedness of power] 98, 333
본질주의 [essentialism] 196, 199
부드러운 폭력 [gentle violence] 238
부르디외
　상징자본 [symbolic capital] 245
　상징폭력 [symbolic violence, *violence symbolique*] 238;참고:상징적 위력
　상징폭력 [symbolic violence, *violence symbolique*] 238, 242, 311; 참고:상징적 위력
　상징폭력의 개념 [concept of symbolic violence] 311-12
　아비투스 [*habitus*] xli, 239, 240, 242, 243, 244, 284, 287; 참고:부르디외
　필드 (부르디외) [filed, *champ*] 242, 243, 245, 246, 248
부작위 [inaction] 21, 27, 60, 62, 68, 69, 75, 77, 93, 94, 96, 113, 179, 322; 참고:비활동, 작위

부정적 제재 [negative sanction] 278
분류투쟁 [the classification struggle, *la lutte des classements*] 247
분할통치 [divide and rule] xxiv
불가촉천민 [不可觸賤民 untouchables] 67, 210, 215, 220
불만
　명시적 불만 [overt grievance] 19
　불만 [grievance] xxxvii, xlvi, 19, 20, 26, 47, 48, 61, 95, 118, 180, 215; 참고:선호
　선호 (불만으로서) [preference as grievances] 19-20
　은밀한 불만 [covert grievances] 19, 20
불운 테스트 [tough luck test] 270
불충분한 인정 [insufficient recognition] 200
비 사태 [non-event] 17, 49, 69, 113, 318
비 순응 [noncompliance] 16
비 의사결정 [non-decision-making] xxx, 11, 17, 18, 19, 20, 26, 29, 48, 60, 79
비 지배 [non-domination] 129, 269
비 지배로서의 자유 [freedom as non-domination] 269, 271, 275
비 지배적 권력 [nondominating power] 154
비 최소주의자 관점 [non-minimal view] 208; 참고:자유에 대한 최소한의 관점
비가시적 [invisible] 238, 242, 245, 320, 327, 329
비결정 [nondecision] 17, 24, 50, 68
비논쟁대립적 권력의 개념 [uncontest-

ed] 175
비상한 관성 [extraordinary inertia, *extraordinaire inertie*] 250
비의도성 (권력의) [non-intentionality] 115
비자발적 순응 [unwilling compliance] 262
비자율적 적응 [non-autonomous adaption] 227
비폭력 [non-violence] 37
비활동 [inactivity] 49, 56, 114, 115; 참고:부작위, 활동
사안적 범위 [issue scope of power] 108, 115
사전적 경도 [事前的傾倒 precommitment] 228
사차원적 권력
    사차원적 권력 (대상주체화 과정) [fourth dimension (of power) subjectification process] 283–87
    사차원적 권력 (삼차원과 대비) [fourth dimension (of power) vs. third dimension] 288–90
    사차원적 권력 (특징인자), 288–89
    사차원적 권력 [forth dimension (of power)] 286, 287, 288, 310
    사차원적 권력의 특징적 요소 [characteristic elements of fourth dimension (of power)] 288–90
사태
    비 사태 [non-event] 17, 49, 69, 113, 318
    사태 [event] xxxiii, 49, 55, 56, 73, 78, 118, 181, 208; 참고:비사태
사회 존재론[social ontology] 289
사회이동성 [social mobility] 65

사회적 구성 [social construction] 283, 284, 289
사회적 설정 [social arrangement] 23, 95, 96, 189
삼차원적 권력
    삼차원적 (권력) [third dimension (of power)] 269–71, 278–80, 283–91, 305–7, 310, 315–16, 317, 319–25, 328–30
    삼차원적 관점의 방어, 175–78
    삼차원적 관점의 비판 [critique of third dimension (of power)] 49–51, 89–90, 210–11, 228–33, 255–57, 260–61
    삼차원적 권력 개념의 향상 [updated conceptualization of the third dimension of power] 176–77
    삼차원적 권력의 경험적 방법론 [empirical methodology of the third dimension of power] 56, 69
    삼차원적 권력의 권력 장치의 식별 [identification of power mechanism of the third dimension of power] 66–78
    삼차원적 권력의 세 가지 어려움 [three difficulties of the third dimension of power] 68–77
    삼차원적 권력의 효과적 의미 [effective sense of the third dimension of power] 54
상대적 자율성 [relative autonomy] 75, 254, 256, 257
상식 (종속적 계급의), 252
상징자본 [symbolic capital] 245
상징적 위력 [*force symbolique*] 241, 242; 참고:상징폭력

상징적 지배 [symbolic domination, *domination symbolique*] 238, 338
상징폭력 [symbolic violence, *violence symbolique*] 238, 242, 311; 참고:상징적 위력
상층문화 동화 [Sanskritization] 65, 66
상황 제약적 [context-bound] 115
상황 제약하의 능력 [context-bound ability] 109
상황 초월적 [context-transcending] 110, 115
상황 초월적 능력 [context-transcending ability] 110
상황적 범위 [contextual range of power] 109, 115
상황적 범위 [contextual range] 109, 115
생을 관리하는 권력 [life-administering power, *pouvoir qui gère la vie*] 147
생체정치적 [biopolitical] 162
생체정치적 통제 [bio-political control] 163
선호
  명시적 선호 [overt preference] xxviii, 118
  선호 개념의 비판 [critique of the concept of preference] 189, 187-90
  선호의 통제 [control of preference] 190, 25-29
  은밀한 선호 [covert preference] 118
  적응적 선호 [adaptive preference] 228, 232, 234
  적응적 선호 형성 [adaptive preference formation] 227
  정책적 선호 [policy preference] 13, 20, 45

초 선호 [meta-preference] 121, 256
현시선호이론 [theory of revealed preference] 118
성공적 권력 행사 [successful exercise of power] 54
성찰적 역량 [reflective capacity] 290
성향
  성향적 [dispositional] 88, 99, 134, 176, 273
  성향적 능력 [dispositional ability] 92
  실천의 성향 이론 [theory of dispositional practices, *théorie dispositionnelle des pratiques*] 248, 250
  체화된 성향 [embodied dispositions, *dispositions incorporées*] 239
수면 유도의 힘 [*virtus dormitiva*] 88
수정주의자 [reformist] 45
순응
  묵종 [acquiescence] 19, 63, 107, 184, 186, 227; 참고:순종
  비 순응 [noncompliance] 16
  비자발적 순응 [unwilling compliance] 262
  순응 (푸코) [compliance (Foucault)] 136-38, 158-60, 160-61, 163-64, 170-71
  순응 [compliance] xxxvi, xxxix, xli, xlvi, xlvii, 15, 16, 23, 25, 39, 54, 83, 90, 107, 124, 129, 130, 134, 136, 157, 177, 182, 184, 186, 189, 202, 210, 212, 215, 216, 218, 220, 229, 230, 231, 233, 234, 251, 254, 267, 277, 278, 280, 291, 294, 295, 302, 323, 375
  순응, 동의가 없는 경우 [compliance

without consent] 290-93
순응과 삼차원적 권력 [compliance without consent] 261-63
순응의 확보 [securing of compliance] 129-31, 175-77, 179-85, 205-7, 234-35
순응화 (푸코) [normalization (normalize), *normalisation* (*normaliser*)] 139, 147, 162, 163, 263, 284, 288
순종 [conformism, conformity] 107, 141, 143, 161, 163, 226, 268, 290
자발적 순응 [willing compliance] xxxv, xxxix, 158, 164, 170, 218, 226, 262, 277, 280
정상 [normal] 205
순종 [conformism, conformity] 107, 141, 143, 161, 163, 226, 268, 290
스콧
감춰진 대본 [hidden transcript] 210, 217, 318
공개된 대본 [public transcript] 210, 211, 213, 216, 294
습관화와 체념 [habituation and resignation] 228
시장 프로젝트 [market project] 298, 307
시혜적 권력 [beneficent power] 128
신 포도 [sour grape] 227
신공화주의
신공화주의의 요소 [element of neorepublican] 272-74
신공화주의자 [neorepublican] 269, 271, 272, 273, 276, 337
신비화 [mystification] xxxvi, 215, 295

신엘리트주의자 [neo-elitist] xxix
신자유주의
신자유주의 [neoliberalism] xxxv, 238, 288
일상화된 신자유주의 [everyday neo-liberalism] 288
신체
권력의 미시물리학 [micro-physics of power] 135
신체와 상징적 지배 [human body and symbolic domination] 235-51
유순한 신체 [docile bodies, *corps dociles*] 141, 287
신체
신체의 반란 [revolt of the body, *révolte du corps*,] 147
실력 [ableness] 109
실용적 맥락 [practical context] 91
실존하였던 사회주의 [actually existing socialism] 290, 291
실천의 성향 이론 [theory of dispositional practices, *théorie dispositionnelle des pratiques*] 248, 250
실천적 감각 [practical sense, *sens pratique*] 239
실체주의적 [substantivist] 269
실행의 오류 [exercise fallacy] 99, 176
아비투스 [*habitus*] xli, 239, 240, 242, 243, 244, 284, 287; 참고: 부르디외
아파르트헤이트 [apartheid] 186
안구 테스트 [eyeball test] 270
얇은 동의 [thin consent] 267
얇은 이론 [thin theory] 212, 215, 220
얇은 허위의식 [think false consciousness] 212

언어 게임 (비트켄슈타인) [language game] 85
에게모니아 [*egemonia* (*hēgemonía*)] xxxi; 참고: 헤게모니
에든버러 과학사회학 학파 [the Edinburgh school of the sociology of science] 334
엘리트주의
    엘리트주의자 [neo-elitist] xxix, 8
    엘리트주의적 의사결정 [elitist decision-making] 6
여성
    여성과 자기 규율 [women and self-discipline] 158–61, 287–88
    여성과 종교 [women and religion] 224–28
    여성과 지배 [women and domination] 233–42, 254–55, 257–63
역량
    성찰적 역량 [reflective capacity] 290
    역량 [capacity] 125, 170, 198, 259
    역량 접근법 [capabilities approach] 197
    역량으로서 권력 [power as a capacity] xxi, xl, xlvi, 8, 10, 34, 39, 76, 88, 99, 100, 101, 107, 110, 114, 133, 143, 176, 198, 251, 267, 290, 310
    인간의 기본적 역량 [basic human capabilities] 119
    인간의 중심적 역량 [central capabilities] 119
    인식의 역량 [epistemic capacity] 316
역사주의자 [historicist] 72
영예 [esteem] xxxvi, xxxvii, 66
영향

성찰적 역량 [reflective capacity] 290
영향 (권력과 대비) [influence] 15–18, 25–26, 39–43, 46–48
영향력중개 [influence brokerage] 59
예기된 반응의 법칙 [the rule of anticipated reactions] 113
예속 [subjection, *sujétion*] 143, 144, 150, 184, 272, 289, 375
오 인정 [誤認定 mis-recognition] 200
오인 [misrecognition, *méconnaissance*] 238, 245, 261, 308, 311, 312
온정주의 [paternalism] 125, 128
올보르그 프로젝트 [Aalborg Project] 164, 165
외모의 정치 [politics of appearance] 160
욕구 존중의 원칙 [want-regarding principles] 44
우선권 [right of precedence] 39
운반체의 오류 [vehicle fallacy] 100
원자론적 환원주의 [atomic reductionism]; 참고:방법론적 개인주의, 4
원초적 본성 [primordial nature] 196
원초적 자유 [primal liberty, *libertés élémentaires*] 140, 166
위력
    상징적 위력 [*force symbolique*] 241, 242; 참고:상징폭력
    위력 [威力 force] xxi, xxii, xxxvi, xlv, 16, 23, 27, 34, 38, 97, 113, 135, 237
위장 [dissimulation] 210, 213, 214, 220, 222, 245, 294, 298
위해적 불확실성 [toxic uncertainty] 312, 316
유로공산주의 [Eurocommunism] xxxv
유순한 신체 [docile bodies, *corps dociles*]

141, 287
은밀한 불만 [covert grievances] 19, 20
은밀한 불만으로 나타나는 이해관심 [interests as covert grievances] 20
은밀한 선호 [covert preference] 118
은밀화된 저항 [coded resistance] 290
의도성
    비의도성 (권력의) [non-intentionality] 115
의사결정
    비 의사결정 [non-decision-making] xxx, 11, 17, 18, 19, 20, 26, 29, 48, 60, 79
    엘리트주의적 의사결정 [elitist decision-making] 6
    의사결정 [decision-making] xxvi, xlv, 9, 10, 16, 17, 18, 20, 29, 39, 46, 60, 78, 180, 302
    의사결정의 한계 [limitations of decision-making] 14-21, 60-61
의제
    의제 설정 [agenda-setting] xxx, xlvi, 180
    의제 설정 권력 [agenda-setting power] 180
    의제 통제 [agenda control] 180, 280
의존성
    의존성 [dependency] 97, 125, 126, 129, 154, 176, 221, 226, 267, 277, 279, 284
    후생 의존성 [welfare-dependency] 127
이데알 타이프 [ideal type] 145, 157
이데올로기
    이데올로기 [ideology] xxv, xxxi, xxxii, xxxiii, xxxvi, xlvi, 55, 61, 76, 147, 186, 205, 212, 219, 251, 253, 260, 290, 292, 296
    이데올로기의 종언 [end of ideology] xxiii, xxxv
    이데올로기적 장치 [ideological apparatus] xxxii
    이데올로기적 종속 [ideological subordination] 252
    이데올로기적 통합 [ideological incorporation] 212, 219
이론
    얇은 이론 [thin theory] 212, 215, 220
    이론 프레임 [theory frame] 325, 326, 330
이성
    이성 - 고대철학 [λόγος, *logos*] 102
    이성 - 로크 [reason] 126
    이성 - 부르디외 [*raison*] 237, 238
    이성 - 스피노자 [*ratione*] 132, 133, 191, 192, 193
    이성 - 칸트 [*Vernunft*] 41, 42
    이성 [reason, *raison*] 25, 194, 197, 208, 310
    이성성 [理性性, rationality] 193, 194, 195
    이성성의 실패 [failures of rationality] 192, 194, 261
    이성의 간계 [cunning of reason, *ruse de la raison*] 151
    이성적 [rational] 191, 208
    이성적 설득 [rational persuasion] 41
이율배반성 [antinomy, *Antinomie*] 42, 72
이중의식 [dual (double) consciousness] 204

이차원적 권력
  권력의 비판 (이차원적) [critique of second dimension (of power)] 20–29, 47–49, 79
  비판 (바크라크와 바라츠에 대한) [critique] 24, 48–49, 54–55
  이차원적 권력 (바크라크와 바라츠) [two-dimensional power] 12–20, 40–41
  이차원적 권력 [second dimension (of power)] xlvi, 20, 24, 90, 180, 320
  이차원적 권력의 정의 [second dimension (of power) defined] 12–20
  편향성의 동원 (바크라크와 바라츠) [mobilization of bias] 13–15
이해관심
  객관적 이해관심 [objective interest] 19, 28, 76, 205
  권력의 이해관심에의 영향 [impact of power on interests] 116–18, 208–9
  규범적 이해관심의 구상 [normative conception of interests] 46
  복지적 이해관심 [wellbeing interest] 256
  사안영역 [issue areas of interests] 18, 10, 47–48
  은밀한 불만으로 나타나는 이해관심 [interests as covert grievances] 20
  이해관심 (명시적 선호로서) [interests as overt preferences] 14–15, 19–20, 47–48, 118–19
  이해관심 (목적적 판단으로서) [interests as objective judgements] 116–18, 121–22
  이해관심 (복지를 구성하는 요소로서의) [interests as constitutive of well-being] 119–22
  이해관심 (사람들의) [people's interests] 269–71, 274–77
  이해관심의 귀속 [interest-ascription] 257
  잠복된 이해관심 [latent interest] 28
  적대적 이해관심 [antagonistic interest] 28
  진정한 선호로서의 이해관심 [interests as real preferences] 42–48
  진정한 이해관심 (헤게모니와) [hegemony and real interests] 3, 251–54
  진정한 이해관심 [real interest] xxxiv, xxxvi, xlii, 4, 12, 13, 28, 30, 43, 45, 175, 207, 251, 252, 253, 254, 256, 257, 258, 260, 269
인간본성 (마르크스주의) [Marxism and human nature] 196–97
인간본성 [human nature] 196–221
인간의 기본적 역량 [basic human capabilities] 119
인간의 중심적 역량 [central capabilities] 119
인과성 [causality] 42
인본주의자 [humanist] 72
인식
  인식 [recognition, *reconnaissance*]; 참고:정체성, 27, 238
  인식의 역량 [epistemic capacity] 316
  인식적 방해 [epistemic distraction] 310
  자기인식 [*connaissance de soi*] 284
인정
  몰 인정 [沒認定 non-recognition]

200
불충분한 인정 [insufficient recognition] 200
오 인정 [誤認定 mis-recognition] 200
오인 [misrecognition, méconnaissance] 238, 245, 261, 308, 311, 312
인정 [recognition] 201, 202, 204, 246, 276
인정 지배 [recognitional domination] 203, 205
인정을 하지 않음 [withholding of recognition] 202
인정의 실패 [failure of recognition] 201
인지적 부조화 [cognitive dissonance] 227
인지적 부조화 이론 [theory of cognitive dissonance] 228
일상화된 신자유주의 [everyday neoliberalism] 288
일차원적 권력
    달에 대한 비판 [critique of Dahl] 83-84
    일차원적 권력 [first dimension (of power)] xlvi, 180
    일차원적 권력 [first-dimension (of power)] 29, 46-48, 77-78
일차원적 사고 [one-dimensional thought] 262
일차적 재화 [primary good] 119
자기 규율 [self-discipline] 144, 285, 286
자기 배려 [care of self, le souci de soi] 285

자기 입증적 가설 [self-validating hypothesis] 262
자기감시
    신체와 자기감시 [human body and self-surveillance] 158-63, 186-87
    자기감시 [self-surveillance] 159
자기성찰적 본성 [reflexive nature] 268
자기의식 [conscience de soi] 284
자기인식 [connaissance de soi] 284
자문화 중심주의 [ethno-centrism] 63
자발적 동의 [willing consent] 261, 267
자발적 순응 [willing compliance] xxxv, xxxix, 158, 164, 170, 218, 226, 262, 277, 280
자신들에 대한 기업가 [entrepreneur of himself, entrepreneur de soi-même] 288
자아의 금융화 [financialization of the self] 288
자아의 기술 [technologies of the self, technique de soi] 152
자연화
    자연화 [naturalization, naturalisation] 212, 220, 245, 261
    탈 자연화 [denaturalizing] 290
자유
    권리와 자유권 [rights and liberties] 120
    비 지배로서의 자유 [freedom as non-domination] 269, 271, 275
    원초적 자유 [primal liberty, libertés élémentaires] 140, 166
    자유 [freedom] xlvii, xlviii, 84, 95, 105, 106, 107, 120, 125, 126, 129, 131, 132, 133, 140, 150,

152, 153, 154, 156, 166, 169, 170, 171, 175, 188, 189, 190, 191, 269, 270, 271, 272, 275, 276, 304, 306, 47-48, 187-99, 269-72
  자유권 [liberty] xlvii, xlviii, 85, 153, 155, 214
  자유에 대한 최소한의 관점 [minimal view of freedom] 190, 208
  자유의 원칙 [liberty principle] 120
  자유주의자 [liberalist] 44, 127
  자유주의적 관점 [liberal views of freedom] 127, 271
  자유주의적 철칙 [liberal canon] 126
자유 시장 [free market] 304
자율성
  상대적 자율성 [relative autonomy] 75, 254, 256, 257
  자율성 (스피노자) [autonomy, *sui juris*] 191; 참고:자유
  자율성 [autonomy] 42, 43, 45, 64, 175, 190, 284, 332; 참고:자유
  절대적 자율성 [absolute autonomy] 255
자율적 욕구 [autonomous wants] 228
자의성 [arbitrariness] 212, 269, 270, 272
자제적 권력 [inactive power] 112, 114
자주적 권력공간 [claimed space] 321, 329
작위 [action] 27, 68, 69, 75, 77, 93, 94, 96, 322; 참고:부작위, 활동
잠복된 갈등 [latent conflict] xxxi, 28, 30
잠복된 이해관심 [latent interest] 28
잠재적 갈등 [potential conflict] 28

저항
  반항 [rebellion] xxxvi, 131, 143, 155, 210, 231, 233, 318; 참고:저항을 참고
  저항 (니체) [resistance] 221-27; 참고:반항
  저항 (베버) [resistance] 22, 110; 참고:반항
  저항 (스콧) [resistance] 211-18; 참고:반항
  저항 (푸코) [resistance] 160-61; 참고:반항
  저항 [resistance] xxxvi, xxxvii, xli, 22, 24, 43, 84, 89, 98, 110, 113, 133, 145, 148, 150, 151, 154, 161, 208, 213, 216, 222, 223, 263, 283, 285, 286, 294, 295, 318, 321, 322; 참고:반항
적극적 권력 [active power] 112, 114
적극적 우대조치 [affirmative action] 276
적대적 이해관심 [antagonistic interest] 28
적응
  비자율적 적응 [non-autonomous adaption] 227
  적응적 선호 [adaptive preference] 228, 232, 234
  적응적 선호 형성 [adaptive preference formation] 227
전제정 [專制政 tyranny] 38, 43
전체제도 [total institution] 210
전환적 권력 [transformative power] 125
절대 금주주의 [teetotalism] 65
절대적 자율성 [absolute autonomy] 255
절차주의적 [proceduralist] 269
접근 가능성 [penetrability] 57, 323

정당성
  정당성 [legitimacy] 36, 163, 185, 246
  정당성 위기 [legitimation crisis] xxxv
  정당한 권력 [legitimate power] 269–71
  정당한 지배, xlvi, 128, 129, 183, 184, 185, 238, 333
  정당화 [legitimation] 33, 34, 120, 185, 186, 204, 212, 217, 226, 245, 275, 279
  정당화 이론 [theories of legitimation] 220
  합당화 [justification] 34, 36
정상 [normal] 205
정책결정 [policy-making] 323–25
정책적 선호 [policy preference] 13, 20, 45
정체성 관련 지배 [identity-related domination] 203, 205
정체성 정치 [identity politics] 199, 200, 202
정체성 지배 [identity domination] 202
정체성의 인정의 실패 [failure of recognition of identity] 201
정치
  정체성 정치 [identity politics] 199, 200, 202
  정치 조직체 [polity] 47
  정치적 조작의 기술 [art of political manipulation] 280
제도적 권력 [institutional power] 60
제재
  부정적 상황에 의한 제재 [negative situational sanction] 239–42, 246–48

  부정적 제재 [negative sanction] 278
조율 문제 [co-ordination problem] 102
조작 (操作)
  조작적 [操作的 operational] 3
  조작적 정의 [操作的 定義 operational definition] 9, 46, 53
  조작적 조건화 [操作的 條件化 operant conditioning] 299
조작 (造作)
  계산된 조작 [*manipulation calculée*] 142
  정치적 조작의 기술 [art of political manipulation] 280
  조작 [造作 manipulation] xxiv, 3, 16, 25, 27, 36, 100, 129, 190, 231, 280, 291, 292, 302, 308, 310, 332
조직
  정치 조직체 [polity] 47
  조직적 효과 [organizational effect] 24
  조직적으로 배제 [organized out] xxx, 14, 280
  조직적으로 포함 [organized into] xxx, 14, 280
  조직체 [organization] xxiii, xxx, xxxiv, 14, 24, 340
종속 [subordination] 107, 114, 135, 211, 212, 217, 221, 251, 273, 312, 375
종속적 [subordinate] 64, 65, 200, 216
종속적 계급 [subordinate class] 219, 251
주관적 복지주의 [subjective welfarism] 190
주관주의자 [subjectivist] 72
주의 (注意)

주의 분산 [distraction] 310
주의 분산을 통한 주의 집중 [attention via distraction] 309
주의 집중 [attention] 310
준수 [obedience, *obéissance*] xxiv, 38, 111, 139, 143, 167, 234, 287
중첩 [nesting] 46, 152, 326, 327
지배
  비 정당한 지배, 129
  비 지배 [non-domination] 129, 269
  비 지배적 권력 [nondominating power] 154
  사회적 권력으로서 지배 [domination as social power] 269-71, 272-74
  상징적 지배 [symbolic domination, *domination symbolique*] 238, 338
  정당한 지배, xlvi, 128, 129, 183, 184, 185, 238, 333
  정체성 관련 지배 [identity-related domination] 203, 205
  정체성 지배 [identity domination] 202
  종속 [subordination] 107, 114, 135, 211, 212, 217, 221, 251, 273, 312, 375
  지배 (막스 베버) [*Herrschaft*] 22, 23, 106, 127, 128, 181, 182, 183, 184, 333
  지배 (부르디외) [domination] 238, 240, 241, 242, 243, 244, 248, 272, 311, 339, 239-42, 246-48
  지배 (샤피로) [domination] 184, 185
  지배 (신공화주의) [domination] 269, 270, 272, 273, 274, 276, 277, 337, 276-77
지배 (푸코) [domination] xl, 135, 136, 141, 146, 154, 155, 156, 208, 284, 136-38, 141-42
지배 [domination] xxii, xxxv, xxxvi, xxxix, xl, xli, xlvi, xlvii, 39, 90, 95, 96, 97, 107, 124, 125, 127, 128, 129, 131, 134, 175, 176, 177, 181, 185, 186, 187, 188, 191, 196, 198, 200, 205, 206, 207, 208, 209, 210, 214, 215, 216, 217, 221, 226, 236, 237, 251, 254, 261, 262, 267, 268, 269, 275, 276, 277, 278, 279, 280, 286, 290, 307, 309, 310, 315, 334, 338
지배 이데올로기 논제 [dominant ideology thesis] 251
지배논쟁 [domination debate] xlvii, xlviii, 272, 337
지배로서의 권력 [power as domination] xxxix, xli, 107, 127, 129, 130, 175, 186, 209, 245, 254, 272
지배와 무력함 [domination and powerlessness] 94-97
지배적 권력 [dominating power] xlvii, 154, 268, 272, 273, 288
지속 가능한 불평등 [durable inequality] 277
지식
  권력과 지식 (푸코의) [power and knowledge] 134, 161, 164, 289
  지식 (푸코) [knowledge] 133-35, 162-63, 164-66, 288-89
지역 도시 [Regional City]
지역공동체 [community]

진정성 [authenticity] 166, 175, 191
진정한 이해관심 [real interest] xxxiv,
    xxxvi, xlii, 4, 12, 13, 28, 30, 43, 45,
    175, 207, 251, 252, 253, 254, 256,
    257, 258, 260, 269
집단 [collective]
집단적 재화 [collective good] 59
집단행동 [collective action] 23, 144
집합체 [collectivity] 23, 102
차등의 원칙 [difference principle] 120
창조된 권력공간 [created space] 329
책임 [responsibility] 77, 78, 92, 93, 94,
    95, 96, 111, 113
처벌 메커니즘 [punitive mechanisms,
    mécanismes punitifs] 137
체계적 열등화 [systematic degradation]
    217
체계적 효과 [systemic effect] 24
체념 [resignation] 212, 216, 218, 221,
    227, 230, 231, 235
체화된 성향 [embodied dispositions,
    dispositions incorporées] 239
초 급진주의 (푸코의) [ultra-radicalism
    (of Foucault)] 133–35, 153–56,
    169–70, 207–8
초 선호 [meta-preference] 121, 256
초대적 권력공간 [invited space] 321,
    329
취약성 [vulnerability, fragility] 274,
    275, 296, 327
침묵에 대한 해석 [interpretation of
    quiescence] 209
카스트 [caste] 63, 65, 66, 67, 68, 186,
    214, 233, 267
카스트 제도 [caste system] 63, 65, 66,
    67, 68

케임브리지 애널리티카 [Cambridge
    Analytica] 306
탁월성 [virtue, arete, ἀρετή] 195
탈 자연화 [denaturalizing] 290
탈취 (하비) [dispossession] 307
탈취적 권력 [power-over] xxxix, xl, xlvi,
    39, 98, 107, 125, 176, 332
통제 [decision-making] xxxii, 9, 15, 25,
    43, 54, 79, 107, 127, 131, 142, 144,
    147, 154, 160, 170, 176, 186, 203,
    217, 228, 229, 235, 239, 240, 243,
    284, 285, 298, 300
통치
    통치 [rule] 152, 154, 157, 235
    통치 계급 [ruling class] xxvi, 251
    통치 계급의 가설 [hypothesis of a
        ruling class] 10
    통치 기술 [governmental technolo-
        gies] 152, 154, 155
    통치 엘리트 [ruling elite] xxvi, xxviii,
        10, 211
    통치 엘리트 모델 [ruling elite mode]
        xxvi
    통치권 [rulership] 26, 182
    통치성 [governmentality, gouver-
        nementalité] 139, 152, 157
    통치적 합리성 [rationalities of rule,
        rationalités gouvernementales] 152
판옵티콘 [Panopticon] 142, 145, 158,
    159
편집증적 오류 [paranoid fallacy] 95
편향성
    편향성 [bias] xxx, xxxi, xlvi, 4, 14,
        15, 21, 46, 48, 78, 118, 194, 305
    편향성의 동원 [mobilization of bias]
        xxx, 15, 19, 24, 280

편향성의 동원과 의사결정 [mobilization of bias and decision-making] 14 – 18, 21 – 25
폐쇄적 권력공간 [closed space] 320, 329
포켓몬 고 [Pokémon Go] 300, 301, 306
포텐시아 [*potentia*] xxi, 105, 106, 107, 108, 132, 191, 192, 317; 참고:권능
폭력 [violence] 36, 38, 106, 159, 215, 285, 333
푸코
    정체성 (푸코) [identity, *identité*] 135 – 36, 152 – 55, 204 – 5, 207 – 8
    판옵티콘 [Panopticon] 142, 145, 158, 159
프로네시스 [*phronesis*, φρόνησις] 195
피종속자의 공모 [subaltern's complicity] 312
필드 (부르디외) [filed, *champ*] 242, 243, 245, 246, 248
필연에 대한 사회학적 구상 [sociological conception of fate] 78
하위정치적 [sub-political] 45
합당화 [justification] 34, 36
합리성 [rationality] 38, 84, 152, 171
합리적 행동 이론 [rational action theory] 237
합리화 [rationalization] 238
행동
    행동잉여 [behavioral surplus] 301, 303
    행위의 경제 [economies of action] 299
행사주체 [agency]
행위의 경제 [economies of action] 299
행위주체 [agent]

행태
    행태 수정 [behaviour modification] 297, 299, 302, 310
    행태 수정 수단 [means of behavioral modification] 299
    행태 수정 프로젝트 [the project of behaviour modification] 307
행태주의
    반행태주의적 [antibehavioural] 16; 참고:행태주의적
    방법론적 이유 [behaviourism – methodological reasons] 272 – 74
    방법론적 한계 [behaviourism – methodological limit] 3 – 4, 16 – 17, 19 – 25
    비평 [critique of behaviourism] 26 – 30, 99 – 101
    의사결정 [behaviourism and decision-making] 27, 8 – 13
    행태주의 [behaviourism] 4, 20, 99, 274
    행태주의자 [behaviorist] xxvi
향 사회적 고착 [向社會的固着 socio-centric fixation] 157
허위계급의식 [false class consciousness] 13
허위의식
    두꺼운 허위의식 [thick false consciousness] 212
    얇은 허위의식 [think false consciousness] 212
    허위계급의식 [false class consciousness] 13
    허위의식 (마르크스주의) [Marxism and false consciousness] 205 – 8
    허위의식 [false consciousness] 12 –

13, 207-8, 251-55, 259-64, 267-69, 211-13; 참고:헤게모니
헤게모니
    이데올로기적 헤게모니, xxxiii, 211, 219
    헤게모니 [hegemony] xxxi, xxxiii, xxxv, xlvi, 161, 209, 211, 212, 213, 215, 216, 217, 219, 220, 251, 295, 318, 338
현상적 주관성 [phenomenal subjectivity] 72
현시선호이론 [theory of revealed preference] 118
호모 이코노미쿠스 [*homo economicus*] 288
활동
    부작위 [inaction] 21, 27, 60, 62, 68, 69, 75, 77, 93, 94, 96, 113, 179, 322; 참고:작위, 비활동
    비활동 [inactivity] 49, 56, 114, 115; 참고:부작위, 활동
    작위 [action] 27, 68, 69, 75, 77, 93, 94, 96, 322; 참고:부작위, 활동
    활동 [activity] 56, 114; 참고:비활동, 작위
효과적 권력 [effective power] 54
효과적 권력 행사 [effective exercise of power] xxii, xxiii, xlv, xlvi, 26, 54, 55, 138, 179, 247, 262, 273
효과적 의미 [effective sense] 53, 54
후견인 복합체 [tutelary complex] 162, 163
후생
    후생 [welfare] 119
    후생 의존성 [welfare-dependency] 127

후생적 이해관심 [welfare interest] 119, 256
힘 [force]

인명, 서명

가벤타 [Gaventa, John] 219, 220, 283, 317, 318, 319, 323, 324, 328
갈런드 [Garland, David] 135, 141, 145
감시와 처벌 [Discipline and Punish; *Surveiller et punir*] 135, 137, 141
감시자본주의 시대 [The Age of Surveillance Capitalism] 297
감옥에서 보낸 편지 [Prison Notebooks] xxxi, 64
검은 피부, 하얀 가면 [Black Skin, White Masks] 203
견디기 힘든 무게 [Unbearable Weight] 159
경제와 사회 [*Wirtschaft und Gesellschaft*] 181
골드만 [Goldmann, Lucien] 71, 110
공해의 비정치화
　도시에서의 비결정행위에 대한 연구 [The Un-Politics of Air Pollution] 56
구별짓기 [Distinction; *La Distinction: Critique sociale du jugemmt*] 247
권력 - 철학적 분석 [Power - A Philosophical Analysis] 91
권력과 빈곤 [Power and Poverty] 5, 24
권력의 두 번째 얼굴 [The Two Faces of Power] 5
남성지배 [Masculine domination; *La domination masculine*] 236
노동학습 [Learning to Labour] 219
노직 [Nozick, Robert] 275

누가 통치하는가 [Who Governs?] xxvi, 8, 9, 11, 25
누스바움 [Nussbaum, Martha] 119, 197, 198, 201, 233, 234, 255, 259
니체 [Nietzsche, Friedrich] 140, 187, 221, 222, 223, 224, 225, 226
다렌도르프 [Dahrendorf, Ralf] 23, 28
대기오염의 탈정치학 [The Un-Politics of Air Pollution] 5
대부 [Godfather, The] 278
데카르트 [Descartes, René] 99
도덕의 계보 [genealogy of moral; *Zur Genealogie der Moral*] 223
뒤르켕 [Durkheim, Émile] 154, 157, 158
듀 보이스 [Du Bois, W. E. B.] 204
드워킨 [Dworkin, Ronald] 119
라 보에티 [La Boétie, Etienne de] 124, 178, 331, 357
라카토스 [Lakatos, Imre] 158
라투르 [Latour, Bruno] 89, 92
러벳 [Lovett, Frank] 269, 271, 277
러셀 [Russell, Bertrand] 110, 333
로버트 달 [Dahl, Robert] xxv, xlv, 4, 5, 6, 7, 8, 9, 10, 11, 14, 18, 26, 46, 47, 48, 52, 55, 83, 99, 319, 335, 336
로크 [Locke, John] 98, 126
롤스 [Rawls, John] 31, 32, 33, 119, 120, 121
루쉐메이어 [Rueschemeyer, Dietrich] 325, 330

루카치 [Lukács, Gyorgy] 71, 207, 252
리디야에프 [Ledyaev, V. G.] 107
마르쿠제 [Marcuse, Herbert] 262
마르크스 [Marx, Karl] xxxi, xxxii, 13, 24, 71, 72, 73, 97, 192, 197, 227, 245, 250, 253, 279
마치 [March, James] 89
맥캐먼 [McCammon, C.] 269
멋진 신세계 [Brave New World] 25, 229, 232
모리스 [Morriss, Peter] 11, 86, 91, 93, 95, 109, 122, 134
모스 [Mauss, Marcel] 308
몰리에르 [Molirè] 88
몽테스키외 [Montesquieu] 38
무어 [Moore, Barrington] 206
무정부, 국가, 그리고 유토피아 [Anarchy, State and Utopia] 275
문명화 과정 [Prozeß der Zivilisation] 285, 357
미렐먼 [Merelman, Richard] 5, 9, 46
미로프스키 [Mirowski, Philip] 288
밀, 존 스튜어트 [Mill, John Stuart] xli, 100, 126, 192, 234, 235, 236, 261, 262
밀리반드 [Miliband, Ralph] 72, 73, 74, 335
밀스 [Mills, C. Wright] xxii, xxiii, xxiv, xxv, xxvi, xxvii, 34, 75, 78, 93, 110, 279, 335
바라츠 [Baratz, Morton] xxix, xxx, 5, 6, 13, 15, 16, 18, 19, 20, 21, 25, 26, 40, 48, 54, 60, 319
바크라크 [Bachrach, Peter] xxix, xxx, 5, 6, 13, 15, 16, 18, 19, 20, 21, 25, 26, 40, 43, 48, 60, 319

바텐베르크 [Wartenberg, Thomas] 125
바트키 [Bartky, Sandra] 159, 186
배리 [Barry, Brian] 44, 91
백인의 짐 [White man's burden] 271
버크 [Burke, Edmund] 85
베버 [Weber, Max] 4, 5, 22, 23, 25, 106, 110, 127, 145, 178, 181, 182, 183, 184, 227, 238, 246, 333, 334
벤담 [Bentham, Jeremy] 119, 142, 158
보르도 [Bordo, Susan] 159, 160, 161, 186, 263
볼, 테렌스 [Ball, Terence] 92
부로워이 [Burawoy, Michael] 295, 296
부르디외 [Bourdieu, Pierre] xli, 178, 212, 236, 237, 238, 239, 240, 242, 243, 245, 246, 247, 248, 249, 250, 267, 272, 287, 295, 296, 308, 311, 338, 339
브라운 [Brown, Wendy] 288
비코 [Vico, Giambattista] 194
비트겐슈타인 [Wittgenstein] xxxv, 85
사르트르 [Sartre, Jean-Paul] 71
사이드 [Said, Edward] 86, 151
사회학적 상상력 [The Sociological Imagination] 279
샤트슈나이더 [Schattschneider, E. E.] xxx, xxxi, 14, 24
샤피로 [Shapiro, Ian] 184, 185
선스타인 [Sunstein, Cass] 188
성의 역사 [History of Sexuality; Histoire de la sexualité] 139, 146, 222
세계 시민 행동 [Global Citizen Action] 317
세넷 [Sennett, Richard] 126, 127, 131
세제르 [Césaire, Aimé] 203
센, 아마르티아 [Sen, Amartya] 119,

197, 198, 205, 232, 233
셸러 [Scheler, Max] 95
슘페터 [Schumpeter, Joseph] xxix, xxxiii, 4
스리니바스 [Srinivas, M. N.] 65, 66
스미스 [Smith, Adam] 205, 304
스위스툰 [Swistun, Débora Alejandra] 311
스콧 [Scott, James] xxxvii, xli, 114, 187, 209, 210, 211, 212, 213, 214, 215, 216, 217, 218, 219, 220, 221, 226, 267, 290, 294, 318, 338
스키너 [Skinner, B. F.] 25, 229, 232, 299, 302
스키너 [Skinner, Quentin] 271
스피노자 [Spinoza, Baruch] xxi, 105, 106, 129, 130, 131, 132, 133, 141, 171, 178, 188, 190, 191, 193, 195, 196, 198, 228, 253, 263, 271, 309, 317
신학정치론 [*Tractatus Theologico-Politicus*] 132
아내의 편지 [Letter from a Wife] 201
아렌트 [Arendt, Hannah] 35, 36, 37, 38, 40, 333, 357
아롱 [Aron, Raymond] 100
아리스토텔레스, 101, 102, 195, 197, 244
아브라함 [Abraham, J. C.] 283, 318
아우예로 [Auyero, Javier] 311
알튀세르 [Althusser, Louis] xxxv, 71, 72, 149
암베드카르 [Ambedkhar, B.R.] 67
앤더슨 [Anderson, Perry] 251
앨런 [Allen, Amy] xxiii, 100, 124, 148, 151, 338

엘리아스 [Elias, Norbert] 285, 357
엘리엇 [Eliot, George] 220
엘스터 [Elster, Jon] xli, 4, 89, 95, 227, 228, 229, 230, 231, 232, 237, 238, 247, 267
엥겔스 [Engels, Fredrich] xxxi
여성의 종속적 지위 [Subjection of Women, The] 192, 234, 235, 261
울프 [Wolfe, Alan] xxiii
울핑거 [Wolfinger, Raymond] 5, 6, 50, 51
윌리스 [Willis, Paul] 219
윌리엄스 [Williams, James] 309, 310
인형의 집 [A Doll's House; *Et Dukkehjem*] 196, 271
일차원적 인간 [One-Dimensional Man] 262
입센 [Ibsen, Henrik] 196, 271
자본주의 사회에서의 국가 [State in Capitalist Society, The] 72
자유와 존엄을 넘어서 [Beyond Freedom and Dignity] 298
정치권력과 사회계급 [Political Power and Social Classes] 76
정치론 [*Tractatus Politicus*] 105
종교생활의 원초적 형태 [Elementary Forms of the Religious Life: *Les formes elementaires de la vie religieuse*] 158
주보프 [Zuboff, Shoshana] 297, 302, 303, 304, 305, 306, 307, 310, 317
주체와 권력 [The Subject and Power: *Le sujet et le pouvoir*] 152
증여론 [*Essai sur le don*] 308
지배, 그리고 저항의 예술 [Domination and the Arts of Resistance] 209

지배이데올로기론 [Dominant Ideology Thesis, The] 219
질문에 대한 대답 - 계몽이란 무엇인가? [Answer to the Question - What is Enlightenment?; *Beantwortung der Frage - Was ist Aufklärung?*] 126
케니 [Kenny, Anthony] 99, 102, 150
코널리 [Connolly, William] 77
코르쉬 [Korsch, Karl] 71
크렌슨 [Crenson, Matthew] 5, 56, 57, 59, 60, 61, 62, 63, 186, 259, 336
클러츠 [Kluttz, Daniel] 308, 309
타고르 [Tagore, Rabindranath] 201
테일러 [Taylor, Charles] 144, 187, 202, 205
틸리 [Tilly, Charles] xxxvi, xxxvii, 210, 277
파농 [Fanon, Frantz] 196, 203
파버 [Farber, S] 221
파슨스 [Parsons, Talcott] 3, 33, 34, 36, 37, 39, 40, 213, 335
페미아 [Femia, J.] xxxi
페팃 [Pettit, Philip] 269, 270, 271, 272, 273, 276
펜틀랜드 [Pentland, Alex] 302
포이에르바흐 [Feuerbach, Ludwig] 227
폴스비 [Polsby, Nelson] 5, 6, 8, 9, 10, 12, 49, 99, 318
푸르퀴에 [Fourcade, Marion] 307, 308, 309
푸코 [Foucault, Michel] xxxix, xl, 83, 84, 131, 133, 134, 135, 136, 137, 138, 139, 140, 141, 143, 144, 145, 146, 147, 148, 149, 150, 151, 152, 153, 154, 155, 156, 157, 158, 159, 160, 161, 162, 163, 164, 165, 166,
169, 170, 171, 178, 184, 186, 187, 205, 207, 208, 263, 267, 283, 284, 285, 286, 287, 288, 289, 318, 335, 338, 339
풀란차스 [Poulantzas, Nicos] 72, 73, 74, 76, 335
프레이 [Frey, Frederick] 5, 79
프레이저 [Fraser, Nancy] 137
프로이트 [Freud, Sigmund] 69, 70
프제보르스키 [Przeworski, A] xxxiii, xxxvii, 258
플라톤 [Plato] 125, 184, 195
플루비야 [Flyvbjerg, Bent] 164, 165, 186
하가드 [Haugaard, Mark] 283, 284, 285, 289, 290
하벨 [Havel, Vaclav] 291, 292, 293, 294, 295, 339
하비 [Harvey, David] 307
하이에크 [Hayek, Friedrich] 190, 304
학식을 뽐내는 여인들 [*Les Femmes Savantes*] 88
헌터 [Hunter, Floyd] xxii, xxiv, xxv, xxvii
헤겔 [Hegel, Georg Wilhelm Friedrich] xxxii, xxxv, 71
헤이워드 [Hayward, Clarissa] 166, 169, 186
현대 정치 분석 [Modern Political Analysis] 335
형이상학 (아리스토텔레스) [τὰ μετὰ τὰ φυσικά, *Metaphysica*] 102
홉스 [Hobbes, Thomas] 85, 92, 178
흄 [Hume, David] 99
힘없는 자의 힘 [The Power of the Powerless] 291, 339

권력이란 무엇인가
삼차원적 권력의 해부

Steven Lukes, *Power - A Radical View*, 2021

초판 1쇄 발행 | 2024년 11월 25일

지은이 | 스티븐 룩스(Steven Lukes)
옮긴이 | 현동균
발행인 | 김태진
발행처 | 진인진
등   록 | 제25100-2005-000003호
주   소 | 경기도 과천시 관문로 92 101-1818
전   화 | 02-507-3077-8
팩   스 | 02-507-3079
홈페이지 | http://www.zininzin.co.kr
이메일 | pub@zininzin.co.kr

ⓒ 현동균 2024
ISBN 978-89-6347-614-8 93340

* 책값은 표지 뒤에 있습니다.